大学教师
如何上好一门课

以"信号与系统"为例

汤全武　张　腾◎编著

清华大学出版社

北京

<h1 style="text-align:center">内 容 简 介</h1>

本书基于现代教育理念与教学实践案例的深度融合，从课程教学大纲的制订，到教学设计与案例的精选；从混合式教学的探索，到课程思政的融入；从课程与教材的建设，到教学能力与创新的提升；从教学评价与反思的深化，到数智赋能与教育家精神的弘扬，构建了一个完整的教学提升体系，为教师们提供了全面的教学支持。特别是通过"信号与系统"这一具体课程的深入剖析，教师们能够更直观地理解各项教学策略与方法的实际应用，从而在自己的教学实践中加以借鉴与创新。

本书可为高校主管部门制订教学计划提供参考，也可为高校教师开展课堂教学提供理论依据和实践指导。

图书在版编目（CIP）数据

大学教师如何上好一门课：以"信号与系统"为例/汤全武，张腾编著. -- 北京：清华大学出版社，2025.8. -- ISBN 978-7-302-70269-6

Ⅰ. G642.4

中国国家版本馆 CIP 数据核字第 20255JB326 号

责任编辑：刘　星　李　锦
封面设计：刘　键
责任校对：王勤勤
责任印制：宋　林

出版发行：清华大学出版社
　　　　网　　　址：https://www.tup.com.cn，https://www.wqxuetang.com
　　　　地　　　址：北京清华大学学研大厦 A 座　　　邮　　编：100084
　　　　社 总 机：010-83470000　　　　邮　　购：010-62786544
　　　　投稿与读者服务：010-62776969，c-service@tup.tsinghua.edu.cn
　　　　质量反馈：010-62772015，zhiliang@tup.tsinghua.edu.cn
　　　　课件下载：https://www.tup.com.cn，010-83470236
印 装 者：三河市龙大印装有限公司
经　　销：全国新华书店
开　　本：186mm×240mm　　印　张：19.75　　　　　　字　　数：440 千字
版　　次：2025 年 9 月第 1 版　　　　　　　　　　印　　次：2025 年 9 月第 1 次印刷
印　　数：1～1500
定　　价：69.00 元

产品编号：112257-01

探索教育之光 共筑知识殿堂

在浩渺的知识海洋中，大学是孕育智慧、启迪未来的重要摇篮。而在这片充满无限可能的天地里，大学教师则是引领学子们破浪前行、探索未知的灯塔。上好一门课，不仅仅是传授知识的过程，更是一次心灵的触碰、智慧的启迪与人格的塑造。

教育，从来都不是单向的知识灌输，而是一种双向的互动与共鸣。在大学这一特殊的学习阶段，学生们渴望的不仅仅是书本上的知识，更渴望理解知识的深层含义、探索学科的广阔边界，以及掌握如何在未来的生活和工作中运用这些知识。因此，大学教师上好一门课，首先需要具备的是对学科的深刻理解与热爱，能够将枯燥的理论转换为生动的案例，将复杂的问题简化为清晰的逻辑，让学生在轻松愉快的氛围中领悟知识的真谛。

上好一门课，意味着要关注学生的个性化需求。每个学生都是独一无二的个体，他们有着不同的背景、兴趣和学习方式。大学教师需要用心去倾听学生的声音，了解他们的困惑与期待，为他们量身定制合适的学习路径。这既是对学生个体差异的尊重，也是教育公平理念的践行。

上好一门课，还需要不断创新教学方法与手段。随着信息技术的发展，教育正面临着前所未有的变革。大学教师应紧跟时代步伐，充分利用人工智能、多媒体、互联网等现代技术手段，丰富教学资源，拓宽教学视野。同时，也要勇于尝试新的教学模式，如混合式教学、项目式学习等，激发学生的学习兴趣和主动性，培养他们的批判性思维和创新能力。

上好一门课，最核心的还是那份对教育事业的热爱与执着。只有当教师真正热爱自己的学科、热爱自己的学生时，才能将这份热爱传递给每一个学生，点燃他们心中的求知之火，引导他们走向更加美好的未来。

本书旨在探讨大学教师"如何上好一门课"的策略与方法，从教学理念、课程设计、教学方法、教学评价、数智赋能等多个维度进行深入剖析。希望通过这本书，为广大的大学教师提供一些有益的参考和启示，共同推动教育事业的进步与发展。

愿每一位大学教师都能成为引领学生前行的明灯，用智慧与爱心照亮他们的人生之路。愿每一门课都能成为知识的殿堂，让学生在其中自由翱翔、茁壮成长。

宁夏大学党委书记 李 星

2025 年 8 月

在教育领域快速发展的当下,大学教师正面临前所未有的挑战与机遇。作为大学教师,我们肩负着传授知识、培养能力、塑造人格的重任。有效授课的方式不仅影响学生的成长和成才,也关乎国家未来的人才战略的实施和教育事业的发展。在教学过程中,如何有效地传授知识、激发学生的兴趣和创造力,以及培养他们成为适应未来社会需求的高素质人才,是每位教育工作者都在积极寻求答案的问题。本书正是在这样的背景下编写的,旨在为教育工作者,特别是大学教师,提供一套系统的、操作性强的、实用的教学指导方案。本书将帮助教师们在理论与实践的结合中不断提升教学质量,培养出更多具有创新精神和实践能力的高素质人才。

"信号与系统"作为电子电气信息类专业本科生的核心基础课程,不仅涵盖了丰富的理论知识,还具有很强的实践性和应用性。因此,将这门课程作为案例研究,具有典型性和代表性。本书通过精心策划的八章,全面阐述了打造一门优质课程所需的关键要素与实践路径。

本书将现代教育理念与教学实践案例深度融合,从课程教学大纲的制订,到教学设计与案例的精选;从混合式教学的探索,到课程思政的融入;从课程与教材的建设,到教学能力与创新的提升;从教学评价与反思的深化,到数智赋能与教育家精神的弘扬,构建了一个完整的教学提升体系,为教师们提供了全面的教学支持。

一、章节介绍

本书在每章不仅提供了丰富的理论知识和实践案例,还设计了针对性的实践练习,旨在帮助教师们将所学知识转化为实际行动,不断提升自己的教学能力与水平。特别是通过"信号与系统"这一具体课程的深入剖析,教师们能够更直观地理解各项教学策略与方法的实际应用,从而在自己的教学实践中加以借鉴与创新。

第1章系统阐述了构建教学大纲的根基,明确了"信号与系统"课程的教学目标与内容。本章通过梳理课程教学大纲(包括实验课程教学大纲),搭建了一个明确的教学框架。通过实践练习,教师们能够更深入地理解和运用这些大纲内容。

第2章专注于教学设计与案例分析,探讨了多样化的教学模式、教学策略和教学方法。通过具体的教学设计案例,本章展示了如何将这些理论知识转化为实际教学操作,旨在提升教师的教学设计能力,使教学过程更加高效且富有吸引力。

第3章深入剖析了混合式教学,这是一种融合了传统面授教学与在线教学优势的现代教学方法。本章详细介绍了混合式教学的基本模式与教学设计,并通过典型的混合式教学设计案例,展示了如何在"信号与系统"课程中有效地实施这种教学模式。实践练习部分为教师们提供了将混合式教学应用于自身课程的实践机会。

第4章专注于课程思政,这是当前教育改革的关键趋势之一。本章不仅概述了课程思政的定义及其重要性,还详细阐述了如何在"信号与系统"课程中融入课程思政内容,并通过具体的教学案例,实现思政元素与专业课程教学的无缝融入。实践练习部分鼓励教师们在自己的课程中尝试实施课程思政。

第5章深入探讨了课程与教材建设,这是确保教学质量的关键环节。本章详细介绍了国家一流课程建设的标准和评价体系,深入解读了评价指标,并强调了教材建设的重要性。"新时代教材建设"部分强调了教材在教育中的核心地位,通过介绍全国教材建设奖展示了教材建设的卓越成果。实践练习部分为教师们提供了参与课程与教材建设的实践机会。

第6章聚焦于教学能力与创新,这是教师专业发展的核心内容。我们详细阐述了教学能力的内涵和教学创新的思路,深入介绍了全国高校青年教师教学竞赛和全国高校教师教学创新大赛,这些竞赛为教师们提供了展示和提升教学能力的平台。实践练习部分则鼓励教师们在教学实践中不断探索和创新。

第7章着重讨论了教学评价与反思,这是教学改进的重要环节。本章介绍了教学评价的方法和工具,详细列出了教学评价量表,并强调了教学反思的重要性。实践练习部分设计了教学评价和反思的任务,帮助老师们不断提升教学质量。

第8章探讨了数智赋能与教育家精神,这是教育发展的未来趋势。本章详细介绍了数智赋能的概念和应用,深入阐述了教育家精神的核心要义和时代价值。实践练习部分则鼓励教师们在教学中运用数智技术,培养教育家精神,为教育事业做出更大的贡献。

二、本书特色

(1)全面性:涵盖课程目标、内容设计、方法创新与评价体系全要素。

(2)系统性:基于各环节目标构建逻辑严密的教学体系,有效实现知识点衔接与能力培养的递进性。

(3)指导性:覆盖教学设计、教材建设、教学评价等多过程,兼顾新手教师快速上手与资深教师创新实践需求。

(4)实用性:提供多个教学案例,便于教师快速学习并应用到课堂中。

三、目标读者

本书面向高校教师及教学管理者,旨在提供理论支撑与实践指南,尤其适用于以下情况。

(1)新入职教师快速掌握课堂教学规范。

(2)经验型教师突破教学创新瓶颈。

(3)教学管理者优化课程质量评估体系。

通过系统性知识传递与实操性工具赋能,助力教师提升教学效能,更好地应对教学中的挑战,实现教学目标,赋能学生创新能力与工程素养的协同发展。

　　本书的编写团队汇聚了教育领域的资深专家和一线教师,他们在"信号与系统"课程的教学领域积累了深厚的经验,拥有独到的见解。我们期望通过本书的出版,为大学教师提供有价值的指导和启发,帮助他们在教学实践中不断探索和创新,提高教学水平,培养更多杰出的专业人才。

　　本书凝结了编者 36 年在教学一线的深耕细作,结合"信号与系统"国家一流课程和教材的建设经验,特别是近 5 年在指导全国高校教师教学创新大赛与全国高校青年教师教学竞赛,以及全国性会议、各类学校教师培训会上所做的 30 余场报告中的成功经验,旨在探讨大学教师如何通过有效的教学策略、创新的教学方法以及深厚的学术底蕴,来提升教学质量,激发学生的学习兴趣,培养学生批判性思维和创新能力。我们深知,讲授一门课程并非易事,它要求教师具备丰富的知识储备、敏锐的洞察力、灵活的教学技巧以及对学生深深的关爱。

　　非常感谢宁夏大学党委书记、博士生导师李星教授在百忙中亲自为本书作序。

　　本书是宁夏高校专业类课程思政教材研究基地的众多成果之一,得到了宁夏大学教材出版基金资助。本书在撰写过程中参考了众多文献资料,在此向文献资料的作者们表示衷心的感谢。

　　鉴于作者水平有限,书中难免存在疏漏之处,恳请广大同行和读者不吝批评指正。

编　者

2025 年 8 月

CONTENTS 目录

第 1 章　课程教学大纲与实例 ··· 1

1.1　制订教学大纲的基础 ··· 1

　　1.1.1　教学大纲 ··· 1

　　1.1.2　教育理念 ··· 3

　　1.1.3　OBE 理念 ··· 6

1.2　信号与系统课程 ·· 12

　　1.2.1　信号与系统课程简介 ·· 12

　　1.2.2　信号与系统课程的建设历程 ·· 13

　　1.2.3　信号与系统教材的建设历程 ·· 14

1.3　信号与系统课程教学大纲 ·· 16

　　1.3.1　教学大纲基本架构 ··· 16

　　1.3.2　基于 OBE 的信号与系统教学大纲实例 ·· 18

1.4　信号与系统实验课程教学大纲 ·· 30

　　1.4.1　信号与系统实验课程教学大纲基本架构 ·· 30

　　1.4.2　基于 OBE 的信号与系统实验课程教学大纲实例 ································· 31

1.5　实践练习 ··· 38

第 2 章　教学设计与案例 ·· 39

2.1　教学模式 ··· 39

　　2.1.1　教学模式概述 ··· 39

　　2.1.2　"5E"教学模式 ··· 41

　　2.1.3　ADDIE 教学设计模型 ·· 44

　　2.1.4　对分课堂教学模式 ··· 46

　　2.1.5　BOPPPS 教学模式 ·· 47

　　2.1.6　CDIO 教学模式 ·· 49

　　2.1.7　以学生为中心的教学模式 ·· 51

2.2　教学策略 ··· 53

　　2.2.1　教学策略概述 ··· 53

　　2.2.2　以学生为中心的教学策略 ·· 54

2.3　教学方法 ··· 57

2.3.1 教学方法概述 ·· 57

2.3.2 大学主要教学方法解析 ·· 58

2.3.3 教学模式、教学策略与教学方法的关系 ······················· 64

2.4 教学设计 ·· 65

2.4.1 教学设计概述 ·· 65

2.4.2 教学设计理论基础 ·· 68

2.4.3 教学设计的模式 ·· 73

2.4.4 教学设计的学习分析 ·· 75

2.4.5 教学设计中的教学目标 ······································ 82

2.4.6 教学设计中的教学策略 ······································ 87

2.4.7 教学评价的设计 ·· 92

2.5 教学设计案例 ·· 96

2.5.1 教案 ·· 96

2.5.2 基于 OBE 的课程教学设计原则 ······························ 98

2.5.3 教学设计模板 ·· 99

2.5.4 教学设计实例 ··· 101

2.6 实践练习 ··· 109

第 3 章　混合式教学与案例 ·· 110

3.1 混合式教学概述 ··· 110

3.1.1 混合式教学概念 ··· 110

3.1.2 混合式教学的历史与发展 ··································· 112

3.1.3 混合式教学的特点分析 ····································· 113

3.2 混合式教学的基本模式与教学设计 ······························· 115

3.2.1 混合式教学的典型策略 ····································· 115

3.2.2 混合式教学的基本模式 ····································· 118

3.2.3 混合式教学的设计原则 ····································· 118

3.2.4 混合式教学的设计方法 ····································· 120

3.2.5 混合式教学设计 ··· 121

3.3 典型的混合式教学设计 ·· 124

3.3.1 基于 OBE 的布鲁姆教学目标设计课程目标 ···················· 124

3.3.2 基于布鲁姆教学目标的 SPOC 教学设计 ······················ 125

3.3.3 基于 BOPPPS 模型的混合式教学设计 ························· 127

3.3.4 基于 PBCL-CDIO 的混合式教学设计 ························· 127

3.4 混合式教学设计案例 ·· 129

3.4.1 学时分配设计 ··· 129

3.4.2 教学内容与安排 ··· 129

3.4.3 教学评价与反馈 ··· 134

3.4.4 教学方法与手段 ·································· 136

3.5 实践练习 ·································· 137

第4章 课程思政与案例 ·································· 138

4.1 课程思政概述 ·································· 138

4.1.1 课程思政概念 ·································· 138

4.1.2 课程思政建设目标要求和重点内容 ·································· 139

4.1.3 课程思政教学体系 ·································· 140

4.1.4 专业类课程思政建设内容 ·································· 141

4.1.5 课程思政实施原则 ·································· 142

4.2 信号与系统课程思政设计 ·································· 143

4.2.1 课程目标 ·································· 143

4.2.2 信号与系统课程思政设计的依据 ·································· 144

4.2.3 信号与系统课程思政总体设计 ·································· 145

4.2.4 信号与系统课程思政实施过程 ·································· 149

4.2.5 信号与系统课程思政教学特色 ·································· 152

4.3 信号与系统课程思政教学案例 ·································· 153

4.3.1 信号与系统课程思政教学设计案例 ·································· 153

4.3.2 信号与系统课程思政教学实例 ·································· 160

4.4 实践练习 ·································· 163

第5章 课程与教材建设 ·································· 164

5.1 国家级一流课程 ·································· 165

5.1.1 一流课程建设的原则 ·································· 165

5.1.2 五类一流课程 ·································· 166

5.2 国家一流课程评价体系 ·································· 167

5.2.1 课程评价体系的原则和方法 ·································· 167

5.2.2 一流本科课程评价量规 ·································· 168

5.3 国家一流课程评价指标与解读 ·································· 170

5.3.1 线下一流课程评审指标与解读 ·································· 170

5.3.2 线上线下一流课程评审指标与解读 ·································· 173

5.3.3 线上一流课程评审指标与解读 ·································· 176

5.3.4 虚拟仿真一流课程评审指标与解读 ·································· 177

5.3.5 社会实践一流课程评审指标与解读 ·································· 179

5.4 教材建设 ·································· 182

5.4.1 教材概述 ·································· 182

5.4.2 新形态教材 ·································· 184

5.5 新时代教材建设 ·································· 187

5.5.1 教材建设的基本原则 ·································· 188

5.5.2 教材编写要求 ·· 191

5.5.3 教材建设保障机制 ·· 193

5.6 全国教材建设奖 ·· 193

5.6.1 全国教材建设奖的由来 ·· 193

5.6.2 全国教材建设奖分析 ··· 194

5.7 实践练习 ·· 196

第6章 教学能力与教学创新 ·· 197

6.1 教学能力 ·· 197

6.1.1 教学能力概述 ··· 197

6.1.2 高校教师的教学能力 ··· 199

6.1.3 高校教师的教学技能 ··· 204

6.2 全国高校青年教师教学竞赛 ·· 215

6.2.1 青教赛基本情况 ··· 215

6.2.2 青教赛评分标准 ··· 216

6.2.3 竞赛关键点 ·· 217

6.2.4 备赛攻略 ··· 218

6.2.5 现场模拟教学策略 ·· 220

6.3 教学创新 ·· 221

6.3.1 教学创新概述 ··· 221

6.3.2 高校教师的教学创新思路 ··· 222

6.4 全国高校教师教学创新大赛 ·· 230

6.4.1 教学创新大赛基本情况 ·· 230

6.4.2 教学创新大赛实施方案及评分标准 ·· 231

6.4.3 教学创新大赛关键点 ··· 243

6.4.4 备赛攻略 ··· 244

6.5 实践练习 ·· 246

第7章 教学评价与教学反思 ·· 247

7.1 教学评价 ·· 247

7.1.1 教学评价概述 ··· 247

7.1.2 如何开展过程性评价 ··· 252

7.1.3 以学生为中心的教学评价 ··· 254

7.2 教学评价量表 ·· 255

7.2.1 以学生为中心的教学评价量表 ·· 255

7.2.2 解析型评价量表 ··· 255

7.2.3 整体型评价量表 ··· 256

7.2.4 一般性和具体任务评价量表 ··· 257

7.2.5 分层次可衡量的达成度评价量表 ·· 258

      7.2.6　团队合作能力评价量表 ·· 259

      7.2.7　李克特量表 ·· 259

  7.3　教学反思 ·· 261

      7.3.1　教学反思概述 ·· 261

      7.3.2　教学反思的方法 ··· 263

      7.3.3　常见反思方式 ·· 266

  7.4　实践练习 ·· 267

第 8 章　数智赋能与教育家精神 ··· 268

  8.1　数智赋能与人工智能 ·· 268

      8.1.1　数智赋能 ··· 268

      8.1.2　新质教学 ··· 270

      8.1.3　人工智能 ··· 271

      8.1.4　生成式人工智能 ·· 275

      8.1.5　智慧教育 ··· 277

      8.1.6　人工智能时代的教师 ··· 278

  8.2　教育家精神 ·· 280

      8.2.1　教育家精神概述 ·· 280

      8.2.2　普通教师的教育家精神体现 ······································ 282

      8.2.3　科学思维与创新思维 ··· 284

  8.3　大语言模型及其在教学中的应用 ······································ 295

      8.3.1　DeepSeek 大语言模型及其在教学中的应用 ···················· 295

      8.3.2　ChatGPT 大语言模型及其在教学中的应用 ····················· 296

  8.4　实践练习 ·· 298

参考文献 ··· 299

课程教学大纲与实例

随着科学技术的迅猛发展和教育理念的不断更新,传统的教学模式已无法满足学生的多样化学习需求和未来社会对人才的高标准要求。教育不仅是传授知识的工具,更是培养创新思维、实践能力和终身学习态度的关键途径。课程教学大纲是教师进行教学活动的蓝图,它明确了课程的教学目标、内容、方法和评估标准,为教师和学生提供了清晰的指导和参考。一个精心设计的教学大纲能够确保课程内容的系统性和连贯性,帮助教师合理安排教学进度,有效组织教学活动,同时也使学生能够明确学习方向,把握学习重点,提高学习效率。

实例则是将教学大纲从抽象理念转化为具体行动的重要媒介。一个恰当的实例,不仅能帮助学生直观理解抽象概念,还能激发他们的学习兴趣,促进深度思考与问题解决能力的培养。实例的选择与设计,应紧密围绕教学大纲的核心目标,既要体现学科的前沿动态,又要贴近学生的生活实际,让学习成为一种探索未知、解决实际问题的过程。

本章将从理论到实践,全面剖析课程教学大纲的设计原则、构成要素与编制技巧,同时,也将深入探讨如何有效整合实例资源,创新教学方法,以促进学生全面发展。通过具体案例的分析,展示如何将教学大纲的宏观规划与实例的微观操作相结合,营造出一个既严谨又生动、既富有挑战性又充满趣味性的学习环境。

1.1 制订教学大纲的基础

1.1.1 教学大纲

1. 定义

教学大纲是依据学科内容及其体系以及教学计划的要求,编撰而成的教学指导文件。它以纲领性的形式明确了课程的教学目的、目标和任务;界定了知识和技能的范围、深度,以及体系结构；并规定了教学进度和教学法的基本要求。作为编写教材和开展教学活动的主要参考，教学大纲同时也是评估学生学业成绩和教师教学质量的关键标准。

教学大纲以系统化和连贯性的结构，通过章节、课题和条目的形式，详细阐述了该学科的核心内容。它依据教学计划，明确了学生必须掌握的理论知识、基础技能和实践技能，并设定了教学进度和教学方法的基本框架。

2. 结构

从结构上来看，教学大纲通常由三个主要部分组成：说明、正文和附录。

（1）说明部分。这部分阐述了开设本课程的重要性，明确了教学目标和目的、任务，以及指导思想。它还明确了教学内容选择的原则和依据，阐释了教学内容的重点并提出了教学方法的优化建议。特别是对于教学中较为复杂和困难的部分，在说明部分会进行深入分析并给出相应的建议。

（2）正文部分。这是教学大纲的核心，规定了教学的基本内容。正文部分基于学科的科学体系，并结合教学方法的特点，系统地排列了课程教学内容的主题、分题和要点。通常采用篇、章、节、目等结构，形成一个严密的教学体系。正文部分规定了本课程的教学范围、内容分量、时间分配，以及教学进度，并在一定程度上体现了课程的学术观点、教学深度、重点和难点。此外，正文部分还会确定与课程相关的实验、实习或其他作业题目，并介绍各篇章的教科书、参考书或其他参考资料和文献，以及必要的教学设备等。简而言之，正文部分展现了课程的主线、知识结构，以及实施细节。

（3）附录部分。附录列出了各种教学参考书和资料。

3. 制订教学大纲的基本原则

在制订教学大纲时，必须坚持以下基本原则。

（1）符合教学计划的要求。

① 明确本课程在教学计划中的地位和任务。理解本课程的作用，并确定学生通过学习应达成的目标，确保所选教学内容能够实现专业培养目标。

② 必须保持科学体系的逻辑性和完整性。过分强调学科系统性而忽视人才培养的基本要求，或片面强调专业需求而随意割裂或舍弃学科有机组成部分的做法都是不恰当的。

③ 遵循教学计划整体优化原则。教学计划中的每门课程都是相互联系的，应注意内容的衔接，避免重复或遗漏。

④ 从教学计划全局出发。明确课程内容分工，处理好先修课与后续课的衔接与配合，并尽可能依据教学法要求，对重复部分进行技术处理（如从不同角度阐述问题）或在课程间协调安排。

（2）体现科学性与思想性结合、理论联系实际。

① 在学科内部处理好科学性与思想性、理论性与实践性的关系。教学大纲应体现科学性与思想性结合的要求，列出的论点应是经过科学验证、符合客观规律的知识；方法论上应符合

唯物辩证法。教学大纲的科学性与思想性结合还体现在历史与逻辑的统一；提出的纲要应便于教材叙述，反映研究现象、事实和规律的认识发展过程。同时，教学大纲应及时反映科学发展的最新成就(具有重大理论意义和实践价值或典型性的新研究成果)。

② 遵循理论联系实际原则，坚持理论与实践一致，观点与材料统一。重视理论传授的同时，不应忽视实践训练，应使实验、实习、社会调查等教学形式在相应学科教学大纲中占有重要地位。

(3) 结合科学体系和教学法特点，建立严谨的学科体系。

① 建立在该学科严谨的科学体系基础上，符合科学体系的内在逻辑结构，使学生掌握系统的学科结构体系。作为教学大纲的学科体系不应完全等同于科学体系，在选择教学内容及组织教学过程时，必须考虑学生的学习心理，遵循教学原则，考虑教学法要求。

② 教学内容应顾及学科结构的整体优化及课程间相互联系的优化组合。处理好学科内部的科学性与思想性、理论与实践的关系问题，以及教学内容的完整性、系统性、统一性和灵活性，以建立优化的学科结构。

③ 选择教学内容时，一方面要有重点地加大纵向跨度，以适当加快教学节奏，解决学科发展迅速、信息量激增与教学时数有限的矛盾。另一方面，有选择地加强横向联系，促进学科多方位展开，扩宽学生知识视野，并促进思维能力的发展。

(4) 要有相对稳定性，又要不断更新。

① 教学大纲要保持相对稳定性，以保证教学质量的稳定性。但教学大纲也应及时反映现代科学技术的最新成就和当代科技发展的最新水平，保证教学大纲的"先进性"，实现教学内容的现代化。

② 教学大纲的编制要遵循动态原则，在实施过程中不断更新内容。更新教学内容或补充新内容时，都应从教学目的、教学任务和学生接受能力出发，避免盲目、片面求新求多，加重学生负担，导致降低教学质量。

③ 编制教学大纲、选择教材内容，以及更新和补充知识，都应遵循"少而精"的知识容量原则和量力性原则。分量要适当合理，既要让学生从现有水平出发，又要促进学生智能发展。教学内容过易或过难，过于烦琐或分量偏少都不利于学生智能发展。

1.1.2 教育理念

1. 定义

教育理念，即关于教育方法的观念，是教育主体在教学实践及教育思维活动中形成的对"教育应然"的理性认识和主观要求，涵盖了教育宗旨、教育使命、教育目的、教育理想、教育目标、教育要求、教育原则等核心内容。

教育理念是教育主体对教育及其现象进行思维的概念或观念的结晶，是理性认识的产物。它体现了教育主体对于"教育应然"的价值取向或倾向，属于"好教育"的理念范畴。教育理念并非教育现实本身，而是基于对教育现实的深入思考，是教育主体对教育现实的主动反映。

2．特点

教育理念的基本特点包括以下几方面。

（1）教育理念是教育主体对教育及其现象进行思维的概念或观念的结晶，是理性认识的产物。

（2）教育理念反映了教育主体关于"教育应然"的价值取向或倾向，属于"好教育"的理念范畴。

（3）教育理念虽然不是教育现实，但它是基于对教育现实的深入思考，体现了教育主体对教育现实的主动反映。

（4）教育理念是一个外延宽泛的概念，能够反映教育思维活动的共性，包括教育思想、教育观念、教育主张、教育看法、教育认识、教育理性、教育信念、教育信条等，而理念本身也包含了这些概念的共性。此外，教育理念还通过上述概念的外在形式表现出来，既具有抽象性又具有直观性。例如，教育宗旨、教育使命、教育目的、教育理想、教育目标、教育要求、教育原则等都是教育理念的具体体现。

（5）教育理念对于教育实践具有重要的引导和定向作用。

3．八大教育理念

（1）以人为本（以学生为中心）。现代教育强调以人为本，将重视、理解、尊重、爱护，以及提升和发展人的精神贯穿于教育教学的全过程和全方位。它更关注人的现实需求和未来发展，注重开发和挖掘人自身的天赋和潜能，重视人的价值实现，并致力于培养人的自尊、自信、自爱、自立、自强意识，不断提升人们的精神文化品位和生活质量，从而不断提高人的生存和发展能力，促进人的发展与完善。

（2）全面发展。现代教育以促进人的全面发展为宗旨。宏观上，它是面向全体公民的国民性教育，注重民族整体的全面发展，以大力提高和发展全民族的思想道德素质和科学文化素质，提高民族的知识创新和技术创新能力，增强包括民族凝聚力在内的综合国力为根本目标；微观上，它以促进每一个学生在德、智、体、美、劳等方面的全面发展与完善，造就全面发展的人才为己任。这就要求人们在教育观念上实现由精英教育向大众教育、由专业性教育向通识性教育的转变，在教育方法上采取德、智、体、美、劳五育并举、整体育人的教育方略。

（3）素质教育。现代教育更注重教育过程中知识向能力的转化及其内化为受教者的良好素质等方面的工作，强调知识、能力与素质在人才整体结构中的相互作用、辩证统一与和谐发展。现代教育更加强调学生实践能力的锻造，全面素质的培养和训练，主张能力与素质是比知识更重要、更稳定、更持久的要素，把学生综合素质的培养与提高作为教育教学的中心工作来抓，以帮助学生学会学习和提升素养为基本教育目标，旨在全面开发学生的各种素质潜能，使知识、能力、素质和谐发展，提高人的整体发展水准。

（4）创造性。现代教育强调教育教学过程是一个高度创造性的过程，以点拨、启发、引导、开发和训练学生的创造力才能为基本目标。主张以创造性的教育教学手段和优美的教育教学艺术来营造教育教学环境，从而充分挖掘和培养人的创造性，进而培养创造性人才。完整的创造力教育是由创新教育（培养学生的创新精神、创新能力与创新人格）与创业教育（培养学生的创业精神、创业能力与创业人格)二者结成而形成的生态链构成,加强创新教育与创业教育并促进二者的融合,培养创新、创业复合型人才成为现代教育的基本目标。

(5)主体性。主体性教育充分肯定并尊重人的主体价值,充分调动并发挥教育主体的能动性,使外在的、客体实施的教育转换为受教育者主体自身的能动活动。核心是充分尊重每一位受教育者的主体地位,"教"始终围绕"学"来开展,以最大限度地开启学生的内在潜力与学习动力,使学生由被动的接受性客体变成积极的、主动的主体为中心,使教育过程真正成为学生自主自觉的活动和自我建构过程。教育过程要从传统的以教师为中心、以教材为中心、以课堂为中心转变为以学生为中心、以活动为中心、以实践为中心,倡导自主教育、快乐教育、成功教育和研究性学习等新颖活泼的主体性教育模式,从而点燃学生的学习热情,培养学生的学习兴趣和习惯,提高学生的学习能力,使学生积极主动学习、生动活泼发展。

(6)个性化。现代教育强调尊重个性,正视个性差异,鼓励个性发展,允许学生发展得不同,主张针对不同的个性特点采用不同的教育方法和评估标准为每一个学生的个性充分发展创造条件。把培养完善个性的理念渗透到教育教学的各个要素与环节之中,从而对学生的身心素质特别是人格素质产生深刻而持久的影响力。首先创设和营造个性化的教育环境和氛围,搭筑个性化教育大平台;其次提倡平等观点、宽容精神与师生互动,承认并尊重学生的个性差异,为每一位学生个性的展示与发展提供平等机会和条件,鼓励学习者各显神通;再次注意采取不同的教育措施施行个性化教育,注重因材施教,实现从共性化教育模式向个性化教育模式转变,给个性的健康发展提供宽松的生长空间。

(7)开放性。现代教育是全方位开放式的教育,包括教育观念、教育方式、教育过程、教育目标、教育资源、教育内容、教育评价七方面的开放性。

① 教育观念的开放性指的是民族教育要广泛吸取世界一切优秀的教育思想、理论与方法为我所用。

② 教育方式的开放性即教育要走国际化、产业化、社会化的道路。

③ 教育过程的开放性即教育要从学历教育向终身教育拓宽,从课堂教育向实践教育、信息网络化教育延伸,从学校教育到社区教育、社会教育拓展。

④ 教育目标的开放性即教育旨在不断开启人的心灵世界和创造潜能,不断提升人的自我发展能力,不断拓展人的生存和发展空间。

⑤ 教育资源的开放性指应当充分开发和利用一切传统的、现代的、民族的、世界的、物质的、精神的、现实的、虚拟的等各种资源用于教育活动,以激活教育实践。

⑥ 教育内容的开放性指教育要面向世界、面向未来、面向现代化设置教育教学环节和课程内容,使教材内容由封闭、僵化变得开放、生动,且更具现实包容性与新颖性。

⑦ 教育评价的开放性指打破传统的单一文本考试的教育评价模式,建立起多元化的更富有弹性的教育评价体系与机制。

(8)多样化。为适应经济社会发展的要求,人才的规格、标准必然要求多样化,这使得教育需求多样化。此外,办学主体、教育目标、管理体制、教育形式、教育手段、衡量教育及人才质量的标准等方面均呈现出多样化的特点。这些都为教育教学过程的设计与管理提出了更高的要求与挑战,它要求根据不同层次、不同类型、不同管理体制的教育机构与部门进行柔性设计与管理,它更推崇符合教育教学实践的弹性教学与弹性管理模式,主张为教育事业的发展提供更加宽松的社会政策法规体系与舆论氛围,以促进教育事业的繁荣与发展。

1.1.3　OBE 理念

1. 定义

成果导向教育(Outcomes-Based Education,OBE)理念,也被称为能力导向教育、目标导向教育或需求导向教育。OBE 理念是一种以成果为导向,以学生为中心,采用逆向设计思维构建课程体系的先进教育理念。

在理念层面,OBE 体现了一种"以学生为中心"的教育哲学;在实践层面,它是一种专注于学生教育成果和能力培养的模式。所有的教育活动、教育过程和课程设计都围绕实现预期的学习成果展开。

OBE 强调五个核心问题:

① 目标,即希望学生获得哪些学习成果?

② 需求,即为什么需要学生达到这些学习成果?

③ 过程,即如何有效地帮助学生实现这些学习成果?

④ 评价,即如何评估学生是否已经实现了这些学习成果?

⑤ 改进,即如何确保学生能够实现这些学习成果。

这里所说的成果指的是学生最终获得的学习结果,是学生在完成特定学习阶段后所能达到的最大能力水平。它具有以下特点。

(1)成果不是先前学习结果的简单累加或平均,而是学生完成所有学习过程后获得的最终成果。

(2)成果不仅包括学生所知、所理解的内容,还包括能够应用于实践的能力,以及可能涉及的价值观或其他情感因素。

(3)成果不仅体现为学生的记忆、理解等基础认知能力,更反映出学生将知识体系与价值观念内化整合的能力。

(4)成果越接近"学生真实学习经验",越可能持久存在,尤其是那些经过学生长期、广泛实践的成果,其持久性更高。

(5)成果应涵盖生活的重要内容和技能,并注重其实用性,否则容易变成易遗忘的信息和片面的知识。

(6)"最终成果"并不意味着忽视学习过程中的结果,学校应根据最终成果,按照反向设计原则设计课程,并分阶段对成果进行评价。

2．OBE 的内涵

通过以下几方面可以更深入地理解 OBE 的内涵。

（1）OBE 强调每个人都有成功的可能。所有学生都有机会在学习上取得成功，尽管他们可能不会同时或以相同方式成功。

（2）OBE 强调个性化评估。根据每个学生的个体差异，制订个性化的评估标准，并适时进行评估，以便准确掌握学生的学习状态，并对教学进行及时调整。

（3）OBE 强调精通掌握。教学评估应以每位学生都能精通掌握内容为前提，不再区分学生能力的高低。为每位学生提供适当的学习机会，确保他们都能实现学习成果。

（4）OBE 强调绩效责任。学校应比学生更负责学习成效，并且需要提供具体的评估和改进依据。

（5）OBE 强调能力本位。教育应提高学生适应未来生活的能力，教育目标应列出具体的核心能力，每个核心能力应有明确的要求，每个要求应有详细的课程对应。

因此，OBE 理念要求学校和教师首先明确学习成果，配合多元和灵活的个性化学习需求，让学生通过学习过程完成自我实现的挑战，然后将成果反馈用于改进现有的课程设计和教学。

3．OBE 与传统教育的比较

这里所说的传统教育是指与 OBE 相对而言的、目前较为普遍的教育形式。通过学习导向、成功机会、毕业标准、成就表现、教学策略、教学模式、教学中心、评价理念、评价方法和参照标准等 10 方面，对 OBE 与传统教育进行比较，如表 1-1 所示。

表 1-1　OBE 与传统教育对比

序号	要素	OBE	传 统 教 育
1	学习导向	成果导向。目标、课程、教材、评价、毕业要求等都集中于成果的实现，而非固定流程的遵循。OBE 强调学生从学习之初就应明确目标和预期成果，了解所期望掌握的学习内容，同时教师也更明确如何支持学生的学习过程。因此，学生能够依据个人的学习经历、风格和进度，逐步实现目标	课程进程的严格执行。传统教育的课程教学严格依照既定的进程进行，确保教学时间、内容、方式等方面的统一性。教学进度是基于大多数学生能够在规定时间内完成学习任务的前提来设定的。若学生未能在预定时间内完成学习，将被视作未能满足教学要求
2	成功机会	拓展机会。以学习成果为核心，以评价结果为基准，适时调整、修改和灵活应对学生的学习需求。这里的"拓展"指的是优化学习内容、方法和时间分配，并非单纯地延长学习时长	限制了机会。严格执行既定的学习程序，仿佛将学生置于以统一速度和模式前进的"车厢"之中，这无疑限制了学生成功的机会
3	毕业标准	以成果为导向。获得证书必须基于学习成果，学生需要清晰地展示他们已经达到了既定的绩效标准，才能获得相应的学分。将证书与学习成果的标准挂钩，确保了证书真正反映了学生的实际表现，而不仅仅是记录他们在规定时间内完成学业的经历	证书为准。获得证书是基于在规定时间内完成既定课程并获得相应学分，而这些学分的授予则依据教师所设定的具体标准

续表

序号	要素	OBE	传统教育
4	成就表现	知识整合。重视知识的整合,意味着从知识(能力)结构出发进行逆向设计,确保课程体系能够支撑这一结构,从而使得每门课程的学习都与知识(能力)结构相契合,最终帮助学生取得卓越成就	知识割裂。过分强调课程体系,实际上导致了知识结构被划分为众多独立的课程单元,每门课程成为一个界限分明、相对孤立的知识单元。这些单元之间的联系被削弱,导致学生的学习体验往往是"只见树木、不见森林"
5	教学策略	教师指导。以学生为中心,教师应巧妙运用示范、诊断、评价、反馈,以及建设性介入等策略,以引导和帮助学生实现预期目标	教师主导。以教师为中心,教学内容和方法完全由教师决定,学生则处于被动地位,仅遵循教师的指导来完成学习任务
6	教学模式	顶峰成果。关注点在于学生最终实现的卓越成就,学生某一次学习的不成功,仅作为优化教学的参考,不计入其最终成果	累积成果。将学生每次学习的成果累积起来,并以平均成绩来代表最终的学业表现。因此,学生在某次学习中的不理想表现,可能会对其最终成绩产生影响
7	教学中心	包容性成功。秉持所有学生都能成为成功学习者的理念,通过结构性的区分和分类,实施各种鼓励策略,创造丰富的学习机会,逐步引导每位学生迈向成功,助力他们释放潜能、取得成就	分级成功。在教学过程中,通过评价将学生划分为不同的等级,最终成果也相应地被划分为不同的级别,从而区分出不同层次的成功者
8	评价理念	合作学习。将学生间的竞争转变为自我挑战,即激励学生不断超越自我,以达到顶峰成果为目标开展合作学习。通过团队协作和共同学习的方式,不仅促进学习能力较强的学生进一步提升,也助力学习能力较弱的学生取得进步	竞争性学习。通过评分将学生进行区分或贴上标签,将教师与学生、学生与学生之间的关系置于一种竞争的氛围中。在这种环境下,学习的成功者与失败者之间难以建立和谐的互动关系
9	评价方法	达成性评价。关注的是自我进步而非学生间的相互比较。它着重于是否满足了个人设定的标准,其评价结果通常以"符合/不符合""达成/未达成""通过/未通过"等二元判断来表达,这些结果不具备相互比较的价值,因此不宜用于比较	比较性评价。通过应用统一的标准,在学生之间划分出优、良、中、差等不同等级,确保了评价的可比性,便于进行比较
10	参照标准	协同教学。强调教学过程中的团队合作精神,要求每一位负责课程教学的教师,为了帮助学生达到最佳学习成果,进行持续的沟通与协作,共同设计和执行课程教学计划及评估	孤立式教学。将教学单元拆分为独立的课程单元进行教学,负责每门课程的教师各自独立地开展教学活动,而很少考虑不同课程之间的协同效应

4. OBE 理念的核心

OBE 理念的核心在于以学生为中心、以学习成果为导向、以持续改进为焦点,如图 1-1 所示。

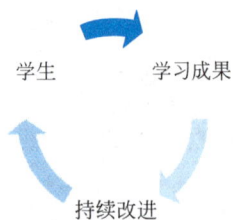

（1）以学生为中心。OBE 理念强调以学生为中心,通过自主性、合作性和探究性的学习方式激发学生的学习兴趣。学生和教师共同构成课堂的主体,共同参与并完成课程的实施。教师在课程实施中扮演引导者的角色,而非主宰者。这种模式能够确保师生之间协同配合、共同发展。因此,教学不仅仅是单向的知识与技能传授,还包

学生　　学习成果

持续改进

图 1-1　OBE 理念的核心

括对学生所学知识的反馈,这也是学生个体思想、情感、态度、能力构建的过程。为此,教学设计应以学生价值引领、知识探究、能力培养、态度养成为目标;师资和课程等教学资源配置应以确保学生学习目标的达成为导向;质量保障与评价应以学生学习结果为唯一标准。

(2)以学习成果为导向。OBE 是一个以学习成果为起点,驱动所有课程活动和学生学习成果评价的结构与系统。在这种教育模式下,学生所学到的内容和是否成功,比学习过程和时间安排更为重要。学生成果推动教育系统的运行,教育结构和课程体系被视为实现目标的手段,而非终极目的。成果导向教学设计流程如图 1-2 所示。

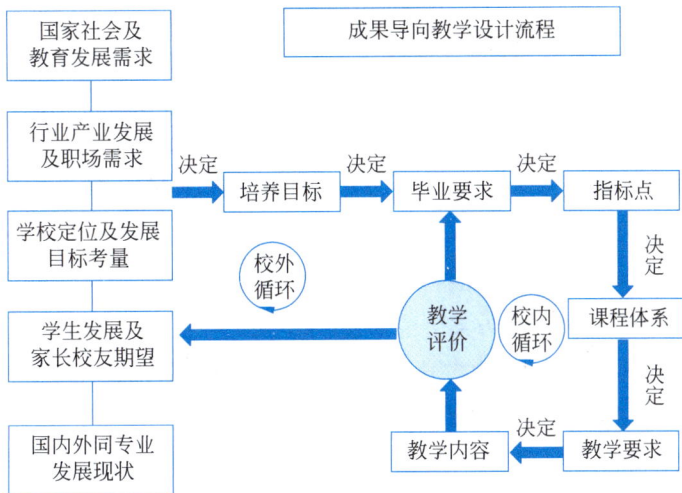

图 1-2 成果导向教学设计流程

(3)以持续改进为焦点。OBE 教学评价着重于学习成果,而非教学内容、学习时长或学习方式。它采用多样化的评价标准,强调学习成果的实现和个人进步,而非学生间的相互比较。根据学生满足教育要求的程度,从不熟练到优秀,赋予不同的评价等级,实施个性化评价。通过准确把握学生的学习状况,为学校和教师提供改进教学的参考依据。因此,必须对培养目标、毕业要求、教学环节进行评价,对每位教学参与者进行评价,建立评价机制和周期,确保评价结果用于教学改进。

5. 实施的基本原则

OBE 的实施原则如下。

(1)反向设计。以最终目标(学习成果)为起点,逆向进行课程设计,开展教学活动。课程与教学设计从最终学习成果逆向设计,以确保所有迈向顶峰成果的教学的适切性。教学的出发点不是教师想要教授的内容,而是要达成顶峰成果所需教授的内容。反向设计需遵循两个原则:

① 从学生期望达成的最终学习成果来逆推,逐步增加课程难度以引导学生达成最终学习成果。

② 聚焦于重要、基础、核心的成果,剔除不必要的课程或以更重要的课程替代,才能有效促进学生成功学习。

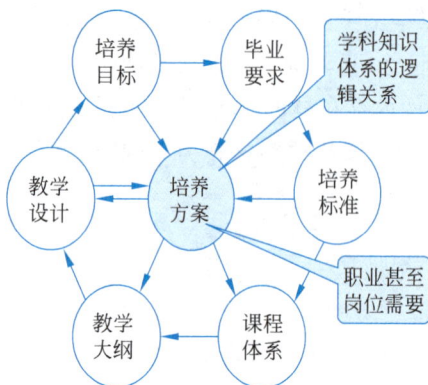

图 1-3 反向设计的逻辑关系

反向设计的逻辑关系如图 1-3 所示。

(2)明确"三对关系",即培养目标与毕业要求、毕业要求与教学环节(课程)、毕业要求与课程教学内容的关系。

① 培养目标与毕业要求的关系。培养目标是对毕业生在五年左右能够达到的职业和专业成就的总体描述;培养目标是专业人才培养的总纲,它是构建专业知识结构形成课程体系和开展教学活动的基本依据;培养目标需设定五年后人才发展预期达成的指标,即希望培养的人才五年后如何。毕业要求(或毕业生能力)是对学生毕业时所应掌握的知识和能力的具体描述,包括学生通过本专业学习所掌握的知识、技能和能力,是学生完成学业时应该取得的学习成果;毕业要求必须在人才培养方案上清晰、具体地表述,要全面反映人才培养目标和标准。

培养目标更加关注的是学生"能做什么";毕业要求更加关注的是学生"能拥有什么",能做什么主要取决于能拥有什么。培养目标是毕业要求的指导框架,毕业要求是培养目标的具体分解与实施路径。

② 毕业要求与教学环节(课程)的关系。明确每门课程教学在实现培养目标和达到毕业要求中的作用,使每门课程与培养目标和毕业要求直接联系起来,从而使教师清楚"为什么教"、学生明白"为什么学"。研究课程与课程之间的关系,分析各门课程知识点之间是互补、深化关系,还是简单重复关系,以重组和优化课程教学内容。毕业要求与教学环节(课程)的关系如表 1-2 所示。

表 1-2 毕业要求与教学环节(课程)的关系

毕业要求	课程				
	课程 1	课程 2	课程 3	课程 4	课程 5
知识	√			√	√
能力		√	√		
素质			√		√

③ 毕业要求与课程教学内容的关系。这一关系反映了特定课程的教学内容对于实现毕业要求的贡献程度,这对于课程设置和教学要求的制订至关重要。

(3)掌握"五个关键步骤",即广泛开展需求调查(广泛性)、明确人才培养目标(前瞻性)、明确学生毕业要求(具体性)、理清人才培养标准(覆盖性)、理顺课程结构支撑(适切性)。

① 广泛开展需求调查。在制订人才培养方案和课程设置时,必须充分了解各方面的需

求,包括国家社会及教育发展需求、行业产业及职场发展需求、学校定位及发展目标考量、学生发展及家长校友期望,以及国内外同专业发展的现状。

关注国家社会及教育发展需求,即关注国家和社会对人才的需求,结合教育发展趋势,为学生制订符合时代发展的教育内容。了解行业产业及职场发展需求,即了解各行业产业的发展趋势和职场对人才的需求,为学生提供与实际工作密切相关的知识和技能培训。关注学校定位及发展目标考量,即要根据学校的办学定位和发展目标,制订符合学校特色的教育计划和课程设置。关注学生发展及家长校友期望,即关注学生的个性发展和潜能挖掘,满足家长和校友对教育的期望,为学生提供全面、多元化的教育服务。关注国内外同专业发展的现状,即关注国内外同专业的发展趋势和现状,借鉴先进的教育理念和方法,提高教育质量和水平。

总之,实施OBE需要从多个维度进行需求调查,以确保教育计划和课程设置能够真正满足学生、家长、社会和行业的需求,培养出具有实际应用能力的优秀人才。

② 明确人才培养目标。具体包括以下几方面。

确定核心能力:明确学生在完成学业后应具备的核心能力,如分析问题、解决问题、沟通协作等。这些应是学生在未来工作和生活中所需的关键技能。

设定学习成果:根据核心能力,设定具体的学习成果,即学生在课程结束时应达到的知识、技能和态度等方面的要求。这些成果应是可衡量、可评估的。

设计课程体系:根据学习成果,设计相应的课程体系,确保课程内容和教学方法能够有效地培养学生的核心能力。课程设置应注重实用性和针对性,以满足不同学生的需求。

制订评估标准:为了确保学生达到预期的学习成果,需要制订明确的评估标准和方法。评估应全面、客观、公正,能够真实反映学生的学习状况。

持续改进:根据评估结果,对课程设置、教学方法等进行持续改进,以提高教育质量。同时,要关注学生的反馈,了解他们的需求和期望,以便更好地满足他们的学习需求。

制订人才培养目标依据两方面需求。其一,外部需求,包括国家、社会和学生的要求与期望。其二,内部需求,包括学校办学定位、人才培养定位及培养质量追求。

总之,实施OBE需要明确人才培养目标,关注学生的实际能力培养,以提高教育质量和满足社会需求。

③ 明确学生毕业要求。简单来说,就是明确学生毕业时应具备的知识、能力和素质有哪些,能够完成哪些任务。毕业要求应与本专业的培养目标保持一致,知识、能力和素质各方面要求应具体、详细,可操作、可测量。

毕业要求内容可参考如下。

个人素质:具备良好的道德水平。

基础知识:掌握自然科学基本原理,具备人文、社科知识素养。

专业知识:掌握广、深、厚的学科专业知识,并能将其应用于实践。

职业能力:具备一定的自主行动能力、变通能力、创新能力、抗挫折能力、拓展知识能力、终身学习能力、有效时间管理能力、推理和解决问题能力、收集和分析信息能力。

人际能力：具备有效的团队合作能力、交流能力、领导能力。

未来适应力：理解并融入企业文化，多学科、多角度思考问题，综合运用专业知识、能力、素质为社会和企业创造价值。

④ 理清人才培养标准。人才培养目标是对毕业要求的细化，结合相关利益者的相关要求和相关行业职业标准，从知识、能力、素质等方面对人才培养目标进行进一步分解。人才培养目标可分解为一、二、三级等多个层次，以便于目标能够很好地体现毕业要求，并找到相关课程支撑。

人才培养标准的制订要反映毕业要求的主题、内容、特征、实施准则及掌握的水平和程度。人才培养标准是对毕业要求的特征进行具体、详细、可操作、可测量的表述，通过某种教学分类法将学习结果量化成学生要达到的水平及应具备的程度，形成实施准则，应用于教学设计、实践及评价系统中。

⑤ 理顺课程结构支撑。课程体系要支撑培养目标、毕业要求、培养标准的实现，做到价值引领、知识探究、能力培养、态度养成一体化。课程教学实现知识的学习及部分价值、能力和态度的培养，项目设计及实验/实习环节实现知识的应用及大部分价值、能力和态度的培养。

课程体系设计要求：课程(包括所有培养环节)设置以有效实现培养目标为核心；以学生为中心，适应学生发展，兼顾学科的系统性，均匀安排学生学习负担；清晰体现专业培养目标的实现脉络；考虑发展的前瞻性。

课程体系设计基本原则：学习目标的可追溯性——以达到专业培养标准所规定的学习效果为目标，保证专业培养标准所规定的学习效果得到明确的落实；培养方案的适应性——以学生为中心，以适应学生成长路径为主线，保证培养效果的切实实现；培养过程的科学化——以明确的教学理念为指导，保证学生的知识与能力的一体化发展。

1.2 信号与系统课程

1.2.1 信号与系统课程简介

随着信息技术的持续进步及其应用领域的不断拓宽，信号与系统课程已经从电子信息工程专业的核心基础课程，演变为涵盖电子信息、自动控制、电子技术、电气工程、通信工程、信号与信息处理、计算机技术、网络工程、生物医学工程等多个专业的基础课程。甚至在许多非电类的专业中，该课程也得到了设置，其重要性日益凸显。课程内容也已从单一的电系统分析，拓展至众多非电系统的分析领域。尽管不同专业开设此课程时侧重点各异，应用背景也存在差异，但本课程仍然坚持以分析系统对信号响应为主线的教学体系，并且在长期的教学实践中证明了其有效性。

1. 信号与系统课程的教学目标

信号与系统课程是电气类和电子信息类专业本科生的专业基础课程。本课程旨在实现以下基本教学目标。

（1）掌握信号与系统的基本概念,涵盖信号的分类、表征,以及系统的性质与分类。

（2）理解并能够应用时间域和频域的分析方法,包括傅里叶变换、拉普拉斯变换等。

（3）学会分析和处理连续时间与离散时间信号系统。

（4）培养分析和解决工程问题的能力,提升数学建模和数值分析技能。

（5）增强运用现代工程软件工具进行信号处理与系统分析的实践能力。

本课程的目标是让学生掌握信号和线性系统分析的基础理论、原理和方法,以便在后续课程学习和工作中能够灵活运用这些方法解决问题。该课程与本科生的众多专业课程(如通信原理、数字信号处理、通信电路、自动控制原理、图像处理、微波技术等)紧密相关,并且是这些学科研究生入学考试的必考科目之一,其独特的重要性是其他课程无法替代的。课程内容包括信号与系统的概念、信号分析、连续时间系统与离散时间系统的时域和频域分析、系统的状态变量描述、傅里叶变换、拉普拉斯变换、z 变换等,涉及大量数学课程知识,例如线性微分方程、积分变换、复变函数、离散数学等。信号与系统课程的特点在于,它不仅具有深厚的理论基础,还具有显著的实用性,因此对学习者提出了理论和实践方面并重的双重要求。

2. 信号与系统课程的内容

信号与系统课程的核心内容涵盖以下内容。

（1）信号的基础理论。涉及信号的定义、分类,以及表示方法(例如时域表示、频域表示)等。

（2）系统的基本概念。包括系统的定义、分类、特性(如线性、时不变性、因果性)等。

（3）信号的时域分析技术。涵盖连续时间信号和离散时间信号的时域分析方法,例如微分方程、差分方程等。

（4）信号的频域分析技术。包括傅里叶级数、傅里叶变换、拉普拉斯变换、z 变换等频域分析方法。

（5）系统的时域分析技术。包括连续时间系统和离散时间系统的时域分析方法,如卷积积分、卷积和等。

（6）系统的频域分析技术。包括系统的频率响应、频率特性、稳定性分析等。

（7）信号处理与系统设计。涵盖滤波器设计、信号检测、信号估计、系统辨识等内容。

1.2.2　信号与系统课程的建设历程

1. 我国信号与系统课程的发展历程

我国信号与系统课程的发展大致可以划分为以下几个阶段。

20 世纪初期:随着电子工程和通信工程的兴起,信号与系统的概念开始被纳入这些领域。早期的课程主要集中在电路分析和电磁波传播这两大领域。

20 世纪 40 年代到 20 世纪 50 年代:信号与系统课程开始融入更多的数学理论,例如傅里叶分析和拉普拉斯变换。这些理论为信号与系统的深入分析提供了更为强大的工具。

20世纪60年代到20世纪70年代：随着数字技术的兴起,信号与系统课程开始纳入数字信号处理的相关内容。同时,计算机辅助教学也开始在信号与系统课程中得到应用。

20世纪80年代到20世纪90年代：信号与系统课程开始引入更多现代理论,例如小波变换、滤波器设计等。实验教学也逐渐成为课程的重要组成部分。

2000年至今：信息技术的迅猛发展促使信号与系统课程引入了更多新理论和新技术,例如机器学习、深度学习等。在线教育也开始在信号与系统课程中得到广泛应用。

总体而言,信号与系统课程的建设历程是一个持续发展与创新的过程,它不仅反映了电子信息技术的进步趋势,也体现了教育理念的演变。

2. 宁夏大学信号与系统课程的建设历程

本节以宁夏大学为例阐述高校信号与系统课程的建设历程。

自20世纪80年代起,宁夏大学为电子技术专业(20世纪90年代更名为电子信息工程专业)开设了信号与系统课程。随着通信工程、电气工程及其自动化、网络工程等专业的相继建立,信号与系统课程也相应地被引入。自2004年起,宁夏大学整合了这四个专业的课程要求,制订了统一的教学大纲,并每四年进行一次修订。随着人才培养方案的不断更新,从2008年开始,将实验内容独立出来,单独开设了信号与系统实验课程。

2007年,信号与系统课程荣获自治区级精品课程称号;2018年,"基于混合式教学的'信号与系统'教学内容和课程体系改革与实践"项目获批为教育部产学合作协同育人项目;2020年,信号与系统课程获批成为国家线下一流本科课程;同年,该课程也获批为自治区线上一流本科课程;2020年,"'信号与系统'课程思政教学探索与实践"项目获批为自治区"课程思政"精品项目;2022年,信号与系统课程及教学团队被授予自治区级课程思政示范课、课程思政教学名师和教学团队(汤全武、李春树、车进、李虹、宋佳乾)。

信号与系统课程犹如一座灯塔,照亮了无数求知者探索信息世界的道路。这门课程不仅是电子信息工程、通信工程乃至计算机科学等领域的基石,更是开启现代科技奥秘之门的钥匙。信号与系统,两者相辅相成,共同构成了一个完美的整体。信号是信息的载体,承载着丰富的数据和知识;而系统则是处理信号的平台,通过复杂的算法和模型,将原始信号转化为有意义的信息。在这一过程中,信号与系统相互交织,共同演绎着科技的奇迹。

信号的多样性与系统的复杂性,使得这门课程充满了挑战与魅力。从最基础的正弦波到复杂的数字信号,从线性系统到非线性系统,每一个知识点都如同一颗璀璨的星星,照亮了学生们探索的道路。在这条道路上,通过不断地探索与实践,学生们逐渐领悟到信号与系统背后的深刻哲理。

1.2.3　信号与系统教材的建设历程

1. 我国信号与系统教材的建设历程

信号与系统教材的建设历程可追溯至20世纪50年代,以下是一些关键的发展节点。

20 世纪 50 年代：信号与系统的概念开始在电子工程和通信领域受到重视。这一时期,研究人员着手探讨信号的表示、传输和处理,以及系统对信号的作用。这些初步研究为信号与系统教材的发展奠定了坚实的基础。

20 世纪 60 年代：电子计算机的问世推动了信号与系统研究的进一步发展。研究人员开始专注于离散时间信号和系统的分析与设计,同时,对模拟信号与系统的研究也在持续。这一时期的研究成果极大地丰富了信号与系统教材的内容。

20 世纪 70 年代：信号与系统教材开始问世。这一时期的教材主要聚焦于连续时间信号与系统以及离散时间信号与系统的分析与设计,为信号与系统的教学和研究提供了理论基础和实用工具。

20 世纪 80 年代：随着计算机技术的进步,信号与系统教材开始融入计算机辅助分析和设计的内容。这一时期的教材不仅覆盖了信号与系统的理论知识,还强调了如何利用计算机技术进行信号与系统的分析和设计。

20 世纪 90 年代至今：信号与系统教材持续完善与演进。当前的教材内容广泛,包括连续时间信号与系统、离散时间信号与系统、随机信号与系统、非线性信号与系统等多方面。同时,教材也着重介绍了信号与系统在通信、控制、图像处理、语音处理等领域的应用。

综上所述,信号与系统教材的建设历程体现了从理论探索到实际应用的演变。在这一过程中,教材内容不断扩充和完善,为信号与系统的教学和研究提供了坚实的支持。

2. 宁夏大学信号与系统教材的建设历程

2008 年,汤全武主编的《信号与系统》教材由华中科技大学出版社出版;同年,《信号与系统实验》(汤全武主编)教材由高等教育出版社出版。2011 年,《信号与系统》(汤全武主编)再次由高等教育出版社出版,并被教育部高等学校电子电气基础课程教学指导分委员会推荐。2021 年,《信号与系统》(MATLAB 版·微课视频版)(汤全武主编)由清华大学出版社出版,成为教育部高等学校电子信息类专业教学指导委员会规划的新形态教材。2024 年,《信号与系统》(MATLAB 版·微课视频版·第 2 版)(汤全武主编,李虹、宋佳乾、汤哲君、李春树、车进副主编)再次由清华大学出版社出版,它不仅是规划的新形态教材,还融入了思政元素。

此外,为了充分实现教材建设在立德树人中培根铸魂、启智增慧的作用,教学团队将思想性与科学性相结合,旨在实现知识传授与价值引导的有机统一。我们致力于培养学生的科学精神、工匠精神、系统观、规矩意识和团队合作精神,以促进学生的全面发展。2022 年,《课程思政——电子信息类专业课程设计与实践》(汤全武、李春树主编)一书由清华大学出版社出版,在各高校中起到了引领和示范作用。

3. 信号与系统教材建设的主要内容

当前,信号与系统教材的建设主要涵盖以下几个关键方面。

(1) 理论体系的完善。作为基础课程的信号与系统,其理论体系需确保完整性和系统性。教材应全面覆盖信号与系统的基本概念、原理、方法及其应用,确保学生能够系统地掌握核心知识。

（2）实例的丰富。为了加深学生对信号与系统理论知识的理解和掌握，教材中应融入大量具有代表性和实用性的实例及案例分析。这些实例和案例应能有效指导学生将理论应用于解决实际问题。

（3）教学方法的创新。信号与系统教材应融入现代教育技术和方法，例如数字化教学、混合式教学、实验教学等，以提升教学效果，并激发学生的学习兴趣。同时，教材还应着重培养学生的创新思维和实践技能，鼓励他们进行探索性学习。

（4）国际视野的拓展。信号与系统教材应具备国际化的视角，积极吸收国际先进的教学理念和方法。通过引入国际经典教材和研究成果，拓宽学生的学术视野。

（5）内容的及时更新。鉴于信号与系统领域不断涌现的新理论、新技术和新方法，教材需要定期更新，以反映最新的研究成果和技术进步，确保教学内容的时效性。

（6）配套资源的丰富。为了增强教学效果，信号与系统教材应配备包括习题集、实验指导书、教学课件、在线课程等在内的丰富教学资源。这些资源有助于学生巩固和扩展课堂知识，提升自主学习能力。

综上所述，现代信号与系统教材的建设应着重于理论体系的完善、实例的丰富、教学方法的创新、国际视野的拓展、内容的及时更新，以及配套资源的丰富，旨在提升教学品质和学生的学习成效。

1.3　信号与系统课程教学大纲

1.3.1　教学大纲基本架构

教学大纲涵盖了以下 10 个关键方面。

1. 课程基本信息

（1）课程基本信息通常包含课程名称、学时/学分、课程性质、课程类别、选用教材、考核方式、先修课程、后续课程、适用专业等要素。

（2）课程基本信息通常以表格形式呈现，如表 1-3 所示。

表 1-3　教学大纲课程基本信息模板

课程代码		课程性质	□必修　　□必选　　□选修
课程名称		学时/学分	
英文名称		课程类别	□通识　　□专业基础　　□专业核心
选用教材		考核方式	
先修课程		课程负责人	
后续课程		大纲执笔人	
适用专业		大纲审核人	

2. 课程地位、目的与任务

（1）简明扼要地阐述课程的地位、目的和任务。

（2）采用分段条列式进行说明。

（3）体例遵循"地位＋目的＋任务"的格式。

3. 课程教学目标

明确课程的教学目标是制订教学大纲的首要任务。教学目标应具体、明确，能够体现课程的核心内容和要求。

（1）以条列式叙述，叙述时要注意以学生为中心，避免以教师为中心。

（2）力求清晰、明确、具体，并尽量与能力指标相对应。

（3）精准使用动词，提升表述的专业性。

（4）目标数量以 4～6 项为宜，不超过 8 项、不少于 4 项。

（5）把握教学目标的核心，尽量涵盖认知、技能及情感领域；同一领域同一知识向度仅使用最高阶动词，无须使用较低阶动词。

（6）每个课程目标只对应一个能力指标，多个课程目标可以对应同一个指标。

（7）能力指标应对应到应用能力，而不仅仅是知识。

（8）作为专业课程的最低目标，应有超过 70％的学生能够达成，若学生达不到此指标，则应调整课程教学目标的内容或从课程教学目标中删除。

（9）评量目标应是具体可测的预期结果，不可测的内容不宜作为课程目标。

4. 课程目标与毕业要求指标点的对应关系

（1）课程权重应与教学目标充分对应，与目标数量成正比。

（2）核心能力权重超过 10％且未满 30％时，课程目标中要列出一至两项对应的专业能力指标。

（3）核心能力权重大于 30％时，课程目标中至少要列出两项对应的专业能力指标。

（4）权重应突出科目、教学目标，强化主轴，不应平均分配。

5. 课程教学内容与课程目标、教学方法的对应关系

根据教学目标，确定课程的主要内容和结构，主要包括课程的主题、章节、知识点等。

（1）教学内容应直接呼应课程教学目标，间接呼应专业能力指标。

（2）教材内容采用条列式陈述，需精简、扼要地呈现教学主要内容。

（3）每项教材内容应有适合的教学方法和评价方法。

（4）教材内容为同一课程授课教师的最大公约数，一条教材内容可以与一项或两项课程教学目标相呼应，教师视需要酌情进行调整。

6. 教学方法

根据教学内容和学生的特点，选择合适的教学方法。

（1）教的方法包括讲述法、讨论法、练习法、示范法及情境法等。学的方法包括问题导向学习、合作学习、专题学习、实践学习等。

（2）精准选择教学法，建议至少选择两项，力求教学多元化。

7．课程目标的考核方式

确定课程的考核方式,如考试、作业、报告、实践等。

(1)考核方式对学生公告后具有契约效力,不应随意更改。

(2)考核方式可采用纸笔测验(期中考试、期末考试或平时笔试考试)、档案评量(书面报告或专题档案)、口语评量(口头报告、口试或课堂讨论)、实作评量(日常表现、表演、实作、作业、观察、轶事记录)等方式。

(3)纸笔测验需附双向细目表;档案、口语及实作评量需附评价量规。

8．课程目标的评分标准

(1)考核分为定量考核和定性考核。

(2)每一项考核均有考核量规。

(3)力求清晰、明确、具体,并尽量对应能力指标。

9．教学用书与参考书目

(1)至少指定一本。

(2)呈现作者、年份、书名、出版社。

(3)强调遵循知识产权相关法令。

(4)尽量选择近期出版的、内容更贴合行动导向和实践需要的教材或自编讲义。

(5)尽量呈现最新、重要的参考书目,不宜列举一堆不重要的旧参考书籍。

10．教学资源

(1)根据需要进行条列。

(2)若条列,宜尽量清晰明确。

(3)强调遵循知识产权相关法令。

1.3.2 基于 OBE 的信号与系统教学大纲实例

1．课程基本信息

信号与系统课程的基本信息如表 1-4 所示。

表 1-4　信号与系统课程的基本信息

课程代码	0710249	课程性质	☑必修　□必选　□选修		
课程名称	信号与系统	学时/学分	64/4		
英文名称	Signals and Systems	课程类别	□通识　☑专业基础　□专业核心		
选用教材	汤全武. 信号与系统(MATLAB 版·微课视频版).2 版.北京:清华大学出版社. 2024	考核方式	过程考核(60%)+期末闭卷(40%)		
先修课程	高等数学、复变函数、电路分析、MATLAB 语言	课程负责人	汤全武		

后续课程	数字信号处理、通信原理、自动控制原理	大纲执笔人	汤全武
适用专业	电子信息工程、通信工程、电气工程及其自动化	大纲审核人	李春树

2. 课程地位、目的与任务

课程地位：信号与系统课程是电子信息工程、通信工程、电子信息工程（卓越工程师）、电气工程及其自动化等专业的核心基础课程。

课程目的：本课程旨在通过理论教学，从价值引领、知识探究、能力建设、态度养成“四个维度”实现知识、思维、能力的有机统一，培养学生多方面的能力。

（1）培养爱国主义热情和科学精神、工匠精神、系统观、规矩意识和团队合作精神。

（2）掌握信号与系统的基本理论和方法，具备信号与系统的分析、设计能力，具有信息获取与处理能力，实现数学概念、物理概念与工程概念的融合。

（3）能够识别和判断系统的性质，对复杂工程问题运用系统函数、零极点分布的影响规律、状态变量的选择等关键环节进行分析，并给出相应的参数。

（4）能够认识到复杂工程问题的多种相互关联和制约因素，并通过分析文献，规范描述相关领域的工程问题。

（5）能运用信号与系统的基本原理，分析和验证解决方法的合理性，以获得有效结论。

（6）根据特定需求对相关工程系统各模块进行设计和实现，并能够在设计环节中体现创新意识。

（7）具有良好的语言表达能力，能够就复杂工程方案和技术问题进行陈述发言和讨论交流。

课程任务：本课程的任务在于深入研究信号与系统理论的基本概念和基本分析方法，探索如何建立信号与系统的数学模型，通过适当的数学分析求解，对所得结果进行物理解释，并赋予物理意义。通过学习本课程，学生能够掌握信号与系统的基本理论、基本知识和基本技能，激发学生对信号与系统学习的兴趣和热情。为深入学习后续专业课程打下坚实的基础。

3. 课程教学目标

课程目标1：掌握信号的时域、频域、复频域分析技术，以及信号通过线性时不变（Linear Time-Invariant，LTI）系统的相应分析方法。掌握系统状态变量分析法，实现数学、物理和工程概念的融合，培养分析与设计相关系统的能力，以及信息获取与处理能力。

课程目标2：能够辨识和评估系统的特性，针对复杂工程问题，运用系统函数、零极点分布的影响规律、状态变量的选择等关键因素，提供相应的参数。

课程目标3：深刻理解信号的时域、频域、变换域特性，以及复杂工程问题通过LTI系统的时域、频域、复频域分析的相互联系和制约因素，规范地描述相关工程领域的工程问题。

课程目标4：能够运用多种方法求解系统的响应，从时域、频域、复频域分析中得出有效的结论。能够根据已知的(或给定的)系统结构图、微分方程或差分方程、转移函数、框图、模拟图等,正确选择状态变量,导出系统的状态方程和输出方程。

课程目标5:能够优化通信系统的信号传输质量或效率;调整控制系统函数以实现特定的系统特性;在信号处理领域,运用卷积与解卷积理论、频谱分析、复频域分析等进行设计与实现,并在设计过程中展现创新思维。

课程目标6:具备出色的口头表达能力,能够通过PPT等多媒体形式展示成果,汇报和交流复杂工程方案及技术问题,对挑战性问题进行开放式的在线讨论。

4. 课程目标与毕业要求指标点的对应关系

课程目标与毕业要求指标点的对应关系如表1-5所示。

表 1-5　课程目标与毕业要求指标点的对应关系

毕 业 要 求	毕业要求指标点		课 程 目 标
毕业要求1:工程知识 能够将数学、自然科学、工程基础、专业知识用于解决通信领域的复杂工程问题	1.2	掌握电路与信号领域的专业基础知识,具备电路分析与设计的能力,以及信息获取与处理的技能(**支撑权重0.15**)	课程目标1
毕业要求2:问题分析 能够应用数学、自然科学和工程科学的基本原理,并通过文献研究对通信领域中复杂工程问题进行系统识别与科学表达,进而开展深入分析以获得有效结论	2.1	能够识别并判断通信领域复杂工程问题中的关键环节和参数(**支撑权重0.1**)	课程目标2
	2.2	能够识别并理解复杂工程问题中众多相互关联和限制的因素,并通过文献分析,精确地描述通信工程领域的工程问题(**支撑权重0.2**)	课程目标3
	2.3	能够运用基本原理,分析并验证解决方案的合理性,以得出有效的结论。(**支撑权重0.15**)	课程目标4
毕业要求3:设计/开发解决方案 能够针对通信领域中的复杂工程问题,设计解决方案,开发满足特定需求的系统、模块或算法流程,并能够在设计/开发环节中体现创新意识,考虑社会、健康、安全、法律、文化,以及环境等因素	3.2	根据特定需求,对通信与电子工程系统的各个模块进行设计与实现,同时确保在设计过程中展现出创新思维(**支撑权重0.1**)	课程目标5
毕业要求10:沟通 能够就通信领域复杂工程问题与业界同行及社会公众进行有效沟通和交流,包括撰写报告、设计文稿、陈述发言、清晰表达或回应指令。具备一定的国际视野,能够在跨文化背景下进行沟通和交流	10.2	具备出色的口头表达能力,能够就复杂的工程方案和技术难题进行清晰的陈述、发言,以及深入的讨论交流(**支撑权重0.2**)	课程目标6

5. 课程教学内容与课程目标、教学方法的对应关系

课程教学内容与课程目标、教学方法的对应关系如表1-6所示。

表 1-6 课程教学内容与课程目标、教学方法的对应关系

章节(支撑目标)	教学内容	学时	教学要求	教学重点与难点	教学环节
绪论(课程目标1、6)	1. 课程的地位 2. 应用领域 3. 研究内容及性质 4. 研究方法 5. 教材与网站	1	了解本课程的地位、目标、特色、教材内容、分析主线,以及学习方法等		在线视频学习、小组讨论汇报、讲授
第1章 信号与系统的概念(课程目标1、2、6)	1.1 信号的定义与分类	1	了解信号的基本概念与定义,掌握信号波形的绘画方法	**重点**: ① 对基本连续时间信号的时域描述及其特性进行深入探讨; ② 明确单位冲激信号的定义、基本性质及其在信号处理中的应用; ③ 掌握信号的时域变换与时域运算,并能灵活运用这些知识解决实际问题; ④ 深入理解线性时不变系统的特性及其在工程实践中的应用 **难点**: ① 掌握信号的时域变换的复杂性; ② 深入理解并应用线性时不变系统的性质	在线视频学习、小组讨论汇报、讲授、思维导图总结
	1.2 典型连续信号及其时域特性		了解常用基本信号的时域描述方法、特点与性质,并能够应用这些性质		
	1.3 信号的时域变换	2	掌握信号的时域变换与运算的方法,并能够进行求解		
	1.4 信号的时域运算				
	1.5 奇异信号	2	① 掌握单位阶跃信号和单位冲激信号的时域描述方法、特点与性质,并能够应用这些性质; ② 了解单位斜变信号、单位门信号和单位符号信号; ③ 理解单位冲激偶信号		
	1.6 系统的定义与描述	2	了解系统的定义与描述		
	1.7 系统的性质与分类		掌握线性时不变系统的定义与性质,并能够应用这些性质		
第2章 连续时间系统的时域分析(课程目标1、2、3、4、6)	2.1 连续时间系统的数学描述	1	了解连续时间系统的数学模型和时域模拟的概念,并能够建立描述系统激励与响应关系的微分方程	**重点**: ① 连续系统数学模型的建立和时域模拟; ② 用时域经典法求系统的零输入响应; ③ 系统的单位冲激响应及其求解方法; ④ 卷积积分的定义、性质、运算及用卷积积分法求系统的零状态响应	在线视频学习、小组讨论汇报、讲授、思维导图总结
	2.2 连续时间系统的响应	2	① 理解系统的特征方程、特征根的意义,并能够进行求解; ② 理解系统的全响应可分解为自由响应和强迫响应,零输入响应和零状态响应,瞬态响应和稳态响应;并能够根据微分方程的特征根与已知的系统起始条件,求解系统的响应		

续表

章节（支撑目标）	教学内容	学时	教学要求	教学重点与难点	教学环节
第2章 连续时间系统的时域分析（课程目标1、2、3、4、6）	2.3 冲激响应和阶跃响应	1	掌握系统单位冲激响应和单位阶跃响应的意义，并能够进行求解	**难点：** ① 起始点的跳变——从 0_- 到 0_+ 状态的含义； ② 冲激函数匹配法； ③ 卷积积分图解法	
	2.4 卷积积分	2	理解卷积积分的定义、运算规律； 理解卷积积分的主要性质，掌握求解卷积积分的方法； 会应用卷积积分法求线性时不变系统的零状态响应		
第3章 连续时间信号与系统的频域分析（课程目标1～6）	3.1 周期信号的傅里叶级数分析	2	掌握傅里叶级数的定义、性质，并能够应用这些性质	**重点：** ① 对周期信号进行频谱分析，掌握其频谱特性； ② 理解傅里叶变换的定义和性质，以及如何求解正反傅里叶变换； ③ 学习周期信号的傅里叶变换，掌握频域系统函数的定义和求解方法； ④ 解决非周期信号激励下系统的零状态响应问题； ⑤ 了解低通滤波器的定义及其传输特性； ⑥ 掌握信号无失真传输的条件，以及采样信号和采样定理； ⑦ 掌握调制与解调的基本原理及其应用 **难点：** ① 傅里叶变换及其在实际中的应用； ② 采样定理的理解和应用； ③ 频域系统函数的定义、物理意义、计算方法及其在工程中的应用	在线视频学习、小组讨论汇报、讲授、思维导图总结
	3.2 周期信号的频谱	2	理解周期信号的频谱、频谱宽度和频谱图，掌握理解周期信号频谱的特点		
	3.3 非周期信号的频谱	2	① 理解非周期信号的频谱、频谱宽度和频谱图； ② 掌握典型非周期信号的傅里叶变换； ③ 掌握冲激信号、阶跃信号的傅里叶变换		
	3.4 傅里叶变换的性质	3	掌握傅里叶变换的基本性质及应用		
	3.5 周期信号的傅里叶变换	1	掌握周期信号的傅里叶变换及周期信号与非周期信号傅里叶变换之间的关系		
	3.6 采样定理	1	① 掌握取样定理； ② 掌握取样信号的频谱及其求解		
	3.7 连续时间系统的频域分析	1	① 掌握频域系统函数的定义、物理意义、求法与应用； ② 理解非周期信号激励下系统的零状态响应与全响应		
	3.8 无失真传输		了解信号无失真传输的条件		
	3.9 理想低通滤波器		掌握理想低通滤波器的定义、传输特性		
	3.10 调制与解调	2	了解调制与解调的基本原理与应用		
	3.11 从采样信号恢复连续时间信号		了解从采样信号恢复连续时间信号的方法		

续表

章节（支撑目标）	教学内容	学时	教学要求	教学重点与难点	教学环节
第4章 连续时间信号与系统的复频域分析（课程目标1～6）	4.1　拉普拉斯变换概述	2	掌握拉普拉斯变换的定义式、收敛域、基本性质及求解常用信号的拉普拉斯变换	**重点：**① 拉普拉斯变换的定义及其正、逆变换的求解；② 电路元件在 s 域的电路模型及其绘制方法；③ 线性系统的 s 域分析技术；④ 系统函数的定义、计算、应用，以及零极点图的解读；⑤ 系统模拟与信号流图的构建及其稳定性评估 **难点：**① 线性系统的 s 域分析技术；② 线性系统的稳定性评估	在线视频学习、小组讨论汇报、讲授、思维导图总结
	4.2　拉普拉斯变换		理解拉普拉斯变换的性质（特别是时移特性、频移特性、时域微分、频域积分、初值定理、终值定理等）及其应用条件		
	4.3　拉普拉斯逆变换	2	掌握部分分式法和留数法求函数的拉普拉斯逆变换		
	4.4　连续时间系统的复频域分析		掌握 s 域中电路 KCL、KVL 的表示形式及电路元件的伏安关系，能根据时域电路模型画出 s 域电路模型并求解线性时不变系统的响应（包括全响应、零输入响应、零状态响应、冲激响应和阶跃响应）		
	4.5　系统函数	2	掌握系统函数的定义和物理意义，并能够用多种方法求系统函数		
	4.6　系统函数的零、极点分布对系统时域特性的影响	1	掌握根据系统函数的零极点分布情况来分析、判断系统的时域特性		
	4.7　系统函数的零、极点分布与系统频率响应特性的关系	1	掌握根据系统函数的零极点分布情况来分析、判断系统的频域特性		
	4.8　系统的 s 域模拟图与框图	1	理解系统模拟的意义，能根据系统的微分方程或系统函数画出级联、并联形式的模拟图		
	4.9　信号流图与梅森公式	1	了解系统信号流图的意义，能根据系统的微分方程或系统函数画出信号流图		
	4.10　系统的稳定性分析	1	理解系统稳定性的意义，能够判断系统的稳定性		
	4.11　拉普拉斯变换与傅里叶变换的关系	1	了解拉普拉斯变换与傅里叶变换的关系		

续表

章节(支撑目标)	教学内容	学时	教学要求	教学重点与难点	教学环节
第5章 离散时间信号与系统的时域分析(课程目标1、2、3、4、6)	5.1 离散时间信号及其时域特性	1	① 了解离散信号的定义与时域特性;② 掌握在时域中求解离散时间信号的各种变换,包括反折、时移、尺度等;③ 掌握在时域中求解信号的各种运算,包括信号的相加、相乘、数乘、差分、累加和、倒相等	**重点:**① 离散时间信号的时域表示及其特性;② 离散时间系统的数学模型的构建;③ 离散时间系统的时域分析 **难点:**① 卷积和的计算;② 离散系统响应(包括零输入响应、零状态响应、全响应、单位脉冲响应)的时域方法的求解	在线视频学习、小组讨论汇报、讲授、思维导图总结
	5.2 离散时间系统及其数学描述	2	① 理解建立简单离散系统的数学模型——差分方程,并能够进行求解;② 理解离散系统状态与初始状态(初始条件)的意义和内涵;③ 理解并能够画出离散系统的时域模拟图		
	5.3 离散时间系统的响应——时域分析	1	掌握离散系统的零输入响应、零状态响应、全响应、单位脉冲响应的求解方法		
	5.4 卷积和	2	掌握在时域中求解信号的卷积和运算		
第6章 离散时间信号与系统的z域分析(课程目标1～6)	6.1 z变换	1	理解z变换的定义、收敛域及其基本性质	**重点:**① 离散信号z域分析—z变换;② 离散系统z域分析法;③ z域系统函数及其应用;④ 离散系统的频率特性 **难点:**① z变换的定义域;② 系统函数与离散系统因果性、稳定性的关系	在线视频学习、小组讨论汇报、讲授、思维导图总结
	6.2 常用序列的z变换	1	掌握常用序列的z变换		
	6.3 z变换的性质	2	理解z变换性质(特别是时移性、z域尺度特性、z域微分与积分性、卷积定理以及初值、终值定理等)的应用条件		
	6.4 逆z变换	1.5	掌握幂级数展开法、部分分式法及留数法求z逆变换		
	6.5 z变换与拉普拉斯变换的关系	0.5	理解z变换与拉普拉斯变换的关系		
	6.6 离散时间系统的z域分析	1	① 掌握z域系统函数的定义、物理意义及其零极点的概念,能够使用多种方法求解;		

右上角：续表

章节（支撑目标）	教学内容	学时	教 学 要 求	教学重点与难点	教学环节
第6章 离散时间信号与系统的 z 域分析（课程目标1～6）	6.6　离散时间系统的 z 域分析	1	② 了解系统函数的性质、极点分布与单位响应的关系，掌握应用系统函数对系统响应进行分析和求解； ③ 掌握应用 z 变换法求解离散系统的零输入响应、零状态响应和全响应		
	6.7　离散时间系统的频率响应特性	1	掌握离散系统频率特性的定义、物理意义、性质和求解方法		
第7章 线性系统的状态变量分析法（课程目标 1、2、4、6）	7.1　线性系统的状态变量法	2	了解状态、状态变量、状态向量、初始状态、状态空间、状态轨迹、状态方程、输出方程、系统方程等概念的定义内涵	**重点：** ① 编写连续系统状态方程与输出方程； ② 编写离散系统状态方程与输出方程 **难点：** ① 恰当地选取状态变量； ② 准确地编写状态方程与输出方程	在线视频学习、小组讨论汇报、讲授、思维导图总结
	7.2　连续系统状态方程的建立	2	掌握已知的（或给定的）系统结构图、微分方程、转移函数、框图、模拟图等，能够正确地选择状态变量，列出系统的状态方程和输出方程，并写成标准矩阵形式		
	7.3　离散系统状态方程的建立	2	掌握已知的（或给定的）系统结构图、差分方程、转移函数、框图、模拟图等，能够正确地选择状态变量，列出系统的状态方程和输出方程，并写成标准矩阵形式		

6. 教学方法

本课程采用"线上＋线下"相结合的混合式教学模式。线上部分以周为单位，提供 600 分钟的视频教学内容，并每周推送课前导学案与课中导学案。

课前导学案涵盖学习目标、要求、重点、难点，以及任务安排，包括观看视频的具体内容和需要解决的基本问题。

课中导学案则包含学习回顾、知识点归纳、自主探究问题、小组协作问题，以及课后作业等。线下教学以课堂讲授为核心，辅以小组协作汇报、课堂练习与讨论、考试等多种形式，具体涵盖如下。

（1）在线学习。根据课前导学案的要求，按时完成学习任务，掌握基础知识，归纳知识点，并解决自主探究问题；每章结束后完成在线测试；在第 14 周结束时，按指定时间参加在线考试。

（2）小组协作学习。每周进行随机分组，选出临时组长，由组长组织成员讨论小组协作问题，确保每位成员发表意见。记录员负责记录讨论的地点、时间、问题和结果，讨论结束后组长需在线提交讨论记录。每组需制作 PPT 并在课堂上汇报，将未解决的问题提交给教师和同学进一步讨论。

（3）课堂讲授。重点讲解每周学习内容，解答疑问，并进行总结，帮助学生复习和掌握所学知识，加深对基本概念和原理的理解与应用。

（4）课后作业。通过书面形式的课后作业，检查学生对知识的掌握程度，以便巩固和加深理解；通过每章的思维导图作业，帮助学生归纳总结，形成完整的知识体系。

（5）期末考试。采用闭卷考试形式，全面评估学生对课程内容的掌握程度。

7. 课程目标的考核方式

本课程采用过程考核成绩与期末考试成绩相结合的方式，综合评定学生的最终成绩。

综合成绩的计算公式为：综合成绩＝过程考核成绩×60％＋期末考试卷面成绩×40％。其中，过程考核成绩占总成绩的 60％，涵盖在线学习情况（占 40％）、小组协作学习（占 10％），以及课外作业（占 10％）。期末考试成绩则占总成绩的 40％，考试采用闭卷形式。

在线学习环节要求学生在 14 周内，按照导学案的要求，按时完成学习内容，这部分占 50％，章节测试占 10％，在线期末考试占 40％。

小组协作学习共进行 14 次，每次活动均按 100 分计算，最终成绩取所有活动的平均值。成绩评定由组间互评（占 50％）和教师评分（占 50％）两部分组成，教师评分依据提交的小组讨论记录和小组汇报情况。

课外作业环节包括每章的课后习题作业和每章的思维导图总结，每次作业均按 100 分计算，最终成绩取所有作业的平均值。

课程目标的考核方式如表 1-7 所示。

表 1-7　课程目标的考核方式

分项成绩	考核方式	成绩比例％					
		课程目标 1	课程目标 2	课程目标 3	课程目标 4	课程目标 5	课程目标 6
过程考核（60％）	在线学习情况（40％）	60	10	10	5	5	10
	小组协作学习（10％）	20	20	15	15	10	20
	课外作业（10％）	40	20	15	10	5	20
期末考试（40％）	结课考试	40	20	10	10	10	10

课程目标达成评价计算方法如下。

课程目标达成度＝（课程目标期末考试成绩均分/课程目标期末考试试题总分）×40％＋（课程目标过程考核成绩均分/课程目标过程考核成绩总分）×60％。

8. 课程目标的评分标准

（1）期末考试环节的评价细则如表1-8所示。

表 1-8 期末考试环节的评价细则

课程目标（权重%）	基 本 要 求	评价标准
目标 1（40）	① 掌握连续和离散信号的时域分析和频域分析的方法； ② 掌握线性时不变系统的描述和特性； ③ 掌握连续信号通过线性时不变系统的时域分析、实频域分析、复频域分析的基本方法； ④ 掌握离散信号通过线性时不变系统的时域分析、z 域分析的基本方法； ⑤ 理解系统的状态变量分析法	① 在设计试题时,必须设定与课程目标 1 相匹配的题型及其分值； ② 依据期末考试的评分标准进行评分
目标 2（20）	① 掌握周期信号和非周期信号的频谱特点； ② 掌握系统的判别方法； ③ 掌握系统函数的基本规律； ④ 掌握零极点分布对时域、频域的影响规律； ⑤ 理解状态变量的选择对建立状态变量方程的重要性	① 在设计试题时,必须设定与课程目标 2 相匹配的题型及其分值； ② 依据期末考试的评分标准进行评分
目标 3（10）	① 理解信号的时域分析中,通过基本信号单元的加权值随变量的变化直接表征信号的时域特性； ② 理解信号的频域分析中,通过各基本信号的频谱来反映信号的频域特性； ③ 理解信号的复频域分析中,拉普拉斯变换与 z 变换的理论和方法； ④ 掌握 LTI 系统的时域分析中系统的响应； ⑤ 掌握 LTI 系统的频域分析中系统的响应； ⑥ 掌握 LTI 系统的复频域分析中系统的响应； ⑦ 了解拉普拉斯变换与傅里叶变换,以及 z 变换与拉普拉斯变换的关系	① 在设计试题时,必须设定与课程目标 3 相匹配的题型及其分值； ② 依据期末考试试卷的评分标准进行评分
目标 4（10）	① 能够运用经典法和双零法得到系统的完全响应,分析并得出结论； ② 能够对系统进行时域分析、实频域分析、复频域分析,并得出有效的结论； ③ 能根据已知的系统结构图、微分方程或差分方程、转移函数、框图、模拟图等正确地选择状态变量,列出系统的状态方程和输出方程,并写成标准矩阵形式	① 在设计试题时,必须设定与课程目标 4 相匹配的题型分值； ② 依据期末考试试卷的评分标准进行评分
目标 5（10）	① 能够针对通信系统实际情况进行适当的调制,以提高信号的传输质量或传输效率； ② 理解针对控制系统,系统函数可以有效地确定系统的时域特性、频响特性和相位特性,以及系统的稳定性等； ③ 理解针对信号处理领域,在信号的时域分析中,信号的卷积与解卷积理论可以实现信号恢复和信号去噪； ④ 理解在信号的变换域分析中,信号的傅里叶变换可以实现信号的频谱分析,连续信号的拉普拉斯变换和离散信号的 z 变换可以实现信号的变换域描述和表达	① 在设计试题时,必须设定与课程目标 5 相匹配的题型及其分值； ② 依据期末考试试卷的评分标准进行评分

续表

课程目标 （权重%）	基 本 要 求	评价标准
目标 6 （10）	能够就实际的复杂工程方案和技术问题进行描述	① 在设计试题时，必须设定与课程目标 6 相匹配的题型及其分值分配； ② 依据期末考试试卷的评分标准进行评分

期末考试试卷与支撑课程目标之间的关系如表 1-9 所示。

表 1-9　期末考试试卷与支撑课程目标之间的关系

试题编号及分值	题型	目标 1	目标 2	目标 3	目标 4	目标 5	目标 6
一(1～10)20 分	选择题	20					
二(1～10)20 分	判断题	20					
三(1～2)10 分	简答题		10				
三(3～4)10 分	简答题			10			
四(1)5 分	画图题						5
五(1)10 分	分析计算题		10				
六(1)10 分	分析计算题				10		
七(1)10 分	分析计算题					10	
八(1)5 分	开放讨论题						5
合计		40	20	10	10	10	10

（2）在线学习环节考核评价细则如表 1-10 所示。

表 1-10　在线学习环节考核评价细则

课程目标（权重%）	评 价 标 准
目标 1 （60）	(1) 在线系统已配置以满足课程目标 1 的进度要求和题型分值； (2) 根据在线系统的配置，总成绩将自动计算得出
目标 2 （10）	(1) 在线系统已配置以满足课程目标 2 的进度要求和题型分值； (2) 根据在线系统的配置，总成绩将自动计算得出
目标 3 （10）	(1) 在线系统已配置以满足课程目标 3 的进度要求和题型分值； (2) 根据在线系统的配置，总成绩将自动计算得出
目标 4 （5）	(1) 在线系统已配置以满足课程目标 4 的进度要求和题型分值； (2) 根据在线系统的配置，总成绩将自动计算得出
目标 5 （5）	(1) 在线系统已配置以满足课程目标 5 的进度要求和题型分值； (2) 总成绩将根据在线系统的配置自动计算得出
目标 6 （10）	(1) 在线系统已配置以满足课程目标 6 的进度要求和题型分值； (2) 根据在线系统的配置，总成绩将自动计算得出

备注：在线学习环节中，支撑课程目标 1 的理论权重 60％、支撑课程目标 2 的理论权重 10％、支撑课程目标 3 的理论权重 10％、支撑课程目标 4 的理论权重 5％、支撑课程目标 5 的理论权重 5％、支撑课程目标 6 的理论权重 10％，但在实际中，由于在线期末考试是题库随机产生，可能不一定刚好是 60％、10％、5％，略有差异，按实际权重为准

（3）小组协作学习环节的考核评价细则如表 1-11 所示。

表 1-11 小组协作学习环节的考核评价细则

课程目标（权重）	评价标准				
	90~100 分	80~89 分	70~79 分	60~69 分	0~59 分
目标 1（20%）	对基本概念、原理有深入的理解，并能清晰地进行论述。同时，具备了对信号与系统进行分析和设计的能力，以及信息获取与处理的能力	对基本概念、原理掌握较好，论述较清楚。同时，具有信号与系统的分析和设计能力，以及信息获取与处理能力	对基本概念、原理有一定掌握，论述较清楚。同时，初步具有信号与系统的分析和设计能力，以及信息获取与处理能力	对基本概念、原理基本掌握，论述基本清楚。同时，基本具有信号与系统的分析和设计能力，以及信息获取与处理能力	对基本概念、原理没有掌握，论述不清楚。同时，不具有信号与系统的分析和设计能力，以及信息获取与处理能力
目标 2（20%）	能够识别并判断通信领域复杂工程问题的关键环节和参数，理论依据充分	能够识别并判断通信领域复杂工程问题的关键环节和参数，理论依据较充分	能够较好识别并判断通信领域复杂工程问题的关键环节和参数，理论依据较充分	能够基本识别并判断通信领域复杂工程问题的关键环节和参数，理论依据不充分	不能够识别并判断通信领域复杂工程问题的关键环节和参数，理论依据不充分
目标 3（15%）	能够识别并理解复杂工程问题中众多的相互关联和限制因素，并通过分析文献，精确地描述通信工程领域的工程问题	能够认识到复杂工程问题的多种相互关联和制约因素，并通过分析文献，较规范描述通信工程领域的工程问题	能够较好认识到复杂工程问题的多种相互关联和制约因素，并通过分析文献，较规范描述通信工程领域的工程问题	能够基本认识到复杂工程问题的多种相互关联和制约因素，并通过分析文献，较规范描述通信工程领域的工程问题	不能够认识到复杂工程问题的多种相互关联和制约因素，并通过分析文献，不能规范描述通信工程领域的工程问题
目标 4（15%）	能熟练运用基本原理，分析并验证解决方案的合理性，以得出有效的结论	能运用基本原理，分析并验证解决方法的合理性，以得出有效的结论	能较好运用基本原理，分析并验证解决方法的合理性，以得出有效的结论	基本能运用基本原理，分析并验证解决方法的合理性，以得出有效的结论	不能运用基本原理，分析并验证解决方法的合理性，不能得出有效的结论
目标 5（10%）	能根据特定需求，对通信与电子工程系统的各个模块进行设计与实现，并确保在设计过程中展现创新思维	能根据特定需求，对通信与电子工程系统各模块进行设计与实现，并能够在设计环节中体现一定的创新意识	能根据特定需求，较好地对通信与电子工程系统各模块进行设计与实现，并能够在设计环节中体现有创新意识	能根据特定需求，对通信与电子工程系统各模块进行基本的设计与实现，并能够在设计环节中体现有创新意识	不能根据特定需求对通信与电子工程系统各模块进行设计与实现，在设计环节中无创新意识
目标 6（20%）	具备出色的语言表达技巧，能够针对复杂的工程方案和技术难题进行清晰的陈述、发言，以及深入的讨论和交流	具有良好的语言表达技巧，能够就复杂工程方案和技术问题进行较好地陈述发言，以及讨论和交流	具有较好的语言表达技巧，能够就复杂工程方案和技术问题进行较好地陈述发言，以及讨论和交流	具有基本的语言表达技巧，能够就复杂工程方案和技术问题进行一般地陈述发言，以及讨论和交流	语言表达技巧不强，不能够就复杂工程方案和技术问题进行陈述发言，以及讨论和交流

（4）课外作业环节的考核评价细则如表 1-12 所示。

表 1-12 课外作业环节的考核评价细则

课程目标 （权重）	评 价 标 准				
	90～100 分	80～89 分	70～79 分	60～69 分	0～59
目标 1 （40%）	准时提交作业；对基本概念有准确理解，并能恰当运用相关知识分析并解决实际工程问题，逻辑推理条理清晰，数学模型构建正确，求解过程无误	准时提交作业；对基本概念理解正确，并能正确应用相关知识分析解决实际工程问题，逻辑推理条理清晰，数学模型正确但求解结果有错	准时提交作业；对基本概念理解正确，并能正确应用相关知识分析解决实际工程问题，个别逻辑推理不够清晰，数学模型不够准确	准时提交作业；对基本概念理解正确，但是应用相关知识分析解决实际工程问题的思路和过程有误	不准时提交作业、存在抄袭情况，基本理论、方法不清楚，无法解决实际工程问题
目标 2 （20%）					
目标 3 （15%）					
目标 4 （10%）					
目标 5 （5%）	思维导图有较强的创新意识	思维导图有一定的创新意识	思维导图有创新意识	思维导图有少量的创新意识	思维导图无创新意识
目标 6 （10%）	表述结论时展现了出色的语言表达能力	表述结论时展现了较好的语言表达能力	表述结论时展现了一般的语言表达能力	表述结论时仅展现了基本的语言表达能力	表述结论时体现出语言表达能力不强

9. 教学用书与参考书目

（1）教学用书。

汤全武.信号与系统（MATLAB 版·微课视频版）. 2 版. 北京：清华大学出版社. 2024.

（2）参考书目。

① 郑君里,应启珩,杨为理.信号与系统. 3 版. 北京：高等教育出版社. 2011.

② 奥本海姆著. 刘海棠译. 信号与系统. 2 版. 陕西：西安交通大学出版社. 2003.

③ 吴大正主编.信号与线性系统分析. 5 版. 北京：高等教育出版社. 2019.

④ 管致中,夏恭恪,孟桥.信号与线性系统. 6 版. 北京：高等教育出版社. 2016.

⑤ 汤全武.信号与系统（MATLAB 版·微课视频版）.北京：清华大学出版社. 2021.

10. 教学资源

相关参考资源可扫描二维码查看。

教学资源

1.4　信号与系统实验课程教学大纲

1.4.1　信号与系统实验课程教学大纲基本架构

信号与系统实验课程教学大纲主要包括 10 方面：课程基本信息,课程地位、目的与任务,课程教学目标,课程目标与毕业要求指标点的对应关系,课程教学内容与课程目标、教学方法的对应关系,教学方法,课程目标的考核方式,课程目标的评分标准,教学用书与参考书目,教学资源。详细要求请参阅 1.3.1 节。

1.4.2　基于 OBE 的信号与系统实验课程教学大纲实例

1. 课程的基本信息

信号与系统实验课程的基本信息如表 1-13 所示。

表 1-13　信号与系统实验课程的基本信息

课程代码	0710202	课程性质	☑必修　　□必选　　□选修		
课程名称	信号与系统实验	学时/学分	16/1		
英文名称	Experiments of Signals and Systems	课程类别	□通识　　☑专业基础　　□专业核心		
选用教材	汤全武. 信号与系统实验. 北京：高等教育出版社. 2008	考核方式	过程考核		
先修课程	高等数学、复变函数、电路分析、MATLAB 语言	课程负责人	汤全武		
后续课程	数字信号处理、通信原理、自动控制原理	大纲执笔人	汤全武		
适用专业	电子信息工程、通信工程、电气工程及其自动化	大纲审核人	李春树		

2. 课程的地位、目的与任务

课程地位：信号与系统实验是电气类和电子信息类专业的一门关键基础实验课程。该课程与信号与系统理论课程相辅相成,经过多年的发展,已经构建起一套完善的教学体系,并独立开设。课程内容涵盖硬件实验和软件仿真实验两大部分。

课程目的：本课程旨在通过实践教学,从价值引领、知识探究、能力建设、态度养成这"四个维度"出发,实现知识、思维、能力的有机统一,培养学生多方面的能力。

(1) 培养对祖国的热爱、科学探索精神、团队协作精神、精益求精的工匠精神、遵守规则的意识,以及全面的系统观念。

(2) 运用理论知识指导实践操作,通过实践来验证基本原理,从而提升学生的动手实践能力以及分析和解决信号与系统工程实际问题的能力。使学生能够掌握信号与系统的分析和设计技能,具备信息获取与处理的能力,实现数学、物理和工程概念的融合。

(3) 根据具体需求对工程系统中的各个模块进行设计与实现,并在设计过程中展现创新思维。

(4) 能够准确地采集和整理实验数据,对实验结果进行深入分析和解释,得出合理有效的结论,并按照要求撰写实验报告。

课程任务：通过本课程的实践训练，帮助学生更深入地理解信号与系统的整体概念和基本理论，掌握使用硬件和软件方法完成实验任务的技能，能够运用所学知识设计和组织实验，培养一定的工程素养，形成科学的工作作风，为后续课程学习和未来从事技术工作打下坚实的基础。

3. 课程教学目标

课程目标 1：利用信号的时域、频域、复频域分析方法，以及信号通过 LTI 系统的时域、频域、复频域分析方法，做到数学概念、物理概念与工程概念的统一，具备分析与设计相关系统的能力，具有信息获取与处理能力。

课程目标 2：能够针对具体系统，提高信号的传输质量、传输效率，以及系统的稳定性等，合理调整系统函数以实现所需的系统特性，采用信号的卷积与解卷积理论、频谱分析、复频域分析等进行设计与实现，并能够在设计环节中体现创新意识。

课程目标 3：能够正确采集、整理实验数据，对实验结果进行分析和解释，获取合理有效的结论，按要求完成实验报告。

4. 课程目标与毕业要求指标点的对应关系

课程目标与毕业要求指标点的对应关系如表 1-14 所示。

表 1-14　课程目标与毕业要求指标点的对应关系

毕 业 要 求	毕业要求指标点	课 程 目 标
毕业要求 1：工程知识 能够将数学、自然科学、工程基础、专业知识用于解决通信领域的复杂工程问题	1.2　掌握电路与信号领域的专业基础知识，具备电路分析与设计的能力，以及信息获取与处理的技能（**支撑权重 0.1**）	课程目标 1
毕业要求 3：设计/开发解决方案 能够针对通信领域中的复杂工程问题，设计解决方案，开发满足特定需求的系统、模块或算法流程，并能够在设计/开发环节中体现创新意识，考虑社会、健康、安全、法律、文化，以及环境等因素	3.2　根据特定需求，对通信与电子工程系统的各个模块进行精心设计与实现，并确保在设计过程中展现出创新思维（**支撑权重 0.2**）	课程目标 2
毕业要求 4：研究 能够基于通信领域学科相关原理并采用科学方法对通信领域的复杂工程问题进行研究，包括设计实验、分析与解释数据，并通过信息综合得到合理有效的结论	4.3　能够准确地采集和整理实验数据，对实验结果进行深入分析和合理解释，从而得出科学有效的结论（**支撑权重 0.15**）	课程目标 3

5. 课程教学内容与课程目标、教学方法的对应关系

课程教学内容与课程目标、教学方法的对应关系如表 1-15 所示。

表 1-15 课程教学内容与课程目标、教学方法的对应关系

序号	实验项目（支撑目标）	学时	教学要求	教学内容	教学重点与难点	教学环节
1	连续时间信号的时域分析（综合，软件）（课程目标1~3）	2	① 掌握连续信号的表示及其可视化；② 掌握连续信号的时域运算、时域变换及其MATLAB的实现方法；③ 掌握用MATLAB分析常用连续时间信号	① 用MATLAB绘制已知信号的波形；② 绘制单位阶跃信号的波形；③ 用符号函数来生成单位阶跃信号的方法，绘出符号函数及单位阶跃信号的波形；④ 绘制单位冲激信号的波形；⑤ 绘制单边指数函数信号的波形；⑥ 绘制不同频率、初相位的正弦信号时域波形；⑦ 绘制实指数信号的时域波形，并从得出的波形验证实指数信号的性质；⑧ 绘制实指数信号的时域波形，并观察该信号的时域特性；⑨ 绘制复指数信号的实部、虚部、模及相角随时间变化的曲线，并观察其特性；⑩ 绘制已知信号的各种时域变换、运算后的波形	重点：连续信号的时域运算与时域变换原理 难点：连续时间信号的表示方法；向量法和符号运算法	预习报告、教师演示、实际操作、实验报告
2	离散系统的时域分析（综合，软件）（课程目标1~3）	2	① 掌握离散序列卷积和MATLAB实现的方法；② 掌握离散系统的单位响应及其MATLAB的实现方法；③ 掌握用MATLAB求LTI离散系统响应的方法	① 用conv函数求已知序列的卷积，绘出其波形，讨论其结果；② 调用dconv子函数计算已知序列的卷积和，绘出它们的时域波形，并说明序列时域宽度与卷积和序列时域宽度的关系；③ 已知某LTI离散系统的单位响应，求该系统在激励时的零状态响应，并绘出其时域波形；④ 已知描述某离散系统的差分方程，试用MATLAB绘出该系统0~50s时间范围内单位响应的波形；⑤ 已知描述某离散系统的差分方程，且知该系统输入序列。试用MATLAB实现下列分析过程：绘出输入序列的时域波形；求出系统零状态响应在0~20范围内的样值；绘出系统的零状态响应波形；⑥ 已知描述某离散系统的差分方程，用MATLAB绘出该系统单位阶跃响应的时域波形	重点及难点：离散时间序列的卷积和原理	预习报告、教师演示、实际操作、实验报告
3	连续系统的频域分析及连续信号的采用与重构（综合，软件）（课程目标1~3）	2	① 掌握用MATLAB分析连续系统的频率特性的方法；② 掌握用MATLAB实现连续信号的采样及重构的方法	① 常见的用RLC元件构成的二阶低通滤波器，试用MATLAB的freqs函数绘出该频率响应；② 用MATLAB实现对采样函数的临界采样及由该采样信号恢复；③ 利用MATLAB对采样函数进行采样，并比较由采样信号恢复后的信号与原信号的误差，计算两信号的绝对误差	重点及难点：连续信号的采样及重构的方法	预习报告、教师演示、实际操作、实验报告

续表

序号	实验项目（支撑目标）	学时	教学要求	教学内容	教学重点与难点	教学环节
4	连续系统的复频域分析（综合，软件）（课程目标1～3）	2	① 掌握用MATLAB实现拉普拉斯变换、逆变换以及绘制其曲面图的方法；② 掌握用MATLAB绘制连续系统零极点的方法；③ 掌握用MATLAB分析连续系统零极点的方法；④ 掌握用MATLAB分析巴特沃思滤波器的方法	① 已知连续时间信号，求出该信号的拉普拉斯变换，并用MATLAB绘出拉普拉斯变换的曲面图；② 用MATLAB绘出矩形信号的拉普拉斯变换的曲面图，观察曲面图在虚轴剖面上的曲线，并将其与信号傅里叶变换绘制的振幅频谱进行比较；③ 已知连续系统的系统函数，用MATLAB绘出系统的零极点图；④ 已知某连续系统的系统函数，用MATLAB求出该系统的零极点，绘出零极点分布图，并判断系统是否稳定；⑤ 已知连续系统的零极点分布，试用MATLAB分析系统冲激响应的时域特性；⑥ 已知某二阶系统的零极点，用MATLAB分别绘出在三种情况下，该系统在0～1kHZ频率范围内的幅频响应曲线，说明该系统的作用，并分析极点位置对系统频率响应的影响；⑦ 利用MATLAB设计一个巴特沃思低通滤波器，用MATLAB确定满足设计指标巴特沃思低通滤波器的阶数，绘出该滤波器的幅频响应曲线及零极点分布图；⑧ 已知连续信号的拉普拉斯变换，用MATLAB求其拉普拉斯逆变换；⑨ 已知某连续系统的系统函数，试用MATLAB求出该系统的冲激响应，并绘出其时域波形图，判断系统的稳定性	**重点及难点：** 用软件实现拉普拉斯变换、逆变换以及绘制其曲面图的方法	预习报告、教师演示、实际操作、实验报告
5	周期信号的频谱分析（验证，硬件）（课程目标1～3）	2	掌握信号频谱的测量方法，加深对信号频谱概念的理解	① 测量方波的频谱，即选定IST-B占空比1∶1的脉宽波，加至示波器与IST-B的输入探头，进行归一化频谱分析；② 选定占空比为2∶1、3∶1的脉宽波，重复上面的过程；③ 选IST-B输出1kHZ的三角波重复前面的实验过程	**重点及难点：** 周期信号的频谱分析及其频谱的特点	预习报告、教师演示、实际操作、实验报告
6	信号合成（验证，硬件）（课程目标1～3）	2	掌握信号合成的方法，从另一个方面加深对信号频谱概念的理解；了解按确定频谱产生信号的原理	① 选定单频谱，幅度为100，用示波器观察输出波形，并测算其频率；② 选定按$1/n$规律收敛的一组数据，观察并测量其输出的波形；③ 选定按$1/n^2$规律收敛的一组数据，观察并测量其输出的波形；④ 设置不同频率，观察并测量其输出波形	**重点及难点：** 信号合成的方法	预习报告、教师演示、实际操作、实验报告

续表

序号	实验项目（支撑目标）	学时	教学要求	教学内容	教学重点与难点	教学环节
7	信号通过线性系统（验证,硬件）（课程目标1~3）	2	观察、研究脉冲信号、正弦调幅信号通过线性电路引起的变化；了解线性电路的频率特性对信号传输的影响	① 观察调幅信号通过串联谐振回路引起的变化； ② 观察并测量矩形脉冲信号通过并联谐振回路引起的变化； ③ 观察信号通过全通网络的情况	重点及难点：信号、正弦调幅信号通过线性电路引起的变化	预习报告、教师演示、实际操作、实验报告
8	信号采样及恢复（综合,硬件）（课程目标1~3）	2	熟悉信号的采样及恢复过程,验证采样定理	① 正弦波的采样及恢复过程； ② 方波的采样过程	重点及难点：信号的采样及恢复过程	预习报告、教师演示、实际操作、实验报告
备注	实验项目可根据不同专业的情况,在实际执行中可略作调整,从选修实验项目中互换,但必须符合课程目标					

另外,课程还准备了如表 1-16 所示的 10 个选修实验内容,供有能力、有兴趣的学生进行学习。

表 1-16　选修实验内容

实验代码	实验名称	类别	开设情况	目的	类型	课时
072004201	信号波形的观察与测试（硬件）	专业	开	选修	验证	2
072004202	无源滤波器与有源滤波器（硬件）	专业	开	选修	验证	2
072004203	一阶连续时间系统模拟（硬件）	专业	开	选修	综合	2
072004204	二阶连续时间系统模拟（硬件）	专业	开	选修	综合	2
072004205	离散时间信号的时域分析（软件）	专业	开	选修	综合	2
072004206	连续系统的时域分析（软件）	专业	开	选修	综合	2
072004207	周期信号的频域分析（软件）	专业	开	选修	综合	2
072004208	连续时间信号的频域分析（软件）	专业	开	选修	综合	2
072004209	离散系统的 z 域分析（软件）	专业	开	选修	设计	2
072004210	状态变量分析（软件）	专业	开	选修	综合	2

6. 教学方法

本课程采用的教学模式包括课前预习报告、课堂演示讲解、实际操作,以及实验报告的撰写。在课前,我们统一提出实验的具体要求,包括预习报告、实际操作和实验报告。具体要求如下。

（1）在实验开始前,学生需仔细阅读实验指导书,深入理解实验箱及仪器设备的工作原理,并根据实验任务编写 MATLAB 实验程序,掌握操作要领以及数据测量与处理方法,以完成预习报告。

（2）在实验进行时,学生需提交预习报告,并在教师签字确认后方可开始实验。在实验过程中,学生应详细记录数据,特别是对任何异常现象的记录及排除方法。

（3）课堂演示讲解环节将对实验的关键点进行详细讲解和演示,以帮助学生复习和掌握所学知识,加深对基本概念和原理的理解及应用。

（4）实验结束后,学生需按时提交实验报告,以检验对所学知识的掌握程度。

（5）目前,本课程已设置 18 个实验项目。除了必须完成的 8 个实验外,具备相应能力和兴趣的学生可以从 10 个选修实验中选择(选修实验不计入考核)。

（6）期末成绩的评定将通过过程性考核的方式进行。

（7）实验将采用分组方式进行,硬件部分每 2 人一组,软件部分则为个人独立完成。

7. 课程目标的考核方式

本课程以过程考核成绩进行综合评定学生成绩。

$$综合成绩＝实验报告成绩×80\%＋出勤及实验过程×20\%$$

每个实验报告按照总分 100 分评定,取其平均值,占 80%。出勤及实验过程每次按照总分 100 分评定,取其平均值,占 20%。

课程目标的考核方式如表 1-17 所示。

表 1-17　课程目标的考核方式

考 核 方 式		成绩比例/%		
		课程目标 1	课程目标 2	课程目标 3
过程考核	实验报告(80%)	20	50	30
	出勤及实验过程(20%)	30	50	20

课程目标达成评价计算方法如下。

课程目标达成度＝课程目标过程考核成绩均分/课程目标过程考核成绩总分

8. 课程目标的评分标准

（1）出勤及实验过程环节的考核评价细则如表 1-18 所示。

表 1-18　出勤及实验过程环节的考核评价细则

课程目标（权重）	评价标准				
	90～100 分	80～89 分	70～79 分	60～69 分	0～59 分
目标 1（30%）	能够准时完成实验预习报告,并且按照要求;在实验中采用的方法是合理的;出勤准时	能够按时按照要求较好地完成实验预习报告;在实验中采用的方法是合理的;出勤准时	能够按时按照要求基本完成实验预习报告;在实验中采用的方法是合理的;出勤准时	能够按时按照要求基本完成实验预习报告;在实验中采用的方法基本合理;出勤基本准时	不能够按时按照要求完成实验预习报告;在实验中采用的方法不合理;出勤不准时

续表

课程目标 （权重）	评 价 标 准				
	90～100 分	80～89 分	70～79 分	60～69 分	0～59 分
目标 2 （50%）	在实验过程中，能够全面考虑环境、安全、健康等多方面因素，有效地完成实验任务；提出建设性的建议和创新的尝试	在实验过程中，能够综合考虑环境、安全、健康等多方面因素，有效地完成实验；提出建议和尝试	在实验过程中，能够综合考虑环境、安全、健康等多方面因素，完成实验	在实验过程中，能够综合考虑环境、安全、健康等多方面因素，基本完成实验	在实验过程中，不能够综合考虑环境、安全、健康等多方面因素，没有完成实验
目标 3 （20%）	在实验过程中，能够妥善记录数据；对出现的异常现象进行详细记录并掌握排除方法	在实验过程中，能够妥善记录数据；对异常现象有记录并能够部分排除	在实验过程中，能够妥善记录数据；对异常现象有记录，但不能排除	在实验过程中，能够妥善记录数据；对异常现象有部分记录	在实验过程中，不能够妥善记录数据；对异常现象没有记录

（2）实验报告环节的考核评价细则如表 1-19 所示。

表 1-19　实验报告环节的考核评价细则

课程目标 （权重）	评 价 标 准				
	90～100 分	80～89 分	70～79 分	60～69 分	0～59 分
目标 1 （20%）	能够运用信号与系统的理论和分析方法，实现数学、物理和工程概念的融合；具备完成实验任务的分析与设计能力；具有信息获取和处理的能力	能够运用信号与系统的理论与分析方法，实现数学概念、物理概念与工程概念的融合；具有完成实验任务的分析与设计能力；具有一定信息获取与处理能力	能够运用信号与系统的理论与分析方法，实现数学概念、物理概念与工程概念的融合；基本具有完成实验任务的分析与设计能力；具有一定信息获取与处理能力	能够运用信号与系统的理论与分析方法，实现数学概念、物理概念与工程概念的融合；具有一定完成实验任务的分析与设计能力；基本具有一定信息获取与处理能力	不能够运用信号与系统的理论与分析方法，实现数学概念、物理概念与工程概念的融合；不具有完成实验任务的分析与设计能力；不具有信息获取与处理能力
目标 2 （50%）	能够针对特定实验内容，运用相应的理论基础；对实验任务能够进行高效地设计与执行；并在设计过程中展现创新思维	能够针对特定实验内容，运用相应的理论基础；对实验任务能够进行设计与执行；能够在设计环节中展现创新意识	能够针对特定实验内容，运用相应的理论基础；对实验任务能够进行设计与执行；没能在设计环节中展现创新意识	能够针对特定实验内容，运用相应的理论基础不完整；对实验任务能够进行设计与实现；没能在设计环节中展现创新意识	能够针对特定实验内容，运用相应的理论基础不完整；对实验任务不能进行设计与实现；没能在设计环节中展现创新意识

续表

课程目标（权重）	评价标准				
	90~100 分	80~89 分	70~79 分	60~69 分	0~59 分
目标 3（30%）	能够准确地收集和整理实验数据；对实验结果进行深入的分析和解释，得出合理且有效的结论；能够按要求撰写实验报告并提出建设性的建议	能够准确地收集和整理实验数据；对实验结果进行比较深入分析和解释，得出合理有效的结论；能够按要求完成实验报告并提出建议	能够正确地收集和整理实验数据；对实验结果进行分析和解释，得出合理有效的结论；能够按要求完成实验报告	基本能正确采集整理实验数据；对实验结果进行分析和解释，得出合理的结论；能够按要求完成实验报告	不能正确采集整理实验数据；对实验结果进行分析和解释，但不能得出合理有效的结论；不能按要求完成实验报告

9. 教学用书与参考书目

（1）教学用书。

汤全武. 信号与系统实验. 北京：高等教育出版社. 2008.

（2）参考书目。

① 汤全武. 信号与系统（MATLAB 版·微课视频版）. 2 版. 北京：清华大学出版社. 2024.

② 谷源涛,应启珩,郑君里. 信号与系统——MATLAB 综合实验. 北京：高等教育出版社. 2008.

③ 汤全武. 信号与系统（MATLAB 版·微课视频版）. 北京：清华大学出版社. 2021.

10. 教学资源

相关参考资源可扫描二维码查看。

教学资源

1.5 实践练习

1. 依据 OBE 理念,拟定本校信号与系统课程的教学大纲(含实验部分)。

2. 依据 OBE 理念,拟定你所主讲课程的教学大纲。

第2章

教学设计与案例

教学设计是教育活动中的关键环节,它涵盖了对教学目标、内容、方法、过程和评估的全面规划。一个周密的教学方案能够保障教学活动的顺畅进行,提升教学效果,助力学生更深入地理解并掌握知识。教学设计不只是对教学内容的简单编排,它更是对教学过程的深刻反思和创新实践。通过教学设计,教师能够预测学生在学习过程中可能遭遇的难题,并预先准备相应的解决策略,从而为学生营造一个更加有利于学习的环境。

精心挑选的案例不仅能够生动地展示理论知识的实际应用,还能引导学习者从多个视角分析问题,培养其批判性思维和解决问题的能力。在本章中,我们将全面阐述教学设计的核心理念与原则,探讨如何依据不同的教学目标和学习者特性,灵活运用各种教学策略和活动设计,以构建高效、互动且引人入胜的课堂,并给出相应的教学设计案例。

2.1 教学模式

2.1.1 教学模式概述

在教育领域,选择恰当的教学模式对于提高学生的学习效果至关重要。随着教育理念的不断进步,教学模式正逐渐演变为更加灵活和互动。

1. 定义

教学模式是在特定的教育思想、教学理论和学习理论指导下,为实现特定教学目标和内容,围绕某一主题构建的稳定且简明的教学结构理论框架,以及其具体可操作的教学活动方式。

2. 特点

教学模式具备以下特点。

(1) 具有明确的指向性。每种教学模式都是围绕特定的教学目标而设计的,并且其有效运用依赖于一定的条件。因此,教学模式并非适用于所有情况,它需要在特定的使用条件下才能发挥效果。

（2）具有较强的操作性。教学模式将教学思想或理论具体化,以简化的形式展示教学理论或活动方式的核心部分,为教师提供了一个比抽象理论更为具体和实用的教学行为框架。它清晰地描绘了教学的程序。

（3）具有完整性。教学模式通常由理论依据、教学目标、操作程序、运用效果、实施条件等关键部分构成,这确保了其结构的完整性。

（4）具有稳定性。只有具备相对稳定性,教学模式才能有效地指导教学实践。

（5）具有灵活性。由于教学模式并非针对特定个体,它摒弃了缺乏普遍意义的具体策略,而是提炼出具有广泛适用性、包含理念和策略的框架,并赋予其一定的弹性变化空间。

因此,教学模式是在特定理论指导下,旨在完成既定教学目标和内容的一系列相对稳定且具有策略性的教学活动。

3. 因素

教学模式通常涵盖多个关键因素：理论依据、教学目标、教学内容、教学方法、教学环境、教师角色、学生角色、教学时间、教学策略、操作程序、实现条件、教学评价、教学反馈等。

理论依据：教学模式的理论依据构成了其设计与实施的基石,通常涉及教育心理学、教育哲学、教育社会学等领域的相关理论。这些理论为教学模式提供了科学的解释和指导,确保了其理论的合理性和科学性。

教学目标：作为教学模式的核心,教学目标是教学活动的起点和终点。它们应当明确、具体、可操作,并能够体现教学活动的基本要求与预期成果,涵盖价值引领、知识探究、能力建设、态度养成等目标。

教学内容：教学模式所涉及的课程内容,包括教学主题、课程内容、教材、教学资源等。

教学方法：教学模式所采用的教学手段和技巧,涵盖讲授、讨论、实验、实践、案例分析等多种教学方式。

教学环境：教学模式所需的教学场所、设施、设备等硬性条件,以及教学氛围、师生关系等软性条件,包括教室、实验室、图书馆等教学场所,以及教学设备、教具等。

教师角色：教师在教学过程中的角色定位,如引导者、参与者、观察者等。

学生角色：学生在教学过程中的角色定位,如学习者、研究者、实践者等。

教学时间：教学模式所需的教学时间安排,如课时分配、学期安排等。

教学策略：教学过程中为达到教学目标而采取的一系列教学措施,包括启发式教学、探究式教学、合作式教学等。

操作程序：操作程序是教学模式的实施步骤和方法,包括教学活动的设计、组织、实施和评价等环节。操作程序应具备可操作性和灵活性,以适应不同的教学情境和学生需求。

实现条件：实现条件是教学模式实施的必要条件,包括教师素质、教学资源、教学环境等因素。实现条件应具备可行性和适应性,以支持教学模式的有效实施。

教学评价:教学评价是教学模式的重要环节,涉及对教学活动效果的评估和反馈。教学评价应具有公正性、客观性和有效性,真实反映教学活动的效果,并为教学改进提供依据。评价内容包括考试、作业、报告等对学生学习效果的评估。

教学反馈:教学模式实施过程中的信息反馈,包括教师对学生的反馈、学生对教师的反馈,以及学生之间的互动反馈。

4. 分类

依据教学模式所依托的教学思想和理论的差异,教学模式可划分为以下几种类型。

(1) 认知主义教学模式。该模式以认知心理学为根基,强调学生认知结构和认知过程在教学活动中的核心地位。

(2) 建构主义教学模式。该模式基于建构主义心理学,主张学生通过积极的探索和协作学习来构建知识。

(3) 人本主义教学模式。该模式以人本主义心理学为依托,重视学生情感、态度和价值观在教学过程中的作用。

美国学者布鲁斯·乔伊斯(Bruce Joyce)和玛莎·韦尔(Marsha Weil)将众多教学模式概括为 4 种基本类型:信息加工教学模式、个性教学模式、合作教学模式和行为控制教学模式。

此外,国内常见的教学模式包括直接教学模式、探究式教学模式、合作学习模式、个性化教学模式、翻转课堂教学模式和混合学习模式。

综上所述,选择教学模式应考虑教学内容、学生特性、可利用资源,以及教学目标。现代教育日益重视以学生为中心和合作互动,但并非每种情况都适宜采用同一教学模式。教师应根据具体情况灵活运用和调整教学模式,以实现最优的教学效果。

近年来,在国内推广的几种新型教学模式有"5E"教学模式、ADDIE 教学模型、对分课堂、BOPPPS 教学模式、OBE 理念(详见 1.1.3 节),以及 CDIO 教学模式。接下来将对它们进行简要介绍。

2.1.2　"5E"教学模式

1. "5E"教学模式简介

"5E"教学模式,由美国生物科学课程研究会(The Biological Sciences Curriculum Study,BSCS)在 1989 年开发,是一种基于建构主义教学理论的模式,也是 BSCS 课程的核心特征之一。自 20 世纪 80 年代末起,该模式便在 BSCS 的总体课程设计中得到应用,并占据了核心地位。它不仅适用于整个课程体系,也适用于特定学科课程或单节课的教学流程,是一种旨在激发学生学习兴趣的有效教学模式和方法。

2. "5E"教学模式的基本内涵

"5E"教学模式分为五个阶段,依次为吸引(Engagement)、探究(Exploration)、解释

（Explanation）、详细说明（Elaboration）和评价（Evaluation）。这一名称来源于这五个阶段的英文单词首字母，均为"E"。

（1）吸引。作为"5E"教学模式的起始阶段，吸引环节旨在激发学生对学习任务的兴趣，并促使他们主动进行探究。一般通过创设与现实生活紧密相关的问题情境来激发学生的学习兴趣，特别是与学生生活和课程内容紧密相连的情境，能够吸引学生并引起认知冲突，从而激发他们主动探究和建构知识的兴趣。

教师在课前需要了解学生对即将学习任务的前概念，分析这些前概念与科学概念之间的差异及其成因，然后设计问题情境，通过演示实验或其他方式与学生的前概念产生认知冲突，从而激发他们对学习任务的探究兴趣和探究意愿。

（2）探究。探究是"5E"教学模式的核心环节。教师应根据上一环节产生的认知冲突，引导学生进行探究。在这一过程中，学生是主体，而教师则扮演引导和帮助的角色。教师需观察、倾听，并适时提供提示和指导，以了解学生探究的进展和深度，同时避免学生过早得出结论。

在探究阶段，教师需要向学生提供必要的背景知识，包括学习材料，如果是实验探究，则还需提供实验仪器、材料等。支持的力度应根据学生的实际情况和教师对学生的了解程度来调整。

在探究阶段中，学生通过具体活动逐渐暴露出他们的前概念（可能是错误概念）、技能和方法，为后续的概念转换和界定创造了条件。

（3）解释。解释阶段是"5E"教学模式的关键环节。这一阶段应引导学生关注探究过程和结果的展示与分析，给予他们机会表达对概念的理解以及技能或方法的掌握情况，并尝试用自己的理解阐述对概念的认知。这一阶段也为教师提供了直接介绍概念、过程或方法的机会，教师应借助课程目标帮助学生深入理解新概念。

解释环节需要逻辑推理，教师应鼓励和提醒学生根据已有知识经验和探究过程及结果进行推理。若推理困难，教师可利用学生的实验过程和结果，并借助其他材料和媒体帮助学生正确理解概念，特别要注意纠正学生已有的错误概念。

（4）详细说明。在教师的引导下，学生继续发展对概念的理解和应用技巧，扩展概念的内涵，并与其他概念建立联系，同时用新概念解释新情境或问题。通过实践练习，学生可以加深或拓展对概念的理解，获得更多信息和技能。

在使用新概念解释新情境或问题时，应引导学生尽量使用刚学的专业术语，这不仅有助于回答新情境和问题，还能加深对新概念的理解。

（5）评价。在这一阶段，教师和学生通过正式或非正式的方式评价学生对新知识的理解和应用能力。正式评价可采用纸笔测验和表现性任务等形式；非正式评价则可在教学过程的任何时刻进行。评价的目的是确保学生活动的方向正确，并鼓励学生自主进行反思研究过程，同时为教师提供评估教学过程和效果的机会。

"5E"教学模式还为学生提供了自我评价的机会，这有助于学生在任务中捋清自己的思路，明确方法和操作技能，也有助于他们认识到自己在探究活动中的努力程度。

3. 教师与学生的行为特征

"5E"教学模式特别强调教师的教学行为与学生的学习行为之间的协调一致性。在这两者的行为中，我们可以清晰地观察到，学生是学习的主体，是活动的核心，而教师则扮演着指导者和协助者的角色。教师的所有努力，旨在促进学生更有效地探究，使他们更好地掌握科学概念。"5E"教学模式下教师和学生的行为特征如表 2-1 所示。

表 2-1　"5E"教学模式下教师和学生的行为特征

教学环节	教学要求	教师行为	学生行为
吸引	教师提出关于事物的一些问题，将学生引入学习状态，同时，了解学生已有背景知识和已掌握的相关概念	• 培养兴趣 • 激发学生产生好奇心 • 提出问题 • 了解学生的前概念	• 提出问题，如"这种现象产生的原因是什么""关于该问题我已经知道什么""我可以发现什么" • 表现出对问题的兴趣
探究	学生制订计划进行探究，收集证据回答问题	• 鼓励学生合作，给予间接指导 • 在学生探究时进行观察、倾听 • 为学生提供思考问题的时间 • 扮演学生顾问的角色	• 在活动限制的范围内自由思考 • 检验预测和假设 • 形成新的预测和假设 • 尝试不同的方法并和其他人讨论 • 解释观察结果和形成观点 • 不急于得出结论
解释	在学生探究和解释的基础上，教师正式明确概念、原理。在教师指导下，学生使用新知识回答最初提出的问题	• 鼓励学生用自己的语言解释概念和定义 • 询问学生理由，让学生表达想法 • 规范地讲解新术语和定义 • 在学生已有经验基础上解释概念	• 向其他人解释可能的解决方案或答案 • 对解释互相质疑 • 倾听并试图理解教师提供的解释 • 联系以前的活动 • 在解释中使用观察记录
详细说明	学生运用新知识、新概念解决新的问题	• 要求学生使用所讲授的规范术语、定义和解释等 • 鼓励学生在新情境下运用或扩展概念和技能 • 提醒学生采用不同的方式进行解释 • 根据已有的数据和材料对学生提问	• 将新术语、定义、解释、技能引入新的但是类似的情境 • 运用以前的信息进行提问，提出解决方案，作出决策，设计实验 • 从所得证据中概括出合理解释 • 记录观察结果和解释 • 与同学互相检验是否理解
评价	用正式或非正式的方法评价学生对新知识、新概念的理解情况，包括新技能的学习情况	• 在学生运用新概念和新技能的时候对其进行观察 • 评定学生的知识和技能掌握情况 • 寻找学生改变想法或行为的依据 • 允许学生评价自己在自学及小组学习中获得的技能 • 提出一些开放式问题	• 利用观察结果、所得数据和已得的解释回答开放性问题 • 证明自己理解了概念或技能 • 对自己的进步和所掌握的知识作出评价 • 提出可以进一步探究的相关问题

2.1.3 ADDIE 教学设计模型

1. ADDIE 教学设计模型的构建

ADDIE 教学设计模型是一个系统化框架,用于发展高效的教学和培训计划。它涵盖了五个核心阶段:分析(Analysis)、设计(Design)、开发(Development)、实施(Implementation)和评价(Evaluation)。

(1)分析阶段。教学设计师需明确学习者的需求、目标和背景。这包括评估学习者的知识水平、技能、态度,以及在学习过程中可能遇到的挑战。同时,还需界定课程的目标和目的,为后续的设计和开发提供明确方向。

(2)设计阶段。基于分析阶段收集的数据,教学设计师规划课程的结构、内容和教学方法。这涉及确定课程主题、学习目标、教学策略和评估方式等。设计的目的是确保课程内容能够满足学习者需求,并达成既定学习目标。

(3)开发阶段。教学设计师将设计阶段的规划转化为实际的教学材料和资源。这可能包括撰写教材、制作幻灯片、录制视频、创建在线课程等。开发的目的是确保教学材料能有效传递课程内容,并助力学习者达成学习目标。

(4)实施阶段。教学设计师将开发完成的教学材料和资源应用于实际教学环境。这可能涉及组织课堂活动、安排实践项目、提供在线学习支持等。实施的目的是确保教学活动顺利进行,并帮助学习者实现学习目标。

(5)评价阶段。教学设计师需对整个教学过程进行评估,以判断是否达到预期的学习目标。这可能包括收集学习者反馈、分析学习成果、调整教学策略等。评估的目的是持续优化教学设计,提升学习效果和满意度。

综上所述,ADDIE 教学设计模型为教学设计师提供了一个全面的框架,确保教学活动能够满足学习者需求并实现既定目标。遵循此模型,教学设计师能够更高效地规划、开发和实施高质量的教学和培训计划,如图 2-1 所示。

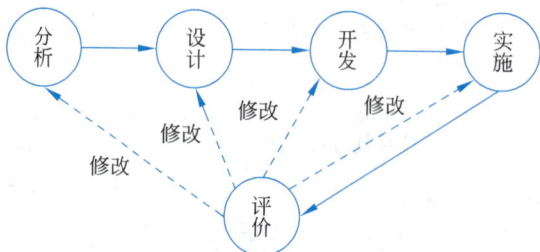

图 2-1　ADDIE 教学设计模型示意图

2. ADDIE 教学设计模型的功能

ADDIE 教学设计模型的功能如表 2-2 所示。

表 2-2　ADDIE 教学设计模型的功能

核心步骤	主 要 内 容
分析阶段	主要包括**教学对象**、**教学内容**,以及**教学环境分析**。教学对象分析主要涵盖学生的共性特征、既有的知识基础和学习偏好等三个维度;教学内容作为支撑性素材,旨在促进学生从教学对象向既定培养目标转换;教学环境则是承载和实现教学活动的主要媒介与平台
设计阶段	主要包括**教学目标与重难点**、**教学媒介选择和教学策略**、**教学过程与教学资源**、**学习评价设计**。教学目标与重难点的设定构成了混合式教学设计的核心,对后续阶段具有指导性的影响;教学媒体的选择和教学策略的制订旨在实现教学目标,涉及选择信息传递的渠道及确定师生互动的教学组织形式;教学过程与教学资源的设计则是在教学策略确定之后,围绕学习活动展开的具体教学流程和资源的规划
开发阶段	在分析和设计两个阶段的基础上,开发阶段的关键在于挑选恰当的教材资源,并开发和制作各类辅助学习材料,从而构建出具体的教学单元内容
实施阶段	利用恰当的教学媒介,将虚拟环境的优势与现实环境的优势相融合,开展教学与研讨活动,以达成人才培养的目标
评价阶段	涵盖形成性评价与总结性评价——形成性评价贯穿于混合式教学设计的各个阶段,通过问卷调查、访谈等手段收集数据,并在后期阶段中对教学设计方案进行持续优化

3. ADDIE 教学设计模型在混合式教学中的应用

采用 ADDIE 教学设计模型,将混合式教学分为"课前""课中""课后"三个阶段逐步实施。这种三阶段式的混合式教学实施流程如图 2-2 所示,各阶段的功能如表 2-3 所示。

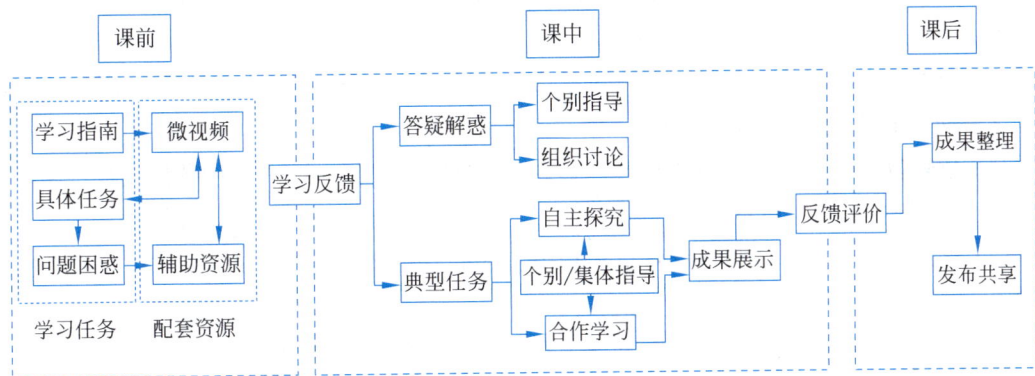

图 2-2　混合式教学实施流程

表 2-3　混合式教学各阶段的功能

阶段	主 要 内 容
课前	**学生**依据学习指南的指引,借助网络学习平台提供的丰富资源,进行独立学习,并完成教师布置的任务。他们将学习过程中遇到的问题和建议反馈到学习平台上,从而构建起课前自主学习的反馈机制 **教师**利用平台提供的讨论区等网络交流工具,与学生进行实时或非实时的互动与反馈,实施有针对性的个性化指导
课中	在课中的典型任务探究阶段,学生能够依据不同的探究问题,采取自主探究或合作学习的方式进行研究性学习活动。随后,课堂将进入成果展示与交流的环节。在此过程中,学生可以通过作品展览、限时演讲、辩论会等多种形式,展示他们的研究性学习成果,并分享学习心得与体会

续表

阶段	主 要 内 容
课后	课中展示和交流环节结束后,学生将根据教师及同学的反馈,对自己的学习成果和反思进行修改、完善和提炼,并将其提交至学习平台,以便进行更广泛的交流和传播

2.1.4 对分课堂教学模式

1. 定义

对分课堂是一种创新的教学模式,它将课堂时间划分为两部分:一部分用于教师讲授,另一部分则留给学生自主学习。这种模式的目的是提升学生的参与度,进而提高学习效果,同时减轻教师的工作负担。与传统课堂相似,对分课堂强调先教后学,即教师先进行讲授,随后学生进行学习。同时,它也借鉴了讨论式课堂的特点,强调学生之间以及师生之间的互动,鼓励学生进行自主性学习。

在对分课堂模式中,教师首先利用一半的时间进行讲解、演示,并引导学生讨论,随后将剩余时间留给学生独立完成作业、研究问题或进行小组合作。通过这种方式,学生可以在教师的指导下掌握知识,并在自主学习的过程中巩固和应用所学内容。

对分课堂包括以下优势。

(1) 提升学生参与度。在自主学习阶段,学生能够更加积极地参与学习过程,从而提高学习效果。

(2) 培养自主学习能力。学生在自主学习阶段需要独立解决问题,这有助于培养他们的自主学习能力和解决问题的能力。

(3) 减轻教师负担。教师在课堂上只需讲解部分内容,剩余时间可用于辅导学生、回答问题等,从而减轻教师的工作负担。

(4) 提高教学质量。教师可以将更多精力投入教学内容的设计和改进上,从而提升教学质量。

然而,对分课堂也面临一些挑战,如学生在自主学习阶段的自律性问题、教师在课堂管理上的困难等。因此,在实施对分课堂时,需要充分考虑这些因素,以确保教学效果。

对分课堂的核心创新在于将讲授和讨论时间分开,并让学生在课后有一周时间自主安排学习,进行个性化的内化吸收。此外,在考核方法上,对分课堂强调过程性评价,并关注不同的学习需求,使学生能够根据个人的学习目标来决定对课程的投入。对分课堂将教学过程分为三个在时间上清晰分离的阶段:讲授(Presentation)、内化吸收(Assimilation)和讨论(Discussion),因此对分课堂也被称为 PAD 课堂。

2. 四元对分课堂

结合对分课堂与线下混合式教学,形成了"四元"教学模式:涵盖教师讲授、学生自学、小组讨论,以及师生互动四个环节,四元对分课堂基本流程如图 2-3 所示。

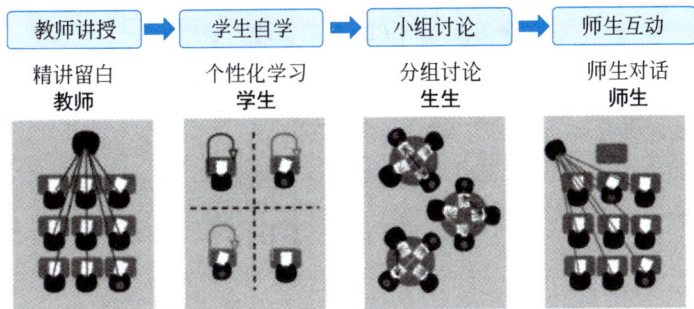

图 2-3　四元对分课堂基本流程

四元对分课堂将讲授与讨论交错进行,为学生提供自主安排学习的时间,使他们能够个性化地内化和吸收知识。最终,在小组讨论和班级分享的环节中,学生能够深化对知识的理解、拓展和应用。

(1)教师讲授。教师的讲授方式从"全面覆盖性讲解"转变为"框架性引领",注重精讲留白,仅聚焦于重点和难点,为学生创造独立探究的空间。

(2)学生自学。学生内化吸收的过程从"遵循教师设定的统一标准"转变为"适应学生个人的能力与需求"。教师在讲解完每个知识点后,在信息化平台上发布能够体现差异化、个性化、反思性的作业,鼓励学生独立学习、梳理知识、提炼观点、准备问题。

(3)小组讨论。学生讨论环节从"教师主导的小班讨论"转变为"学生自主的小组讨论"。学生基于个人的学习成果与同伴合作,深入理解知识,培养批判性思维和创新能力。

(4)师生互动。教师在答疑环节应对全班共性问题进行解答,并针对学生遗漏的、需要深化和提升的内容进行讲解。

2.1.5　BOPPPS 教学模式

1. 定义

BOPPPS 教学模式以认知理论和建构主义理论为基础,其核心在于最大化学生在课堂上的知识掌握量,特别强调教学互动和反馈环节。

BOPPPS 教学模式是一种以教育目标为指导,以学生为中心的创新教学模式。BOPPPS 的名称源自其六个教学环节的英文单词首字母,这些环节包括:课程导入(Bridge-in)、学习目标(Objective)、预评估(Pre-assessment)、参与式学习(Participatory Learning)、后评估(Post-assessment)和总结(Summary),具体如图 2-4 所示。

图 2-4　BOPPPS 教学模式

2. 内涵简介

BOPPPS 教学模式的内涵如表 2-4 所示。

表 2-4　BOPPPS 教学模式的内涵

环节	目 的 重 点	方法	注意的问题
课程导入	• 吸引学生的注意力,激发他们产生强烈的学习动机和明确的学习目标,课程导入应当简洁明了 • 将本次课程内容与学生的既有知识或未来可能遇到的问题紧密联系起来	• 讲述法 • 提问法 • 破冰法 • 媒介法	
学习目标	• 明确地向学生阐述本节课的学习目标,有助于学生把握学习的核心重点 • 强调教学目标应具备可操作性,应包括以下几方面:明确指出学生需要掌握的知识点;对于知识掌握的熟练程度应有明确的可测量标准;学习结束后,学生能够自我评估是否满足了既定要求	• 从学习者出发,数量不宜过多,2～4 个即可 • 学会使用行动动词,应满足可达成、可评估的要求 • 应从记忆、理解、应用、分析、评价、创新六个角度设置	• 采用 BOPPPS 教学模式对教师的专业素养提出了更高的标准,不仅要求教师具备坚实的理论基础,还必须拥有丰富的实践经历 • 该教学模式的六个关键环节在实际操作中并非一成不变。基于教学实践,实际的教学流程受到众多不可预测因素的影响,因此不必完全按照这六个步骤来开展教学活动,应根据实际情况灵活调整教学流程 • 多样化的教学方法都强调"教学反馈"的重要性。在课程设计中,教师选择哪种教学方法的评判标准应是能否提升学生的学习效率和深度。这在很大程度上依赖于师生之间能否通过及时、准确的"教学反馈",实现教学与学习的同步
预评估	• 了解并掌握学生的受训能力至关重要,不容忽视学生之间在知识背景和学习能力上的差异 • 若教学内容远超学生现有的知识水平,可能会导致他们感到挫败,从而失去学习的动力;反之,如果讲授的知识对学生来说过于浅显,也会使他们感到乏味	可通过选择、问答、分享等方式开展,应与教学目标相呼应	
参与式学习	• 培养学生的主动学习能力是至关重要的教学策略。参与式学习强调以学生为中心的教学理念 • 常见的参与式学习形式包括小组讨论、角色扮演、实践操作、专题研究、案例分析等	• 防止视频拖曳 • 视频中可插入问题 • 设置讨论题目 • 参与讨论互动 • 视频讲解应控制节奏	
后评估	• 课后测验是评估学生是否达到预期学习目标的关键环节 • BOPPPS 教学模式强调评估的及时性,即应在课后或教学过程中立即进行教学效果的评估 • 依据评估结果,学生能够迅速掌握自己对知识的掌握情况,而教师则可以进行反思并调整教学策略,从而更有效地实现教学目标	• 知识:选择题、是非题、简答题 • 技能:考核表、课堂展示、专业量表 • 态度价值,包括量表、反思日记等方式	
总结	• 总结一节课的关键知识点、梳理知识结构、并为下一课做铺垫。与传统教学方法不同,BOPPPS 模型强调总结应是学生自主对知识的整理 • 在总结过程中,教师的角色主要是引导者,让学生自主归纳本次课程的知识点和核心内容,并对自己的学习成效进行评估	• 重点内容扼要概括、延伸思考、布置作业 • 学生自我总结,包括思维导图、知识树、讨论区分等方式	

2.1.6 CDIO 教学模式

1. 定义

CDIO 教学模式是一种以产品全生命周期为载体,从构思、设计到实现和运作,鼓励学生主动学习、实践操作,并在课程间建立有机联系,从而掌握工程技能的教学模式。CDIO 代表构思(Conceive)、设计(Design)、实现(Implement)和运作(Operate)。CDIO 教学模式具有高度的可操作性,引导学生通过主动探索、实践操作和课程间的有机整合,学习并掌握科学与技术知识,同时培养终身学习能力、沟通与团队协作能力,以及在社会和企业环境中构建产品和系统的能力。

2. CDIO 标准

CDIO 标准如表 2-5 所示。

表 2-5 CDIO 标准

要 素	含 义
背景环境	将产品、过程和系统的生命周期开发与应用——从构思、设计、实施到运行——作为工程教育的背景环境
学习效果	基于得到利益相关者认可的个人能力、人际交往能力和产品、过程和系统构建能力取得与专业目标相符的具体学习成效
一体化课程计划	一个精心设计的课程计划,旨在通过相互支持的专业课程,明确地将个人能力、人际交往能力,以及产品、过程和系统构建能力融入其中
工程导论	这是一门工程导论课程,它提供了产品、过程和系统构建中所需工程实践的框架,并且引入了必要的个人和人际交往能力
设计-实现的经验	课程计划中应涵盖两个或更多设计-实现环节的经验,包括一个初级阶段和一个高级阶段
工程实践场所	工程实践场所或实验室应能够支持并激励学生通过亲自动手学习产品的构建、过程和系统的运作,同时掌握学科知识和社交技能
一体化学习经验	促进学科知识与个人能力、人际交往能力,以及产品、过程和系统构建能力的综合获取
主动学习	基于主动经验学习方法的教与学
提高教师的工程实践能力	采取行动,提升教师的个人能力、人际交往技巧,以及在产品、过程和系统构建方面的能力
提高教师的教学能力	采取行动,提升教师在实施一体化学习、运用主动体验式学习方法以及评估学生学习成效等方面的能力
学习考核	评估学生在个人发展、人际交往能力,以及在产品、过程和系统构建能力,还有学科知识掌握等方面的学习成效
专业评估	是一个旨在通过 12 项标准进行专业评估,并以持续改进为目标,向学生、教师及其他利益相关者提供反馈的系统

3. CDIO 大纲

CDIO 大纲如表 2-6 所示。

表 2-6　CDIO 大纲

序号	名　称	一 级 纲 要	二 级 纲 要
1	技术知识和推理能力	基础科学知识	—
		核心工程基础知识	—
		高级工程基础知识	—
2	个人职业技能和职业道德	工程推理和解决问题	认识和系统表述问题
			建立模型
			判断和定性分析
			带不确定性因素分析
			解决方法和建议
		实验中探寻知识	建立假设
			查询相关书刊或者电子文献
			实验探索
			假设检验和论证
		系统思维	整体思维
			系统内的紧急性和互交性
			确定优先级和焦点
			决议时权衡、判断和平衡
		个人技能和态度	主动和愿意冒险
			执着与变通
			创造性思维
			批评性思维
			自省个人的知识、技能、态度
			求知欲和终身学习
			时间和资源的管理
		职业技能和道德	职业道德、正直、责任感和负责任
			职业行为
			主动规划个人职业
			与世界工程界保持同步
3	人际交往技能：团队协作和交流	团队精神	组建高效团队
			团队工作运行
			团队成长和演变
			领导能力
			技术协作
		交流	交流战略
			交流结构
			写作交流
			电子和多媒体交流
			图表交流
			口头表达和人际交流
		外语交流	英语
			其他欧洲语言
			其他外语

续表

序号	名　称	一级纲要	二级纲要
4	企业和社会的构思、设计、实现和运行(CDIO)系统	外部和社会环境	工程师的角色和责任
			工程界对社会的影响
			社会对工程界的规范
			历史和文化环境
			现时的焦点和价值观
			发展全球观
		企业及商业环境	认识不同的企业文化
			企业策略,目标和计划
			技术创业
			成功地在一个团队中工作
		构思与工程系统	设立系统目标和要求
			定义功能,概念和体系结构
			系统建模并确保目标可能达成
			项目发展的管理
		设计	设计过程
			设计过程分期与方法
			设计中对知识的利用
			学科专业设计
			跨学科专业设计
			多体综合设计
		实现	设计实施的过程
			硬件制造过程
			软件实现过程
			硬件,软件的结合
			测试,验证,认证,以及取得证书
			实施过程管理
			设计实施的过程
		运行	设计和优化操作
			培训及操作
			支持系统的生命周期
			系统改进和演变
			弃置处理与产品报废问题
			运行管理

2.1.7　以学生为中心的教学模式

1. 定义

以学生为中心的教学模式与"传授式"的教学模式的根本区别在于它实现了从"传统三中心"到"新三中心"的转变,如图 2-5 所示。"新三中心"即"以学生为中心"的理念建立在坚实的科学基础之上,然而,要实现这种转变,需要对整个大学系统进行改革。我们正步入一个技术革命和教学革命的新时代,而"以学生为中心"的教学模式变革则是这一时代的主旋律。

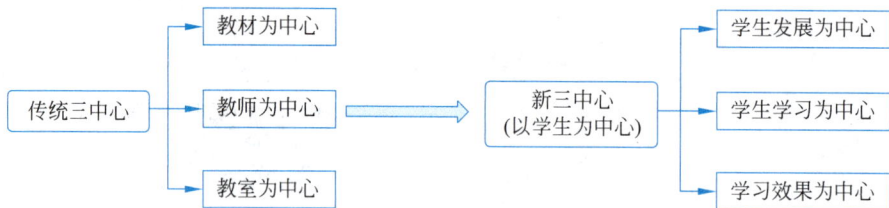

图 2-5 "传统三中心"向"新三中心"的转变

以"新三中心"为核心的教学模式革新,其深厚的科学基础涵盖了脑科学与神经科学、青春期大学生发展研究、认知心理学与认知科学、学习心理学与学习科学等领域。这些领域构成了变革的主要科学基础和支柱,帮助我们更深入地理解大脑、学生、认知过程,以及学习的本质。

2. 特点

以学生为中心的教学模式是一种教育方法,它强调学生的主动参与和个性化学习。与传统的以教师为中心的教学模式不同,前者更加注重学生的自主学习和探索,而后者则主要侧重于教师的讲授和指导。以下是以学生为中心的教学模式的几个显著特点。

(1) 学生主导。在这种模式下,学生是学习过程的主体,他们可以根据自己的兴趣和需求选择学习内容和方法。教师的角色从传统的知识传授者转变为学生学习的引导者和支持者。

(2) 个性化学习。以学生为中心的教学模式强调满足每个学生的个性化需求。这意味着教师需要关注每个学生的特点、兴趣和能力,为他们提供个性化的学习资源。

(3) 合作学习。这种模式鼓励学生之间的合作和互动,以提高学习效果。学生可以通过小组讨论、项目合作等方式共同解决问题,从而提高他们的沟通、协作和团队精神。

(4) 实践性学习。以学生为中心的教学模式强调将理论知识与实际操作相结合,让学生在实践中学习和成长。这可以通过实验、实习、实地考察等方式实现。

(5) 反思性学习。这种模式鼓励学生在学习过程中进行反思,以便更好地理解和应用所学知识。教师可以通过提问、讨论等方式引导学生进行反思。

(6) 评估多样化。以学生为中心的教学模式强调多元化的评估方法,而不仅仅依赖于传统的考试和测试。这可以包括学生的作业、项目、报告、演讲等多种形式的评估。

(7) 技术整合。这种模式鼓励教师利用现代技术手段辅助教学,如在线课程、多媒体资源、虚拟实验室等,以提高学生的学习兴趣和效果。

总之,以学生为中心的教学模式旨在培养学生的自主学习能力、创新思维和团队合作精神,为他们未来的学术和职业生涯打下坚实的基础。

2.2　教学策略

2.2.1　教学策略概述

1．定义

教学策略是指在不同的教学条件下,为达到预期的教学成果所采用的方式和方法。它是一系列灵活的教学行为,旨在实现教学目标,是教师依据教学计划、学生的身心特点,对教学原则、模式和方法进行适应性应用的体现。教学策略体现了教师在教学过程中的有意识选择和决策,是教师教学行为的关键组成部分。

教学策略的核心内容涵盖了以下几个关键方面。

(1)教学目标。教学策略的制订以实现教学目标为宗旨,因此,教学目标构成了教学策略的基础和出发点。

(2)教学内容。教学策略的制订需依据教学内容的特性,不同的教学内容可能需要采取不同的教学策略。

(3)学生特点。教学策略的制订必须考虑学生的实际情况,包括学习能力、学习风格、学习动机等因素。

(4)教学方法和手段。教学策略通过一系列教学方法和手段得以实施,这些方法和手段包括讲授、讨论、实验、观察、实践等。

2．特征

有效的教学策略具备以下特征。

(1)目标导向性。教学策略旨在实现特定的教学目标,这些目标可能涉及知识掌握、技能提升或态度形成等方面。

(2)灵活性。优秀的教学策略能够根据学生的反馈和学习状况进行调整,以适应不同的学习环境,并满足学生的需求。

(3)多样性。教学策略涵盖多种教学方法和技术,包括讲授、讨论、合作学习、案例分析、模拟演练等,以适应不同学生的学习风格和能力。

(4)互动性。现代教学策略强调师生互动以及学生之间的互动,促进知识的深入理解和应用。

(5)实践性。教学策略应鼓励学生将所学知识应用于实际情境中,通过实践活动加深理解并培养解决问题的能力。

(6)评估性。有效的教学策略包括对学习过程和结果的持续评估,以便及时调整教学计划和方法。

(7)反思性。教师在实施教学策略后,需要对教学效果进行反思,分析哪些方法有效、哪些地方需要改进。

（8）文化敏感性。教学策略应考虑学生的文化背景,尊重多元文化差异,确保所有学生在教学中感到包容和尊重。

（9）技术整合性。随着技术的进步,有效的教学策略往往整合了多媒体工具、网络资源和教育技术,以提升教学效率和吸引力。

（10）持续性发展。教学策略应支持学生的长期学习和发展,帮助他们建立终身学习的习惯和能力。

设计和实施教学策略是一个复杂的过程,要求教师具备扎实的专业知识、敏锐的教学洞察力和灵活的应变能力。通过不断学习和实践,教师可以更熟练地掌握和应用各种教学策略,从而提高教学质量和学生的学习成效。

3. 分类

教学策略的分类繁多,主要可以归纳为以下几种。

依据教学目标的差异,教学策略可分为知识传授策略、技能训练策略、态度培养策略等。

根据教学内容的不同,教学策略又可分为理论教学策略、实践教学策略等。

针对学生特点的差异,教学策略可分为个别化教学策略、集体教学策略等。

依据教学方法和手段的不同,教学策略可分为讲授策略、讨论策略、实验策略、观察策略、实践策略等。

以信息加工的控制点来划分,教学策略可分为替代性、生成性和指导性三种。下面简单介绍这三种策略。

（1）替代性教学策略涉及教师选择特定的教学内容,并进行精心组织安排,然后通过特定的方法和手段传授给学生。在此过程中,信息加工的主体是教师,学生则处于被动接收的地位。

（2）生成性教学策略鼓励学生自主地设定教学目标、确定教学内容,并进行组织、理解、强化和迁移。学生在教学过程中构建自己独特的教学意义。

（3）指导性教学策略旨在结合前两种教学策略的优势,同时弥补它们的不足。它概括为四大环节:

① 引导注意,明确意义,增强兴趣;

② 刺激回忆,合理呈现,优化编码;

③ 尝试体验,评价反馈,掌握结构;

④ 重复训练,强化保持,迁移创造。

2.2.2 以学生为中心的教学策略

1. 简介

以学生为中心的教学策略是一种教育方法,它强调学生的主动参与、自主学习和个性化发展。与传统的以教师为中心的教学模式不同,后者通常侧重于教师的讲授和指导。以下列出了实施以学生为中心教学策略的关键要素。

（1）学生参与。鼓励学生积极参与课堂活动,通过讨论、合作学习、项目工作等方式促进他们的思考和理解。

（2）自主学习。培养学生自我管理学习的能力,包括设定目标、规划学习路径、评估自己的进步等。

（3）个性化学习。根据每个学生的学习风格、兴趣和能力水平调整教学方法和材料,以满足他们的个别需要。

（4）问题导向学习。通过提出问题或挑战来激发学生的好奇心和探究欲,引导他们通过研究和探索来寻找答案。

（5）反馈和评估。提供及时、建设性的反馈,帮助学生了解自己的学习进度和改进空间。同时,鼓励学生进行自我评估和同伴评估。

（6）技术整合。利用技术工具和资源支持学生的学习,如在线课程、教育软件、多媒体内容等。

（7）跨学科学习。鼓励学生将不同学科的知识联系起来,通过综合应用来深化理解。

（8）实践和应用。设计活动让学生将所学知识应用于现实世界的情境中,增强学习的实用性和相关性。

（9）尊重多样性。认识到学生背景的多样性,并在教学中体现对不同文化的尊重和包容。

（10）促进批判性思维。鼓励学生分析、评估和创造信息,而不仅仅是记忆和重复。

以学生为中心的教学策略旨在培养学生的独立思考能力、解决问题的能力,以及终身学习的习惯。这种策略认为,教育的目的不仅是传授知识,更重要的是帮助学生发展成为能够适应不断变化世界的有能力的个体。

2. 以学生为中心的 28 种教学策略

下面简要介绍以学生为中心的 28 种教学策略,如表 2-7 所示。

表 2-7　以学生为中心的 28 种教学策略

序号	教学策略	含　义
1	协作学习	让小组共同来完成学习任务的策略
2	作品展示	学生展示任务的一种形式,学生可以独立或者合作完成
3	专家小组	通过组织专家对某一主题进行探讨,向学生提供不同视角的信息与见解。学生可以通过提问与互动参与其中,达到交流学习的目的
4	KWL	K 是 Know ,即"我已经知道什么?"(What I know?) W 是 Want,即"我想知道什么?"(What I want to know?) L 是 Learned,即"我已经学到了什么?"(What I learned?)
5	头脑风暴	让学习者行动起来,并产生刺激,要求学习者创造性地思考
6	创建媒体	提出一个问题,让学生创建一个公共视频
7	讨论	提出一个问题,让学生就此进行讨论,不拘泥于标准答案
8	小组	学生分成若干小组进行学习,学会分配角色,发挥小组成员的最佳特点
9	案例研究	在课堂中运用案例研究学习复杂的问题,培养批判精神,探索各种场景
10	小组交叉	先将学生的小组打乱,每个成员分配不同的任务,最后将小组聚集在一起分享想法

续表

序号	教学策略	含　义
11	学习中心	利用不同的活动打破既定的教室形式,并设置特定的时间让学生开始另外一个新的活动
12	实验研究	设计实验让学生参与,或者让学生自己设计实验
13	角色扮演	允许学生尝试一些经历,既可以是学生创造也可以是教师创造角色
14	模拟	构建模拟环境,让学生在虚拟的环境中学习与探讨
15	实验室	把学生带到实验室中,让学生自由活动,并让学生上交实验活动报告
16	工作坊	学生能够自己创建工作坊,并与同伴一起做实践,同伴也可以给予反馈
17	项目式学习	在特定的时间框架内,学生将选择、规划并提出一个项目构想,并通过展示等多种方式来解决实际问题,这有助于提升学生实际思考和解决问题的能力
18	心智模型	通过引导学生构建、检验与修订思维模型的方式,发展他们深度理解知识的能力,提高元认知能力
19	探究式学习	始于一个问题,可以有多种形式,以多种结构来引导探究
20	索引卡	采用卡片上的关键词、图片等作为索引,帮助学生主动构建与归纳知识
21	示范	一种让学生参与的有趣的方式,如尝试烹饪示范或者科技示范
22	Q&A	一个Q&A部分可以允许学习者和教师相互学习和交流
23	发现式学习	一些发现式学习允许学生选择一个主题并且去探索
24	问题式学习	在解决问题的过程中,学习本身可能成为问题的一部分。当教师开展教学活动时,学生会发现解决方案
25	游戏	在游戏化教学法中,教师将特定的教学内容巧妙地融入游戏之中,将传统的静态教学转变为互动性强的动态教学,让学生在轻松愉快的环境中有效地掌握知识并提升能力
26	社交媒体	运用社交媒体获得信息资源,同时与他人分享信息
27	竞赛	学习者可以参加当地的或者国际上的竞赛,国内外的学习者都可以参与
28	辩论	对某一议题展开辩论,培养学生的思辨能力、口语表达能力和团队合作精神

3. 常见却不易实施的教学策略

常见却不易实施的教学策略如表 2-8 所示。

表 2-8　常见却不易实施的教学策略

序号	教学策略	含　义	表　现	如　何　做
1	反馈	反馈是教学过程中出现的重要环节,但现有体系中学生收到的唯一正式反馈可能只有成绩	成绩传递的是总结性评价,它并不包含学生哪部分学得好,下一步应该怎么做等具体的信息	• 对于既定的学习任务、学习目标而言,要运用描述性反馈,以帮助学生回答"我现在在哪里"和"我应该如何填补差距"这两个问题 • 同伴反馈有助于帮助每位学生理解预期的学习目标或目的。自我评价则让学生成为学习的主人,监控和调节自己的学习,对于学习吃力的学生尤其适用 • 做学习导向的反馈,也就是将学生的注意力从教师对他们的看法上转移到学习本身,让学生拥有"进步可由自己掌控"的成长型思维,避免将反馈解读为积极或消极

序号	教学策略	含 义	表 现	如 何 做
2	目标导向	目标导向影响学生坚持任务的意愿	学生的注意力并不在他从这些活动中学会了什么,而是被要求做什么	目标导向要警惕学生曲解成任务导向和成绩导向,建立展示学习本身的课堂文化,强调学习才是目的
3	练习	在练习中引导学生做了什么,决定了教学能否真的发生	为了练习而布置的练习并不怎么奏效	• 练习的有效性取决于如何安排练习时间、练习的有益性、难度水平,以及其为渐进式进步提供机会的能力 • 分散练习比集中练习更有效,也就是说几个短时间段一般要比整个小时一直针对同一个训练或概念更能有效地促进成长 • 练习时帮助学生明白自己正在掌握什么学习目标至关重要
4	提问与对话	通过提问题来探查学生理解得怎样。要获取准确信息,关键前提之一是学生在如实回答和讨论时感到安全	即使非正式的提问,对于许多学生(特别是那些表现不好或因多种原因害怕被叫到的学生)来说通常是不自在的经历	• 确保教学和评价实践全都传递这样的信息——发现未知事物,然后着手学习,这是好事 • 帮助学生认识到,隐藏了真实想法的回答对学习不利 • 建立"学生之间尊重彼此的贡献、错误和误解"的期望

2.3 教学方法

2.3.1 教学方法概述

1. 定义

教学方法是指在教学过程中,教师为了实现特定的教学目标,所采取的一系列有组织、有计划的教学活动方式和手段。它是连接教师与学生,实现知识传递、能力培养和情感交流的桥梁。教学方法既涵盖了教师的教授方式,也包括了学生的学习方式,体现了教与学方法的统一。其核心内涵如下。

(1)教学方法是教师在教学过程中所采用的策略和手段,目的是帮助学生更有效地理解和掌握知识。

(2)教学方法涉及教师的教授方法和学生的自学方法两方面,两者之间相互作用、相互制约。

(3)在选择和应用教学方法时,需要考虑学生的年龄、兴趣、认知水平等多方面因素,以期提升教学效果。

2. 特征

教学方法的特征如下。

(1)目的性。教学方法旨在实现特定的教学目标。

(2)多样性。存在多种教学方法,例如讲授法、讨论法、实验法等,教师应根据教学需求灵活选用。

（3）动态性。教学方法并非固定不变，它会随着教学进程的推进和学生需求的演变而持续调整和改进。

（4）互动性：教学方法着重于教师与学生之间的互动，激励学生主动参与教学活动，从而提升学习成效。

3. 分类

教学方法的分类依据所选标准的不同而有所差异。

（1）按教学方式划分：包括讲授法、讨论法、实验法、观察法、演示法等。

（2）按教学内容划分：涵盖知识传授法、技能训练法、情感培养法等。

（3）按教学对象划分：涉及个别化教学法、小组教学法、集体教学法等。

（4）按教学目标划分：包括启发式教学法、探究式教学法、问题解决教学法等。

（5）按媒介可分为以下三个层次。

- 第一层次，以语言文字为传递媒介的教学方法，主要以传递知识为主，如讲授法、谈话法、读书指导法、练习法、检查法。在此类活动中，教师的主导作用较为显著。

- 第二层次，以实物为媒介的方法，主要用于培养实际技能和操作能力，如演示法、实验法、参观法、实习作业法、课堂讨论法等。这类方法以学生的活动为中心，教师的活动则围绕学生的活动展开。

- 第三层次的教学方法是新的综合方法，这些方法结合了第一、二层次的具体方法。这一层次的教学方法代表了更高级别的广义教学方法，其显著特点是重点培养学生的各种能力，尤其是自学能力。教师的角色在于组织和调控教学过程。

2.3.2　大学主要教学方法解析

下面简要介绍大学主要教学方法，如表 2-9 所示。

表 2-9　大学主要教学方法

序号	名称	定　义	基本环节	要　　求
1	项目教学法	教师设计覆盖教学内容的项目并围绕项目组织和开展教学，学生在教师引导下通过完成项目学习知识、训练能力、培养素质的一种综合性教学方法	（1）分析教学内容，确定项目任务	所选项目应紧扣教学大纲和教学目标；项目的难易程度应适宜；项目应具有一定的实用价值
			（2）项目教学准备期	**教师的准备**：首先应对项目任务进行分析和研究，查阅大量的资料，收集相关的知识及案例，了解所选企业相关情形和背景状况；接着制订好项目工作计划和项目活动评价表等指导性的资料；最后要向学生作简要的实施动员，向学生说明项目的意义与作用，激发学生完成项目的兴趣 **学生的准备**：项目教学法是以学生为主体的开放式教学方式，学生必须认真对待，提前阅读相关教材，准备一定相关知识，注意预习相关课程，获取相关企业资料，为完成项目做好前期准备工作

续表

序号	名称	定　义	基本环节	要　　求
1	项目教学法	教师设计覆盖教学内容的项目并围绕项目组织和开展教学,学生在教师引导下通过完成项目学习知识、训练能力、培养素质的一种综合性教学方法	(3) 项目实施阶段	第一步就是对所教班级的学生进行分组——建立合作学习小组,也就是项目开发小组;第二步是按计划完成项目
			(4) 项目成果的提交与评价	总评应体现公平、公正、公开的原则,应采取学生自评,互评和教师总评的方式。评价还应结合不同项目的特点,从"价值引领、知识探究、能力培养、态度养成"四方面,将项目评价和学生个人评价有机结合
2	行为导向教学法	基于实际工作的教学方法,是以活动为导向,以人的发展为本位的全面提高学生的综合能力的职业教学方法	(1) 根据专业、课程及课型选择不同的教学方法	行为导向作为一种教学思想,实际上包括模拟教学、案例教学、项目教学和角色扮演等多种具体的教学方法。教师应该根据专业、课程、课型以及训练目标的不同而选择不同的教学方法
			(2) 正确处理教师与学生的关系	在行为导向教学中,学生是学习的主体,教师只起主导或者说引导的作用。行为导向教学法在教学时间分配上,教师讲授的时间一般不超过 30%,70% 以上的时间是学生在教师引导下完成学习任务
			(3) 树立"用教材"的教学思想	"用教材"要求教师对现有教材进行处理,除了根据新知识、新工艺、新技术要求对教材内容及时进行适当增删外,在教学设计时还要具体对每个模块的内容进行处理,以应用为目标,根据行为导向教学法的要求,打破教材体系,按照"提出问题→解决问题→归纳分析"的思路,重新设计教学步骤和教学方法
			(4) 教师要转变教学风格,做"主持人"	当好"主持人"的工作原则:要培养学生独立工作的能力;关注学生的优点,少讲不足
			(5) 让学生以团队的形式进行学习	教师要为学生分配好小组,建立以学生为中心的教学组织;让学生在自主学习过程中学会学习;不断地让学生学会展示自己的学习成果
			(6) 按照职业活动的要求组织好教学内容	把与活动有关的知识、技能组合在一起让学生进行学习;教师要按学习领域的要求编制好教学计划;明确教学要求、安排好教学程序;要事先确定通过哪些主题来实现教学目标

续表

序号	名称	定　义	基本环节	要　求
3	案例教学法	运用典型案例，将真实生活引入学习之中，"模仿真实生活中的职业情境"，创作"剧情说明书"以便进行详细的检查、分析和理解，帮助学习者像从业人员那样思考和行动的教学方法	（1）课前准备	课前教师必须舍得下功夫，做好充分扎实的课前准备，灵活地运用教学技巧来组织引导好案例教学
			（2）明确教学目标	教学目标可分解，既要清楚通过案例解决管理领域内什么层次上的什么问题，又要明确体现出学员解决问题时所显现的能力水平；既要考虑到学生的学习能力、态度的改变，又要考虑学生的条件和状况
			（3）选择好教学案例	案例是实施案例教学的前提条件之一。因此，在明确教学目标基础上，要选择合适的教学案例。所选的案例既要与教学目标相吻合；又要是教师自己能把握得了且学生易于接受和认同的案例
			（4）营造良好的学习环境和氛围	在课堂策略上采取使学习者经验共享的方式，营造一个氛围，让知道者告诉不知道者，让不同经验得到交流，使学生通过学习能充分分享来源丰富的各种信息，尊重和发挥学生的学习风格，使学生真正感到他们是课堂的主体，是学习的主人
4	任务驱动教学法	建立在建构主义学习理论基础上的教学方法，它将以往以传授知识为主的传统教学理念，转变为以解决问题、完成任务为主的多维互动式的教学理念；将再现式教学转变为探究式学习，使学生处于积极的学习状态，每一位学生都能根据自己对当前问题的理解，运用共有的知识和自己特有的经验提出方案、解决问题	（1）创设情境	需要创设与当前学习主题相关的、尽可能真实的学习情境，引导学习者带着真实的"任务"进入学习情境，使学习更加直观和形象化
			（2）确定问题（任务）	在创设的情境下，选择与当前学习主题密切相关的真实性事件或问题（任务）作为学习的中心内容，让学生面临一个需要立即去解决的现实问题
			（3）自主学习、协作学习	不是由教师直接告诉学生应当如何去解决面临的问题，而是由教师向学生提供解决该问题的有关线索，倡导学生之间的讨论和交流，通过不同观点的交锋，补充、修正和加深每个学生对当前问题的解决方案
			（4）效果评价	主要包括两方面内容，一方面是对学生完成当前问题的解决方案的过程和结果进行评价，即所学知识的意义建构的评价，而更重要的一方面是对学生自主学习及协作学习能力的评价
			注意事项：• 全面了解学生 • 明确任务设计的目标，编排应合理 • 任务的实践性要强，要真实自然 • 任务设计要情境化、生活化 • 任务设计要注重培养学生的创新能力 • 任务要分层次 • 合理安排课堂时间	

续表

序号	名称	定　义	基本环节	要　　求
5	合作学习教学法	要求把学生分成一个个由2～6名成员组成的学习小组,使学生在学习小组中一起从事学习活动,共同完成教师分配的学习任务	(1) 分配任务	教师对全班进行引导教学,说明教学的目标与学习的任务
			(2) 进行分组	依据教材内容、任务的复杂程度等因素决定组别数量及各组人数。通常每组的人数在六个人以下,讨论的效果比较理想
			(3) 小组学习活动	在小组学习当中,包括分配角色以及依教学目标进行学习与讨论等工作。角色分配主要分为支持工作角色与学习工作角色二项
			(4) 小组报告和师生讨论	小组必须向教师及其他小组汇报小组活动成果,并且可以针对学习情形及活动结果,讨论在小组合作的历程中所遭遇的问题,个人心得体会,以及如何改进和提高
			(5) 小组学习成就表扬	表扬学习成就可以激励学生的学习,小组成就获得表扬更能激发小组成员的荣誉感及成就感
6	问题教学法	在教学中从学生的认知规律和实际出发,科学地设计问题,巧妙地提出问题,通过师生的互动,启发学生敢于和善于提问,理论联系实际,围绕教材,而又不拘泥于教材,解决学生认识上的错误和模糊观点,然后得出正确结论的教学方法	(1) 感知教材内容	教会学生看书的方法,要由面到点,再由点到面,明确主次关系。其次,引导学生处理和把握教材,学会自学。再次,就是学生完成对教材内容的从感性认识到理性认识的升华,并结合自己的已有经验和教材的知识结构主动地进行学习
			(2) 鼓励学生提问	提出问题,或者从新的角度去思考老问题,往往会产生新的发现和突破。教学中,为帮助学生有效地增强问题意识,克服思维障碍,可设计一张"学思问"表格
			(3) 通过问题授课	对于多数学生有兴趣且有现实意义的问题,以全班共同讨论的方式进行;对于部分学生有兴趣且有一定讨论价值的问题,以分小组讨论的方式进行;对有一定难度的问题,或是学生的知识结构中所不包含的问题,就需要教师来亲自解答;对于有些学生认识上比较偏激或极端的问题,一般采用个别解答的方式
			(4) 深入研究问题	认真分析学生的问题,有利于我们把握学生的心理特点和思想动态,并为我们的课堂教学提供丰富而鲜活生动的素材
7	情境教学法	把课文中讲述的事情的场景再现于课堂,贯穿于课堂。通过教师的引导,让学生置身于课本所讲的环境当中,调动学生的想象力、思维力和感受力,再经过教师巧妙设问,使学生得到预期教育效果的教学手段	(1) 选择案例	首先,所选案例要同学生所学内容相接近;其次,案例要力求简洁,使之能在上课时间内完成;再次,案例应当是不完整的、缺少最终结果的。这可使学生根据自己对案例的理解提出自己的见解,锻炼他们分析问题、解决问题的能力,有利于学生之间的相互学习
			(2) 课外准备	首先,根据教学班的情况将学生分为三到四个模拟演练小组。其次,各组要在组长的领导下对案例进行深入分析,并对本组活动的各个步骤进行安排
			(3) 课堂演练和答疑	当各小组经过一段时间的准备之后,就可以按照事先的安排进行正式的模拟演练。每组演练结束后,其他小组和教师均可针对演练内容和提出的方案进行质疑,演练小组答疑,双方都充分发表自己的见解和观点
			(4) 分析总结	首先,各演练小组要对本组的演练进行介绍、分析和总结,以便相互了解。其次,教师要对案例进行深入分析,并对各演练小组的方案和演练内容进行总评,尤其要找出学生在演练过程中的闪光点和创新之处,及时予以鼓励和表扬

续表

序号	名称	定 义	基本环节	要 求
8	理实一体化教学法	理论实践一体化教学法,是打破理论课、实验课和实训课的界限,将某门课程的理论教学、实践教学、生产、技术服务融于一体,教学环节相对集中,由同一教师主讲,教学场所直接安排在实验室或实训车间,来完成某个教学目标和教学任务,师生双方边教、边学、边做,理论和实践交替进行,直观和抽象交错出现,没有固定的先实后理或先理后实,而是理中有实,实中有理,突出学生动手能力和专业技能的培养,充分调动和激发学生学习兴趣的一种教学方法	(1) 编写理实一体化校本教材	编写理实一体化教材是实施一体化教学的基础。教材应围绕技能训练,注重实用性和可操作性,强调学生的实践技能、技巧的培训,理论知识应服从实践教学的需要,要求理论浅显易懂,简洁明了,使教材成为实践性、实用性教材
			(2) 建立一体化计教学场地	一体化教学方法强调在同一场地、同一时间完成教学的多种任务,要有与专业和规模相适应的硬件设备和学习环境
			(3) 师资力量要提高	既能胜任理论教学,又能指导实习操作的"一体化教师"队伍是实施一体化教学的关键。一体化教学要求教师不仅要有丰富的专业知识讲授理论,而且要有熟练的操作技能,因此要加大一体化师资的培养力度
			(4) 加强课堂管理	理实一体化教学主要突出以学生为主体,学生要在课堂上"动"起来,况且实习场地也不可能保证学生每人都有一件实物进行操作,所以实习场地上总有部分学生只能观看或协助正在操作的同学,并且场地上也不可能没有实物操作的响声。所以教学过程中教师应严抓课堂纪律,多花时间和精力加强学生的教育和管理,合理安排学生操作练习,维持好课堂秩序
			(5) 不能学生动手,教师旁观	如果教学过程中,教师认为既然是理实一体化教学,"身教重于言教",教师应讲清实践的顺序及应注意的一些问题,并将步骤书写在黑板上,然后进行操作演示。应及时纠正学生不正确或不规范操作之处,学生在教师的指导下有序地进行操作,教师应督促学生人人动手,个个参与,并加强指导
			(6) 文明规范,安全操作	教师必须熟悉教学环境,熟悉教学设备的使用和保修方法,及时对工具、设备、教学用具进行必要的管理和维护。教学时教师应向学生传授文明规范、安全操作的知识和技能
9	启发式教学法	教师在教学过程中根据教学任务和学习的客观规律,从学生的实际出发,采用多种方式,以启发学生的思维为核心,调动学生的学习主动性和积极性,促使他们生动活泼地学习的一种教学指导思想	(1) 准备	师生课前的各项准备十分重要,不要把"预设"和"生成"对立起来
			(2) 诱发	学生自己或由教师引导提出问题
			(3) 释疑	老师与学生或学生之间采用多种方法和形式释疑、解惑
			(4) 转化	尽可能使知识当堂消化吸收并加强巩固和内化
			(5) 应用	主要指将学习到的知识应用于实际,培养解决实际问题的能力

续表

序号	名称	定 义	基本环节	要 求
10	讨论式教学法	在教师指导下学生自学、自讲,以讨论为主的一种教法	(1) 学生自学	教师指定自学内容,并首先领导学生进行"鸟瞰式"浏览,指出重点、难点,然后学生逐条地去理解抽象的理论部分,推演公式、演算例题和习题等
			(2) 自行讲解	教师把要讨论的内容,按基本观念、基本理论、例题、习题等分成若干"单元",把学生也分成相同数目的小组,在学生全面自学的基础上,每组又各自有所侧重,待讨论时,再具体指定主讲人,或由小组自选主讲人,小组中其他成员自由补充
			(3) 相互讨论	相互讨论也是按"单元"进行的。在教师的启发和指导下,对主讲的结果正确与否、有无不同解法、其中哪些为最简捷解法等问题进行讨论
			(4) 单元结论	在相互讨论之后,分别由主讲人或教师归纳出正确结论,或推导出正确且最简洁的答案
			(5) 全课总结	教师针对全课的理论部分及其应用部分进行总结
11	目标教学法	将一次课的教学过程分解为课堂导入、展示教学目标、遵循教学目标讲解相关知识、目标测评等几个环节,并根据这些环节组织实施教学	(1) 情景设置	根据学生当前所学习的内容创设与现实情况基本相接近的情景环境,也就是说把学生引入到需要通过某知识点来解决现实问题的情景
			(2) 操作示范	围绕当前学习的知识点,以便满足学生"知识迁移"的要求,选择合适的小目标,并示范完成目标的过程
			(3) 独立探索	让学生独立思考,对知识点进行理解,消化示范目标的解决要点,为解决练习目标打下基础
			(4) 确定目标	小组通过社会调查,研究讨论,并在教师的指导下确定具体的目标。协作学习、开展小组交流、讨论,组员分工协作,共同完成工程目标
			(5) 学习评价	学生学习的效果直接由完成工程目标的情况来衡量,包括教师评价、学习小组评价和自评三部分
			基本原则:目标中心原则;"教为主导,学为主体,训练为主线"的教学原则;理论联系实际原则;优化原则;反馈校正原则	
12	讲授法	教师通过口头语言向学生传授知识、培养能力、进行思想教育的方法,在以语言传递为主的教学方法中应用最广泛,且其他各种方法在运用中常常要与讲授法结合	(1) 认真备课,熟练掌握教材内容,对讲授的知识要点、系统、结构、联系等做到胸有成竹、出口成章、熟能生巧,讲起来才精神饱满、充满信心,同时要注意学生反馈,调控教学活动的进行	
			(2) 教学语言要准确且有科学性、逻辑性;精练:没有非教学语言,用词简要,用科学语言教学;清晰,吐字清楚,音调适中,速度及轻重音适宜;生动,形象,有感染力,注意感情投入	
			(3) 充分贯彻启发式教学原则,讲授的内容须是教材中的重点、难点和关键,使学生随着教师的讲解开动脑筋思考问题,讲中有导,讲中有练。学生主体作用表现突出,表现为愿学、愿想,才能使讲授法进行得生动活泼	
			(4) 讲授的内容宜具体形象,对抽象的概念原理,要尽量联系旧知识,并结合其他方法,使之形象化,易于理解。对内容要进行精心组织,使之条理清楚,主次分明,重点突出	
			(5) 讲授过程中要结合板书与直观教具。板书可提示教学要点,显示教学进程,使讲授内容形象化具体化。直观教具如地图、图片、图表、模型等,可边讲边演示,以加深对讲授内容的理解	

续表

序号	名称	定 义	基本环节	要 求
13	发现式教学法	教师在学生学习概念和原理时，不是将学习的内容直接提供给学生，而是向学生提供一种问题情境，只是给学生一些事实(事例)和问题，让学生积极思考，独立探究，自行发现并掌握相应的原理和结论的一种方法	(1) 提出和明确使学生感兴趣的问题	
			(2) 使学生对问题感受到某种程度的不确定性，以激发探究的欲望	
			(3) 提供解决问题的各种假设	
			(4) 协助学生收集和组织可用于下结论的资料	
			(5) 组织学生审查有关资料，得出应有的结论	
			(6) 引导学生运用分析思维去验证结论，最终使问题得到解决	
14	翻转课堂教学法	学生在家完成知识的学习，而课堂变成了教师学生之间和学生与学生之间互动的场所，包括答疑解惑、知识的运用等，从而达到更好的教育效果	(1) 教学视频短小精悍	大多数的视频都只有几分钟的时间，比较长的视频也只有十几分钟。每一个视频都针对一个特定的问题，有较强的针对性，查找起来也比较方便；视频的长度控制在学生注意力能比较集中的时间范围内，符合学生身心发展特征；通过网络发布的视频，具有暂停、回放等多种功能，可以自我控制，有利于学生的自主学习
			(2) 教学信息清晰明确	视频中的出现的教师的头像，以及教室里的各种物品摆设，都会分散学生的注意力，特别是在学生自主学习的情况下
			(3) 重新建构学习流程	"信息传递"是学生在课前进行的，教师不仅提供了视频，还可以提供在线的辅导；"吸收内化"是在课堂上通过互动来完成的，教师能够提前了解学生的学习困难，在课堂上给予有效的辅导，同学之间的相互交流更有助于促进学生知识的吸收内化
			(4) 复习检测方便快捷	学生观看了教学视频之后，如何判断是否理解了学习的内容？视频后面紧跟着的四到五个小问题，可以帮助学生及时进行检测，并对自己的学习情况作出判断。如果发现几个问题回答得不好，学生可以回过头来再看一遍，仔细思考哪些方面出了问题。学生的对问题的回答情况，能够及时地通过云平台进行汇总处理，帮助教师了解学生的学习状况。教学视频另外一个优点，就是便于学生一段时间学习之后的复习和巩固。评价技术的跟进，使得学生学习的相关环节能够得到实证性的资料，有利于教师真正了解学生

2.3.3 教学模式、教学策略与教学方法的关系

1. 联系

在理论向实践转化的过程中，可以看到一个清晰的阶段或顺序：从教学理论到教学模式，再到教学策略，进而到教学方法，最终落实到教学实践。在这个过程中，教学策略是对教学模式的进一步细化，而教学模式则包含着教学策略。教学模式处于较高层次，它规定了教学策略

和教学方法。与教学模式相比,教学策略更为详细和具体,同时受到教学模式的制约。一旦教学模式形成,它通常较为稳定;而教学策略则相对灵活,能够根据教学进程的变化进行及时的调整和变动。因此,教学模式和教学策略是不同层次上的概念。教学方法则是更为具体的操作方式、手段和途径,它介于教学策略与教学实践之间。在教学过程中,选择和采用何种教学方法,受到教学策略的指导。教学策略在层次上高于教学方法,而教学方法是具体的操作性内容。教学策略不仅包含监控和反馈,其外延也比教学方法更为广泛。

2. 区别

(1) 教学模式是在特定教学理念或理论指导下构建的,相对稳定的教学活动结构框架和活动流程。

作为结构框架,它强调了从宏观角度把握教学活动的整体及其各要素间的关系和功能;作为活动流程,则突出了教学模式的有序性和可操作性。"模式"一词是英文 model 的汉语翻译,model 还可译为"模型""范式""典型"等。通常指代研究对象在理论上的逻辑框架,是经验与理论之间的一种可操作性的知识体系,是再现现实的一种理论性简化结构。教学模式通常包含多个因素,这些因素之间规律性地联系着,构成了教学模式的结构。

(2) 教学策略是教学思想、方法模式和技术手段这三个动因的集成,是教学思想运用技术手段进行策略性加工而形成的方法模式。

教学策略是为了实现特定教学目标而制订的、应用于教学过程的总体方案。它包括合理组织教学过程、选择具体的教学方法和材料,以及制订教师与学生应遵循的教学行为程序。

(3) 教学方法是教师和学生为了实现共同的教学目标,在教学过程中所采用的方式与手段的总称。

可以从以下三方面来理解教学方法。第一,它指的是具体的教学方法,隶属于教学方法论,是教学方法论的一个组成部分。教学方法论由教学方法的指导思想、基本方法、具体方法、教学方式四个层次构成。第二,教学方法与教学方式不同,但二者之间有着紧密的联系。教学方式构成了教学方法的细节,是运用各种教学方法的技术。任何一种教学方法都由一系列教学方式组成,可以分解为多种教学方式。第三,教学方法是一系列有目的的活动,能独立完成某项教学任务,而教学方式仅被运用于教学方法中,并服务于促成教学方法所要完成的教学任务,其本身并不能独立完成一项教学任务。

综上所述,三者之间的关系,从理论向实践转化的阶段或顺序来看,是从教学理论到教学模式,再到教学策略,再到教学方法,最终落实到教学实践。

2.4　教学设计

2.4.1　教学设计概述

1. 定义

教学设计是教师依据特定的社会需求和学生需求,深入分析教学目标与学生特征,并基于学习理论与教学理论的原则,对教学内容、方法、策略和评价等关键要素进行精心、有序地组合,以制订出课堂效果最佳的教学预案。

教学设计的核心在于确保教学方法与教学目标的匹配及其有效性。

(1) 教学设计主要解决三个核心问题:

① 教学内容——即教学目标;

② 教学方法——包括教学过程中的内容、方法和手段等策略;

③ 教学效果——通过教学评价来衡量。

(2) 教学设计的内容涵盖以下几方面:

① 教材分析;

② 学情分析;

③ 教学目标的设定;

④ 教学重难点的识别及重点突出和难点突破;

⑤ 教学内容的选取与设计;

⑥ 教学方法的选择与设计;

⑦ 教学过程(环节)的规划;

⑧ 板书的设计;

⑨ 教学评价的构建等。

2. 步骤和原则

教学设计的核心步骤涵盖以下几方面。

(1) 明确学习目标。确立学习者在完成学习活动后应掌握的知识、技能和态度。

(2) 分析学习者特征。探究学习者的背景知识、技能水平、兴趣所在及需求,以便提供适宜的学习支持。

(3) 挑选学习内容。依据学习目标和学习者特征,决定将要传授的知识点和技能。

(4) 规划学习活动。设计学习者在学习过程中需完成的任务和活动,以激发他们的主动参与和深入理解。

(5) 开发学习资源。提供必要的教材、工具和环境,以支撑学习者的学习进程。

(6) 制订评估方法。建立评估学习者学习成果的标准和手段,以掌握他们的学习进展和成效。

(7) 执行教学计划。依照教学设计的方案,开展教学活动,引导学习者达成学习目标。

(8) 进行评估与调整。基于学习者的反馈和评估结果,对教学设计进行必要的调整和优化,以提升学习成效。

教学设计的基本原则包括以下几点。

(1) 以学习者为中心。重视学习者的需求和特点,为他们提供定制化的学习协助。

(2) 突出学习目标。明确设定学习目标,确保学习者能够实现既定的学习成果。

（3）关注学习过程。重视学习者在学习过程中的体验和参与度，而不仅仅是最终的学习成果。

（4）采用多样化教学。运用多种教学方法和策略，以适应不同学习者的需求。

（5）提供及时反馈和评估。向学习者提供即时的反馈和评估，帮助他们了解自身的学习进度和成效。

（6）持续进行改进。根据学习者的反馈和评估结果，持续调整和优化教学设计，以增强学习效果。

3．分类

（1）根据教学设计的表现形式进行分类。

① 以"产品"为核心的教学设计。教学设计的初始发展始于以"产品"为核心。它将教学中所需的媒体、材料、教学包等视为产品进行设计。教学产品的类型、内容和教学功能通常由教学设计人员、教师和学科专家共同确定。有时，还会邀请媒体专家和媒体技术人员参与，对产品进行设计、开发、测试和评估。

② 以"课堂"为核心的教学设计。该设计范围专注于课堂教学，它在规定的教学大纲和教学计划下，针对一个班级的学生，在固定的教学设施和资源条件下进行。设计工作的重点是充分利用现有设施，选择或编辑现有教学材料以完成教学目标，而非开发新的教学材料（产品）。如果教师掌握相关教学设计知识与技能，那么整个课堂层次的教学设计完全可以由教师独立完成。当然，在需要时，也可由教学设计人员提供辅助。

③ 以"系统"为核心的教学设计。这种设计通常包括系统目的和目标的确定，实现目标方案的建立、试行、评估和修改等环节，涉及范围广泛，设计难度较大。系统设计一旦完成，将被应用于范围较大的特定场合。因此，这一层次的设计需要由教学设计人员、学科专家、教师、行政管理人员，甚至包括相关学生在内的设计团队共同完成。

（2）根据系统论的观点进行分类。

① 以教学系统为对象的层次被称为教学系统设计。教学系统设计首先进行需求分析，拟定培养目标；然后根据培养目标制订课程方案，包括课程计划和课程标准，具体到教学中，即我们通常所说的教学计划和教学大纲；接着选择或开发教学资源，以确保教学过程的顺利进行；最后在教学实践中实施，并进行评价和修正。由于教学系统设计通常较为复杂，因此通常由相关专家小组来完成。

② 以教学过程为对象的层次被称为教学过程设计。教学过程设计是指教师依据一定的教育思想和对教育、教学过程的理解，以各种方式、方法对一门课程或一个单元，甚至一节课或某几个知识点的教学全过程进行规划和安排。这是广大教师开展最多的教学设计活动。

③ 以教学产品为对象的层次被称为教学产品设计。教学产品设计通常基于教学系统设计和教学过程设计所确定的产品使用目标，考虑教材的安排、教学媒体的选择，需要经过分析、设计、开发、制作、集成、评价、修改等开发步骤，形成如教材、课件、网络课程等产品。

简单的教学产品通常指的是常规教学媒体、课件等；复杂的教学产品则指大型教学系统、计算机软件等。对于复杂的教学产品，有必要先进行必要性和可行性分析，然后完成产品的设计、开发等一系列步骤。

（3）根据教学过程的不同要素为中心进行分类。

① 以"教"为中心的教学设计。以"教"为中心的教学设计也被称为传统教学设计，20 世纪60 年代开始逐渐发展的教学设计理论大多都是以"教"为中心的，其理论基础是系统论、学习理论、教学理论和传播理论。此类教学设计关注的焦点是教师的"教"，强调教师在教学中的主导作用，具有循序渐进、按部就班、精细严密、系统性等特点。

② 以"学"为中心的教学设计。以"学"为中心的教学设计以建构主义为主要理论基础，以现代信息技术为物质支持，强调以学生为中心、"情境"对意义建构的作用、学习环境而非教学环境的设计，以及学习资源与协作的作用。以"学"为中心的教学设计将学生的"学"作为设计的焦点，注重发挥学生的主动性和创造性，教师则起到指导学习与促进学习的作用。

③ 以"资源"为中心的教学设计。学习资源是指能够支持学习的一切要素的总和，包括支持系统、教学材料、环境和人员。基于"学习资源"的教学设计是指通过对教学目标、学习者、学习行为等要素进行分析来设计学习资源，从而实现教学设计。

基于"资源"的教学设计关注对学习环境（目前主要包括真实课堂环境和网络环境）的设计，注重学习者与外界环境的交互，重视资源的即时性、互操作性、弹性和经济性，促进资源的合理利用和对学习的有效支持。同时它强调学习资源不仅限于学习过程中"物"的因素，人力资源也是学习资源中重要的一部分，因此，应重视对人力资源的开发利用。

2.4.2　教学设计理论基础

教学设计植根于多学科的理论与技术应用土壤中，专注于"如何教学"的问题。关于教学设计的理论基础，较为集中的观点是"四基础"论，包括学习理论、教学理论、系统论和传播理论。

1. 学习理论

学习理论探讨人类学习的本质及其形成机制，属于心理学范畴。教学设计旨在为学习创造环境，根据学习者的需求设计教学计划，以充分发掘和进一步发展人类潜能。因此，教学设计需要广泛了解学习和人类行为，并以学习理论作为其理论支撑。

学习理论的核心任务是探索人类学习的内在机制，重点研究学习者的内部心理因素，关注"学习是如何发生的，其机制是什么"的问题。

（1）行为主义对教学设计的影响。

行为主义学派视学习为有机体在特定条件下形成刺激与反应相联系的过程，从而获得新经验，强调外在刺激对行为的影响及强化作用。环境被视为刺激，而有机体的行为则作为反应。

行为主义学派重视对学习环境的控制,强调外显行为与强化的概念,以及尊重学习者自定步调的个别化学习策略,这些对教学系统设计具有重要的指导意义。

行为主义学习理论对教学设计的启示包括三方面:

① 行为主义学习理论的逻辑延伸是形成塑造或矫正行为的方法;

② 教师应安排环境中的刺激,以促进学习者作出适当的反应,并对所作出的反应进行强化;

③ 教师需要评估学生的行为,以确定教学的最佳时机。

(2) 信息加工理论对教学设计的影响。

美国教育心理学家罗伯特·米尔斯·加涅(Robert Mills Gagne)提出了一个基于学习与记忆理论的信息加工模型,即学习过程的一般模式,如图 2-6 所示。

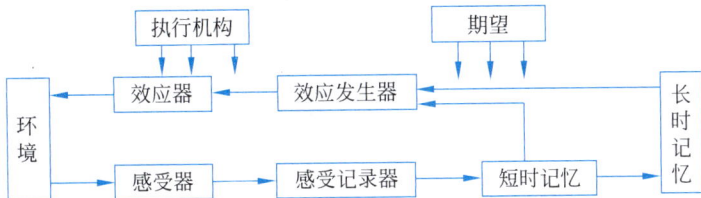

图 2-6　学习过程的一般模式

图 2-6 中的"环境"实际上指的是学习的情境。模型所描述的信息处理流程是这样一个循环:环境→感受器→感觉记录器→短时记忆→长时记忆→反应发生器→效应器→环境。

从该模式中我们可以观察到,学生从其所在的环境中接收信息刺激,这些刺激首先作用于感受器,并在生理动作水平上得到编码,转化为神经信息。这些信息随后传递至感觉记录器,在几百分之一秒内即可完成对来自各感受器信息的记录,产生视觉、听觉或触觉效应,从而使得学习者对某些信息产生注意。

加涅提出的这一学习信息加工模式在心理学界得到了广泛的认可。它从宏观角度概述了学习过程的大致框架,但对各个阶段的具体细节并未进行深入探讨。

上述信息加工理论为教学设计提供了理论基础和指导方向。由于学习过程和教学过程本身相当复杂,人们在各自实践中积累的经验也各不相同。这些不同的经验通过总结和提炼,又形成了多种多样的信息加工教学设计模式。

(3) 建构主义对教学设计的影响。

建构主义的知识观:建构主义主张知识并非对现实世界的纯粹客观反映,任何传递知识的符号系统亦非绝对真实的表征。它仅仅代表人们对客观世界的一种解释、假设或假说。知识并非终极答案,它将随着人们认识的深入而不断变革、升华和改写,产生新的解释和假设。

因此,教学不应将知识视为预先设定的真理传授给学生,也不应以教师对知识的理解方式作为学生理解知识的唯一途径,更不能用社会性的权威去压制学生。学生对知识的吸收必须由他们自己来完成,基于个人经验来分析知识的合理性。在学习过程中,学生不仅要理解新知识,还要对其进行分析、检验和批判。

建构主义的学习观：学习并非被动地接收信息刺激,而是主动地建构意义。学习者根据自己的经验背景,对外部信息进行主动的选择、加工和处理,从而获得学习的意义。学习过程涉及两方面的建构：一是对新信息的意义建构,二是对原有经验的改造和重组。学习者通过以自己原有的知识经验为基础,对新信息进行重新认识和编码,构建个人的理解。在这个过程中,学习者的原有知识经验会因新知识经验的融入而发生调整和改变。因此,建构主义者关注如何利用学习者原有的经验、心理结构和信念来建构知识。

建构主义学习理论对教学设计的启示：

① 建构主义学习理论认为"情境""协作""会话""意义建构"是学习环境中的四大要素或属性。

② 建构主义提倡在教师指导下的、以学习者为中心的学习方式,即既强调学习者的认知主体作用,又不忽视教师的指导作用。教师是帮助者和促进者,协助学习者建构意义,而非单纯的知识传授者和灌输者。学生是信息加工的主体,是意义的主动建构者,而非被动接收外部刺激的对象。

（4）人本主义对教学设计的影响。

人本主义思想强调学习过程中情感的重要性,倡导建立和谐的师生关系,并强调激发学生的主动性。其教育目标是培养"学会如何学习的人"以及"学会如何适应和改变的人",注重提升学生的学习能力和适应变化的能力。

人本主义教育家将"健全的人格"和"自我实现"作为教学设计的核心理念和终极目标,致力于促进人的全面发展,使教育从传统的知识导向转变为以人的发展为中心。

（5）多元智能理论对教学设计的影响。

霍华德·加德纳（Howard Gardner）教授提出的多元智能理论认为,人类智能是多方面的,每个人天生具备语言文字智能、数学逻辑智能、视觉空间智能、身体运动智能、音乐旋律智能、人际关系智能及自我认识智能七种智能。这些智能在我们认识世界和改造世界的过程中扮演着关键角色,并且它们同等重要。加德纳进一步指出,每个人从出生起就在一定程度上拥有这七种以上的智能,而环境和教育在智能的开发与培养方面起着至关重要的作用。

多元智能理论对教学设计的启示包括三方面：

① 课程设计应以培养学生的多元智能为核心目标,注重培养创新精神；

② 建立新的学生观；

③ 实施多元化的评价体系。

2. 教学理论

教学理论旨在研究教学的一般规律,以解决教学过程中的问题,是一门科学。教学设计则是科学地解决教学问题、提出解决方案的过程。为了有效地解决教学问题,必须遵循并应用教学的客观规律,因此,教学设计与教学理论密不可分。

（1）斯金纳的程序教学理论。

基于操作性条件反射理论，伯尔赫斯·弗雷德里克·斯金纳（B. F. Skinner）认为教学目标是对学生学习成果的预期。所有教学活动都应以明确的教学目标为起点，并以目标的实现为终点。具体而明确的教学目标有助于学生的学习，因此，教学目标应尽可能细化。

程序教学具有这五大特点：

① 小步子的逻辑序列，强调教材难度的逐步增加和从一个学习单元到下一个的自然过渡；

② 积极的反应，要求学生与程序之间进行有效的互动；

③ 及时的信息反馈，以防止学生重复错误；

④ 自定步调，以学习者为中心，鼓励学生按照适合自己的速度学习；

⑤ 降低错误率，程序教材需要不断更新，以最小化学习者犯错的可能性。

程序教学的核心在于编制程序化教材。程序化不仅仅是对教材内容的简单排序，而是基于一定的学习理论，针对教学内容和学生特点，精心安排教材的组织结构。

（2）布鲁纳的结构教学理论。

① 教学目标。杰罗姆·赛默尔·布鲁纳（Jerome Seymour Bruner）认为学习的过程和本质并非被动地形成刺激—反应的联结，而是主动地构建认知结构。布鲁纳将认知结构定义为人们对外部物质世界进行感知和概括的一般方式，它是在过往经验的基础上形成的，并在学习过程中持续演变。一旦认知结构形成，它便成为进一步学习和理解新知识的关键内部因素和基础。

布鲁纳将学习视为认知结构的组织与重组，教学的目标即在于通过促进学生认知结构的形成来推动智力的发展。

② 教学内容。学科的基本结构指的是该学科的核心概念与基本原理。布鲁纳认为，学生若掌握了学科的基本结构，将有利于深入理解整个学科，增强记忆，促进学习迁移，并有助于缩小"高级"知识与"低级"知识之间的差距。

③ 教学过程。布鲁纳认为教学程序的设计和步骤，主要涉及教材的呈现方式、学生的认知特点和学习方式，这些因素直接影响学生的知识获取和能力发展。因此，教学理论必须明确如何设计最佳的教学程序。

布鲁纳提出了设计最佳教学程序的三个基本要求：

a. 教材的呈现顺序要与学生的认知发展相适应；

b. 教学程序的设计要考虑到经济有效的原则；

c. 教学程序的设计要促进学生的智力发展。

布鲁纳强调，学习的最终目标是促进学生大步前进，并具备将新知识应用于新学习情境的能力，因此教学程序的安排应提供机会以促进学生智力的发展。

此外，结构教学理论还重视反馈的运用，并倡导发现学习。

（3）奥苏泊尔的有意义学习理论。

有意义学习是指以实质性的和非人为的方式将潜在有意义的信息与学习者已有的知识体

系联系起来的过程。

有意义学习发生的必要条件有三个：

① 学习者必须对任何学习任务持有有意义学习的心理倾向；

② 要学习的材料必须具备潜在的意义；

③ 学习者已经掌握如何将新学习的内容与已有的知识体系联系起来。

有意义学习理论对教学设计的指导意义在于它不仅能激活学习者原有的知识，还能使教学材料更加富有意义。

（4）情境教学理论在教学设计中的指导作用。

情境教学理论的核心理念有三个：

① 学习是学习者主动构建内部心理表征的过程；

② 学习者以个人的方式构建对事物的理解；

③ 学习应与社会实践紧密联系。

情境教学对教学设计的影响体现在三方面：

① 情境设计以学生为中心；

② 情境设计以知识为导向；

③ 情境设计以评价为导向。

3. 系统论

教学设计以系统方法为核心思维方法，旨在构建一个高效的教与学系统。系统论在教学设计中的应用，强调从整体视角审视影响教学成效的诸多因素，注重将各个部分有机整合，形成一个相互关联的整体。

系统方法，即运用系统论的原理和观点来研究和处理复杂系统问题的方法。它要求将研究对象置于系统框架内，侧重于整体性分析，通过探究系统各组成部分之间的关系和相互作用，揭示系统规律，并据此找到解决复杂系统问题的通用步骤、程序和方法。无论是宏观还是微观的教学系统设计，都强调系统方法的重要性。

系统科学对教学设计的指导作用如下。

（1）教学系统设计首先将教育教学视为一个整体系统，并运用系统方法进行设计、开发、运行和管理。这意味着将教学系统作为一个整体来设计、实施和评价，以期构建一个功能最优的系统。

（2）教学系统设计综合了教学系统的各个要素，并将系统方法的设计过程模式化，提供了一套可操作的程序和技术，以实施教学系统设计。

（3）系统思维理论的发展促使人们重新审视教学系统，将教学系统视为一个子系统，并置于整个社会大系统之中。这极大地扩展了教学系统设计研究的视野，不仅关注教学系统内部的结构，还将教学系统与提供学习资源的社会系统联系起来。

4. 传播理论

传播理论对教学设计的主要贡献之一是其信息传播模式。通过这一模式,可以洞察教学传播过程中所包含的要素以及这些要素之间的动态联系。这揭示了教学过程是一个复杂的双向动态过程。因此,在设计教学系统时,教师、学习者以及媒体(作为传播通道)的设计成为基本要素。

从传播学的视角出发,教学设计人员必须能够预测可能发生的干扰,并运用有效的策略来消除这些干扰,以保证传播过程的顺畅。

教育传播理论对教学设计的指导作用体现在以下五方面:

(1)准确理解教师的角色;

(2)正确认识学生的位置;

(3)合理规划教学内容;

(4)恰当选择教学方法;

(5)挑选最合适的教学媒体。

教学设计是一门综合了多种学科理论和技术研究成果的学科。其核心理论基础包括学习理论、教学理论、系统论和传播理论。每一种理论都从独特的视角对教学系统设计的形成和发展产生了深远的影响。

2.4.3 教学设计的模式

1. 教学设计的通用模式

教学设计的通用模式适用于多种教学设计类型,关键在于识别教学设计的核心组成部分。教学设计者基于教学设计实践,归纳出教学设计过程的基本要素,具体如表 2-10 所示。

表 2-10 教学设计过程的基本要素

核心构成要素	具 体 任 务
学习需要分析	确定问题、分析问题、确定目的、确定学习需要
学习内容分析	分析教学能力、分析任务量、确定学习内容
学习者分析	分析学习者的一般特征、评定学习者初始能力
教学目标的确定	确定教学目标、编写行为目标
教学策略的制定	安排教学活动、说明教学方法、选择媒体
教学设计的评价	评价教学设计成果(包括形成性评价、总结性评价、行为评价、反馈评价等)

通过分析教学设计模式的核心构成要素,并结合教学设计的实践应用,总结出了教学设计的一般模式,如图 2-7 所示。学习者分析、学习内容分析、教学目标、教学策略和教学设计的评价构成了教学设计的基础。

在实际的教学设计过程中,必须从系统的整体功能出发,确保学习内容学习者、教学目标、教学策略和评价之间的一致性,以实现最佳的教学效果。此外,应认识到教学设计是一个开放的系统,教学过程是动态的,涉及环境、学习者、教师、信息和媒体等多个不断变化的因素。因

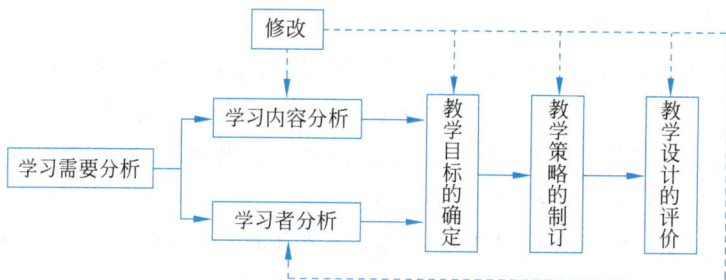

图 2-7　教学设计的一般模式

此,教学设计工作具有灵活性,我们应在借鉴他人模式的基础上,结合自身的教学设计实践经验,根据不同的教学情境和要求,决定设计的起点和重点解决的问题,创造性地开发适合自己的教学模式,有效地进行教学设计工作。接下来,将介绍一些具有代表性的教学设计模式。

2. 迪克—凯瑞模型

迪克—凯瑞(Dick & Carey)模型是一种经典的、传统的教学设计模型,如图 2-8 所示。它将"教学目的"置于模型的核心位置,表明整个教学活动都应受到"教学目的"的指导。在进行教学设计时,首要任务是明确教学目的,这与教学目标导向原理相契合。该模型反映了传统的教学理念。传统教学方法的主要特点是以"教"为中心,强调外部客观知识的刺激作用以及教师对教学过程的控制作用。从模型的结构来看,它强调"教学目的"而非"教学目标",这表明模型有意强调"教"的重要性。此外,从"教学目的"到"总结性评价"的整个教学流程中,学生缺乏参与,这充分说明了教师在教学过程中的主导地位,以及学生所处的被控制、被支配、被动接收知识的位置。

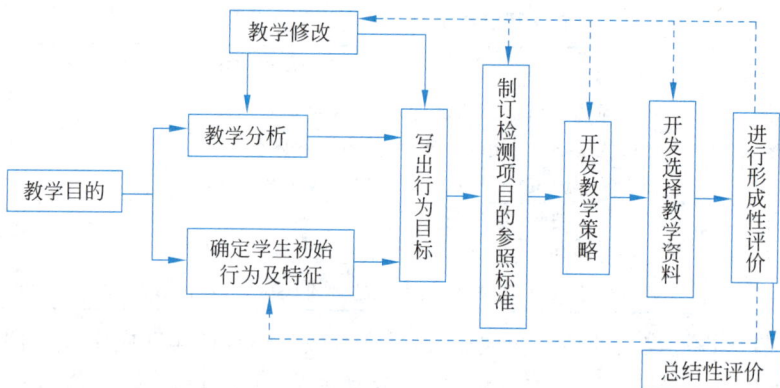

图 2-8　迪克—凯瑞模型

3. 史密斯—瑞根模型

史密斯—瑞根(Smith & Regan)模型是在"迪克—凯瑞模型"的基础上,汲取了加涅在"学习者特征分析"环节中对学习者内部心理过程进行认知分析的优势,并进一步考虑了认知学习理论对教学内容组织的重要影响而发展起来的。该模型较为充分地体现了"联结—认知"学习理论的基本思想,如图2-9所示。

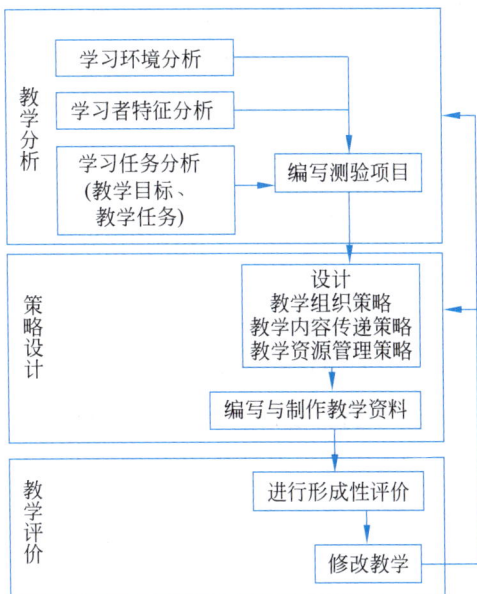

图 2-9 史密斯—瑞根模型

史密斯—瑞根模型的核心特征包括:

(1)将"学习者特征分析"与"学习任务分析"整合为"教学分析"模块,并在此基础上增加了"学习环境分析"。

(2)模型明确提出了三类教学策略的设计,包括教学组织策略、教学内容传递策略以及教学资源管理策略。

(3)传统教学设计模型往往忽略了将"修改"环节纳入评价模块,这是不恰当的。实际上,修改应当基于评价反馈来进行。

2.4.4 教学设计的学习分析

1. 学习需求分析

(1)学习需求的含义。

在教学设计中,学习需求是一个特定的概念,指的是学习者当前的知识水平与预期目标之间的差距,即学习者已有的能力与期望达到的能力水平之间的差异,学习需求概念的直观表示如图 2-10 所示。

图 2-10 学习需求的概念

期望达到的状况,或称为理想状况,是学习者应具备的能力和素质。能力涵盖了人才在职业、社会生产、科学研究以及社会生活中所需的知识、智力技能、动作技能,以及相应的态度和情感;而素质则包括了人才适应社会发展的学习技能、知识组织技能、认知策略,以及相应的态度、情感和价值观念。在学校教育的背景下,这种期望通常反映在教学大纲里。当前状况指的是学习者群体在能力和素质方面已经实现的水平。差距揭示了学习者在能力和素质方面的不足,指出了教学实践中实际存在和需要解决的问题,这正是通过教育或培训可以满足的学习需求。可以说,没有差距就没有需求,差距正是教学需要解决的核心问题。例如,某教育机构期望其学生中有 95% 能够以 80 分以上的成绩通过功能性识字标准测验,但目前数据显示仅有 81% 的学生通过了考试,这表明有 14% 的学生尚未达到标准,从而指出了对学生群体而言的学习需求,明确了教学中亟待解决的问题。

（2）理解学习需求分析的含义。

学习需求分析是教学设计前端分析的一个关键环节,体现了系统思维在教学设计实践中的应用。它是一个系统化的调查研究过程,旨在揭示学习需求,从而识别问题。通过分析问题产生的原因,确定问题的性质,并探讨解决该问题的可行性。其核心在于识别问题,而非直接寻求解决方案。具体工作包括三方面。

① 通过调查研究,分析教学中是否存在需要解决的问题。例如,在学校教育中,学生的表现可能未能达到教学大纲的标准;在职业教育领域,随着企业设备的更新换代,对操作工人和技术人员提出了新的岗位技能要求。

② 分析问题的性质,以判断教学设计是否是解决该问题的适当方法。教学或培训中出现的问题通常有多种原因,比如学生表现不佳可能是班级人数过多导致教学质量下降,或者是学生缺乏学习动力、教学管理混乱等所致。

③ 分析现有资源和限制条件,以评估解决该问题的可能性。

综上所述,学习需求分析是教学设计过程的基石,有助于明确问题与方法、目标与手段之间的关系。

（3）学习需求与学习需求分析之间的关系。

学习需求可理解为学生当前的学习状态与他们期望达到的学习状态之间的差异。为了识别学习需求,我们必须分别明确学生期望达到的学习状态和他们目前的学习状态。这个过程被称为学习需求分析。

（4）学习需求分析的步骤。

学习需求分析可以分为三个步骤。首先,将期望达到的学习状态的调查结果进行归纳整理,并用学生的行为术语表述出来,形成一个具体的指标体系。其次,依据这个指标体系进行学生目前学习状态的情况调查,并用学生的行为术语描述这项调查的结果。最后,将两种行为术语描述的结果进行分析比较,找出其中的差异,从而确定学习需求,并明确总体的教学目标。需要注意的是,总体教学目标也应以学生的行为术语来描述。

在具体教学设计中,学习需求分析的步骤如下。

① 做出教学设计的决策。这一决策或是基于对教学中存在问题的感知,或是基于新的教学要求。例如,随着新课程改革的全面推进和信息技术教育的普及,需要大量数字化教材,这成为新形势下教学设计的重要任务。

② 甄别教学问题的症状。尽管感觉到了问题,但对症状的具体情况尚不明确,因此需要进行学习需求分析。例如,用人单位对毕业生有诸多不满,但具体哪些方面不符合需求尚不清楚;又如,某一新兴行业究竟需要多少数量和何种规格的人才。

③ 确定问题解决后的适用范围。例如,如果仅限于小学教师应用信息技术的能力,那么学习需求分析的调查就可以限定在一定范围内,从而为培训小学教师应用信息技术的教学活

动设计提供依据。

④ 鉴别可使用的工具和操作程序。鉴别并选择最佳的学习需求分析工具和操作程序,并准备好相应的工具,同时动员社会各界力量、促进教育者、学习者等多方协同参与。

⑤ 确定期望状态。主要指期望学习者达到的状态,应注意用可测量的行为术语来描述。例如,教学大纲是对学生学习某门课程应达到目标的集中体现,可作为确定期望状态的参考依据。

⑥ 协调差异以形成统一的期望。协调所有合作者之间存在的差异,形成对学习者较为统一的期望。由于不同的人对学习有不同的期望,以及每个人对教育的不同认识和对事物的不同看法都会产生对学习期望的差异,因此必须进行协调,否则将影响整个分析工作的顺利进行。

⑦ 确定现状。主要指学习者能力素质的现状,也应注意学习者的体力、发展特征及变化的来龙去脉,并用可测量的行为术语来陈述。确定现状的一个有效方法是将前面已得出的期望具体化,形成具体可用的调查指标体系,并编制成调查表进行调查分析。同时也要善于捕获调查表以外的有用信息。

⑧ 论证解决问题的必要性。对得出的差异即问题产生的原因进行分析,论证解决问题的必要性。

⑨ 分析资源和约束条件。即确定当前教学设计具备的可行性与挑战性,明确其中存在的困难可以解决的程度。

⑩ 阐明总的教学目标。清晰地阐明已定课题的总的教学目标,使所有参与者都能明确教学目标,在总的教学目标指导下进行教学设计。

学习需求是指学习者之间的差距与需求,而不是与教师之间的差距和需求,更不是对教学过程、手段的具体需求。学习需求分析要避免从"感觉"入手,获取的数据必须真实、全面可靠。学习需求分析是一个持续的过程,因此在实践中要经常对学习需求的有效性提出疑问并进行检验,及时调整和确定新的学习需求。

2. 学习内容分析

(1) 学习内容分析的含义。

学习内容是指为了实现终点能力,要求学习者系统学习的知识、技能和行为经验的总和。分析学习内容的工作以前面的学习需求为基础,旨在阐明学习者满足学习需求所需的知识、技能、行为经验,规定学习者需要学习内容的深度和广度。

(2) 学习内容分析的步骤。

学习内容分析遵循一定的步骤,这些步骤有助于教学设计者完成具体的学习内容分析,步骤如下。

① 组织和选择单元。设计一门课程时,需要考虑学习者必须学习哪些内容,这个问题的考虑通常从单元层次开始。单元是一门课程的划分单位,不同学科有不同的单元划分方式,例如语文课程的一个单元可能是一组体裁相同的课文。通过单元的选择可以确定课程的基本框架。

② 确定单元目标。单元目标是指通过学习本单元后学生所能获得的知识、技能、行为经验的总体要求。确定了单元目标后,课程体系开始具体化。

③ 确定学习任务。学习任务是学习的具体内容,在确定的单元内进行学习任务分析,以确保单元目标的实现。确定了明确的学习任务后,还需对学习任务进行分类,如许多教师习惯上将学习内容分为认知、情感、动作技能三大领域。

④ 分析学习任务。对列出的学习任务进行更详细的分析,为不同的任务选择不同的任务分析方法。例如,确定学习内容的层次、难易程度、所需展现的方式等。

⑤ 评价。对上述所有分析过程进行评价,找出不足之处,删除与学习需求无关的内容,增补不足的内容。

(3) 学习内容分析的基本方法。

学习内容分析的基本方法包括归类分析法、图解分析法、层级分析法和信息加工分析法。

① 归类分析法。归类分析法主要是对相关信息进行分类的方法,旨在鉴别为实现教学目标所需学习的知识点。例如,人体外表各部位的名称可由上至下按头、颈、躯干、上肢、下肢等分类。确定分类方法后,可利用图示或提纲,将实现教学目标所需学习的知识归纳成若干方面,从而确定学习内容的范围。

② 图解分析法。图解分析法是一种用直观形式揭示学习内容各要素及其相互联系的分析方法,适用于对认知类学习内容的分析。图解分析的结果是一套简明扼要、从内容和逻辑上高度概括的图表或符号。例如,在历史教学中,可以用几条带箭头的线段及简单的数字来剖析一次著名战役的全过程,其事由、时间、地点、参战各方人数、结果等都用图解来表示。这种方法的优点是分析者容易发现学习内容的残缺或多余部分以及由于知识点间缺乏逻辑衔接而出现的断裂现象。

③ 层级分析法。层级分析法是用来揭示为了实现教学目标所需掌握的从属技能的分析方法。这是一个逆向分析过程,即从已确定的教学目标开始分析,若要求学习者获得教学目标规定的能力,则他们必须具备哪些次一级的从属能力;若要培养这些次一级的从属能力,则又需具备哪些更次一级的从属能力。

④ 信息加工分析法。信息加工分析法由加涅提出,是将教学目标的心理操作过程揭示出来的一种内容分析方法。这种方法的特点是能够清晰地揭示达到终点目标所需的心理操作过程或步骤。这种心理操作过程及其所涉及的能力构成了学习内容。

由于学习需求的范围和大小不同,学习内容分析具有不同的层次。这里主要介绍学校领域微观层次的教学设计的学习内容分析。此外,学习内容分析位于教学设计一般模式图的前端,是整个教学设计中不可或缺的部分。

3. 学习者分析

(1) 学习风格分析。

① 学习风格的概念。学习风格是学习者持续一贯的、带有个性特征的学习方式,它涵盖

了学习策略和学习倾向的总和。学习策略指的是学习者为完成学习任务或实现学习目标而采取的一系列步骤,其中特定的步骤被称为学习方法。在学习过程中,每个个体都会表现出不同的学习倾向,这些倾向包括学习情绪、态度、动机、坚持性,以及对学习环境、学习内容等方面的偏好。虽然某些学习策略和学习倾向可能会随着学习环境和内容的变化而变化,但有些则表现出显著的持续性和一贯性。我们认为,这些持续一贯地表现出来的学习策略和学习倾向,构成了学习者通常采用的学习方式,即学习风格。

② 学习风格的分类。

大卫·考泊(David Kolb)根据学习风格的知觉和加工动力特征,将学习风格划分为善于想象的、善于吸收的、善于逻辑推理的、善于调和的。

劳特斯(Lotas)依据心理类型,将学习风格划分为情感Ⅰ、情感Ⅱ、认知Ⅰ、认知Ⅱ四种类型。

赫伯特·阿尔伯特·劳伦斯·费舍(Herbert Albert Lauren Fisher)将学习风格划分为情感的(两种类型)、增量的、感知通才——专才的、直觉的,共五种类型。

伯尼斯·麦卡锡(Bernice McCarthy)综合了先前研究者关于学习风格的分类方法,提出了一种新的学习风格划分方式。麦卡锡认为学习风格可分为创新的、分析的、常识的和动力的四种类型。

安东尼·格莱高克(Anthony Cregorc)为了测定学习者的学习风格,设计了一种自我报告的工具。在这个测定中,学习风格被划分为具体—序列、抽象—序列、抽象—随意、具体—随意。

保罗·托兰斯(E·Paul Torrance)根据左右半脑思考知识的方式不同,对学习者的学习风格进行了分类。

③ 学习风格的构成要素。学习风格由认知风格、成就动机、内外控制点、焦虑水平、学习坚持性构成。

认知风格:认知是个体获取并加工外在信息的主要途径。认知风格表现为个人对外界信息刺激的感知、注意、思维、记忆和解决问题的一贯方式。它也是学习风格在心理层面上的核心内容。认知风格包括:知觉风格——分为场独立型与场依存型两种方式;记忆风格——分为趋异与趋同两种方式;思维风格——分为分析与综合、发散与集中两种方式;解决问题风格——分为沉思型与冲动型两种方式。

成就动机:成就动机是一个人力求获得成就的倾向,它对人的学习、工作起着定向和推动作用。成就动机在每个学习者身上表现出不同的结构、倾向和水平,从而使他们的学习行为表现出不同的动力色彩。戴维·保罗·奥苏伯尔(David Paul Ausubel)等通过研究,将成就动机的结构分为三部分:认知内驱力、自我提高内驱力和附属内驱力。这三部分在成就动机结构中所占的比重,受年龄、性别、人格特征及成长环境和经历等因素的影响,从而反映出学习者的学习倾向和特征,构成学习风格的一个重要方面。

内外控制点:内外控制点即内归因学习者和外归因学习者的学习特征,其概括如表 2-11 所示。

表 2-11　内归因学习者和外归因学习者的学习特征概括

内归因学习者	外归因学习者
把学习成败归为个体内部因素	把学习成败归为个体外部因素
学习兴趣高	学习兴趣低
学习自信心高、责任心强	学习自信心低、责任心差
学习勤奋努力	学习马虎随意
学习目标适中、富有挑战性	学习目标过低或过高
学习成绩提高快	学习成绩提高慢

焦虑水平：在心理学领域，焦虑被定义为一种实际的担忧反应，类似于担忧本身，或是对当前或预期可能对自尊心构成威胁的情境所表现出的担忧倾向。根据焦虑的性质，焦虑可分为正常焦虑和过敏性焦虑。

学习坚持性：学习坚持性指的是学习者为了完成学习任务而持续克服困难的能力，通常以每次学习活动持续的时间长短来衡量，这是学生学习风格中的意志特征。

（2）学习者起点能力的分析。

① 学习者认知起点能力的分析。让·皮亚杰（Jean Piaget）将人的认知发展划分为四个阶段：感知运动阶段、前运算阶段、具体运算阶段、形式运算阶段。判断学习者认知结构有概念图和卡片排列两种主要方法。

概念图：概念图是一种认知结构的表现形式。知识可以被视为由各种概念及其相互关系构成。由于每个人在感知事物及其规律时存在差异，因此所绘制的概念图也各不相同。教学过程旨在不断完善这个概念图，教学者和学习者可以通过不断构建来寻求达成一致认知结构的机会。教学设计者或教学实施者可以根据学习者绘制的概念图来了解学习者对概念及其关系的理解，以及学习者的知识结构缺陷。

卡片排列：卡片排列是另一种探索学习者知识结构的方法，其基本思想是让学生对写有各种概念的卡片进行分组排列。如果学习者将某些概念放在一起，这表明这些概念在其知识结构中具有更紧密的联系。

② 学习者技能起点能力的分析。在具体的课堂教学设计中，通常将学习者技能起点能力的分析分为对学习者先决能力的预估和对目标能力的预估。先决能力是指在先前学习中获得并为后续学习所必需的行为能力，学生只有具备这些行为能力才能应对新的教学活动。目标能力是指学生已经部分掌握的教学目标中要求达成的能力，它决定了某些学生是否可以跳过某些教学内容。

③ 学习者态度起点的分析。学习态度是指学习者对学习活动的基本看法及其在学习活动中的行为表现。学习态度由认知成分、情感成分和行为倾向三部分组成。认知成分是指学习者对学习活动的观念和信念；情感成分是指伴随学习态度的认知成分而产生的感情或情绪，被认为是学习态度的核心；行为倾向是指学习者对学习活动企图表现出来的学习行为意图，它构成了学习态度的准备状态。研究表明，情感成分与行为倾向成分之间的相关系数较高，而认知成分与另外两种成分之间的相关系数则相对较低。

（3）学习者一般特征的分析。

学习者一般特征指的是对学习者学习相关学科内容产生影响的心理和社会特点，它们与具体学科内容虽无直接联系，但影响教学设计者对学习内容的选择和组织，影响教学方法、教学媒体和教学组织形式的选择和运用。分析学习者一般特征是教学设计工作中的重要一环。

① 小学生智能和情感发展的一般特征。小学生的思维处于初步发展阶段，兼具逻辑性和言语性特征，这种思维具有明显的从具体形象思维到抽象逻辑思维的过渡性。低年级学生的思维具有明显的形象性，同时也具有抽象概括的成分，二者的关系随着年级的升高和不同性质的智力活动而变化。到了小学高年级，学生逐步学会区分概念中本质和非本质的属性、主要和次要的属性，学会掌握初步的科学定义，学会独立进行逻辑论证。但这些都离不开直接和感性的经验。

因此，在小学教学中，应注意引导学生思维从以具体事物表象为主要形式逐步过渡到以言语概念的逻辑思维为主要形式。而且，对小学生来说，逻辑思维在很大程度上仍然与感性经验直接相关，带有很大成分的具体形象性。但也要注意到不同的学习对象、不同的学科，上述的一般发展趋势也常表现出很大的不一致性。要关注思维由具体形象到抽象逻辑过渡的"关键年龄"，一般认为出现在四年级前后（10～11岁），若教育条件适当，也可能提前到三年级。

小学生在情感方面的自居作用、模范趋向和自我意识均有较快的发展，他们的学习动机多倾向于兴趣型，情绪发展的主要矛盾是勤奋与自卑的矛盾，意志比较薄弱、抗诱惑能力差，需要更多外控性的激发、辅助和教导。

② 中学生智能和情感发展的一般特征。在中学阶段，学生的思维能力迅速发展，他们的逻辑思维处于优势地位，表现出以下五方面的特征。

a. 通过假设进行思维。能按照提出问题、明确问题、提出假设、检验假设的途径，经过一系列抽象逻辑过程来实现解决问题的目的。

b. 思维的预计性。在复杂的活动前事先采取诸如打算、计谋、计划、制订方案和策略等预计因素。

c. 思维的形式化。中学生思维成分中形式运算思维已逐步占了优势。

d. 思维活动中，自我意识或监控能力明显增强。中学生能反省和自我调节思维活动的进程，使思路更加清晰、判断更为正确。

e. 思维能跳出旧框。中学生的创造性思维发展迅速，追求新颖、独特的因素，追求个性色彩和系统性、结构性。初中生抽象逻辑思维虽占优势，但很大程度上还属经验型，需要感性经验的直接支持。而且，他们能够用理论作指导来分析、综合各种事实材料从而不断扩大自己的知识领域。他们还能掌握由一般到特殊的演绎过程和由特殊到一般的归纳过程。从经验型水平向理论型水平转换是从初二年级开始的，这是一个关键年龄，到高二思维则趋向定型、成熟。和小学生一样，中学生的智力与能力发展也存在着不一致性。

在情感方面，初中阶段和高中阶段有不同的特征。初中学生自我意识逐渐明确；他们富于激情，感情丰富，爱冲动，爱幻想；他们开始重视社会道德规范，但对人和事的评价比较简单和片面；他们在对知、情、意的自我调控中，意志行为日益增多，抗诱惑能力日益增强，但高层调控仍不稳定。高中阶段,独立性、自主性日益增强,成为情感发展的主要特征;学生的意志行为越来越多,他们追求真理、正义、善良和美好的东西;高层自我调控在行为控制中占主导地位,即一切外控因素只有内化为自我控制时才能发挥其作用;另外从初中到高中的学习动机也由兴趣型逐渐转向于信念型。

③ 大学生智能和情感发展的一般特征。大学生在智能发展上进一步呈现出一系列成熟的特征。他们的思维具有更高的抽象性和理论性,并由抽象逻辑思维逐渐向辩证逻辑思维发展;他们观察事物的目的性和系统性进一步增强,并能掌握事物本质属性的细节特征;思维的组织性、深刻性和批判性有了进一步的发展,独立性加强;注意力更为稳定,集中注意力的范围也进一步扩大。

大学生在情感方面已有更明确的价值观念,社会参与意识很强,深信自己的力量能加速社会的进步与发展;学习动机倾向于信念型;自我调控也已建立在日趋稳定的人格基础上。

成人学习者的一般特征。一般认为,成人学习者的特点包括学习目的明确、实践经验丰富、自学能力较强、参与教学决策、注重教学效率等。

在实际的教学设计工作中,以上几方面的分析往往是结合在一起的,共同作为教学设计的基本要素之一。学习者分析是保证教学具有特定针对性和有效性的重要环节。

2.4.5　教学设计中的教学目标

1. 教学目标的定义

学校教育通常被视为教育教学的基石和直接体现。在这一过程中,教学目标被细分为三个层次:专业培养目标、课程目标、课堂目标。可以这样理解,第一层次是专业培养目标,旨在实现专业教育的总体目标,并根据社会对人才的需求趋势来设定学生学习的总体目标。第二层次是课程目标,即特定课程的目标,它需要综合考虑不同的学习领域和不同的学生发展水平。第三层次是课堂目标,它描述了教师在课堂教学中需要实现的具体目标,强调教育成果的可见性和可度量性。教学目标的内涵指的是教学活动预期达到的结果,而其外延则包括了各类专业培养目标、课程目标、单元目标和课时目标,即教学目标的具体化表现。

2. 教学目标的分类

明确教学目标分类的目的在于使教学成果能够被清晰地识别和准确地测量,这是教师全面和准确理解教学目标的基础。为了在教学实践中科学地设定和执行教学目标,除了理解教学目标的内涵外,还应熟悉当今世界上最有影响力的几种教学目标分类理论,以便从中获得参考。本杰明·布鲁姆(Benjamin Bloom)和加涅的目标分类理论是其中较为典型的例子。

(1)布鲁姆的分类。20世纪50年代,美国著名心理学家布鲁姆提出了教学目标的分类理论,不仅将教育目标按照预期学生学习后所发生的行为变化分为三个领域——认知领域、动作技能领域和情感领域,而且对这三个领域的教学行为进行了逐层分析,形成了不同的学习水平,从而使教学成果更容易被清晰地识别和准确地测量。布鲁姆教学目标分类法在认知领域的六个水平如图2-11所示。布鲁姆教学目标分类法对三个领域中不同学习水平的描述如

表 2-12 所示。

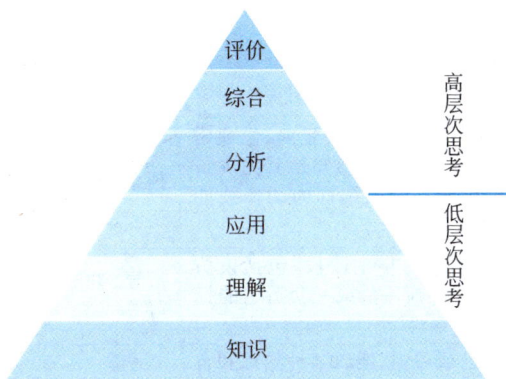

图 2-11　布鲁姆教学目标分类法在认知领域的六个水平

表 2-12　布鲁姆教学目标分类法对三个领域中不同学习水平的描述

分类	层次	解　　释	可 用 动 词
认知领域的目标	知识	指对先前学习过的知识材料的记忆,包括具体事实、方法、过程、理论等的记忆。知识是这个领域中最低水平的认知学习结果,它所要求的心理过程主要是记忆	引用、定义、描述、列举、查找、识别、列清单、给……加标签(称……为)、找到、匹配、记住、命名、记得、背诵、认出、记录、复述、重复、报告、陈述、列表等
	理解	指把握知识材料意义的能力。可以借助转换、解释、推断三种形式来表明对知识材料的领会。领会超越了单纯的记忆,代表最低水平的理解	澄清、确认、辩护、讨论、区别、复制、举例说明、解释、表达、延伸、说明、推断、阐释、找到、释义、预测、报告、再造、重申、复述、评阅、重写、选择、翻译、理解等
	应用	指把学到的知识应用于新的情境。它包括概念、原理、方法和理论的应用。应用的能力以知识和领会为基础,是较高水平的理解	应用、计算、实行、选择、估算、展现、利用、估计、执行、展出、试验、说明、实施、制订、示范、修改、操作、表演、练习、安排日程、展示、模拟、勾画、解决、使用等
	分析	指把复杂的知识整体材料分解为几部分并理解各部分之间的联系的能力。它包括部分的鉴别,分析部分之间的关系和认识其中的组织原理。分析代表了比应用更高的智力水平	分析、估量、安排、归因于、把……分类、把……归类、比较、联系、对比、决定、解构、察觉、确定、绘图、区别、辨别、分解、识别、检查、归纳、分组、假设、设想、检阅、把……编目、探测、整理、组织、概述、探究、提问、选择、分离、总结、测试等
	综合	指将所学知识的各部分重新组合,形成一个新的知识整体。它包括发表一篇内容独特的演说或文章,拟定一项操作计划或概括出一套抽象关系。它所强调的是创造能力,以及形成新的模式或结构的能力	估量、辩论、主张、评价、核对、得出结论、说服、批判、评论、推断、为……辩护、评估、假设、判断、给……评级、给……评分、推荐、修改、仔细检查、支持、看重、估计……的分量等
	评价	指对材料(如论文、小说、诗歌、研究报告等)作价值判断能力。它包括按材料内在标准(如组织)或外在标准(如与目的的联系)进行价值判断。这是最高水平的认知学习结果	实现、聚集、组合、创作、策划、构建、谋划、创建、设计、开发、发明、构想、生成、结合、整合、制订、修改、创始、计划、生产、提议、重组、替代、转变等

续表

分类	层次	解　　释	可 用 动 词
动作技能领域的目标	感知	指运用感官获得信息以指导动作,主要了解某动作技能的有关知识、性质、功用等	听到、看到、观察、摸到、触摸、尝到、闻到、感觉到、指出、转换、连接等
	准备状态	指对固定动作的准备,包括心理定向、生理定向和情绪准备(愿意活动)。感知是其先决条件,一般将感知和准备阶段统称为动作技能学习的认知阶段	预备、准备、预定、感知等
	引导反应	指复杂动作技能学习的早期阶段,包括模仿和尝试错误。通过教师评价或一套适当的标准可判断操作的适当性	指导、引导、模仿、探索、尝试、试误练习、复习等
	机械化	指学习者的反应已成习惯,能以某种熟练和自信水平完成动作。这一阶段的学习结果涉及各种形式的操作技能,但动作模式并不复杂	机械化操作、准确操作、不假思索的正确操作等
	复杂性的外在反应	指包含复杂动作模式的熟练操作。操作的熟练性以精确、迅速、连贯协调和轻松稳定为指标	纯熟、效率、流畅的操作、熟练、自动表现、善尽等
	适应	指技能的高度发展水平,学习者能修正自己的动作模式以适应特殊的设施或满足具体情境的需要	调试、调整、解决、应变、适应、统合、统筹等
	独创	指创造新的动作模式以适合具体情境。要有高度发展的技能为基础才能进行创新	创造、创作、设计、构建、制作、独创等
情感领域的目标	接受	指学习者愿意注意某些特定的现象或刺激	听讲、知道、看出、注意、选择、接受、赞同、容忍等
	反应	指学习者主动参与,积极反应,表现出较高的兴趣	陈述、回答、完成、选择、列举、遵守、记录、听从、称赞、欢呼、表现、帮助等
	评价	指学习者用一定的价值标准对特定的现象、行为或事物进行评判。它包括接受或偏爱某种价值标准和为某种价值标准作出奉献	接受、承认、参加、决定、影响、支持、辩论、论证、判别、区别、解释、评价等
	组织	指学习者在遇到多种价值观念呈现的复杂情境时,将价值观组织成一个体系,对各种价值观加以比较,确定它们的相互关系及它们的相对重要性,接受自己认为重要的价值观,形成个人的价值观体系	讨论、组织、判断、使联系、确定、建立、选择、比较、定义、系统阐述、权衡、制订计划、决定等
	形成品格	指学习者通过对价值观体系的组织,逐渐形成个人的品性。各种价值被置于一个内在和谐的构架之中,并形成一定的体系。个人言行受该价值体系的支配;观念、信仰和态度等融为一体,最终的表现是个人世界观的形成。达到这一阶段以后,行为是一致的和可以预测的	养成、建立、秉持、建构、形成、塑造、涵养、展现、发展等

　　布鲁姆的教育目标分类法针对课程目标提供了重要的指导,对教学目标的设计具有深远的影响。该分类理论为教师在目标水平和目标行为上提供了一个二维参考框架。它在一个维

度上明确了各目标应达到的水平,而在另一个维度上则界定了各目标水平应展现的行为。这使得教师在设计教学目标时,能够全面、迅速且准确地确定目标水平与相应行为的关系。此外,布鲁姆的分类理论为科学地测量和评价教学成果提供了坚实的基础。

(2)加涅的分类法。加涅,作为美国当代杰出的心理学家,对目标理论产生了显著的影响。他在 1965 年出版的著作《学习的条件》中提出了一个实用的学习结果分类系统,该系统指导着教学目标的设计。加涅将人类习得的性能划分为五类,即五种学习结果:言语信息、智慧技能、认知策略、动作技能和态度。加涅学习目标分类如表 2-13 所示。

表 2-13 加涅学习目标分类

类型	含义
言语信息	学习者能够陈述观念的一种习得性能
智慧技能	学习者将符号应用于实际的习得性能。包括辨别、概念、规则和高级规则
认知策略	学习者赖以选择和调整他们的注意、学习、记忆和思维等等的内部控制过程。分为复述策略、精加工策略、组织策略、理解控制策略和情感策略
动作技能	学习者进行身体操作性活动的能力
态度	学习者获得的影响个体行为选择的心理状态

3. 教学目标的陈述

明确教学目标的陈述旨在使课堂内容具体化,这不仅有助于教师更精准地把握教学目标,也便于学生更清晰地理解这些目标,并在课程评价阶段提供明确的依据。一个规范的教学目标陈述通常应包含以下四方面:以学生为中心;使用可测量、可评价且具体明确的行为动词来界定目标,确保目标的外显行为是可观察的;应体现学习类型;全面考虑教学成果,力求体现教育目的的总体要求。在我国,教育目的旨在培养德、智、体、美、劳全面发展的社会主义合格建设者和接班人。因此,教学目标的界定和编写应全面考虑这一教育目的。

教学目标的陈述方式具有多样性,教师可以根据教学的实际需求和相应的教学目标内容,选择不同的陈述方式。目前,国内外流行的陈述方法包括以下几种。

(1)三因素法。

三因素法是由美国当代著名教学目标研究专家罗伯特·马杰(Robert Mager)博士提出的一种教学目标编写理论。该理论认为,教学目标的编写应反映三个核心问题:学生需要完成什么任务?依据哪些标准来完成任务?完成到何种程度才算是合格?如果一个教学目标能够综合考虑这三个因素,那么它就是一个规范的教学目标。马杰的目标结构理论如表 2-14 所示。

表 2-14 马杰的目标结构理论

要素	主要问题	内容
行为单词	做什么	知识:界定、描述、指出、标明、列举、选择、说明、配合、背诵等
		理解:转换、辩护、区别、估计、解释、引申、归纳、举例说明、猜测、摘要、预估、重写等
		应用:改变、计算、示范、表现、发现、操纵、修饰、操作、预估、准备、产生、关联、解答、运用等
		分析:细列、图示、细述理由、分辨好坏、区别、指明、举例说明、猜测、关联、选择、分开、再分等

续表

要素	主要问题	内　　容
行为单词	做什么	综合：联合、组成、创造、计划、归纳、修饰、设计、重组、重建、重改、重写、总结等
		评价：鉴别、比较、结论、对比、检讨、分辨好坏、解释、指明、阐释、关联、总结、证明
行为条件	在什么条件下	环境因素：空间、光线、温度、气候、位置、噪度等
		组织形式因素：独立进行、小组集体进行、在教师指导下进行等
		设备因素：工具、仪器、图纸、说明书、计算器等
		信息因素：资料、教科书、笔记、图表、词典等
		时间因素：速度、时间限制等
		问题明确性因素：指提供什么刺激来引起行为的发生
行为标准	怎么样	行为标准是衡量学习结果的行为的最低要求。通过对行为标准作出具体描述使行为目标具有可测量的特点

（2）四因素法（ABCD 模式）。

四因素法是由阿姆斯特朗和塞维吉（Armstrong & Savage）基于教学目标研究文献和实践经验总结出的一种探索性目标编写模式。该模式主要涵盖四个要素：受众群体（Audience）、行为（Behavior）、条件（Condition）和程度（Degree）。

A（Audience）——受众群体：指教学目标的接收者，即学生群体。在设定教学目标时，首要任务是明确目标受众，包括学生的年级、学科和学习能力水平等。教学目标应依据学生的特点和需求来制订，以确保其具有针对性和实用性。

B（Behavior）——行为：指学生应掌握的行为或技能，即学习目标在学生身上的具体体现。在制订教学目标时，必须明确描述学生应达到的行为标准，具体阐述学习内容和技能要求。这部分应具体、明确且可操作，避免使用含糊或抽象的表述。

C（Condition）——条件：指学生实现学习目标所需满足的条件，包括学习环境、教学资源、时间等要求。这一要素考虑了学生在完成目标时所处的环境和情境，确保目标的实现是在特定条件下完成的。明确条件有助于教师更有效地组织教学活动，为学生提供必要的支持。

D（Degree）——程度：指学生完成学习目标所需达到的要求程度，通常涉及完成的质量、准确度、时间等方面。程度要素有助于教师确定学生在完成目标时应达到的水平，明确目标的期望结果。程度的设定应具体、明确，可使用具体的数字、比例或其他可量化的标准来表示。

在应用 ABCD 模式设计教学目标时，教师需综合考虑课程内容、学生特点和教学环境等因素，确保目标的明确性、具体性和可衡量性。通过合理设定教学目标，教师能更有效地引导学生学习，提升教学效果，使学生在教学过程中获得更佳的学习体验和成长。实践证明，ABCD 模式非常适合教师掌握和应用，它不仅流程清晰，操作性强，而且目标分辨率高，是提高教学效率的重要方法和工具。

4. 教学目标的编写

教学目标应当具备可观察性和可测量性，因此在具体编写时，通常要求使用明确、具体、详细的行为术语进行描述。在着手编写教学目标之前，首先需要了解教学目标系统的构成。

（1）教学目标系统。教学目标构成了一个系统，它由教学目的所决定，并包含多个层次：教学总目标、专业培养目标、课程目标、单元目标和课时目标。每个下级目标都是其上一级目标的具体体现。

（2）教学目标的编写方法。在阐述教学目标时，我们应基于教学总目标，结合学习内容的特点，依据教学目标编写的基本要求，选择合适的教学目标编写方法。

（3）教学目标编写的基本要求。在传统的教学设计实践中，通常采用三因素法或四因素法来编写教学目标。然而，在实际应用中，我们不必拘泥于上述方法，可以根据具体情况灵活编写教学目标。此外，新课程标准提倡三维教学目标的融合，即知识与技能目标、过程与方法目标、情感态度与价值观目标的结合。新工科教育则强调价值引领、知识探究、能力培养、态度养成等目标。

教学目标是教师对每一节课教学内容具体化的累积体现，它在教学评价环节中扮演着鉴别与测量的角色，有助于教师优化教学设计过程。

2.4.6　教学设计中的教学策略

1. 教学策略的分类

（1）按教学策略的形成分类。可分为生成性教学策略、替代性教学策略和指导性教学策略。

（2）按获得的学习结果的类别分类。心理学家加涅将学习结果分为言语信息、智力技能、认知策略、动作技能和态度五种类型。因此，教学策略也可以根据学习结果的类别分为以下五类。

① 言语信息的教学策略。首先提供先行组织者，然后用逻辑顺序或有意义的上下文组织言语信息，接着采用概念图、记忆术等方法讲授新课。

② 智力技能的教学策略。具体策略包括激发学习兴趣，提高学习动机；明确教学目标；预习新知识；回顾原有知识；信息加工和实例应用；集中注意力；练习；评价反馈；运用学习策略；总结复习；知识迁移；再激发和结束；作业评估；反馈评价和寻求补救等。

注意：应使用精确的语言揭示概念本质，突出关键特征，控制无关特征；交叉利用正反例、变式和比较，并结合具体概念，设计教学规则。

教学规则包括关系规则和程序规则。关系规则描述两个或多个概念之间的关系，如"如果……那么……""因为……所以……"；程序规则指定在达到特定目标的一系列步骤，如求平均数。

③ 认知策略的教学策略。认知策略是学生用来监控自己认知过程的技能。加涅认为有两种基本的认知策略，即学习的认知策略和思考的认知策略。学习的认知策略涉及集中注意力、组织信息、细化内容、熟练使用和检索知识的智慧策略；思考的认知策略涉及导致发现、发明或创造的理智技能。

认知策略教学的基本方法包括发现和引导发现；观察，使用图像或文字提供虚拟的符号模型;指导的参与;课本和课堂中的策略教学;直接解释;配对教学;自学的训练。

④ 动作技能的教学策略。动作技能通过获得的能力表现,体现在迅速、精确、流畅和娴熟的身体运动中。它实际上包含两个成分:一是描述动作的规则;二是通过练习和反馈逐渐变得精确和连贯的实际肌肉运动。

动作技能的教学策略包括吸引注意和确立目的;激发兴趣和动机;预习技能;回顾相关动作;信息加工;集中注意力;运用学习策略;练习;反馈;评估和总结;迁移和再激发动机。

⑤ 态度的教学策略。态度的教学策略具体实施步骤:首先,通过榜样任务演示某种行为;其次,让学生练习这种行为;最后,对学生的行为提供反馈等。

2. 教学程序

教学程序是指某个教学策略所展开的步骤序列,它是教学策略的骨架。教师需要明确执行此策略时的先后顺序,这正是程序所要解决的问题。

(1)教学程序设计包括引起注意;告知学习者学习目标;激发对先前学习的回忆;展示教学材料;提供学习指导;引导学习行为;提供反馈;评估学习行为;加强记忆与促进知识迁移。

(2)常用的教学程序。我国常见的教学程序包括传递——接受程序、引导——发现程序、示范——模仿程序、情境——陶冶程序等。

传递——接受程序的基本流程是"激发学习动机→复习旧课→讲授新课→巩固运用→检查"。

引导——发现程序主要基于杜威、布鲁纳等先后倡导的"问题→假设→推理→验证→结论"的过程而设计。

示范——模仿程序的基本流程是"定向→参与性练习→自主练习→迁移"。

情境——陶冶程序主要适用于情感领域的教学目标,其基本流程是"创设情境→参与各类活动→总结转化"。

3. 教学方法

教学方法是教师与学生为了实现教学目标,完成教学任务,以教学原则为指导,利用特定的教学工具、媒体或设备而进行的互动活动。

(1)教学方法与教学目标、学科特点的关联。通常,教学论或教育学文献中会讨论选择教学方法的标准,建议应基于教学目标、学生特征、学科特性、教师特质、教学环境、时间安排以及技术条件等因素来挑选教学方法。

(2)教学方法的选择依据与程序。选择教学方法主要考虑五方面:第一,依据教学的具体目的和任务,确保教学方法能够服务于教学目标;第二,依据教材内容的特性(教学方法需与教学内容相匹配);第三,依据学生的实际情况,考虑学生的生理和心理特征,同时兼顾其文化背景,促进其全面成长;第四,依据教师的个人素质,选择符合教师实际情况的方法,以便发挥优势,规避劣势;第五,依据各种教学方法的功能、适用范围及使用条件。

4. 教学组织形式

（1）集体授课。集体授课是目前学校教育中最普遍采用的教学形式,其核心特征是教师通过讲授(包括介绍、解释、演示、板书、表演等)将教学信息传递给一个班级(或一组学生)。教师可以仅通过口头讲授,亦可结合教学媒体(如无线电广播、电视、电影、投影等)辅助教学。这种组织形式在我国的大、中、小学校中得到了广泛的应用。

集体授课的运用要点:

① 该教学组织形式适用于引入新课题的目标和要求、介绍或讲解相关知识等情境;

② 在正式授课前,需创设学习情境,激发学生兴趣,使其处于积极的学习状态;

③ 授课过程中,应运用学习策略和动机原理维持学生的注意力;

④ 教学内容的呈现既可以通过教师的讲解、表演来完成,也可以借助幻灯、电视、计算机等教学媒体来实现。

（2）个别化学习(自学)。个别化学习是以学生独立学习为主的教学活动形式。现代学习理论认为学习主要是一种内部过程,必须由学生亲自完成。当学生按照自己的进度学习,积极主动地完成课题并体验到成功的喜悦时,往往能取得更佳的学习效果。

个别化学习的运用要点如下。

① 考虑到学生认知水平和能力的差异,教师应设定不同能力水平的目标以适应不同学生。

② 根据教学目标提供相应的学习资源。

③ 将教学内容分解为包含较少知识点的独立步骤,并精心安排每个步骤的学习流程。

④ 及时给予学生反馈,让学生了解自己的学习成果,感受到成就感,并激励自己继续学习,以满足教学目标。

（3）小组合作学习。现代教学理论越来越重视培养学生健全的人格和促进学生个体的社会化。小组合作学习这种教学组织形式为教师和学生提供了面对面交流和相互了解的机会,在实现其他教学目标的同时,还能培养学生的社交能力,促进其全面发展。

小组合作的运用要点如下。

① 为确保小组内每个学生都能发挥作用,小组人数通常控制在 12 人以内,理想人数根据具体内容及活动方式而定。

② 要把握小组活动的时机,确保其发挥应有的作用。

③ 在整个活动中,教师应始终作为活动的指导者和参与者,并避免过度讲授。

④ 小组活动应多样化,在活动(特别是讨论、个案研究等)结束后,通常需要进行总结,针对疑难和争议问题,教师应明确表达自己的观点。

5. 教学媒体的选择与应用

教学媒体是指那些用于采集、传递、存储和加工教学信息的工具和载体。

（1）教学媒体的分类。

① 按照展现教学内容的需求进行分类。视觉媒体包括印刷品、图片、黑板等;听觉媒体

包括口头语言、录音机、广播等；视听觉媒体则包括电影、电视、计算机等。

这种分类方法从教学内容出发，清晰地展示了教学媒体的信息表现能力和特点。根据这一分类，教师可以有针对性地选择教学媒体来呈现教学内容。

② 根据适应教学组织形式的需求进行分类。课堂展示媒体包括投影、录像、黑板等；个别化学习媒体包括印刷品、录音带、多媒体课件等；小组教学媒体包括图片、投影、白板等；远程教育媒体包括广播电视、计算机网络等。

（2）选择教学媒体的依据。

① 教学目标。

② 教学内容。

③ 学生的需求和水平。

④ 媒体的特性分类及功能。

在选择教学媒体时，还必须考虑学习者的年龄特征。

① 根据特定的教学条件。

② 根据教学媒体的功能和特性、策略、目标、内容、对象等方面。

总的来说，选择教学媒体的基本思路是运用系统方法，综合考虑教学目标、学习内容、学生的需要和水平、特定的教学条件、教学媒体的特性和功能、经济性与适用性等因素，以选择最恰当、最优化的教学媒体。

（3）媒体选择的模型。

① 问题表。问题表列出一系列相关问题，要求媒体选择者回答。通过这些问题的回答，可以更清晰地发现适用于特定教学目标（或情境）的媒体。

② 矩阵选择表。矩阵选择表是二维排列的，将教学媒体的种类作为一维，教学功能和其他考虑因素作为另一维，然后用评价尺度反映两者之间的关系。

③ 算法型。算法型通过模糊的数值计算来决定媒体的选择。其基本思想是尽可能选择性价比高的教学媒体，计算公式为"媒体的选择＝媒体的功能/所需代价"。

④ 流程图。流程图模型基于问题表模型，将选择过程分解为一系列有序的步骤，每一步都设有相应的问题，并标有"是"与"否"。使用者根据回答被引导至不同的分支步骤，回答完最后一个问题后，至少会有一种或一组媒体被确认为最适合特定情境的教学媒体。

6. 教学策略选择与制订的依据和原则

（1）教学策略选择与制订的依据。

① 教学目标与学习任务。

② 教学内容。

③ 学生的实际情况。

④ 教学策略的适用范围和使用条件。

⑤ 教师自身的素养。

⑥ 教学条件和教学效率的要求。

（2）教学策略选择与制订的原则。

① 学习准备。

② 学习动机。

③ 目标范例。

④ 内容组织和分块。

⑤ 适当指导。

⑥ 积极反应。

⑦ 重复练习。

⑧ 及时反馈。

⑨ 个别差异。

7. 几种教学策略的具体实施方法

（1）教学认知策略的具体实施方法。

① 通过吸引学生的注意力来确立教学目标。

② 提升学习兴趣,增强学习动力。

③ 实施预习策略。

④ 复习相关的基础知识。

⑤ 提供信息加工的示例。

⑥ 集中注意力。

⑦ 应用学习策略。

⑧ 练习。

⑨ 反馈。

⑩ 评价作业。

⑪ 运用迁移策略。

（2）问题解决教学的具体实施方法。在学校的课堂环境中,关于问题解决的教学可以采取多种具体的方式方法,例如范例式、发现式、实验式、讨论式等。其中,讨论式方法较为简单易行,其实际操作包括以下两方面。

① 提出讨论的问题。

② 组织讨论活动。

选择合适的教学策略是解决"如何教"的关键问题。恰当的教学策略能够促进教学目标的实现。优秀的教学策略应当是高效且低耗的,能够让学生在规定的时间内达成教学目标,并且使教师的教学和学生的学习都能愉快地进行。这就要求教师在制订、选择和应用教学策略时,要从教学活动的全过程出发,全面考虑教学目的、任务、内容,以及教学的实际情况和现有的教学资源,灵活地采取措施,确保教学的有效性和有序性。

2.4.7 教学评价的设计

教学评价是教学设计的核心组成部分,它涉及对教学问题解决方案的预期效果进行评估和调整,确保教学活动能够基于反馈进行必要的修改和完善。

1. 教学评价的概念及其重要性

(1)教学评价的定义。教学评价是指依据既定的教学目标,采用科学合理的方法和标准,对教学活动的进程及其成效进行量化和价值判断的过程。

教学评价包括对教学目标设定的评估,并判断教学设计中教学策略是否恰当地体现了学习和教学原则,以及所制订的具体教学方案是否得以有效执行。

(2)教学目标的评估标准。

① 目标是否明确地体现了特定知识领域的层次。

② 在追求某一具体目标时是否同时考虑了其他领域或层次的教学目标。

③ 是否与学生的身心发展阶段相匹配,即难度、复杂性与学生的认知风格和一般特性相适应。

④ 是否有专门的学习内容(教材或活动)来支撑教学目标的实现。

(3)教学策略合理性的评估标准。

① 是否与教学内容的特点相符合。

② 是否与学生的能力水平相匹配。

③ 是否反映了教学特殊认识活动的规律。

(4)教学设计方案有效性的评估标准。

① 考虑教学设计方案是否充分考虑了学生的先验知识和技能基础,教学步骤是否清晰、明确,是否能够确保学生积极参与并有足够的空间发展能力。

② 考虑教学设计方案是否具有针对性,即是否针对学生的先前认知结构、思维定式和生活经验与新知识之间的联系与矛盾,设计了有效的问题情境,并且所获得的认识成果是否揭示了新知识与学生原有认知结构的联系与差异。

③ 检验教学设计方案的可操作性。

(5)教学评价的重要性。

① 教学评价是实现教育方针和体现教育目标的关键手段。

② 教学评价是推动教学改革的强大动力。

③ 教学评价是提升教师队伍管理科学化水平的重要途径。

④ 教学评价有助于引导教师遵循教学规律进行教学活动。

2. 教学评价的依据与功能

(1)教学评价的依据。

教学评价的依据指的是开展教学评价活动所依据的教育方针、教育目的、教学规律以及教学对象的特定项目总和。通常涵盖以下几方面。

① 教育方针与教育目的。

② 教学大纲。

③ 学生的身心特点。

④ 社会发展的需求。

（2）教学评价的功能。

① 导向功能（定向控制功能）。

② 调控功能（过程控制功能）。

③ 诊断功能（结果控制、评价鉴定功能）。

④ 激励功能（行为控制功能）。

3. 教学评价的分类、原则、对象

（1）教学评价的分类。

① 按评价基准可分为相对评价和绝对评价。

相对评价是在被评价对象的集合中选取一个或若干个个体作为基准，然后将各个评价对象与基准进行比较，以确定每个评价对象在集合中的相对位置。相对评价有助于了解学生的总体表现和学生之间的差异，或比较不同群体间学习成绩的优劣，是常用的评价方法。

然而，其缺点在于基准会随着群体的不同而变化，这可能导致评价标准偏离教学目标，无法充分反映教学上的优缺点，也无法有效地为改进教学提供依据。

绝对评价则是在被评价对象的集合之外确定一个标准，这个标准被称为客观标准。评价时将评价对象与客观标准进行比较，以判断其优劣。绝对评价的标准较为客观。如果评价准确，每个被评价者都能明确自己与客观标准的差距，从而激励被评价者积极上进。

但其缺点在于客观标准难以做到完全客观，容易受到评价者的原有经验和主观意愿的影响。

② 按评价功能可分为诊断性评价、形成性评价、总结性评价。

诊断性评价，也称为教学前评价或前置评价，通常在某项活动开始之前进行，目的是使计划更有效地实施。通过诊断性评价，可以了解学习的准备情况，以及学生学习困难的原因，从而决定对学生的适当教学策略。

形成性评价是在教学过程中进行的，旨在引导教学前进或使教学更为完善，通过确定学生学习结果来实现。它能及时了解阶段教学的结果和学生学习的进展情况、存在的问题等，以便及时反馈，及时调整和改进教学工作。形成性评价通常较为频繁，如一个单元活动结束时的评估，或一个章节后的小测验等。形成性评价一般也是绝对评价，即它着重于判断前期工作达到目标的情况。对于提高教学质量而言，重视形成性评价比重视总结性评价更有实际意义。

总结性评价，又称事后评价，通常在教学活动告一段落时进行，目的是把握最终的活动成果。例如，学期末或学年末各门学科的考核、考试，目的是验明学生的学习是否达到了各科教

学目标的要求。总结性评价注重的是教与学的结果,借此对被评价者所取得的成绩作出全面鉴定,区分等级,对整个教学方案的有效性作出评定。

③ 按评价表达可分为定性评价、定量评价。

定性评价是对评价资料进行"质"的分析,运用分析和综合、比较与分类、归纳和演绎等逻辑分析方法,对评价所获得的数据、资料进行思维加工。

定量评价则是从"量"的角度,运用统计分析、多元分析等数学方法,在复杂纷乱的评价数据中总结出规律性的结论。

由于教学涉及人的因素,各种变量及其相互作用关系较为复杂,因此为了揭示数据的特征和规律性,定量评价的方向、范围必须由定性评价来规定。

定性评价和定量评价是密不可分的,两者互为补充,相得益彰,不可片面强调一方面而忽视了另一方面。

(2) 教学评价的原则。教学评价原则是指导教学评价活动的基本原理,是正确处理各种因素关系的规范体系。具体来说,教学评价应遵循以下几条原则。

① 目的性原则。

② 客观性原则。

③ 整体性原则。

④ 指导性原则。

⑤ 科学性原则。

(3) 教学评价的对象。教学评价通常是根据评价对象的不同而组织实施的。在实践中,通常对以下三方面进行评价:课程材料、教师授课质量和学生学业成就。

4. 教学设计中的教学评价

(1) 信息技术环境下教学评价的内容。

① 对学习者的评价。在信息技术环境下,学习者成为学习的主体。评价学习者主要关注他们是否积极主动地学习,是否通过合作和探究的方式参与教学,并在这一过程中掌握知识与技能,培养认知和元认知策略,实现个人发展。具体而言,对学习者的评价涵盖他们与信息技术环境的互动程度、资源利用情况、作业完成情况、答疑参与度,以及考试表现等方面。

② 对教师的评价。在信息技术环境下的教学中,教师的角色转变为学习者的辅助者。因此,对教师的评价通常包括师生互动程度、作业答疑服务,以及学习材料的提供情况等方面。

③ 对教学内容的评价。信息技术环境下的教学内容包括所有能够支持学习者学习的资源。以多媒体课件为例,对教学内容的评价涉及课件内容的丰富性、练习与反馈的有效性、技术的先进性,以及交互设计的合理性等方面。

④ 对信息技术环境的评价。对信息技术环境的评价可以分为硬件设施和软件环境两方面。硬件设施的评价依据是其是否能在教学中为学习者提供安全、可靠、稳定的设备,例如高性能的个人计算机(Personal Computer,PC);软件环境的评价则基于学习系统是否能为学习

者提供支持自主学习、协作学习、讨论学习、探索学习、问题解决学习等策略的系统支持。

（2）教学设计中的评价模式。

① 决策性评价模式。在这种模式下，评价的主要功能是为决策者提供关键信息。因此，评价被视为一个确定性决策过程。选择合适的信息、收集和分析数据都是为了向决策者提供有价值的综合信息。这类评价模式中最著名的例子是斯塔福毕姆（Srufflebeam）等提出的CIPP模式。该模式涵盖四部分：背景评价（Context evaluation）、输入评价（Input evaluation）、过程评价（Process evaluation）、产品评价（Product evaluation）。背景评价旨在明确评价的操作背景，并根据需求确定问题。输入评价则用于确定和评估系统的能力。过程评价的目的是识别设计过程和实施过程中的不足，并为项目活动提供文档证据。产品评价的目的是将结果信息与目标、背景、输入和过程相关联。如果这些联系在设计中不明确，那么可以认为项目设计存在缺陷。CIPP评价模式的优势在于它能够促进教学设计者进一步概念化教学目标，更清晰地界定教学目标。然而，它的局限性在于评价过于关注短期结果、强调测量以及有限的判断标准。

② 研究性评价模式。研究性评价模式包含三个主要部分：输入、过程和结果。输入指的是参与者的特征，通常被视为可变因素。过程指的是参与者所经历的活动。结果则是指在过程完成时测量的预定技能和能力。这种评价模式旨在建立教学过程与教学结果之间的因果关系。通常，会设立两个学生小组，这两个小组具有不同的教学经历。之后，对这两组学生进行测试，以确定一组学生的学习成果是否超越、等同或落后于另一组。当两组学生之间存在"显著性"差异，并且仅凭输入信息无法解释结果变量时，可以推断程序影响是造成差异的原因。

③ 价值性评价模式。价值性评价模式侧重于在教学评价过程中所做的价值判断，描述了评估优点或价值的行为。因此，在这种评价模式中，评价者处于核心地位。提出这种评价模式的学者们认为，价值判断在任何科学领域都占据着核心地位，尤其是在方法论上的价值判断。因此，在教学评价中没有理由排除价值判断。

④ 系统性的评价模式。系统论的视角认为，总体的价值超越了部分的简单相加。为了全面理解总体，许多教学设计者采纳了这种系统性的观点。教学，作为一个复杂的系统，不能仅通过单一方法来认识和理解。它应被视为一个既能够发展也能衰退的有机体，其发展与衰退依赖于与其他项目或更广阔背景之间的相互作用。由于教学项目中的各个部分是相互联系的，任何一个部分的变化都预示着它是更大系统变化的一部分。因此，在教学中不存在"独立变量"，每个教学事件都与其他事件相互关联。采用这种模式有以下优点：

a. 能够从系统的角度考虑特定评价项目与其环境条件之间的关系，识别影响项目的背景因素和变量；

b. 在处理教学项目的各种不同因素时，能够用系统的视角揭示目标间的不一致性；

c. 系统的观点为评价各种项目、子项目以及整个系统的操作运行提供了框架；

d. 系统的观点及其方法论可以用来检验同一系统中不同项目之间的相对价值。

在教学设计成果的实施过程中,评价活动始终贯穿其中。因此,无论是对教学设计过程中涉及的多种因素进行评价,还是对教学设计结果的肯定或否定、修改及完善,评价活动始终为教学设计的价值体现提供指导,引导教学设计工作朝着实现预定目标的方向进展。

(3) 教学评价的设计流程。教学评价的设计流程是一个系统化的过程,旨在确保教学活动能够有效地达到预定的学习目标。以下是一般的教学评价设计流程。

① 明确教学目标。确定课程或单元的具体学习目标,确保目标是具体、可测量、可实现、相关性强和有时限性的。

② 确定评价目的。例如为了改进教学、评定学生成绩或提供反馈。

③ 选择评价方法。根据教学目标和评价目的选择合适的评价方法,如形成性评价、总结性评价、诊断性评价等。选择具体的评价工具和技术,如测试、问卷、观察、访谈、作品集、自我评估等。

④ 设计评价工具。制订或选择评价工具,确保它们能够有效地测量学生的学习成果。设计评价标准和评分标准,确保它们是公正和一致的。

⑤ 实施评价计划。在教学过程中实施评价,收集数据。确保评价过程的有效性和可靠性。

⑥ 分析评价结果。对收集到的数据进行分析,以了解学生的学习进度和成就。识别学生的强项和需要改进的地方。

⑦ 反馈与改进。向学生提供及时、建设性的反馈。根据评价结果调整教学策略和课程内容。

⑧ 记录和报告。记录评价结果和教学改进措施。向相关利益相关者(如家长、学校管理层)报告评价结果。

⑨ 反思与持续发展。教师对自己的教学实践进行反思。根据评价结果和反馈不断改进教学实践。

在整个设计流程中,重要的是要确保评价活动与教学目标紧密相连,评价方法能够全面地反映学生的学习成果,并且评价结果能够用于指导教学实践的改进。此外,教学评价应该尊重学生的多样性,考虑到不同学生的需求和背景。

2.5 教学设计案例

2.5.1 教案

1. 定义

教案是教师上课的书面计划,是课堂教学的设计方案,它不仅包含了教师对教育教学的理解和感悟,还具有备忘录的功能,同时也是重要的资料积累。教案的格式多样,常见的有表格式、描述式、画图式、画图加表格式,以及课堂实录式,还有普通的文本式。例如,表2-15展示了其中一种常见的表格形式。

表 2-15　教案的表格形式

课程名称		授课内容	
教学方法		教学资源	
教学目标		教学内容	
教学重点、难点、关键点		教师活动	
教学过程		学生活动	
板书设计			
作业设置			
教学后记			

教学方法：为确保教学过程的有效性，本节课将采用一系列精心挑选的教学方法。

教学资源：将利用到的各种教具和素材，以促进教学活动，提升教学质量和效果。

教学目标：旨在完成的教学任务，即明确的课时目标。

教学重点：基于教学目标的科学分析，确定教材中最基础且核心的教学内容。

教学难点：识别学生在理解知识或掌握技能技巧方面可能遇到的困难。

教学关键点：指明在掌握特定知识或解决特定问题中起决定性作用的内容。

教学过程：详细规划教学环节及时间分配，合理安排教学内容，并具体运用教学方法。

板书设计：必须简洁明了，便于学生理解和笔记整理。

作业设置：通过作业形式，检验学生对所学知识的掌握程度。

教学后记：教师在课后进行的小结，反思教学中的亮点与不足，记录教学灵感，主要目的是帮助教师及时评估教学效果，提升教学水平。

教案分为简案和详案两种形式。

2. 撰写教案的基本原则

撰写教案时，应坚持科学性、实用性、针对性、发展性和创见性这五个核心原则。

（1）科学性。教师在撰写教案时，所展现的思想观点、内容知识以及教学方法必须是精确、科学且高效的。为确保科学性，教师需经历对教材的深入理解、深入研究以及与个人教育理念的融合。具体而言，理解教材的基本思想和概念是基础；深入钻研教材，理清其内在联系是关键；而将个人教育理念与教材的思想性和科学性相结合，则是最终目标。

（2）实用性。教案的撰写是为了服务于课堂教学，因此必须确保其具有实际应用价值。教师在编写教案时，应避免形式主义，结合自身的教学理念和风格，创作出具有个人特色的教案。

（3）针对性。教案的编写不仅要反映教师的教学方法，更要关注学生的需求。教师应从学生的角度出发，确保教案能够发挥引导作用，体现教师的主导地位和学生的主体地位。

（4）发展性。在编写教案时，应避免直接抄袭或照搬他人的成果。尽管他人的教案可能在特定情况下取得了成功，但未必适用于自己。鉴于时代的发展和知识的深化，以及学生的变化，教师应不断对教案进行创新和调整。

（5）创见性。教师在撰写教案时,应展现出教学改革的理念。例如,教案中可以探讨如何激发学生的学习积极性,如何加强教学的思想性,如何更科学地传授基础知识,以及如何减轻学生的课业负担等问题。

3. 教案与教学设计的关系

教案与教学设计的关系如表 2-16 所示。

表 2-16　教案与教学设计的关系

		教　案	教　学　设　计
相同点		• 对象一致性：教学目的和目标的设定,均基于对教学对象和内容的深入理解。 • 计划一致性：它们都是依据一堂课所涉及的全部要素,精心设计的教学内容。 • 程序一致性：均涉及对教材的深入研究,确立教学目的,明确教学内容、重点、难点,以及选定教学过程的方式、课型、方法、教具、时间等	
不同点	概念定义不同	**教学实施方案**。教案是教师教什么、学生怎么学,以及教师怎么教的具体教学内容、方法、过程等的呈现	教学**策划过程**。教学设计是根据学生的学情、智力等水平出发,来设计学生怎么学以及设计教师怎么教。教学设计是某个教案的策划过程,是教师将教学理论向教学实践转化的桥梁,涵盖教学活动全过程的技术路线与导向
	所含元素不同	① 教学时间。 ② 授课的题目。 ③ 教学四维目标。 ④ 教学的重点与难点。 ⑤ 教学的基本内容。 ⑥ 授课的方式、方法和手段。 ⑦ 板书。 ⑧ 作业、讨论、辅导答疑等课后延伸。 ⑨ 课后小结、反思等	① 教材分析。 ② 学情分析(教学起点设计)。 ③ 教学目标设计。 ④ 教学重难点及其重点突出和难点破解。 ⑤ 教学内容选择(设计)。 ⑥ 教学方法和媒体选择(设计)。 ⑦ 教学过程(环节)设计。 ⑧ 板书设计。 ⑨ 教学评价设计等
	基本内容不同	教案所承载的基本内容是课堂教学的组织性管理信息；教案是**解决**"怎么教"的问题	教学设计所承载的基本内容是课堂教学各环节如何组织教学的策略；教学设计是**策划**"怎么教"的问题
	判断条件不同	教案(简案)最少含有四个基本要素：教学目标、教学内容要点、教学活动设计、教学效果反思	教学设计的特点是创造性的、求新的,有无创新是判断教学设计的金标准。或看教案中是否有新的教学模式,教材、学情分析,教学目标、方法、过程、板书的设计等
教学设计与教案间关系		教学设计与教案相互紧密联系,互为因果关系。其流程应为"备课——教学设计——教案"	

2.5.2　基于 OBE 的课程教学设计原则

在 OBE 理念指导下,教学质量监控与评价的核心标准是学生的学习成果。这要求课程设计、教学实施以及考核评价都必须与既定的培养目标保持一致,并以此为基准。

1. 课程知识点的总体规划

每一门课程都是课程体系中不可或缺的一部分,其承担的毕业要求指标点决定了课程的教学目标。课程的教学目标应与一个或多个知识点相对应,确保这些知识点既实用又有效,从而为实现课程教学目标提供坚实支撑。在课程体系的总体框架内,教师需精心规划课程的知识点,淘汰那些多余、过时或无效的知识点,同时保留或引入新的、有价值的知识点。此外,教师还应考虑课程体系的连贯性和整体性,确保课程在知识体系、能力培养、素质提升等方面具有良好的衔接性,从而有效地支撑课程教学目标的实现。

2. 以课程教学大纲为指导的教学设计

教学设计应以课程教学大纲为指导,明确课程性质、教学目标、内容、评价方法及考核方式。确保学生理解学习内容、学习目的、学习方法及评价标准。实现教学目标和设计目的的关键在于寻找合适的知识、素质和能力培养载体。课程教学设计包括课上内容、学生自学、课后作业,以及课程实践环节,应确保各项设计的连贯性。

3. 精细化导向的教学设计

课程总体教学设计概述了课程实施的流程,而每一课节的微观教学设计则是OBE理念的具体体现。课节教学设计使学生更明确学习的内容、目的、方法,以及评价方式。教师可依据授课计划完成课节教学设计,涵盖课程引入、概念阐释、理论讲解、案例分析及结论等环节;合理安排教学内容的案例、作业情境、考核能力及教学反馈的沟通载体。

4. 以人才培养目标为导向的教学设计

依据工程教育专业认证的OBE理念,打造卓越的课堂教学体验,确保学生在思想观念、价值取向、精神风貌的形成阶段,打下坚实的成长发展基础。这将保证他们在知识结构、基础能力的构建上得到充分的准备。教师需引导学生巩固知识基础,掌握学科最新动态,接触社会实际,接受专业训练,培养独立工作能力,塑造成为具备社会责任感、创新精神和实践能力的高素质专业人才,为学生的成才和职业发展奠定坚实的基础。

5. 科教融合引领的教学设计

众所周知,课堂教学是人才培养的重要方式。然而,认知经历的多样性与学生的创新能力呈正相关,科研作为一种高效且有力的教学形式,其育人效果主要体现在环境和过程上。因此,教师应以研究性教学取代传统的课堂讲授,专注于培养学生自主学习的能力,为其终身学习奠定坚实基础。教学本身也是一种学术活动,它不仅要求教师将教育理论和方法应用于教学实践,还要求教师将自身的科研成果融入教学内容、教案和讲义中。

2.5.3 教学设计模板

一个全面的教学设计应当涵盖:课程名称及课题(或章节)的标题、对教学内容的深入分析、明确的教学目标、对学习者特征的细致分析、有效的教学策略、独特的教学思想、清晰的教学设计思路、精心策划的教学活动设计、全面的教学评价以及丰富的教学资源。教学设计模板如表2-17所示。

表 2-17 教学设计模板

一、课程基本信息

课程名称		课程性质	
授课对象		授课时间	
课题(或章节)			
使用教材			

二、教学内容分析

总体内容分析：
单元内容分析：

三、教学目标分析

价值目标：
知识目标：
能力目标：
态度目标：

四、学习者特征分析

价值方面：
知识方面：
能力方面：
态度方面：

五、重点和难点分析

教学重点：
教学难点：
措施和方法：

六、教学模式/策略/方法

七、教学思想

八、教学设计思路

九、教学活动设计

课前准备

课堂教学

教学环节	教师活动	学生活动	设计意图

课后任务

板书设计

十、教学评价

续表

十一、教学特色	

十二、教学资源	

附：教学课件	

2.5.4 教学设计实例

本节给出一个信号与系统课程的教学设计实例，供各位读者参考。

信号与系统课程的教学设计实例

一、课程基本信息

课程名称	信号与系统	课程性质	专业基础课
授课对象	电子信息工程、通信工程、电气工程及其自动化专业	授课时间	大学二年级第二学期
课题（或章节）	第5章 离散时间信号与系统的时域分析 第2节 离散时间系统及其数学描述		
使用教材	汤全武主编. 信号与系统（MATLAB版·微课视频版）. 2版. 北京：清华大学出版社. 2024年4月		

二、教学内容分析

1. 教材分析

本实例内容摘自教材第5章第2节，主题为离散时间系统及其数学描述，如图2-12所示。本节内容是在学生已经掌握了离散时间信号、离散时间信号的运算和变换，并对离散信号的描述有了初步了解的基础上，进一步深入学习描述离散时间系统的数学模型，并介绍了求解差分方程的方法以求得离散系统的响应。本小节的课堂内容与之前学习的离散时间信号表示、连续时间系统的数学模型，以及即将学习的章节内容紧密相关。

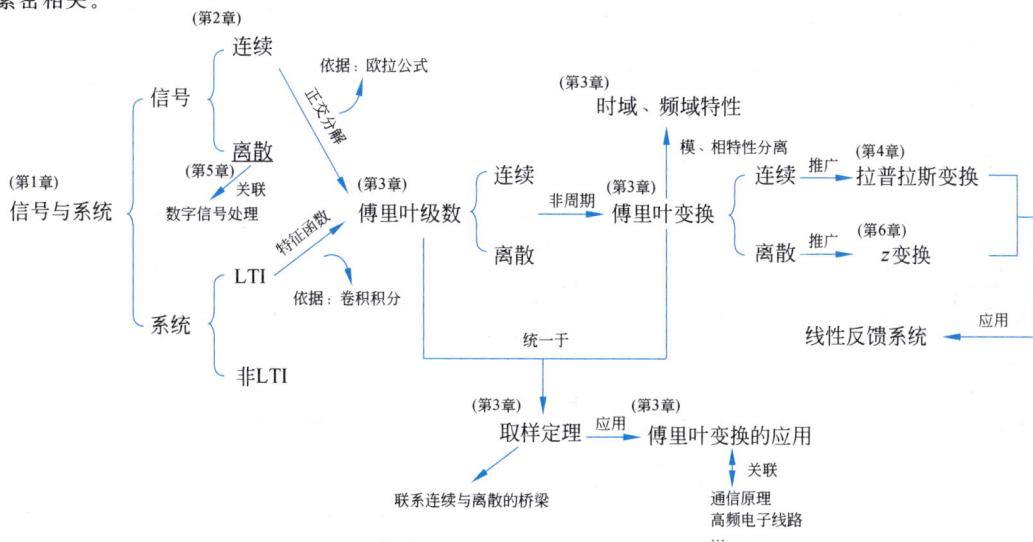

图 2-12 教材结构分析

续表

2. 内容分析

本节内容构成了离散时间系统分析的核心部分,掌握差分方程的基本原理及其在现实世界的应用,对于在生产实践中更有效地解决问题具有重要的指导作用。具体内容分析如图 2-13 所示。

(1) 离散系统分析与连续系统分析在多方面是并行的,它们之间存在许多相似之处。之前已经学习过,连续系统可以通过微分方程来描述,那么离散系统又可以用何种数学模型来表达呢?连续系统分析与离散系统分析的相似性为本节的学习提供了有利条件。

(2) 求解差分方程的方法是计算 LTI 离散系统响应的有力工具。本节内容从斐波那契数列的介绍开始,主要阐述了差分的基本概念、差分方程的结构以及差分方程在 LTI 离散系统中的重要性。

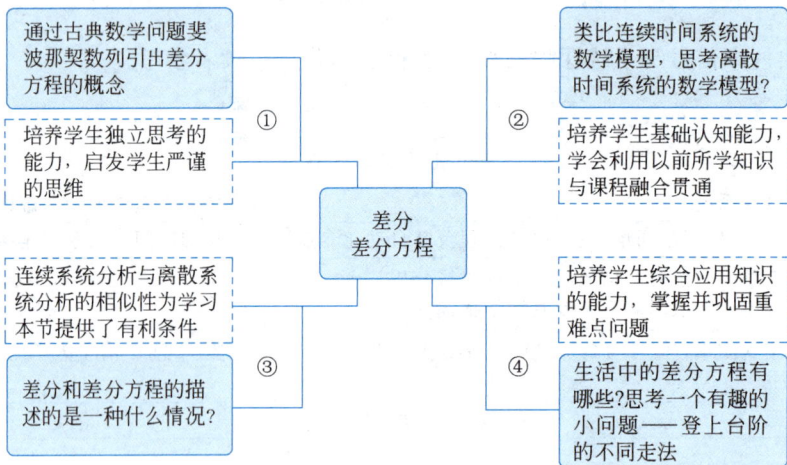

图 2-13 内容分析

三、教学目标分析

1. 价值目标:培养学生的科学精神、系统观和团队合作精神。

2. 知识目标:掌握前向、后向差分的概念,通过类比法建立简单离散系统的数学模型——差分方程。

3. 能力目标:培养学生独立思考的能力和综合应用知识的能力。

4. 态度目标:具有良好的语言表达能力,能够就复杂工程方案和技术问题进行陈述发言和讨论交流。

四、学习者特征分析

1. 价值方面

障碍分析:学生对科学精神、系统观和团队合作精神的理解往往在其他课程中得不到充分的呼应,导致他们难以将课堂内外的知识有效整合。因此,在传授专业知识的同时,如何有效地融入思政教育,引导学生树立正确的价值观和世界观,是当前专业课程面临的一大挑战。

策略:本课程在知识讲解时采用类比法,通过类比法帮助学生快速掌握学习方法和思考问题的技巧,从而培养他们科学性与价值性、知识性与思想性的辩证统一;通过"励志公式"阐述差分方程在塑造我们人生态度中的应用,积少成多,逐步实现质的飞跃,进而培养学生的健康人生观。

2. 知识方面

障碍分析:在学习本课程之前,学生已经掌握了离散时间信号、离散时间信号的运算变换、连续时间系统的数学模型等核心内容,并熟悉了离散时间信号的数学表达式,为本课程学习差分方程奠定了坚实的基础。然而,差分方程作为一种新颖的方程形式,学生初次接触时可能会感到陌生,特别是其数学抽象表达。本课程的主要目标是促进学生物理概念、数学概念和工程概念的融合。

策略:针对上述知识障碍,本课程重点培养学生的理论与实践相结合的思维。从引人入胜的古典数学问题出发,结合多个生活实例,将枯燥的数学知识生动地融入现实情境中。通过逐步分析和解决问题的过程,深入剖析问题的本质,加深学生对知识的理解和认知。

续表

3. 能力方面

　　障碍分析：对于差分及差分方程而言，其重要性与之前学习的微分及微分方程相当。本课程要求学生不仅要理解差分及差分方程的内在含义，而且要能够将理论与实际相结合。然而，仅凭数学公式和理论讲解，学生往往缺乏将理论应用于实际、将思维发散扩展的能力。

　　策略：基于上述能力障碍分析，在学生已经掌握了差分方程的基本概念后，通过生活应用案例讲解、实际问题探索以及结合小组学习任务、课堂讨论和结论汇报的方式，增强学生发现、分析和解决问题的能力，培养学生的自主学习、自主探索、合作学习和概括表达的能力。

4. 态度方面

　　障碍分析：通过之前的学习，学生在语言表达、小组讨论和汇报方面已经具备了一定的基础能力。但在运用专业知识解释实际工程问题时，语言的准确性往往不足。

　　策略：在小组汇报时，教师应密切观察和记录，以便在点评和总结阶段及时进行纠正。

五、重点、难点分析

教学重点：
　　① 差分的概念；
　　② LTI 中差分方程的角色。
教学难点： 日常生活中的差分方程。
措施和方法：
　　(1) 通过一个简单而有趣的古典数学问题——兔子繁殖，引入斐波那契数列，进而引出差分方程，激发学生的学习兴趣，培养主动学习的习惯，从而提高课堂效率。
　　(2) 通过设计具有挑战性的课堂任务，结合差分方程在现实世界中的应用，以及师生之间的交流互动，培养学生的批判性思维和清晰表达的能力。
　　(3) 通过小组合作，结合多媒体课件的演示和汇报，培养学生的自主学习、探索精神、团队合作、抽象思维以及总结归纳的能力，让学生在解决问题的过程中获得成就感，为未来自主学习奠定坚实基础。
　　(4) 通过将基本概念的阐述与工程问题相结合，培养学生将物理和数学概念与现实生活实际相融合的能力。

六、教学模式/策略/方法

1. 教学方法

　　(1) 问题引出教学法。在教学过程中，问题引出教学法强调结合先前学习的内容，通过类比和回忆，提出简单而有趣的问题，帮助学生掌握即将学习的知识点，并激发他们解决问题的兴趣，从而提高教学质量。例如，在本节课开始时，可以先提出一个经典的古典数学问题，让学生尝试解答。通过这样的方式，自然而然地引入差分方程的概念，加深学生的记忆，并为本节课奠定基础。

　　(2) 任务驱动法。从宏观角度来看，"任务驱动"教学方法是将学习内容融入复杂且有意义的任务和情境中。通过解决真实性的任务，学习者能够掌握任务中所包含的知识，并在完成任务的过程中形成解决问题的技能，同时培养自主学习的能力。在本节课的教学中，讲解了差分方程的各种应用后，可以提出一系列问题，并设置交流和讨论环节，以培养学生的抽象思维和总结归纳的能力。

　　(3) 合作讨论交流学习法。通过设置课堂任务和活动，在学生完成任务后，鼓励他们进行互动交流，从而培养学生的自主学习、自主探索、合作学习以及概括表达的能力。

2. 学生学法

　　"授人以鱼"不如"授人以渔"，本课程旨在传授给学生的学习方法及对应的流程为"工程实例(接受任务)—思考与讨论—数学概念(定义、波形、性质)—总结与巩固(推广、应用)—练习与提高(作业、思考题)"。

七、教学思想

以 OBE 理念为指导，坚持以学生为中心，采用混合式教学模式。

八、教学设计思路

教学设计思路如图 2-14 所示。

续表

具体实施	知识目标	过程目标	探究目标	情感目标	时间(分钟)
回顾旧知导入新课 类比回忆 古典问题	1、类比微分方程的表示 2、有趣的古典数学问题：兔子生兔子			知识回忆类比思维问题引领		2.0
探索新知 知识讲解 本节重点	1、斐波那契数列本质即为差分方程的表达形式 2、类比微分，讲授差分以及差分方程的概念和定义	1、学生需要理解斐波那契数列表示形式 2、要求学生理解差分和差分方程的定义	1、通过前面学习过的内容，结合教师讲解，达成新的认知 2、尝试类比出定义差分的原因 3、思考差分方程的现实意义	明确本节课的内容，指明本节课方向	1、结合学生先前的认知和新教授的内容，使学生认同相关概念 2、使学生体会数学概念、物理概念和工程概念的融合	10.0
★ 知识拓展 本节重难点 理论联系实际	1、生活中的回声现象 2、计算定期存款问题 3、"励志公式"中的差分方程	学生需要在实际问题中体会卷积和的应用	1.结合举例思考生活中差分方程的应用 2.会解释一些现象中的差分方程	获取、处理新学习的知识发散思维，提出思考	1、体会知识的实用价值和社会责任感 2、实际应用使学生体会理论联系实际的事例	7.0
课堂任务课堂活动 课堂任务 交流协作	1、上楼梯中的差分方程 2、布置课堂活动交流问题 3、学生分小组讨论交流	应用课堂上所学习的知识解决教师所提出的问题	小组之间交流协作，成员提出不同意见，综合分析后在课堂呈现	获取、处理信息学生与学生、教师与学生交流讨论、得出结论	1、培养学生利用所学知识处理复杂问题的能力 2、培养学生的创新意识、创新能力和团队合作精神	25.0
巩固新知 课后活动	1、课堂小结 2、课后作业及预习				1、培养学生融会贯通和综合应用分析的能力 2、培养学生自主学习与探索的能力	1.0

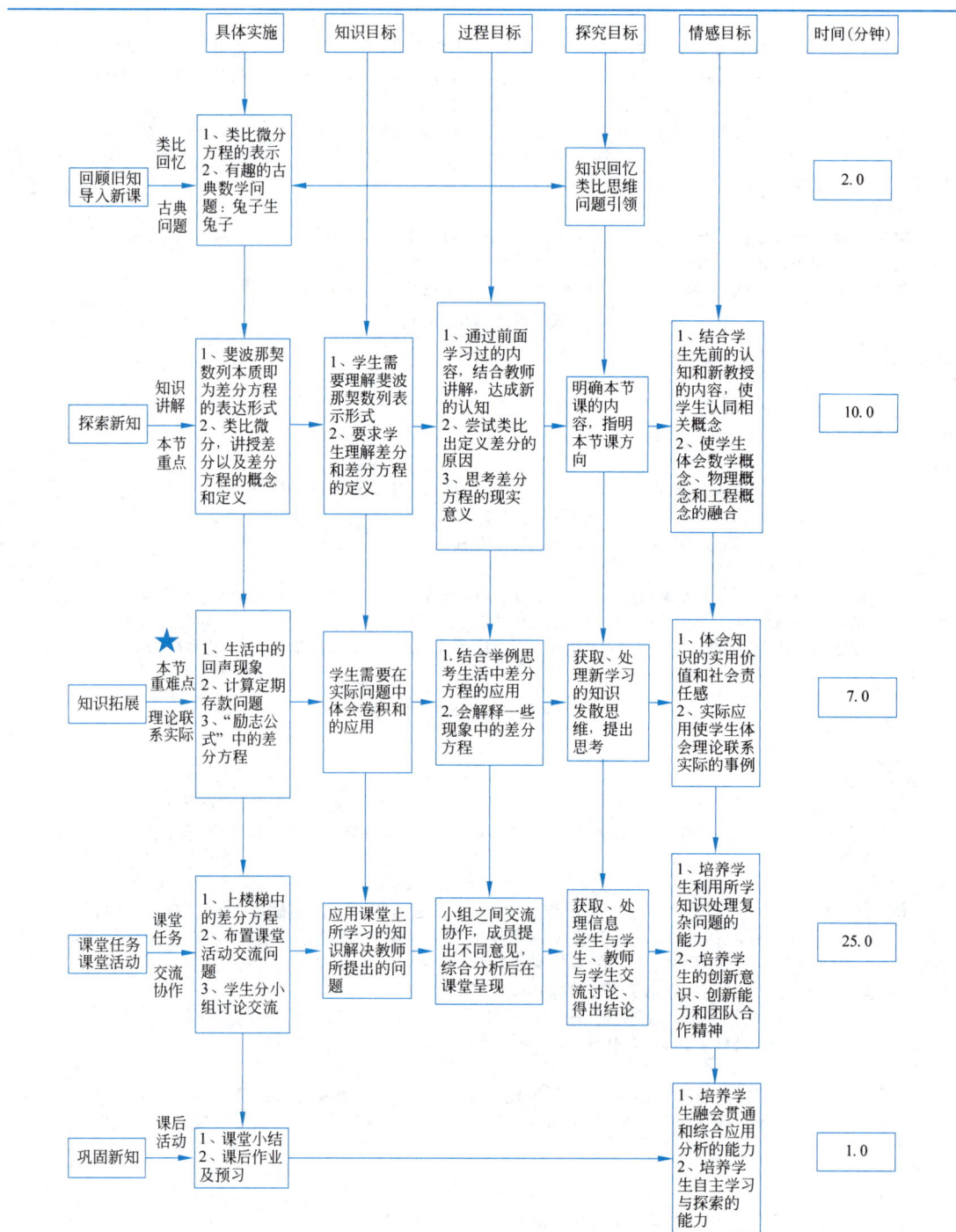

图 2-14　教学设计思路流程图

续表

九、教学活动设计

课前准备

1. 提前一周发布课前导学案。
2. 发布课中导学案。

课堂教学

教学环节	教师活动	学生活动	设计意图
回顾旧知 导入新课 （2分钟）	【回顾旧知】 　　**雨课堂发题**：连续时间系统的数学模型是什么？ 　　**提问**：类比回忆前面学习连续时间系统时域分析时说连续时间系统的数学模型是微分方程，思考由于离散时间信号是离散的，其不再使用微分方程，那么在时域中求解LTI离散系统的响应时，数学模型应该是什么？ 【导入新课】 　　**首先给学生提出一个有趣的古典数学问题：** 　　假定你有一雄一雌一对刚出生的兔子，它们在长到一个月大小时开始交配，在第二月结束时，雌兔子产下另一对兔子，过了一个月后它们也开始繁殖，如此这般持续下去。每只雌兔在开始繁殖时每月都产下一对兔子，假定没有兔子死亡，在一年后总共会有多少对兔子？	【思考】离散时间系统的数学模型是什么？ 分析教师提出的问题。	引导学生通过旧知识对比进入新知识的学习。引入古典数学问题，吸引学生的注意力，提高学生对课堂的关注度。
探索新知 （5分钟）	【讲授】 表格如下： 	第几个月	小兔子对数	中兔子对数	老兔子对数	兔子总数
---	---	---	---	---
1	1	0	0	1
2	0	1	0	1
3	1	0	1	2
4	1	1	1	3
5	2	1	2	5
6	3	2	3	8
7	5	3	5	13
⋮	⋮	⋮	⋮	⋮ | 　　**解答**：在第1个月底，最初的一对兔子交配，但是还只有1对兔子；在第2个月底，雌兔产下一对兔子，共有2对兔子；在第3个月底，最老的雌兔产下第二对兔子，共有3对兔子；在第4个月底，最老的雌兔产下第三对兔子，两个月前生的雌兔产下一对兔子，共有5对兔子……如此这般计算下去，兔子对数分别是：1，1，2，3，5，8，13，21，34，55，89，144……从第3个数字开始，每个数字都是前面两个数字之和。这就是著名的斐波那契(Fibonacci)数列，其表示为 $$\begin{cases} F_1 = 1 & (n=1) \\ F_2 = 1 & (n=2) \\ F_n = F_{n-1} + F_{n-2} & (n \geqslant 3) \end{cases}$$ 　　由递推得来的这个数列，就是差分方程的表现形式，将 $F_n = F_{n-1} + F_{n-2}$ 变为 $F_n - F_{n-1} - F_{n-2} = 0$，类似于这种形式的方程，都可以称为**差分方程**，这是个二阶的表现形式。求解类似这种方程的解，其本质就是求解 F_n 的表达式。	集中注意力，认真听讲。同时 【思考】前述的兔子问题使用了数学中的哪种思想？ 差分的含义是什么？	应用板书和PPT图片，给出关于引入课程中问题的解答，从而引出差分方程的形式，使学生更加直观、生动地理解记忆。

	【讲解】 问题：那么更广义的差分方程是什么样的呢？ 解答：要探索这个问题首先要搞明白差分的含义。 连续信号的微分运算：		
探索新知 （5 分钟）	$$\frac{\mathrm{d}f(t)}{\mathrm{d}t} = \lim_{\Delta t \to 0} \frac{\Delta f(t)}{\Delta t} = \lim_{\Delta t \to 0} \frac{f(t+\Delta t)-f(t)}{\Delta t} = \lim_{\Delta t \to 0} \frac{f(t)-f(t-\Delta t)}{\Delta t}$$ 仿照这一运算，定义差分运算为 $$\frac{\Delta f(n)}{\Delta n} = \frac{f(n+1)-f(n)}{(n+1)-n} = \Delta f(n)$$ $$\frac{\nabla f(n)}{\nabla n} = \frac{f(n)-f(n-1)}{n-(n-1)} = \nabla f(n)$$ （1）一阶前向差分定义为 $\Delta f(n) = f(n+1)-f(n)$ （2）一阶后向差分定义为 $\nabla f(n) = f(n)-f(n-1)$ 式中，Δ 和 ∇ 称为差分算子，无原则区别。本课程中主要用后向差分，简称为差分。 知道了差分的基本概念后，给出差分方程的基本形式，即 $$y(n)+a_1 y(n-1)+\cdots+a_{M-1} y(n-m)$$ $$= b_0 x(n)+\cdots+b_{N-1} x(n-m)$$ 整理得 $$y(n) = -\sum_{m=1}^{M-1} a_m y(n-m) + \sum_{m=0}^{N-1} b_m x(n-m) \qquad (1)$$ 其中，a_m、b_m 均是常数。 那么有些同学就有疑问了？这个式子到底是什么意思？	集中注意力，认真听讲。同时 【思考】差分运算是什么？ 差分方程的一般形式是什么样的？ 差分方程的式子有什么含义？	应用板书和PPT 图片，详细讲解差分和差分方程，使学生更加直观、生动地理解记忆。
知识拓展 （7 分钟）	【讲解】 通过两个事例对式(1)进行解释。 **事例 1**：假设在一个空旷的山谷中大声说话，可以听到回音，同时，也可以听到自己当前说话的声音，所以，可以听到两个声音： （1）自己当前说话的声音； （2）自己之前发出声音的回音。 假设此刻发出的声音为 $x(n)$，此刻听到的声音（回声＋此刻的发声）为 $y(n)$。 最简单的情况，只说了一个字"嗨"，那么只有一个回声 $x(n-k)$，此外，回声在传播过程中是有衰减的，使用一个常系数 b_m 来代表它，这样你当前听到的声音为 $$y(n) = x(n)+b_m \cdot x(n-k)$$ 当发出一连串的语音信号的话，对这些返回的值求和就可以描述听到你的声音了（当然这里指离散的声音）。 从这个例子中可以看到，系统的输出（这里指听到的声音），不仅与 n 时刻的输入（指发出的声音）有关，还和 n 时刻之前的输入（回声）有关。这样上述公式的右半边就得以分析。 **事例 2**：计算定期存款问题，设账户总额是 $y(n)$，当前存款总额是 $x(n)$，a_m 表示利率，在最简单的情况下 $y(n)=y(n-1)+a_m y(n-2)+x(n)$，从这里面可以看到，$n$ 时刻的存款总额（输出），不仅和 n 时刻以及 n 时刻前的输入有关，还与 n 时刻之前的输出有关（加了利息的金额）。	集中注意力，认真听讲。同时 【思考】差分方程在真实场景中的应用是什么样的？ 差分方程在信号系统中有什么意义？ 差分方程对我们人生的导向有何理解？	应用板书和PPT 图片，结合实验过程，详细讲解差分方程的具体意义以及对人生的启示。

续表

知识拓展（7分钟）	**结论**：常系数差分方程在LTI离散系统中的表意即可理解为，n时刻的响应由两部分组成，一部分是n时刻以及n时刻前的输入，另一部分是n之前时刻的输出。其表述的这种意义和日常生活中还是息息相关的，如图2-15所示这个公式。 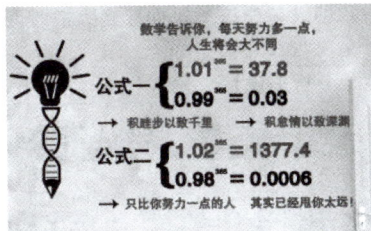 图2-15 结论对应的生活中的公式 **解释**：如果说1是一年刚开始的时候你的状态（也就是输入，这里n取365），看365天以后的输出，可以知道1的365次方还是1，也就是说如果什么都不做，365天后的输出还是那个"1"，而$1.01=1+0.01$，也就是每天进步一点（每天都增加输入，每天的输出和当天的输入、前一天的输出相关）。1.01的365天以后，输出将会远远大于当时的输入"1"，而$0.99=1-0.01$，也就是说你每天退步一点点（每天都减少输入，每天的输出和当天的输入、前一天的输出相关），你将在一年以后，远远小于"1"，远远被人抛在后面（**与时俱进，不进则退。请警惕，每天只比你努力一点点的人，其实，已经甩你太远**）。		
课堂任务（1分钟）	【知识内化】 （1）分小组讨论思考问题：有一段楼梯有10级台阶，规定每一步只能跨一级或两级，要登上第10级台阶有几种不同的走法？ （2）连续时间系统的模拟可以根据微分方程画出，请用类比的方法，思考离散时间系统的模拟根据什么画出？其基本运算单元是如何表示的？画出相应图示。	认真思考问题，考虑如何解答。	培养学生融会贯通和综合分析的能力。
课堂活动（24分钟）	【合作交流】 将学生分小组，各小组分组长、记录员、汇报员等角色，结合课前导学案布置的相关问题进行交流讨论，并在课堂上完成上述课堂作业，制作PPT上台进行汇报，汇报过程中各位同学可根据自己对其余组的汇报的理解提出相关问题，教师在必要的时候可以给予解答。	团结协作，学生与学生、教师与学生进行交流。	培养学生的创新意识、创新能力和团队合作精神。
巩固新知（1分钟）	【课堂小结】 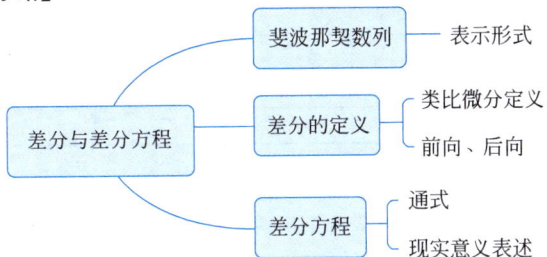	集中注意力，回忆课堂片段，书中勾画重点，记下复习的关键点。	使知识结构化、条理化。

续表

	课后任务		
课后作业	【巩固提高】 　　(1) 差分方程要怎么求解,依据离散时间信号的表示,可否带值求解? 　　(2) 从连续时间系统微分方程的求解能否类比推导到离散时间系统的差分方程的求解?	认真思考问题,考虑如何解答。	培养学生自主学习能力。

板书设计

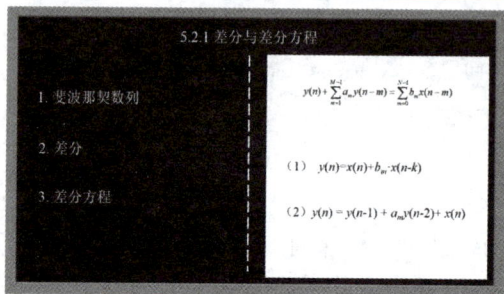

十、学习评价

在线学习情况(40%)、小组协作学习(10%)及课外作业(10%),共占总成绩 60%。

小组协作学习:成绩评定采用组间互评占 50%;教师根据提交的小组讨论记录和小组汇报情况给出成绩,占 50%。

十一、教学特色

1. 经典数学理论辅助教学

在课程中引入了引人入胜的古典数学问题——"兔子生兔子",进而延伸至差分和差分方程的基础概念,帮助学生深入理解知识内容。这种方法不仅促进了学生的思考,还尽可能地激发了他们的求知欲和好奇心,同时培养了他们分析问题和解决问题的能力。

2. 生活现象实例参与教学

将理论与实际相结合,在讲解过程中,通过数学公式与现实生活实例的结合,让学生能够直观地感受、亲耳听到、亲手触摸,从而激发学生学习的积极性。通过小组实践环节,学生能够更好地理解所学的理论知识,加深记忆,提升对所学内容的理解。

3. "润物细无声"的课程思政

深入挖掘本课程所蕴含的思政教育资源,并运用恰当的教学方法,将思政教育与本节课的教学过程有机融合。本节课的教学环节中,课程思政的设计安排详见表 2-18。

表 2-18　教学环节中课程思政教学设计安排

课程思政要点	课 程 环 节		
	导入及知识讲解	知识拓展	课堂任务
科学精神	•		•
团队合作精神			•
系统观	•	•	

注:仅列出包含课堂思政的教学环节。

4. 形成性评价反馈机制

学习产出评估是 OBE 模式必不可少的环节,本课程采用动态方式及时评价学习产出,在整个教学过程中通过课前雨课堂问题、课中小组交流、课后习题、思考题、单元思维导图绘制等环节实现动态及时的评估,并且反馈评分量表给学生,让学生知道自己学习本节课程的薄弱环节,保证学生能够有针对性地复习。同时,教师通过量表能够不断反思评价教学效果

续表

十二、教学资源

(1) 智慧树网站上宁夏大学教学团队录制的"信号与系统"课程相关章节视频和题目。

(2) 多媒体教学课件。

(3) 雨课堂相关问题。

附：教学课件

2.6　实践练习

1. 选择你所教授课程中的一个特定章节，进行教学方案的设计。

2. 选择你所教授课程中的一个特定章节，编写相应的教案。

第3章

混合式教学与案例

混合式教学(Blended Learning),这种将传统面授教学与现代在线教学的优势相结合的创新教学模式,正逐渐成为教育界的焦点,并在实践中得到广泛应用。它不仅突破了传统教室的物理限制,使得学习过程变得更加灵活多变,还借助技术手段提升了个性化学习的潜力,从而满足了各类学习者的需求。

本章的目的是深入剖析混合式教学的理论基础和实施策略,并通过具体案例的分析,揭示其在不同教学环境中的应用成效,旨在为教育从业者提供切实可行的指导和参考资料。

3.1 混合式教学概述

3.1.1 混合式教学概念

1. 定义

混合式教学融合了传统面对面课堂教学的优势与在线学习的便捷性,通过整合多样化的教学资源,并运用不同的教学理论与策略,旨在为师生提供更广泛的选择性和灵活性。这种教学模式不仅提升了学生的学习成效,还满足了不同学习风格的需求。它既突出了教师在引导、启发和监控教学过程中的主导作用,又充分展现了学生作为学习过程主体的主动性和创造性。

混合式教学的核心理念在于运用技术手段来优化教育资源,提升教育品质,并实现个性化学习。其主要特点如下。

(1)结合在线学习与面对面教学。混合式教学将传统的课堂授课与在线学习资源、活动及互动相结合,确保学生无论在课堂内还是课堂外都能持续学习。

(2)个性化学习路径。混合式教学允许学生根据个人的学习进度、兴趣和需求来调整学习内容和方法,从而实现个性化学习。

（3）灵活性。混合式教学提供了更多关于学习时间和地点的选择，使学生能够更灵活地规划自己的学习计划。

（4）互动性。混合式教学鼓励学生通过在线讨论、小组合作等多种方式参与互动，从而提高学习的参与度和积极性。

（5）技术支持。混合式教学依赖于计算机、互联网以及其他数字技术的支持，以提供丰富的学习资源和便捷的学习途径。

（6）教师角色的转变。在混合式教学中，教师的角色从传统的知识传授者转变为学习的引导者、组织者和评估者，更加关注学生的个性化需求和发展。

综上所述，混合式教学是一种结合了传统教学方法与现代技术的教学模式，其目标是提升学生的学习成效，并满足多样化的学习风格需求。

2. 混合式教学与传统教学以及完全在线教学的比较

混合式教学、传统教学和完全在线教学代表了三种不同的教学模式，它们各自拥有独特的特点和优势。

（1）传统教学。传统教学通常指在实体教室中进行的面对面教学，教师与学生在同一时间、同一地点进行互动。这种模式便于师生直接沟通和交流，有助于培养学生的团队协作能力和社交技巧。然而，传统教学受限于时间和地点，可能无法满足所有学生的需求。

（2）完全在线教学。完全在线教学是通过互联网进行的远程教学，教师和学生无须在同一地点，可以通过网络平台进行实时或非实时的互动。这种模式提供了极高的灵活性，允许学生根据个人的时间和地点安排学习。但完全在线教学可能导致学生缺少面对面的交流和互动，从而影响社交能力和团队协作能力。

（3）混合式教学。混合式教学结合了传统教学和在线教学的优势，既包括面对面的实体课堂教学，也包括通过网络平台进行的在线教学。这种模式既保证了师生之间的直接沟通和交流，又提供了高度的灵活性，能够满足不同学生的学习需求。此外，混合式教学还能利用在线资源丰富教学内容，提升教学质量。

综上所述，三种教学模式各有其优劣，适用于不同的教学场景和需求。在实际应用中，应根据具体情况选择最合适的教学模式，以实现最佳的教学效果。

3. 混合式教学的核心

混合式教学的核心在于巧妙地融合传统课堂教学与在线教学这两种模式，旨在提升学生的学习成效。实现混合式教学的关键要素包括如下四方面。

（1）构建性学习环境设计。在混合式教学模式下，教师需打造一个促进学生积极互动、探索和合作的学习环境。这涵盖了选择合适的在线教学平台、设计与开发在线课程、搜集与整理课程资源、策划与设计教学活动、设置在线教学环境等环节。通过提供丰富的学习资源、多样化的学习活动和有效的学习支持，激发学生的学习兴趣和动力。

（2）课堂教学的执行。即便在混合式教学中，课堂教学依旧占据核心地位。这包括对教学环境使用的培训、教学计划的阐述、学习动机的激发、课程重点与难点的讲解、课堂讨论与答疑、小组协作研究课题以及课堂评价等。教师需在课堂上进行有效的教学组织与管理,引导学生深入思考与讨论,并进行实践操作与技能训练。同时,教师应关注学生的个体差异,提供个性化的教学指导。

(3)课后基于网络的在线教学。混合式教学的显著特点之一是利用网络技术进行课后在线教学。这包括多媒体在线教学、在线智能答疑、在线讨论与交流、在线教学评价、基于项目的在线协作学习、在线个别辅导等。教师可以通过在线平台发布课程资料、布置作业、组织讨论等,便于学生进行自主学习和合作学习。此外,教师还可以利用在线教学工具进行实时或非实时的辅导和答疑,以满足学生的个性化需求。

(4)发展性教学评价。在混合式教学中,教学评价应关注学生的全面发展,而不仅仅是成绩。教师需采用多元化的评价方法,如观察记录、作品展示、同伴评价等,全面了解学生的学习情况。同时,教师应根据评价结果调整教学策略,以提升教学质量。

综上所述,混合式教学的核心在于如何有效地结合传统课堂教学与在线教学,创造一个有利于学生全面发展的学习环境。这要求教师具备出色的教学设计与组织能力,以及对新技术的熟练掌握。

3.1.2　混合式教学的历史与发展

1. 混合式教学的历史背景

混合式教学的历史可以追溯至20世纪90年代末期,当时互联网技术开始普及,教育领域也开始尝试利用这一新兴技术进行教学改革。

在混合式教学兴起之前,教育领域主要存在两种教学模式:传统的面对面教学和纯粹的在线教育。传统的面对面教学依赖于教师在课堂上的授课,学生需要到学校听课。而纯粹的在线教育则完全依赖于网络平台,学生可以在家中或其他地点通过网络学习课程。

随着互联网技术的进步,教育工作者开始认识到这两种教学模式各自存在的局限性。传统的面对面教学受到时间和地点的限制,而纯粹的在线教育则缺乏面对面交流的互动性。因此,教育工作者开始探索一种结合这两种教学模式的新型教学模式,即混合式教学。

混合式教学的出现,使得教育变得更加灵活和个性化。学生可以根据自己的需求和兴趣选择在线学习的内容,同时也可以在课堂上与教师和同学进行面对面的交流和讨论。这种教学模式既保留了传统教学的优势,又充分利用了互联网技术的便利性,为教育领域带来了新的变革。

2. 混合式教学的发展过程

混合式教学的发展历程可以概括为从以技术为核心,到以技术在线与线下面授的交互方式为核心,再到以学习者的学习体验为核心的过程。

(1)早期阶段:在互联网技术普及之前,混合式教学的概念并不普遍。早期的混合式教学可能包括使用录像带、音频材料等辅助传统课堂学习。

（2）网络时代初期：随着互联网的兴起，教育机构开始尝试将在线资源整合到教学中。最初，这通常涉及简单的网页、电子邮件交流和在线论坛。

（3）Web 2.0时代：社交媒体、博客、维基等Web 2.0工具的出现为混合式教学提供了更多互动性和协作性的工具。

（4）移动学习和云计算：智能手机和平板电脑的普及以及云计算技术的发展使得学习可以随时随地进行，极大地促进了混合式教学的灵活性和可访问性。

（5）大规模开放在线课程：大型开放式网络课程（Massive Open Online Courses，MOOC）的兴起为混合式教学提供了高质量的在线课程内容，使得学生可以在世界任何地方接受顶尖大学的课程教育。

（6）个性化学习：人工智能（Artificial Intelligence，AI）和大数据的应用开始进入教育领域，使得混合式教学能够根据学生的学习习惯和进度提供个性化的学习路径和资源。

当前混合式教学的发展趋势如下。

（1）技术集成。教育技术的不断进步使得混合式教学更加高效并富有吸引力，如通过增强现实（Augmented Reality，AR）、虚拟现实（Virtual Reality，VR）和游戏化学习等技术手段，可以使混合式教学实现高效化与趣味化。

（2）个性化学习。利用数据分析和机器学习算法，教育平台能够为每个学生提供量身定制的学习体验，从而提高学习效率。

（3）灵活性和可访问性。混合式教学允许学生根据自己的时间表和学习节奏进行学习，这对于非传统学生群体（如在职成人、有特殊需要的学生等）尤其重要。

（4）协作和社交学习。在线平台促进了学生之间以及学生与教师之间的交流和合作，这种互动是混合式教学成功的关键因素。

（5）评估和认证。随着在线考试和电子证书的普及，混合式教学的评估方式变得更加多样化和灵活。

（6）持续的专业发展。对于教师而言，混合式教学要求他们不断学习新技术和方法，以适应不断变化的教育环境。

（7）全球化教育。混合式教学打破了地理界限，使得全球学生都能够接触到优质的教育资源。

混合式教学的未来发展将继续受到技术进步、教育理念的变化以及全球化趋势的影响。随着更多的研究和实践，混合式教学有望成为更加成熟和高效的教学模式。

3.1.3　混合式教学的特点分析

1. 学习的特点

（1）分布式认知的有效整合。在混合式教学模式下，学习者需在不同结构、层次和类型的学习场景及活动中灵活转换,分布式认知和实时整合成为学习过程中的常态。学习者围绕学习目标,能够顺利和迅速地整合同一学习活动或场景中的各种因素,通过使用工具分解认知负荷,有效地综合信息,并应用知识、方法和技能解决问题。混合式教学应从个体知识掌握转向协作学习,即重视运用工具进行协同思维,而不仅仅是强调个体思维;重视同伴间的协作,而不仅仅是强调个体的认知。线上线下融合学习的分布式特点,鼓励学生在与教师、同伴、学习材料和计算机工具的互动中学会学习、分享智慧。

(2)学生需具备强大的自主学习和自控能力。混合式教学结合了集中与分散、同步与异步的双重优势,在全方位支持学生自主选择参与的同时,也对学生的自主学习方法和能力提出了更高的要求。学习过程中,学生需要能够自主筛选和获取所需课程内容,并能利用在线学习平台资源库建立合理的学习路线。混合式教学为学生提供了丰富的虚拟学习环境资源,包括书本和线上动态更新的各种数字资源,如学习者共同形成的观点、作品和方法等。学习活动的参与、学习资源的采用、学习同伴的选择和学习进程的控制都需要学习者具备较强的自主学习能力。

(3)技术与学习的深度融入。混合式教学的实施,离不开学习平台、应用工具、学习资源的整合。在这些元素整合形成的学习环境中,信息技术的应用达到深度融合的水平,学生能够在不同的学习工具、平台和系统中快速而流畅地切换。学生对工具的应用有深入的理解和广泛的实践知识,因此能够逐渐扩展和创新技术工具的使用。教师在技术应用方面起着引导、指导和示范作用,鼓励学生以创新的方式使用技术工具,转变学习方式。在深度融入中,技术工具常被用来促进高阶学习,因为不使用技术,相应的活动就难以完成甚至无法实现。深度融入层级中,学生在五种学习中使用信息技术的情况如表 3-1 所示。

表 3-1　学生技术应用的行为表现

学 习 方 式	行 为 表 现
主动学习	学生们选择利用技术工具来完成高级学习任务,能够创造性地运用这些工具进行自主学习,技术本身已经成为学习过程中不可或缺的一部分
合作学习	学生们创新性地运用技术工具,与同学、专家或伙伴展开协作
建构学习	学生们借助技术手段来构建和分享知识。他们对技术工具的深入理解,使他们能够以创新的方式拓展这些工具的应用,并进一步构建知识体系
真实性学习	学生们积极探索并扩展技术工具的应用,以参与超越传统教学环境的、与现实世界紧密相连的高级学习活动。他们能够同时运用多种技术工具和在线资源,与本地或全球的社区进行互动
目标导向学习	学生们通过参与元认知活动,广泛运用技术工具来规划和监控自己的学习进程,并致力于实现自我导向的学习目标,这一切只有在得到技术支持的情况下才能顺利进行

2. 教学的特点

(1)教师角色与功能的转变。教师不再是课堂的主宰者,而是成为学习过程的引导者、课程的设计者和服务提供者。在在线教学中,教师扮演着总导演的角色,依据专业人才培养目标和课程内容,通过精心设计学习活动,将学习的主动权交予学生,协助学生解决线上与线下学习的挑战,引导学生形成解决问题的思维模式,并帮助他们构建完善的知识体系。

(2)以学生为中心进行学习设计并执行教学。教师在教学过程中的设计重点从教授转向学习。教师需综合考虑学习环境、活动和评价,有效利用媒体和技术提升学习深度与参与度,围绕实际问题和任务进行有机整合;利用学习平台的数据和经验来了解学生的学习状况,并为他们提供个性化的学习指导,满足个体发展需求;充分展现学生的主体性和创造力,尊重他们的想法和观点,将大数据平台的搜集、分析、诊断技术与课堂评价相结合,为学生提供基于数据的精确评价,明确改进方向;改进传统在线教学、课堂教学、翻转课堂等教学方法,探索和创新教学策略,促进学生高阶思维能力的发展。

(3)教师以团队形式协作教学。在混合式教学模式下,教师以团队为单位进行教学活动。教师之间协作教学或同一学科领域内的教师优势互补,有助于确保教学质量。在线与线下教师分工合作,线上教师负责讲授知识原理,而线下教师则主要负责组织学习活动并提供面对面的指导。在这种模式下,线下教师无须过多投入于学习资源的设计制作,而是更多地关注学习数据和提供学习服务。同一学科领域的教师通过优势互补,发挥各自的专业优势和特长,设计相关学习材料和活动,组织线上或线下教学,并共同关注学习数据,协同进行评价诊断和个别化辅导。

3. 学习情境特点

混合式教学利用技术手段打造一个全方位、全场景、全过程的学习环境,提供多维、即时的学习服务,推动精准、开放、共享的智慧化学习进程。学生能够跨越时空限制,随时随地访问学习资源,灵活运用多种设备,在众多学习平台和应用工具之间自由切换。这种模式呈现出正式学习与非正式学习、个人学习与社会学习、实体世界与虚拟世界融合的无缝学习文化,旨在提供多维度的良好学习体验,并促进多元文化的融合。

混合式教学实现了面对面学习与在线学习的相互融合与平衡,学生可以根据实际情况自主决定学习的进度和方法,参与形式多样的学习活动,如分享学习资源、交流观点、在线讨论、虚拟操作、协同写作等。

3.2 混合式教学的基本模式与教学设计

3.2.1 混合式教学的典型策略

1. 明确的核心目标是实现有效、高效教学的关键

在混合式教学模式中,教师们经常面临一个难题:当他们将部分学习内容转化为线上学习内容和任务时,尽管学生的参与度提高了,但学习成效并未见明显改善。那么,如何设计混合式教学,以便学生在最小的投入下获得最佳的学习成果?换句话说,怎样才能使混合式教学既有效又高效呢?

面对这一难题,许多教师认为线上学习资源的质量不高是问题所在。但实际上,目标设计得不明确才是问题的关键。教学目标是指导教学策略、活动和资源设计的灯塔。然而,在实际操作中,目标设计往往是一个薄弱环节,存在一些典型问题。例如,教学目标设计过于形式化,盲目套用已有的模式,缺乏对实际教学的指导意义;教学目标定位模糊,与教学内容混淆不清;目标设计过于泛化,缺乏针对性,未能合理强调知识、能力和情感态度等不同维度的目标;目标设计层次不分明,基础目标与高级目标定位不准确,无法区分结果性目标与过程性目标等。

为了实现有效、高效的混合式教学,首要任务是加强目标设计,即找到教学的"核心",并让它指导混合式学习策略、学习活动和学习资源的设计。这里的目标设计不是指具体的知识、技能、情感态度等三维目标的细化,而是指超越这些具体目标之上的核心目标,它是整个课程、单元或单节课的灵魂。设计核心目标就是要回答一个核心问题:学生通过本课程学习最需要掌握哪些知识、技能或方法?具体可以通过如下三个子问题来引导核心目标的设计。

① 这门(节)课最核心(关键)的内容是什么?

② 学生最希望获得什么?

③ 学生在学习过程中遇到的关键难点是什么?

上面这三个引导问题分别指向学习内容分析、学习结果分析和学习需求分析。

2. 线上、线下及现场教学的互补性是高效教学的核心

"如何融合"始终是混合式学习设计的难点所在。在实践中,教师们常常面临一系列问题和挑战,例如,如何设计线上学习活动以减轻学生的学习负担;将部分内容转移到线上后,教师应如何规划线下教学以避免重复等。这些实践中的难题甚至引发了部分教师对混合式教学效率的质疑:它究竟是提升了效率,还是降低了效率?

混合式教学的核心问题之一是线下教学与线上学习的平衡。例如,如何有效地结合两者、何时应用它们,以及如何融合两者以达到最佳效果。解决这一问题的关键在于学习活动的设计。避免学习活动和内容的重复,并确保线上、线下及现场学习活动的互补性,是实现高效混合式教学的关键。线上、线下及现场学习的互补性包含以下两层含义。

(1) 为不同的学习活动选择最适宜、最高效的学习方式。线上、线下和现场等不同的学习方式对不同的教学策略和学习活动的支持程度各有不同。例如,"对话式教学"和"讲授"是线下教学中常见的教学策略和活动,若经过恰当的设计和制作,可以转化为更高效的线上学习资源。线上学习同样能更高效地支持"讨论""评价""探究"等活动;而"提问式教学""破冰""陈述""演讲"等活动则更适合线下学习;实践和实操类活动则更适合现场学习。

(2) 不同学习方式的学习活动之间应相互呼应、相互支持。高效的混合式教学设计应避免线上、线下及现场学习内容的简单重复,并应着重考虑线上、线下及现场学习活动之间的相互呼应与支持。例如,在线下教学时可以对线上学习成果进行汇报和点评,线下的学习任务和互动交流可以延伸到线上继续进行。因此,教师在进行混合式教学设计时,应有意识地利用学

习工具作为桥梁,在线上、线下及现场的学习活动之间进行有效的衔接。

3. 开放式学习活动和真实体验是吸引学生的关键

激发学生的学习兴趣和提升学习吸引力是所有教学方法共同面临的挑战。混合式教学并不会仅仅因为结合了线上学习和资源而自动变得更加吸引人——学生在体验了混合式教学的新鲜感后,可能会迅速失去兴趣。因此,激发学生的学习动机是混合式教学设计的核心原则。

让学生意识到学习内容的价值,感受到成就感,以及在真实情境中学习,都是有效激发学习动机和提升吸引力的方法。混合式教学支持多种学习方式的融合和学习空间的拓展,特别擅长于设计和实施真实的学习体验以及开放式学习活动。真实的学习环境不仅能够提高学生的学习兴趣,还能帮助他们更深刻地理解学习内容的价值,从而更有效地激发学习动机。

设计开放式学习活动意味着创建的学习任务和活动不应有固定答案,而应是开放式的,为学生提供广阔的探索空间。正如约翰·杜威(John Dewey)所指出的,失败的教育常常是将经过精心加工的知识探究结果与原始的、自然的探究对象混淆,试图直接教授学生精加工后的解决方案,而不是引导学生自己去探索问题、参与探究过程、寻找解决方案。因此,在混合式教学中,教师应从传授精加工后的知识转变为设计开放式学习活动,支持学生在自主探究中构建知识。这是增强混合式学习吸引力的关键策略,学习者将在这一过程中体验到自主学习的成就感,并深刻感受到所学内容的价值。

4. 数据驱动的学习分析技术构成了实现集体教学个性化的核心技术基础

在集体教学和规模化教学中,如何满足学生个性化和差异化的需求,实现因材施教,一直是传统学校教育面临的主要矛盾和挑战。当寄希望于混合式教学能带来新的解决方案时,也必须意识到,混合式教学本身可能加剧学习者之间的差异,并放大他们的个性化需求。例如,慕课等线上学习资源可能会加剧学习者之间已有的知识基础差异。那么,在可能加剧学习者差异的情况下,混合式教学如何解决集体教学中的个性化需求问题呢?

个性化学习涵盖了学习目标、学习内容、学习活动(路径)、学习评价和学习资源的个性化。这些个性化学习支持都建立在对学习者进行个性化测评的基础之上。

基于数据驱动的学习分析技术革新了传统的教育评估方法,使得智能化、及时性的个性化测评成为现实,使教师能够实时了解班级整体和每个学生的学习状况,从而为个性化学习的支持与干预提供数据支持。数据驱动的学习分析技术还能预测学生的学习表现、及时发现并解决问题,而自适应学习技术则能进一步为学生推荐个性化学习内容与资源。

因此,混合式教学解决集体教学中的个性化需求有两个关键的技术基础。其一,混合式教学为收集学生学习过程数据提供了可能,从而为基于学习分析技术的个性化分析与测评提供了关键的数据支持;其二,混合式教学中可以适当设计基于学习分析技术的个性化分析与测评工具、数据驱动的自适应学习工具等,从而为集体教学中的个性化学习的支持与干预提供可能。在混合式学习环境中,数据驱动的个性化教学正逐渐成为一种新的教学范式。

3.2.2 混合式教学的基本模式

以下简要介绍几种混合式教学的基本模式,以供参考。当然,混合式教学的模式远不止这些。

1. 互补型模式

互补型模式以线上知识技能学习为主,辅以线下互动活动和问题解决等。该模式强调线上与线下在培养目标和教学内容上的互补性。在这种模式下,教师可以预先准备微视频和学习资源,供学生课前观看、学习和练习。课堂时间则主要用于组织互动合作、交流展示、动手实践和项目任务等学习活动,以培养学生的解决问题和合作交流能力。

互补型模式确保了知识技能讲解的精确性,同时保证了学习活动的充分性、深入性和有效性。它充分利用了线上和线下教学的独特优势,有助于全面提升教育质量,实现"五育并举"。然而,这种模式对学生的自学能力和教师制作或选择优质视频资源、组织线下高质量学习活动的能力提出了较高要求。

2. 翻转型模式

翻转型模式的特点是线上提供学习资源供学生自学,辅以线下的个别化辅导。这种模式体现了"先学后教"的理念,教师需提前准备各种学习资源,包括知识技能学习和项目任务完成等。学生先自主学习完成任务,教师则根据学生的完成情况和进度,进行线下一对一的诊断和指导。

翻转型模式要求教师线上设计的学习资源必须丰富多样,以满足不同的教育目标。该模式能够充分发挥一对一指导的针对性和及时反馈的优势,但对教师在准备各类线上学习资源、评价诊断和个别化辅导方面的能力要求极高。

3. 合作型模式

合作型模式的特点是线上由最优秀的教师提供相关内容,线下则进行指导和评价。这种模式体现了不同教师能力的互补,发挥每位教师最擅长的优势。例如,在大学物理教学中,不同教师可能在力学、电学、实验、讲评或复习等方面各有专长。这些教师可以在教研团队的指导下,预先录制相关学习内容供学生在线学习。而其他教师则可以在学习这些在线资源的同时,在擅长领域教师的指导下,负责本班学生不适合线上学习的任务,并进行评价诊断和个别化辅导。

合作型模式几乎融合了互补型模式和翻转型模式的优势,能够充分发挥每位教师的专长,并利用线上和线下的独特优势,实现协同效应。然而,这种模式对学校管理方式提出了较大的挑战。

3.2.3 混合式教学的设计原则

1. 支持学习自主原则

混合式教学的一个显著特点是学习的高度自主性和自控性。因此,教学过程和活动必须整合线上与线下、集中与分散、同步与异步学习的优势,全方位支持和促进学生的自主学习,提升学生学习的主动性和参与度。设计线上线下融合学习的教学,应从以下方面遵循该原则。

(1)为学生提供自主学习的选择。混合式教学的课程设置、教学进程及安排应是动态的和可调整的。教师应从学生学习需求出发,为学生设计情境化、反思性学习的主线,提供多样化的学习资源及学习路径、可选择的学习进程及方法,保障学生自由选择和组合学习内容及方式,灵活调整学习目标,决策参与的学习活动和参与程度,自主决定和控制融合学习过程和活动。

(2)为学生自主学习提供良好的支持。混合式教学要准确了解学科和学生特点,注重学生学习体验,及时反馈学生线上和线下学习状况,帮助学生解决自主学习难题。教师应提供能吸引学生兴趣的活动和资源,设计交互性强的学习任务,促进学生之间和师生之间的沟通与协作,多渠道地解决学生学习难点和疑惑。

2. 驱动主动学习原则

在混合式教学中,学生需主动投入学习活动,才能有效利用信息技术平台和工具发挥线上线下学习分布式认知及整合优势,取得较好的学习体验及成效。设计混合式教学,应从以下方面遵循该原则。

(1)参与与驱动。教师应提供多样化的学习活动和服务,营造开放的互动氛围,驱动学生主动参与需要输出的学习活动,如互动研讨、协商解决问题、展示个人观点等,确保学生在融合学习中发展高阶思维,实现深度学习。

(2)促进过程评价。教师应将个性化诊断与智能辅导、智能导学组合在一起,建立多种考核方式,形成立体化的过程性学习评价体系。融合学习尤其应注重过程性评价,提高学生学习过程表现的比重,将线上学习状况、课堂教学参与度、课后检测与复习等指标纳入考核体系。

3. 融通学习要素原则

混合式教学过程涉及线上线下学习、虚拟环境与真实环境学习、自主学习和协作学习等的随时转换和衔接,体现无缝学习中分布式认知及整合的特点,为此要为学生提供学习经验的连续和学习情境的再造。设计混合式教学可以从以下方面遵循该原则。

(1)学习场景无缝融合。应用技术和学习活动联通教学场景是实现线上线下融合的重要环节。为帮助学生高效地开展线上线下融合学习,教师要融通线上与线下、虚拟与现实,推动各场景间的数据流通、信息联通、服务贯通;创设一体化无边界的学习生态环境,开展联动线上线下的学习活动,让学生灵活选择线上或线下、同步或异步学习,线上线下学习无缝转换,避免环境变化而阻碍学习。

(2)学习内容和学习方式无缝衔接。混合式教学除学习场景需要无缝联通外,学习内容和方式也需要无缝对接。教师要及时了解学生线上、线下的学习情况,调整教学内容和任务,为学习者提供适切的、整合的学习资源和服务,实现新旧知识的无缝衔接和学习方法的及时调整。

4. 深度融入技术原则

SMAR 模型是一种用于评估和改进组织内部流程的框架,它代表了四个关键组成部分:具体(Specific)、可衡量(Measurable)、可实现(Achievable)和相关性(Relevant)。这个模型通常用于设定目标、制订策略和管理项目。

SMAR 模型将技术融入教学的表现分为三种样态。

(1)基本应用。即技术作为提升或改善教学的辅助工具,代替传统教学媒体,改进原有的应用方式。

(2)中度融入。即技术作为教学不可或缺的要素,修改甚至构建教学本身,起着调整、改进原有教学过程、教学方法的作用。

(3)深度融入。即技术为教与学构建全新的教学环境,创造前所未有的学习任务,革新传统教学模式和教学结构。因此,为充分整合线上线下优势,革新传统教与学模式,混合式教学要深度融入技术,让学生利用技术学习。设计混合式教学可以从以下方面遵循该原则。

① 构建多样化技术组成的学习空间。即充分利用人工智能技术、物联网、学习数据及分析技术等,创设能满足学习需求的且包含丰富学习资源、多样化学习平台、社交工具和认知工具的学习空间,帮助学生根据自己需要和偏好选择技术工具,采取擅长的应用工具,参与适合自身认知水平、学习兴趣、互动特点的学习活动。

② 促进技术与学习的深度融入。在技术赋能的环境中,让学生创新地使用技术工具参与高阶学习,可帮助学生学会利用技术终身学习。例如,学生可选择和使用不同的应用工具完成学习任务;创新性地使用技术工具与同伴协作;利用技术构建和分享知识,使用创作工具构建知识,广泛使用技术工具计划和监控学习活动等。

3.2.4 混合式教学的设计方法

传统的线上线下混合教学方法,往往由于学习场所与教学阶段的简单分工,例如课堂上以传统面对面教学(如练习和讲授)为主,学生难以充分利用物理和网络学习空间进行自主学习。这种教学方式本质上只是线上线下学习的简单叠加,因此难以实现线上线下学习的有机融合和按需调整。

1. 运用学习科学理论进行教学设计

利用学习科学、教育心理学等理论研究成果,自上而下地开展教学设计,是线上线下融合学习教学设计的一种常见方法。这种教学设计方法能够衔接不同的学习场景,系统地融合学习过程与教学过程,有助于学生进行自主和协作学习,同时整合线上和线下学习的优势。

2. 根据学科特点进行线上线下融合教学设计

根据基础教育的课程标准和高等教育的人才培养方案,不同专业和学科的课程都有其特定目标、教学要求和方式。教师应根据学科特点进行相应的实践,并提炼出适用的教学方法。

3. 依据线上和线下教学的特点及优势进行融合教学设计

这种融合教学设计方法能够整合线上和线下学习的优势,根据它们的特点对教学要素进行重新设计,实现线上线下学习情境的无缝融合,推动个性化学习和深度学习。最后,教师在进行融合学与教的设计时,可以先确定学科及课程特点,根据线上线下学习的特点和优势来决定融合学习的实施过程和方案。针对具体专题或模块的学习设计,可以选择合适的教学实施模式,并设计相应的教学方法和具体活动。混合式教学的设计方法如图 3-1 所示。教师需要根据课程和学生特点灵活开展教学,并根据学习进度及时调整教学方法。

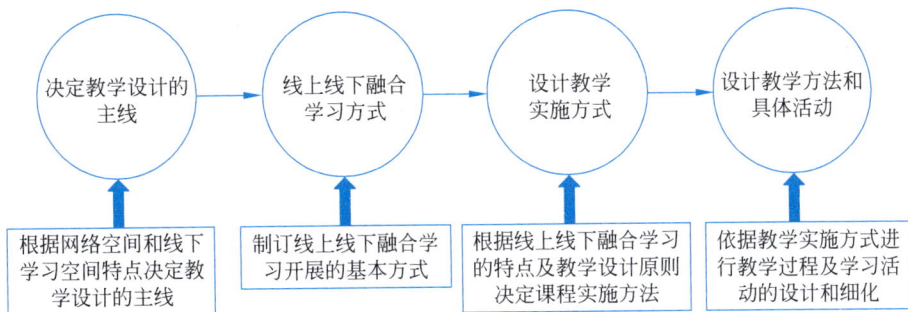

图 3-1　混合式教学的设计方法

3.2.5　混合式教学设计

1. 教学设计的内容

(1) 教学内容设计。这是对课程“讲授什么”以及“以何种顺序、逻辑进行讲授”的规划。它涉及对课程核心内容及其教学逻辑和脉络的梳理与提炼。通常,这种设计会通过内容结构图、课程脉络图、思维导图、知识图谱等形式展现,强调知识的脉络化和内容的可视化。

(2) 教学方法设计。教学方法可以涵盖知识的传授,也可以深入到知识背后的思维和方法论;可以采用解释概念的方式,也可以通过案例评点;可以是陈述性的讲授,也可以是问题探究式的。不同的教学方法将产生不同的教学效果。

(3) 教学活动设计。课程的“教”与“学”是相辅相成的,而学生的“学”主要是通过设计不同的教学活动来促进的。不同的教学活动可以实现不同的课程目标。教学活动需要时间,因此,如何安排一堂课的时间,以及如何分配给每个教学活动和每个学生的时间,都是需要精心设计的。

(4) 学时分配设计。即便是线上课程,也有其学时的分配,通常以线上视频时长来衡量。通常情况下,教学内容是按“讲”来发布的,这里的“讲”指的是一个集合,包括一次性发布的教学视频、测试/作业、讨论话题等。对于一门 32 学时的课程,其线上课程的视频时长应控制在16～32 学时。

(5) 线上线下结合设计。线上课程主要用来实现教师的讲授,而线下课堂则更多地用于学生的实践练习。需要决定哪些课时以线上学习为主,哪些课时以线下学习为主。线上课程可以从广度上实现课程目标,而线下课堂则可以从深度上实现课程目标。

(6)考核评价设计。结合线上线下资源的考核旨在充分利用线上考核和线下考核的优势。线上考核可以实现自动组卷、自动评卷、同伴互评等功能,适合进行过程化和个性化的考核,有助于衡量知识目标的达成;而线下考核则更适合评估能力目标的实现。

2. 混合式教学设计环节

混合式教学设计通过融合线上与线下资源,为学生打造更为灵活和个性化的学习体验。这种教学模式不仅能够激发学生的学习兴趣和参与热情,还能显著提升教学成效。混合式教学设计通常涵盖前期分析、设计、实施和评估四个阶段,如图 3-2 所示。

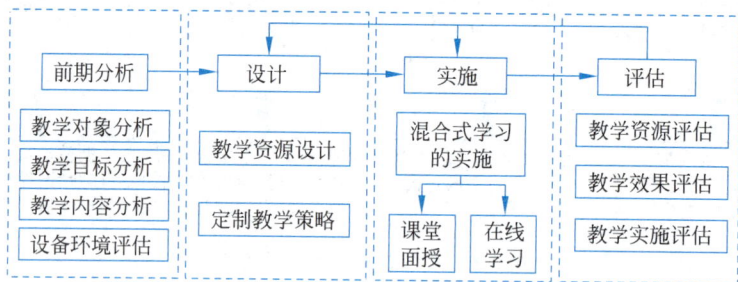

图 3-2 混合式教学设计环节

(1)前期分析。在此阶段,教师需对教学对象、目标、内容及设备环境进行深入分析。教学对象分析(即学习者特征分析)旨在了解学生的学习需求、基础知识水平、学习风格、兴趣爱好和学习能力等,以便制订出满足学生需求的教学策略;教学目标分析则是明确教学的目的和要求;教学内容分析是对教材内容进行深入理解和掌握,明确教学目标、知识点及其相互关系,确定哪些内容适合线上学习,哪些内容需要面对面授课;设备环境评估(即教学环境分析)是对现有的教学设施、技术支持条件以及网络环境进行评估,确保混合式教学的顺利进行。

(2)设计。在此阶段,教师需依据前期分析的结果,设计恰当的教学资源和定制化的教学策略。教学资源设计包括制作或选择适合的教学课件、视频、音频等多媒体资源,以及开发或整合适合混合式教学的资源,包括电子教材、在线课程、互动工具等。定制教学策略则是根据学生的特点和教学目标,选择合适的教学方法和手段。此外,在这一阶段还需要对教学活动、教学流程及评价方案进行设计,具体要求如下。

教学活动设计:依据前期分析结果,设计线上和线下的教学活动,如在线讨论、视频观看、小组合作等。

教学流程设计:规划线上线下教学的衔接方式,确保教学活动的连贯性和有效性。

评价方案设计:制订多元化的评价体系,包括形成性评价和总结性评价,以全面评估学生的学习成果。

(3)实施。在此阶段,教师需将设计好的教学资源和策略应用于实际教学中,进行课堂面授和在线学习。课堂面授是指教师在教室里进行现场教学,与学生进行互动;在线学习则是指学生通过互联网平台,自主学习和完成作业。这一阶段的流程可分为以下四个步骤。

教学准备:确保所有教学资源和技术设备准备就绪,进行必要的培训和演练。

线上教学实施:按照设计好的教学计划开展线上教学活动,监控学习进度,及时调整教学策略。

线下教学实施:在课堂上进行面对面的教学活动,强化重点难点,促进师生互动。

反馈与调整:收集学生反馈,根据实际教学情况调整教学计划和方法。

(4)评估。在此阶段,教师需对教学资源、教学效果和教学实施进行评估。教学资源评估主要是检查教学资源的质量和适用性;教学效果评估则是通过测试、问卷调查等方式,了解学生的学习成果和满意度;教学实施评估则是对整个教学过程进行总结和反思,以便不断改进教学方法和策略。此外,在这一阶段还需对以下几方面进行评估。

学习成果评估:通过测试、作业、项目等方式评估学生的学习成效。

教学过程评估:反思教学活动的有效性,识别存在的问题和不足。

技术应用评估:评估教育技术工具的使用效果,考虑是否需要更新或改进。

综上所述,混合式教学设计是一个循环迭代的过程,需要教师在实践中不断探索和完善。通过有效的前期分析、精心设计、有序实施和全面评估,可以最大化混合式教学的优势,促进学生的全面发展。

3．教学设计工作流程

教学设计工作流程如图 3-3 所示。

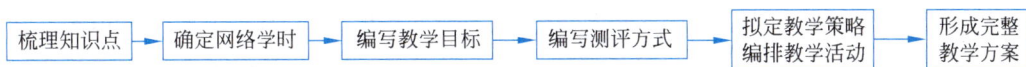

梳理知识点 → 确定网络学时 → 编写教学目标 → 编写测评方式 → 拟定教学策略 编排教学活动 → 形成完整 教学方案

图 3-3　教学设计工作流程

(1)梳理知识点。跨越章节界限,将逻辑上相关的知识点进行融合,随后依据课程的前后联系,明确学生需掌握的核心知识点。

(2)确定网络学时。区分以教师讲授为主的知识点与以学生自主学习为主的知识点,并依据后者在难度和数量上的特点,规划相应的网络学时。

(3)编写教学目标。为每个知识点制订教学目标,明确知识的分类及认知过程的要求。

(4)编写测评方法。依据知识分类和认知过程要求,设计能够评估学生是否达到教学目标的测评方法。

(5)拟定教学策略,编排教学活动。基于教学目标和测评方法,选择合适的教学媒介,采用适宜的教学手段,制订有效的教学策略。特别强调将融合网络的线上教学与传统课堂教学对课堂教学活动的流程进行规划。

(6)形成完整教学方案。以教学设计为蓝本,参考学校提供的教学方案模板,最终形成以知识点为核心单元的详尽教学方案。

3.3 典型的混合式教学设计

3.3.1 基于 OBE 的布鲁姆教学目标设计课程目标

以学生为中心、以产出为导向、以任务为驱动的布鲁姆教学目标设计课程目标如图 3-4 所示。遵循以下步骤是至关重要的。

图 3-4 基于 OBE 的布鲁姆教学目标设计课程目标示意图

（1）明确课程的总体目标。首先，界定课程的总体目标，即学生在完成课程后应达到的知识、技能和态度水平。这些目标应具体、可衡量且可实现。

（2）分析课程内容。依据课程的总体目标，对课程内容进行分析，确定实现总体目标所必需的知识点、技能和态度。将这些内容按照布鲁姆的认知领域、情感领域和动作技能领域进行分类。

（3）制订具体的教学目标。针对每个知识点、技能和态度，制订具体的教学目标。这些目标应明确、可衡量，并与课程的总体目标保持一致。同时，确保这些目标覆盖布鲁姆的认知领域、情感领域和动作技能领域。

（4）设计评估方法。为了确保学生达成教学目标，需设计相应的评估方法。这些方法应能有效测量学生在认知、情感和动作技能方面的表现。评估方法可以包括考试、作业、项目、演示等。

（5）规划教学活动。根据教学目标和评估方法，设计并实施相应的教学活动。这些活动应帮助学生掌握所需的知识和技能，培养正确的学习态度，并激发学生的学习兴趣。布鲁姆认知目标与合适的教学活动如表 3-2 所示。

表 3-2 布鲁姆认知目标与合适的教学活动

层次	合适的教学活动
识记	命名、贴标签活动、列举活动、配对活动、多项选择、辨别术语、举例子、背诵概念、简答题、寻宝游戏、文本阅读等
理解	类比活动、讨论区、画图解释、学习日志、多项选择、简答题、简单比较、总结、书面报告、概述、思维导图等

续表

层次	合适的教学活动
应用	数据处理、示范表演、预测、画图活动、做 PPT 报告、题库训练、编程作业、项目、角色扮演、展示说明、解决问题、模拟仿真等
分析	分析研究、案例学习、比较、关键事件、演绎推理、讨论、绘制图标、问题训练、调查问卷、报告、故障排除等
评估	自由辩论、案例学习、评论、辩论比赛、评价、小组讨论、项目、提建议、自我评价、调查、测试案例场景、定级报告、书面总结等
创造	汇编代码、概念开发、创建应用程序、实验、制订计划、数据收集、发明、修改设计方案、制定项目计划、写提案、解决问题、模拟仿真等

(6) 收集反馈信息。在教学过程中,持续收集学生的反馈信息,了解学生在学习过程中遇到的问题和挑战。根据反馈信息,及时调整教学策略和方法,以确保学生能够顺利实现教学目标。

(7) 评估教学效果。课程结束时,通过评估方法对学生进行评价,了解学生是否达到了教学目标。根据评估结果,总结教学经验,为未来教学提供参考。

通过以上步骤,可以基于 OBE 的布鲁姆教学目标设计出符合课程要求的课程目标。

3.3.2 基于布鲁姆教学目标的 SPOC 教学设计

SPOC 指小规模限制性在线课程(Small Private Online Course)。基于布鲁姆教学目标的 SPOC 教学体系构建如图 3-5 所示。

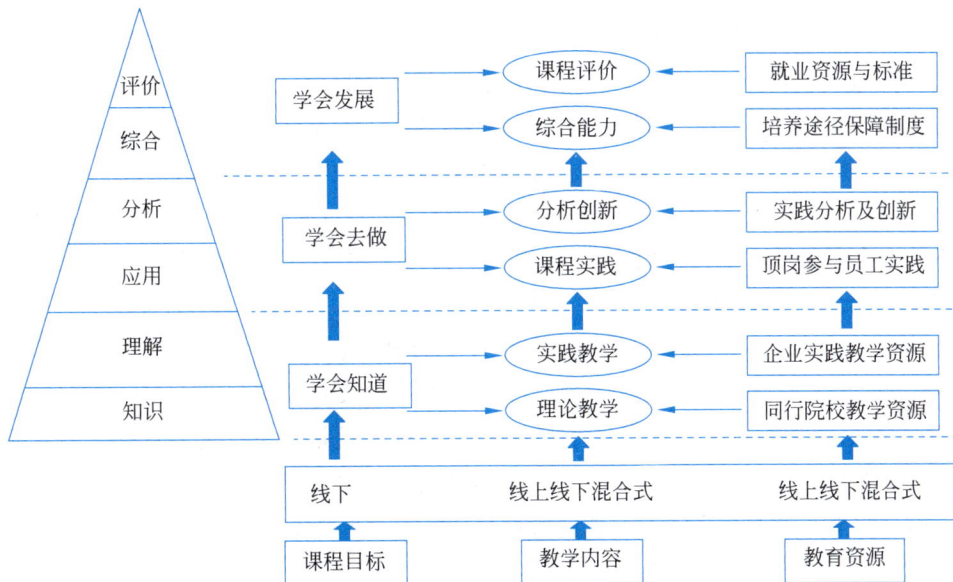

图 3-5 基于布鲁姆教学目标的 SPOC 教学体系构建示意图

1. 基于布鲁姆教学目标的 SPOC 教学目标

（1）基于布鲁姆教学目标的"学会知道"维度（知识、理解层次）。确立教师与学生共同的目标，并通过相互的交流与修正，最终达成统一的课程教学目标。教师的目标在于指导学生掌握专业课程的理论知识，运用恰当的教学方法和信息技术，通过 SPOC 平台传授知识，确保学生对课程内容有深入的理解。学生的目标则基于个人的知识基础和对课程的兴趣，针对 SPOC 的知识体系，设定符合自身学习需求的目标，重点在于理解课程知识的深度。

（2）基于布鲁姆教学目标的"学会去做"维度（应用、分析层次）。基于设定的教师与学生双轨目标，教师和学生均应在实践活动中识别并解决难题。教师的目标在于深入剖析 SPOC 的各个章节，结合企业需求，采用实践导向的教学方法传授那些应用性强的知识点，从而实现教师角色中的"教授实践，教授应用"的目标。学生的目标则在于提升分析问题和解决问题的能力，通过学习过程中的问题发现和有效解决方法的运用，来增强自身能力。

（3）基于布鲁姆教学目标的"学会发展"维度（综合、评价层次）。基于设定的教师与学生双轨目标，教师的目标是通过分析性的方法，全面整合课程知识，并通过过程评价激发学生的创造力和学习积极性。学生的目标则是在教师的定期反馈和最终结果评价体系的激励下，积累学习经验，提升个人综合素质，以满足职业要求。

2. 基于布鲁姆教学目标的 SPOC 教学内容

依据布鲁姆教学目标分类理论，SPOC 教学内容体系的构建涵盖理论教学、知识分析与实践应用、综合能力培养及课程评价三个主要方面。

（1）基于布鲁姆教学目标的"学会知道"维度。教师的课程教学目标是实现理论知识的有效传递。这要求教师具备与 SPOC 教学内容相适应的混合式教学设计、教学课件、教学方法和手段。特别是教学设计，它最能体现布鲁姆教学的初级目标。通过遵循学生认知规律的六步教学法，利用课程导入、预习任务、新课讲授、课程拓展、课程总结、课后作业六个模块来实现布鲁姆教学目标。采用"四环结合"（包括课前自主学习、课中教学活动、课后巩固提升、课外拓展）、"三环联动"（包括教学信息平台、教师活动、学生活动）以及"双线互融"（线上线下混合联动）的三阶混合式教学方法，通过教师专业知识讲授与思想政治教育的紧密结合，为下一阶段的知识分析与实践应用打下基础。

（2）基于布鲁姆教学目标的"学会去做"维度。通过信息化教学手段满足当代大学生多样化和个性化学习需求，同时提升学习兴趣。重视对第一维度的提升，强调课程的应用与分析。应用层面着重培养学生的课程实践能力，而分析层面则着重培养学生的专业知识分析及创新应用能力，例如结合专业知识参与大学生创新创业大赛、开展课余第二课堂活动、参与行业活动等，以提高学生的专业综合能力。此阶段的目标是通过课堂知识的应用，实现对学生的价值塑造、知识传授和能力培养的综合课程教学活动。

（3）基于布鲁姆教学目标的"学会发展"维度。注重对第二维度的进一步提升，强调课程的综合与评价。综合层面着重培养学生的课程实践能力，在课程体系中形成支撑、在课程教学中实现支撑、在考核评价中证明支撑,最终达到以毕业要求为准绳的综合能力培养。通过形成性考评、阶段性诊断考评、总结性考核的方法,以教师与学生在教学过程中的双向互动为基础,运用线上线下融合的考核方式,最终形成一体化的综合考评体系。

3. 基于布鲁姆教学目标的 SPOC 中教学资源的开发与共享

(1)基于布鲁姆教学目标的"学会知道"维度。教师依据教学目标,在同行院校之间构建 SPOC 教学资源,以实现横向教学资源共享。同时,通过构建 SPOC 行业实践教学资源,实现纵向教学资源的有效利用。对学生而言,他们能够参与课程的在线研讨,跨校、跨班级进行交流,参与本校跨院系、跨班级的 SPOC 在线学习,同时参加本班级的线下翻转课堂学习,实现学习方式的多元化。对教师来说,这种新模式将深入激发教师对教学的思考,帮助他们获取多渠道的教学资源。

(2)基于布鲁姆教学目标的"学会去做"维度。注重第一维度的提升,强调 SPOC 的实践与分析。在实践层面,通过学生参与课程实训、综合实训或企业员工培训来实现;在分析层面,则着重于培育学生的实际分析和创新才能,例如通过利用企业资源参与企业顶岗实习,或参加行业举办的各类专业性知识竞赛、经验交流活动等。

(3)基于布鲁姆教学目标的"学会发展"维度。注重第二维度的提升,强调 SPOC 的综合性和评价体系。综合层面主要关注教育资源的培养路径和保障制度的完善。分析层面则侧重于拓展就业资源和建立就业标准,加强实践教育的培养方法,确保实践教育贯穿于课程人才培养的整个过程。通过采用学校和企业双重标准,实现对学生的多维度评价。

3.3.3 基于 BOPPPS 模型的混合式教学设计

依据 BOPPPS 教学模式,对课程进行精心设计与重构。首先,确立清晰的课程教学目标和预期的学习成果,基于 OBE 来反向制订教学目标;其次,依据预期的学习成果,精确确定课程的核心知识点,以确保它们能够有效支持预期的学习成果;再次,创建丰富的教学资源,并将其与 BOPPPS 模型相结合,以构建翻转课堂的教学设计;最后,构建多元化的评估体系,形成教学资源、方法和评价相结合的混合式教学模式,通过教学评估的结果来验证是否实现了教学目标,从而实现从理论到实践的有效过渡。具体的设计方案如图 3-6 所示。

3.3.4 基于 PBCL-CDIO 的混合式教学设计

PBCL-CDIO 教学模式针对理工科学生特有的心理特征和学习习惯,融合项目管理和团队管理的实践,以项目为中心,以学习小组为基本单位。在项目的不同阶段,通过提出"需要什么""为何学习""学习什么""如何学习""学习成果如何"等关键问题,激发学生的主动学习兴趣,全面引导学生参与学习过程。该模式特别强调培养学生在分析问题、解决问题、团队协作以及项目管理方面的能力。基于 PBCL-CDIO 的混合式教学设计详见图 3-7。

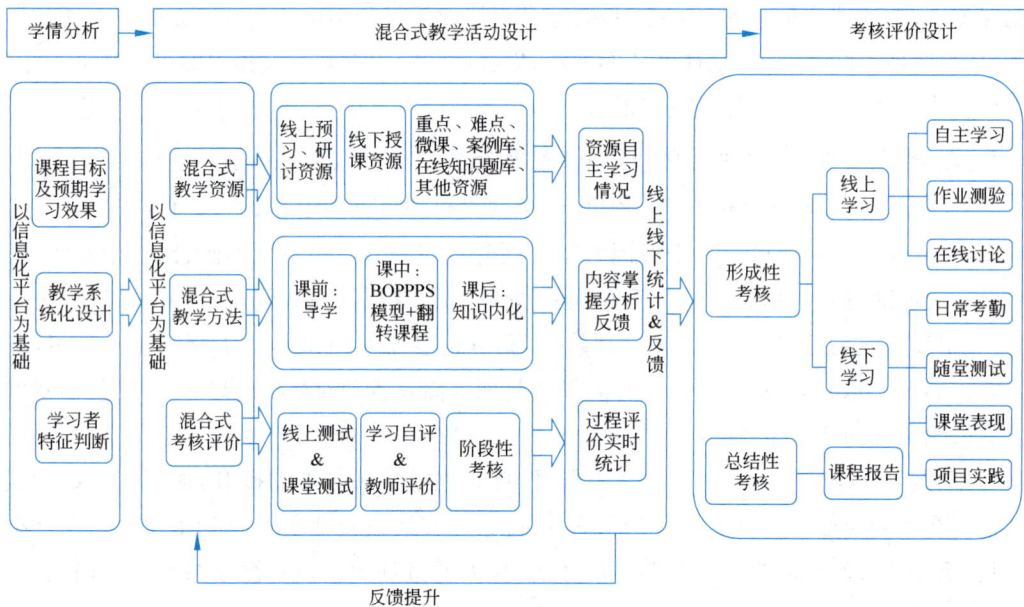

图 3-6　基于 BOPPPS 模型的混合式教学设计

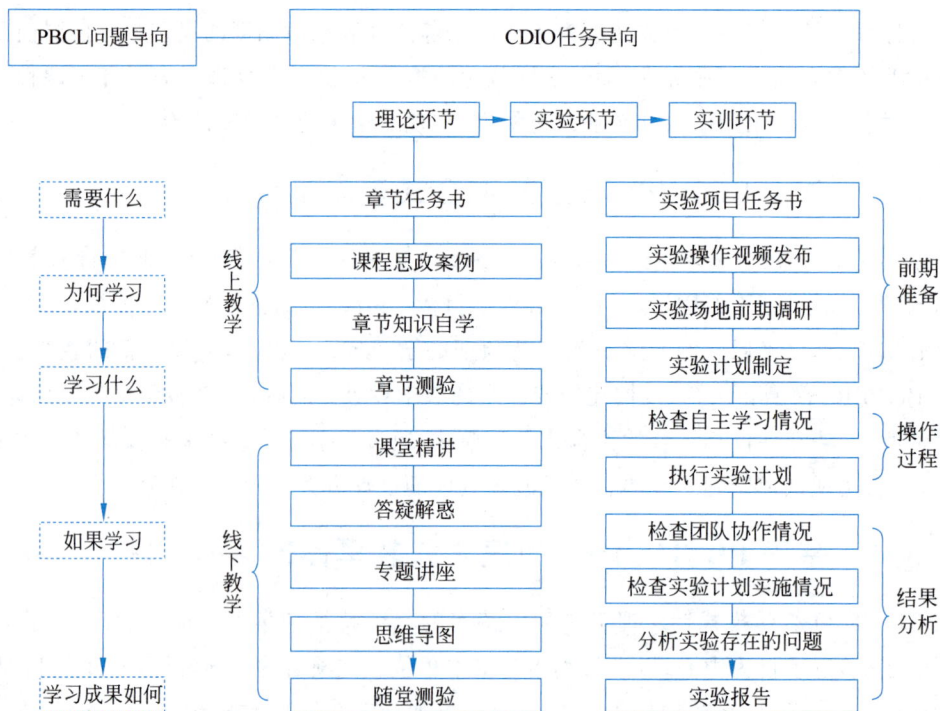

图 3-7　基于 PBCL-CDIO 的混合式教学设计

3.4 混合式教学设计案例

以下是以"信号与系统"课程为例的混合式教学设计案例。

3.4.1 学时分配设计

"信号与系统"课程混合式教学的课时分配如表 3-3 所示,其中线上 30 学时,线下 34 学时。

表 3-3 信号与系统线上线下课时分配

教学单元内容	线上学时	线下学时	小计
绪论	2	2	4
第1章 信号与系统的概念	4	4	8
第2章 连续时间系统的时域分析	4	4	8
第3章 连续时间信号与系统的频域分析	6	6	12
第4章 连续时间信号与系统的复频域分析	6	6	12
第5章 离散时间信号与系统的时域分析	2	2	4
第6章 离散时间信号与系统的 z 域分析	4	4	8
第7章 线性系统的状态变量分析	2	2	4
复习		4	4
合计	**30**	**34**	**64**

3.4.2 教学内容与安排

信号与系统课程采用混合式教学方案,如图 3-8 所示。教师需充分准备线上教学资源,并设计线上课程任务,至少提前一周向学生发布学习任务。同时,提前两天收集学生在线学习中遇到的难点问题,以便据此设计线下课程的教学内容,重点梳理和讲解学生在线学习过程中遇到的难点知识。

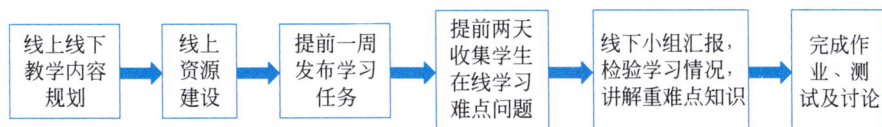

图 3-8 信号与系统课程采用的混合式教学方案

1. 线上部分

(1) 发布课前导学案。规定需观看的视频内容、明确需解决的问题,并提供在线测试资源,要求完成小组讨论,详情如下。

课前导学案实例 1

章节信息	第 1 章　信号与系统的概念 课前导学案（1）
学习目标	1. 培养学生精益求精、团队分工合作和追求卓越的工匠精神。 2. 掌握信号的时域变换与运算的方法。 3. 培养爱国主义精神、规矩意识和系统观。
学习要求	1. 了解本课程的地位、任务、特点、要解决的问题、教材、学习方法等。 2. 了解信号的基本概念与定义，会画信号的波形。 3. 了解常用基本信号的时域描述方法、特点与性质，并会应用这些性质。 4. 掌握信号的时域变换与运算的方法，并能够进行求解。
学习重点	1. 基本的连续时间信号的时域描述与时域特性。 2. 信号的时域变换与时域运算及其综合应用。
学习难点	信号的时域变换。

任务安排

观看视频课 01 绪论	内容： 1. 信号与系统课程的地位； 2. 信号与系统的应用领域； 3. 本课程的研究内容及性质； 4. 信号与系统的研究方法； 5. 本课程的主教材。 问题： 1. 信号与系统的分析主线是什么？ 2. 信号与系统的学习方法是什么？
观看视频课 1.1 信号的 定义与分类	内容： 1. 信号的定义； 2. 信号的分类，即连续时间信号和离散时间信号、周期信号与非周期信号、确定信号与随机信号、能量信号与功率信号。 问题： 1. 如何区别模拟信号、数字信号、取样信号？ 2. 如何计算周期信号的周期？ 3. 如何描述一个信号？
观看视频课 1.2 典型连 续信号及其 时域特性	内容： 1. 直流信号； 2. 正弦信号； 3. 指数信号； 4. 复指数信号； 5. 采样信号。 问题： 1. 正弦信号有哪些性质？ 2. 单边指数衰减信号有哪些性质？ 3. 复指数信号有哪些性质？ 4. 采样信号有哪些性质？

续表

观看视频课1.3信号的时域变换	内容： 1. 反折； 2. 时移； 3. 尺度； 4. 倒相。 问题： 1. 反折、时移、尺度、倒相是如何定义的？ 2. 当反折、时移、尺度、倒相组合在一起时,如何验证结论是正确的？
观看视频课1.4信号的时域运算	内容： 1. 相加； 2. 相乘； 3. 数乘； 4. 微分； 5. 积分。 问题： 1. 相加、相乘、数乘、微分、积分的物理含义是什么？ 2. 相加、相乘、数乘、微分、积分用什么器件实现？
疑难问题小组讨论	自己对有疑惑的知识点经反复学习,组长召集组员,一起进行讨论,每人都要发表见解,记录员记录地点、时间、问题、讨论结果,对小组讨论后仍未解决的问题做好记录,提交给教师。 注：组长1名、记录员1名、答辩员若干名。

课前导学案实例2

章节信息	<div align="center">第1章　信号与系统的概念 课前导学案(2)</div>
学习目标	1. 培养学生精益求精、团队分工合作和追求卓越的工匠精神。 2. 掌握线性时不变系统的定义与性质,并能够应用这些性质。 3. 掌握单位阶跃信号和单位冲激信号的时域描述方法、特点与性质,并能够应用这些性质。 4. 培养爱国主义精神,规矩意识和系统观。 5. 培养数学概念、物理概念与工程概念的统一。
学习要求	1. 掌握单位阶跃信号和单位冲激信号的时域描述方法、特点与性质,并能够应用这些性质。 2. 了解单位斜变信号和单位门信号、单位符号信号。 3. 理解单位冲激偶信号。 4. 掌握线性时不变系统的定义与性质,并会应用这些性质。
学习重点	1. 单位冲激信号的定义、性质及应用。 2. 线性时不变系统的性质及应用。
学习难点	线性时不变系统的性质及应用。
<div align="center">任务安排</div>	
观看视频课1.5.1奇异信号（单位斜变信号、单位阶跃信号、单位门信号）	内容： 1. 单位斜变信号； 2. 单位阶跃信号； 3. 单位门信号； 4. 单位符号信号。 问题： 1. 延时的单位斜变信号如何表示？ 2. 延时的单位阶跃信号如何表示？ 3. 单位阶跃信号与单位门信号是什么关系？ 4. 单位阶跃信号的性质有哪些？

续表

观看视频课1.5.2单位冲激信号	内容： 1. 单位冲激信号的定义； 2. 单位冲激信号的性质,包括筛选特性、采样特性、奇偶特性、尺度特性。 问题： 1. 如何理解单位冲激信号？ 2. 单位冲激信号有哪些性质？
观看视频课1.5.3单位冲激偶信号	内容： 1. 单位冲激偶信号的定义； 2. 单位冲激偶信号的性质,包括筛选特性、采样特性、奇偶特性、尺度特性。 问题： 1. 如何理解单位冲激偶信号？ 2. 单位冲激偶信号有哪些性质？
观看视频课1.6系统的定义与描述	内容： 1. 系统的定义； 2. 系统的数学模型； 3. 系统的框图表示。 问题： 1. 系统是如何定义的？ 2. 系统的数学模型有哪些？ 3. 连续系统和离散系统常用的基本运算单元有哪些？ 4. 系统方程与系统框图之间如何转换？
观看视频课1.7系统的性质与分类	内容： 1. 系统的性质,包括线性、时不变性、因果性、稳定性。 2. 系统的分类,即可作如下分类 连续时间系统与离散时间系统、线性系统与非线性系统、时变系统与时不变系统、因果系统与非因果系统、稳定系统与非稳定系统。 问题： 1. 线性、时不变性、因果性、稳定性的物理含义是什么？ 2. 如何判断一个系统的线性、时不变性、因果性、稳定性？ 3. 连续时间系统与离散时间系统、线性系统与非线性系统、时变系统与时不变系统、因果系统与非因果系统、稳定系统与非稳定系统是如何定义的？ 4. 如何判断一个系统是线性时不变的连续时间系统还是线性时不变的离散时间系统？
疑难问题小组讨论	自己对有疑惑的知识点经反复学习,组长召集组员,一起进行讨论,每人都要发表见解,记录员记录地点、时间、问题、讨论结果,对小组讨论后仍未解决的问题做好记录,提交给教师。 注：组长1名、记录员1名、答辩员若干名。

（2）在线讨论。通过课程平台或常用社交软件（如微信、QQ等）的群,组织学生针对课程中的难点和疑点进行深入讨论,教师需及时提供解答。

（3）作业提交。安排在线小组作业任务,要求学生按时完成并提交,通过系统实现小组成员间的互评,同时教师进行人工批改并提供反馈。

2. 线下部分

（1）提供课中导学案。明确教学内容,完成小组汇报,讲解学生线上学习的难点知识,课中导学案实例如下所示。

课中导学案实例 1

章节信息	第1章 信号与系统的概念 课中导学案(1)	
学习回顾	考查学生的课前知识掌握情况,完成教材第1章中的自测题。 1. P46 填空题(1,2)。 2. P46-49 单项选择题(1,2,17,18,19,20,21,23,27)。	
课前视频学习解答、知识点归纳	1. 教师针对学习回顾的作答情况给予点评。 2. 小组记录员将课前对知识点的困惑提出,师生进行互动讨论、教师解答问题。对学生共性疑难问题,教师集中讲授。 3. 知识点归纳: (1) 正弦信号的性质; (2) 单边指数衰减信号的性质; (3) 复指数信号的性质; (4) 采样信号的性质; (5) 反折; (6) 时移; (7) 尺度; (8) 倒相; (9) 相加; (10) 相乘; (11) 数乘; (12) 微分; (13) 积分。	
重点难点的探究、达标检测	自主探究	1. 信号与系统的学习方法。 2. 如何区别模拟信号、数字信号、取样信号? 3. 如何计算周期信号的周期? 4. 相加、相乘、数乘、微分、积分用什么器件实现?
	小组协作	1. 前面学过的哪些函数还能表示成基本的信号?上网搜索并讨论为什么要学习这些基本信号? 2. 当反折、时移、尺度、倒相组合在一起时如何验证结论是正确的?请举例说明。
成果交流 (必选)	每个小组总结分析小组协作内容,通过 PPT 等形式展示成果,汇报交流学习体验。	
课后作业	1. 作业:P49-50:1(1)(3),2(2)(4),4(1)(3)。 2. 完成下节课导学案。	
反馈评价、课后反思	1. 教师对学生的学习结果进行评价。安排学生进行反思,并完成导学案留白。 2. 收集学生的反馈,根据评价结果与学生的反馈,进一步优化教学活动。	

课中导学案实例 2

章节信息	第1章 信号与系统的概念 课中导学案(2)
学习回顾	考查学生的课前知识掌握情况,完成教材第1章中的自测题。 1. P46 填空题(3-18)。 2. P46-49 单项选择题(3-16,22,24-26,28)。

续表

课前视频学习解答、知识点归纳	1. 教师针对学习回顾的作答情况给予点评。 2. 小组记录员将课前对知识点的困惑提出,师生进行互动讨论、教师解答问题。对学生共性疑难问题,教师集中讲授。 3. 知识点归纳: (1) 单位阶跃信号的性质; (2) 单位冲激信号的性质; (3) 单位冲激偶信号的性质; (4) 连续系统和离散系统常用的基本运算单元; (5) 系统的性质; (6) 系统类型的判断; (7) 系统方程与系统框图转换技巧。	
重点难点的探究、达标检测	自主探究	1. 单位冲激信号的性质及应用。 2. 单位冲激偶信号的性质及应用。 3. 系统的性质。
	小组协作	1. 单位斜变信号、单位阶跃信号、单位门信号、单位冲激信号、单位冲激偶信号、符号信号等6个信号它们所对应的实际信号各是哪些? 2. 如何判别系统是线性时不变系统?有没有除了定义以外更为简单的方法? 3. 生活中的连续时间系统和离散时间系统还有哪些?线性系统和非线性系统还有哪些?
成果交流（必选）	每个小组总结分析小组协作内容,通过PPT等形式展示成果,汇报交流学习体验。	
课后作业	1. 作业:P55-56:3,5(1)(5)(9),6(2)(4)(6)(8),7(1)(3)(7),8(2)(4)。 2. 完成下节课导学案。 3. 用思维导图的方法对第1章进行总结。	
反馈评价、课后反思	1. 教师对学生的学习结果进行评价。安排学生进行反思并完成导学案留白。 2. 收集学生的反馈,根据评价结果与学生的反馈,进一步优化教学活动。	

（2）小组汇报和讨论。将学生分成6个小组,围绕小组协作问题进行讨论,并汇报讨论结果。

（3）课堂讲授。教师针对重点、难点进行讲解,引导学生思考和讨论。

3.4.3 教学评价与反馈

1. 线上评价

通过在线学习平台,教师能够实时追踪学生的课程学习时长、检测是否存在刷课现象、评估学生对各个知识点的掌握程度、监测学生的活跃度以及在线作业完成情况,并据此生成详尽的报表。这些报表使教师能够深入了解学生的学习状况,进行有效的学情分析,从而识别出哪些知识点是学生普遍难以理解或掌握的。基于这些信息,教师可以及时调整线下课程的教学内容和方法。此外,通过一些社交软件,教师和学生能够在课余时间进行即时的提问与答疑,这有助于解决教师不在线时无法及时回应学生问题的局限。老师还可以在社交软件上不定期发布问卷调查,收集学生对学习情况的反馈以及对教学设计和方法的改进建议,以便对课程教学进行及时调整。

在线学习评价采取过程性考核的方式,详细情况如表 3-4 所示。

表 3-4 在线学习评价

序号	考核方式	占比(%)	说　明
1	学习进度	20	按照每周的学习进度,由学习平台给出
2	学习习惯	20	按照每周的要求学习,由学习平台给出
3	互动	10	通过在线讨论的情况,由学习平台给出
4	章测试	10	根据 7 章的章测试成绩,加权后由学习平台给出
5	期末在线考试成绩	40	通过题库生成的试卷进行在线考试

2. 线下评价

(1) 小组作业讨论汇报由小组互评和教师评价组成,如表 3-5 所示,评价标准如表 3-6、3-7 所示。

表 3-5 小组作业讨论汇报评价

考核方式	占比(%)	说　明
小组互评	50	根据每次的教学内容和小组成员的表现,按照百分制给出成绩,共 14 次,取其平均值
教师评价	50	

表 3-6 学生小组内互评表

小组成员	评价内容				
	理论知识掌握 (25 分)	思维创造能力 (25 分)	团结协作精神 (25 分)	组内贡献程度 (25 分)	总评 (100 分)

说明:1. 每位组员坚持客观、公正、公开、实事求是的原则。
　　　2. 严禁随意给成绩,成绩要有区分度。
　　　3. 每次小组讨论汇报后,各组在课堂完成,由组长负责上交任课教师。
　　　4. 每次上课时由任课教师发给学生小组

表 3-7　课程教学评价表（教师用）

课程名称：信号与系统　　　　专业：_____　　　年级：_____级　　　班级：_____

评价内容	评价【优（9～10）、良（8）、中（6～7）、差（3～5）】					
	第1组	第2组	第3组	第4组	第5组	第6组
基本概念、原理掌握较好，论述清楚						
具备信号与系统的分析与设计能力、信息获取与处理能力						
能够识别和判断通信领域复杂工程问题的关键环节和参数，理论依据充分						
能够认识到复杂工程问题的多种相互关联和制约因素						
能运用基本原理，分析和验证解决方法的合理性，以获得有效结论						
能够在设计环节中体现创新意识						
具有良好的语言表达能力，能够就复杂工程方案和技术问题进行陈述发言和讨论交流						
在小组汇报中各组员积极主动，乐于动脑、动口、动手，思维积极、发言踊跃						
在教师讲述或讲解问题时，能够跟上教师思路，主动、积极回答教师提出的问题						
各个组员对小组汇报内容的熟悉程度，能够及时解释本组学生或他组学生汇报中出现的问题						
合计						
各小组课堂提问或表现较好人员记录						

评分人：　　　　　　　　　　　　　　　　时间：

（2）课外作业由教师按照教学大纲的课外作业考核评价细则执行。

（3）期末考试按照教学大纲的期末考试评价细则执行。

3．反馈与改进

通过在线测试、作业批改等手段，实时掌握学生的学习状况，并提供个性化的指导和支持；依据评估结果及学生反馈，不断调整教学策略和方法，旨在提升教学品质。

3.4.4　教学方法与手段

（1）课程思政融合：在教学过程中融入思政元素，旨在培养学生的社会责任感和创新精神；同时，强调科技发展对社会进步的推动作用，进一步培养学生的社会责任感。

（2）工程伦理教育：探讨信号处理中的伦理问题，例如隐私保护、信息安全等，以增强学生的伦理意识。

（3）多媒体教学：运用PPT、视频等多媒体工具辅助教学，使抽象概念更加形象化，便于学生理解和掌握。

（4）案例分析：通过选取实际案例进行深入分析，帮助学生理解理论知识在实际中的应用价值。

（5）互动教学：鼓励学生积极提问、发表个人见解，以形成积极的师生互动，营造良好的学习氛围。

（6）教学资源：不断优化线上教学平台，提供丰富的教学视频、教材、习题等资源，并确保内容更新及时。

（7）教学团队：组建一支结构合理、经验丰富的教学团队，负责课程的设计与教学的实施。

（8）技术支持：确保线上教学平台的稳定运行，为学生提供优质的在线学习体验。

（9）知识图谱应用：对课程知识点进行结构化整理，构建课程知识图谱，实现知识点的结构化和可视化，帮助学生快速把握课程知识体系，促进高阶性和创新性学习。

（10）教学反馈：定期收集学生、同行和督导的反馈意见，持续优化和改进混合式教学方案。

（11）反馈机制：建立有效的学生反馈机制，以便及时调整教学策略。

3.5　实践练习

1. 选择你所教授课程中的一个特定章节，进行混合式教学方案的设计。
2. 选择你所教授课程中的一个特定章节，编写一份混合式教学方案。

第4章

课程思政与案例

在 2021 年 12 月 22 日发布的《教育部高等教育司关于深入推进高等学校课程思政建设的通知》中,明确要求准确理解课程思政建设的实质,确保课程思政建设的内容和方法得到实际执行,以推动课程思政建设,确保立德树人的根本任务得以贯彻实施。这要求各类课程与思政课程协同并进,形成协同效应。专业课程是课程思政建设的核心载体。必须深入分析专业课程的教学内容,结合课程的特色、思维方法和价值观念,深入发掘课程中的思政元素,并将其有机地融入课程教学中,以实现潜移默化的育人效果。

课程思政作为一种将思想政治教育与各类课程教学有机融合的重要教育理念,正逐步成为高校育人工作的关键部分。课程思政不仅涉及知识的传递,更关乎价值观的塑造,其目的在于通过潜移默化的方式,培养学生的社会责任感、创新精神和实践能力,实现知识传授与价值塑造的和谐统一。

本章旨在深入剖析课程思政的内涵和实施策略,探讨如何在保持专业课程原有知识体系和教学目标的同时,巧妙地融入思政元素,实现专业知识传授与价值塑造的和谐共振。通过深入挖掘专业课程中的思政资源和丰富多样的案例,为教育工作者提供切实可行的实践指导,助力构建全面育人的教育格局。

4.1 课程思政概述

4.1.1 课程思政概念

1. 定义

课程思政是以构建全员、全程、全课程育人格局的形式将各类课程与思想政治理论课同向同行,形成协同效应,把立德树人作为教育的根本任务的一种综合教育理念。

2. 内涵

课程思政的核心在于将思想政治教育的元素巧妙地融入各门课程之中,从而在不知不觉中对学生的思想意识和行为举止产生积极的影响。

课程思政的宗旨是实现立德树人,坚持德行的自我修养、学术追求和教育实践,为中国特色社会主义事业培育出合格的建设者和可靠的接班人。

课程思政的理念旨在实现各类课程与思想政治理论课的协同并进,共同促进育人目标的实现。

课程思政的结构旨在实现知识传授、价值塑造和能力培养的有机统一。

课程思政的方法强调显性与隐性教育的结合,通过深化课程目标、内容、结构、模式等方面的改革,将政治认同、国家意识、文化自信、人格养成等思想政治教育导向与各类课程固有的知识、技能传授有机融合,促进学生的全面发展,充分发挥教书育人的作用。

课程思政的思维要求树立科学思维和创新思维。科学思维强调运用辩证唯物主义和历史唯物主义的思维方式来认识世界,避免陷入唯心主义和机械唯物主义的误区,防止理论导向神秘化。创新思维则强调在非思想政治理论课程中融入思想政治教育,以创新的思维激发新的思路,以新的思路寻求发展,以新的发展推动新方法,以新方法解决新问题,实现课程思政的创新发展。

课程思政是一项系统工程,必须进行系统设计、不断强化、分解实施、持续改进。课程思政建设的全面实施依赖于系统化和规范化。系统化体现在制度体系化和工作体系化,规范化则要求实现"三进入",即从专业人才培养方案、课程教学大纲到教案和课堂教学设计,这是全面实施的必由之路。

专业课程是课程思政建设的基础载体。必须深入梳理专业课教学内容,结合不同课程的特点、思维方法和价值理念,深入挖掘课程思政元素,有机融入课程教学,实现潜移默化的育人效果。精神的培养不是一节课或一门课能够独立完成的,需要根据专业的特点和课程内容进行系统设计、不断强化、分解实施、持续改进,共同完成;一门课程同样需要系统设计,有机融入,逐步强化,润物无声。因此,需要针对专业课程进行系统研究,将课程思政融入课堂教学建设全过程,落实到课程目标设计、教学大纲修订、教材编审选用、教案课件编写各方面,贯穿于课堂授课、教学研讨、实验实训、作业论文各环节,作为课程设置、教学大纲核准和教学评价的重要内容。坚持学生中心、产出导向、持续改进的教学理念,对公共基础课、专业教育课程、实践类课程从课程目标、总体设计、案例实施过程、教学特色与反思等方面进行系统设计并付诸实践,起到引领示范的作用。

4.1.2 课程思政建设目标要求和重点内容

课程思政建设的总体目标是立足于解决"培养什么人、怎样培养人、为谁培养人"这一根本问题,围绕全面提高人才培养能力的核心,全国所有高校、所有学科专业全面推进。目的是让课程思政的理念在各地各高校形成广泛共识,全面提升广大教师开展课程思政建设的意识和能力,建立健全协同推进课程思政建设的体制机制,构建全员全程全方位育人的大格局,努力培养担当民族复兴大任的时代新人,培养德智体美劳全面发展的社会主义建设者和接班人。

课程思政建设的内容要紧密围绕坚定学生理想信念,以爱党、爱国、爱社会主义、爱人民、爱集体为主线,围绕政治认同、家国情怀、文化素养、宪法意识与法治意识、道德修养等重点优化课程思政内容供给,系统进行中国特色社会主义和中国梦教育、社会主义核心价值观教育、法治教育、劳动教育、心理健康教育,以及中华优秀传统文化教育。

1. 推动习近平新时代中国特色社会主义思想融入教材、课堂和学生思维

持续不懈地将习近平新时代中国特色社会主义思想作为塑造灵魂和培养人才的指导,引导学生深入了解世界、国家、党派和民众的实际情况,从而在政治、思想、情感上增强对党的创新理论的认同,坚定对中国特色社会主义的道路、理论、制度和文化的自信。

2. 培养和实践社会主义核心价值观

通过教育引导学生将国家、社会、公民的价值要求统一起来,提升个人的爱国、敬业、诚信、友善等品质,自觉地将个人的小我融入国家的大我之中,不断追求国家的富强、民主、文明、和谐以及社会的自由、平等、公正、法治。将社会主义核心价值观转化为内心的追求和外在的自觉行为。

3. 强化中华优秀传统文化的教育

大力弘扬以爱国主义为核心的民族精神和以改革创新为核心的时代精神,通过教育引导学生深刻领会中华优秀传统文化中关于讲仁爱、重民本、守诚信、崇正义、尚和合、求大同的思想精华及其时代价值。培养学生的文化自觉,使他们传承中华文脉,拥有中国心、饱含中国情、充满中国味。

4. 深入开展宪法法治教育

通过教育引导学生深入学习和领会习近平全面依法治国的新理念、新思想、新战略,牢固树立法治观念,坚定走中国特色社会主义法治道路的理想信念。深化对法治理念、法治原则以及重要法律概念的理解,提高运用法治思维和法治方式维护自身权益、参与社会公共事务、解决矛盾纠纷的意识和能力。

5. 深化职业理想和职业道德教育

引导学生深刻理解并积极践行各行业的职业精神和职业规范,增强职业责任感。培养遵纪守法、爱岗敬业、无私奉献、诚实守信、公道办事、开拓创新的职业品格和行为习惯。

4.1.3　课程思政教学体系

高校应有针对性地修订其人才培养方案,确保严格执行高等职业学校专业教学标准、本科专业类教学质量国家标准以及一级学科、专业学位类别(领域)博士硕士学位的基本要求,从而构建一个科学且合理的课程思政教学体系。必须坚持以学生为中心、产出导向、持续改进的原则,以不断提升学生的课程学习体验和学习效果,坚决避免"贴标签"和"两张皮"的现象。

1．公共基础课程

公共基础课程的核心目标是构建一系列旨在提升大学生思想道德修养、人文素质、科学精神、认知能力、宪法意识与法治意识以及国家安全意识的课程。这些课程注重在潜移默化中坚定学生的理想信念、深化爱国主义情怀、加强品德修养、扩展知识视野、培养奋斗精神,从而全面提升学生的综合素质。同时,致力于打造具有特色的体育、美育类课程,帮助学生在体育锻炼中体验乐趣、增强体质、完善人格、锻炼意志,在美育教学中提升审美素养、陶冶情操、润泽心灵、激发创造与创新的活力。

2．专业教育课程

专业教育课程应针对不同学科专业的特点和优势,深入探讨各专业的育人目标,深入挖掘和提炼专业知识体系中蕴含的思想价值和精神内涵。科学合理地拓展专业课程的广度、深度和人文关怀,从课程所涉及的专业、行业、国家、国际、文化、历史等多个维度,增强课程的知识性、人文性,提升其引领性、时代性和开放性。

3．实践类课程

专业实验实践课程应注重将学习与思考相结合、知识与行动相统一,以增强学生勇于探索的创新精神和善于解决问题的实践能力。创新创业教育课程应着重培养学生"敢闯会创"的精神,在亲身参与中提升创新精神、创造意识和创业能力。社会实践类课程应注重教育和引导学生弘扬劳动精神,将"读万卷书"与"行万里路"相结合,深入中国大地了解国情民情,在实践中增长智慧和才干,在艰苦奋斗中锻炼意志品质。

4.1.4 专业类课程思政建设内容

专业课程构成了课程思政建设的核心平台。必须深入分析专业课的教学内容,依据各课程的独特特点、思维模式和价值观念,深入探索课程中的思政元素,并有效地将其融入教学之中,实现潜移默化的育人效果。专业类课程思政建设内容如表4-1所示。

表4-1 专业类课程思政建设内容

专 业 类	课程思政建设内容
文学、历史学、哲学类专业课程	在课程教学中帮助学生掌握马克思主义世界观和方法论,从历史与现实、理论与实践等维度深刻理解习近平新时代中国特色社会主义思想。要结合专业知识教育引导学生深刻理解社会主义核心价值观,自觉弘扬中华优秀传统文化、革命文化、社会主义先进文化
经济学、管理学、法学类专业课程	在课程教学中坚持以马克思主义为指导,加快构建中国特色哲学社会科学学科体系、学术体系、话语体系。要帮助学生了解相关专业和行业领域的国家战略、法律法规和相关政策,引导学生深入社会实践、关注现实问题,培育学生经世济民、诚信服务、德法兼修的职业素养

续表

专 业 类	课程思政建设内容
教育学类专业课程	在课程教学中注重加强师德师风教育,突出课堂育德、典型树德、规则立德,引导学生树立学为人师、行为世范的职业理想,培育爱国守法、规范从教的职业操守,培养学生传道情怀、授业底蕴、解惑能力,把对家国的爱、对教育的爱、对学生的爱融为一体,自觉以德立身、以德立学、以德施教,争做有理想信念、有道德情操、有扎实学识、有仁爱之心的"四有"好老师,坚定不移走中国特色社会主义教育发展道路。体育类课程要树立健康第一的教育理念,注重爱国主义教育和传统文化教育,培养学生顽强拼搏、奋斗有我的信念,激发学生提升全民族身体素质的责任感
理学、工学类专业课程	在课程教学中把马克思主义立场观点方法的教育与科学精神的培养结合起来,提高学生正确认识问题、分析问题和解决问题的能力。理学类专业课程,要注重科学思维方法的训练和科学伦理的教育,培养学生探索未知、追求真理、勇攀科学高峰的责任感和使命感。工学类专业课程,要注重强化学生工程伦理教育,培养学生精益求精的大国工匠精神,激发学生科技报国的家国情怀和使命担当
农学类专业课程	在课程教学中加强生态文明教育,引导学生树立和践行"绿水青山就是金山银山"的理念。要注重培养学生的"大国三农"情怀,引导学生以强农兴农为己任,"懂农业、爱农村、爱农民",树立"把论文写在祖国大地上"的意识和信念,增强学生服务农业农村现代化、服务乡村全面振兴的使命感和责任感,培养知农爱农创新人才
医学类专业课程	在课程教学中注重加强医德医风教育,着力培养学生"敬佑生命、救死扶伤、甘于奉献、大爱无疆"的医者精神,注重加强医者仁心教育,在培养精湛医术的同时,教育引导学生始终把人民群众生命安全和身体健康放在首位,尊重患者,善于沟通,提升综合素养和人文修养,提升依法应对重大突发公共卫生事件能力,做党和人民信赖的好医生
艺术学类专业课程	在课程教学中教育引导学生立足时代、扎根人民、深入生活,树立正确的艺术观和创作观。要坚持以美育人、以美化人,积极弘扬中华美育精神,引导学生自觉传承和弘扬中华优秀传统文化,全面提高学生的审美和人文素养,增强文化自信

4.1.5 课程思政实施原则

专业课程思政是结合各门课程特色开展的思政教育,应坚持实事求是、创新思维、突出重点、注重实效的原则。课程思政教学设计与实施,不仅应遵循一般社会科学研究的原则,而且也应适应于思想政治教育学科的特殊性原则。

1. 灌输与渗透相结合

灌输应注重启发,是能动的认知、认同、内化,而非被动的注入、移植、楔入,更非填鸭式的宣传教育。渗透应注重贴近实际、贴近生活、贴近学生,注重向社会环境、心理环境和网络环境等方向渗透。灌输与渗透相结合就是采用春风化雨的方式,通过不同的途径,从被动、接受式的学习转向主动、自觉性的学习,主动将之付诸实践。

2. 理论与实际相结合

课程思政教育元素,不是从抽象的理论概念中推导出来的,而是从社会实际以及各学科的知识与社会实践结合度中寻找出来的,不是从理论逻辑出发来解释实践,而是从社会实践出发来解释理论的形成,依据实际来修正理论逻辑。坚持理论与实际相结合,因事而化、因时而进、因势而新。

3. 历史与现实相结合

历史是过去的现实,是现实的前身,现实是历史的延伸,是未来的历史。课程思政的教学设计,从纵向历史与横向现实的维度出发,通过比较认识世界与中国的发展大势、中国特色与国际的比较、历史使命与时代责任的比较,使思政教育元素既源于历史又基于现实,既传承历史血脉又体现与时俱进。

4. 显性教育与隐性教育相结合

课程思政教学设计应坚持显性教育与隐性教育的融合。显性教育和隐性教育并非指单一的具体方法,而是方法类型的一种称谓。显性教育涉及教师组织和实施的,直接对学生进行公开的道德教育的正式教学方式。隐性教育则指在教育性环境中,引导学生直接体现和潜移默化地吸收有益于身心健康和个性全面发展的教育性经验的活动方式及过程。通过隐性渗透,将道德教育融入各门专业课程,以润物细无声的方式,实现显性教育与隐性教育的有机结合。

5. 共性与个性相结合

任何事物的发展都是共性与个性的融合、统一性与差异性的和谐。在思政教育中,教育目的的价值取向体现共性、统一性,而个体的独特体验则代表个性、差异性。课程思政教学设计必须遵循共性与个性相结合的原则,既要注重教学内容的价值取向,也要尊重学生在学习过程中的独特体验。

6. 正面教育与纪律约束的结合

正面教育是指通过摆事实、讲道理,帮助学生明辨是非、善恶,提高认识,形成正确观念和道德评价能力的教育方法。课程思政教育教学必须坚持以正面引导、说服教育为主,积极疏导,启发教育,同时辅以必要的纪律约束,引导学生品德向正确、健康方向发展。

4.2 信号与系统课程思政设计

4.2.1 课程目标

信号与系统是电气类和电子信息类专业的一门核心基础课程,本课程旨在通过教学,从价值引领、知识探究、能力建设、态度养成这"四个维度"出发,实现知识、思维、能力的有机融合,帮助学生达成以下课程目标。

目标1——价值引领:培养学生的科学精神、工匠精神、系统观、规矩意识以及团队合作精神。

目标2——知识探究:使学生掌握信号与系统的基础理论和分析方法,具备对信号与系统进行分析和设计的能力,以及信息获取与处理的技能。

目标3——能力建设:使学生能够识别和判断系统的特性,运用系统函数、零极点分布的影响规律、状态变量的选择等关键因素,对复杂工程问题给出相应的参数解决方案;能够理解复杂工程问题中相互关联和制约的多重因素,并通过文献分析,规范地描述相关领域的工程问题;能够运用信号与系统的基本原理,分析和验证解决方案的合理性,以得出有效的结论。针对通信系统,提高信号的传输质量或效率;针对控制系统,调整系统函数以实现特定的系统特性;针对信号处理领域,应用卷积与解卷积理论、频谱分析、复频域分析等进行设计与实现,并在设计过程中展现创新思维。

目标4——态度养成:培养学生具备优秀的语言表达能力,能够通过 PPT 等形式就复杂工程方案和技术问题进行陈述、发言和讨论交流。

4.2.2　信号与系统课程思政设计的依据

1. 满足新工科建设的需求

2017 年 2 月,教育部发布《教育部高等教育司关于开展新工科研究与实践的通知》,为我国高校的发展指明了新的方向,特别是对于那些以工科人才培养为核心的高校。根据新兴产业和新经济模式对工科人才的需求,高校工程教育改革得到深化,并逐步推进"新工科"的研究与实践。这里的"新"主要体现在工程教育的新理念、学科专业的新结构、人才培养的新模式、教育教学的新质量以及分类发展的新体系。高校工科人才培养的目标是培育出具备强大工程实践能力、创新能力和国际竞争力的高素质复合型人才,以满足未来新兴产业和新经济模式的需求。

新工科为高校,尤其是电气类和电子信息类专业建设,提出了新的要求和方向。这既是挑战,也是这些专业发展的新机遇。因此,在新工科背景下,高校本科电气类和电子信息类专业必须积极调整专业结构,使专业布局与新兴产业相契合,同时加速传统电气类和电子信息类专业的转型升级,特别是在工程人才培养方案、培养模式等方面进行创新开拓。

2. 结合学校、院系的专业定位和发展

培养创新人才是电气类和电子信息类专业亟待解决的问题。为了培养创新型人才,必须根据学校、院系的定位和发展以及学生的个人发展,提供针对性的培养计划和方案,并制订综合优化的评价考核机制,以提升教师的职业归属感和成长空间。培养学生的创新思维,重点在于提升教师的创新思维,通过教师的科研和教学课题研究成果,激发学生的创新思维;同时,大力帮助年轻教师提升各种能力,为培养创新型、复合型的电气类和电子信息类专业综合性人才提供坚实的支持。

3. 系统设计,实现"三融入"

专业课程思政是一项系统工程,需要"全面设计、持续强化、细化实施、不断优化"。课程思政建设的全面实施依赖于系统化和规范化。系统化体现在制度和工作的体系化,规范化则体现在从人才培养方案到课程标准、从课堂教学设计到教学案例实现"三融入",这是全面实施的必经之路。

(1)融入专业人才培养方案。在人才培养方案中明确纳入课程思政的培养目标,确保顶层设计的指导性和约束性,确保有明确的依据。

（2）融入课程教学大纲。每门课程都应制订标准化的教学大纲，明确具体的课程思政内容和预期的教学目标，以及相应的考核评价方式。

（3）融入教案和课堂教学设计。教师应根据课程内容，在教案中明确课程思政的融入路径和方法；根据课程类型，进行每堂课的教学设计和执行。

4.2.3　信号与系统课程思政总体设计

信号与系统课程的思政建设聚焦于教师和教材这两个关键要素，致力于深化课程思政的理论研究、提升教师队伍的课程思政能力，以及构建丰富的课程思政资源库。这一过程涵盖了教育理念、教育目标、教学内容、教学方法和教学评价五方面。

1. 教育理念

信号与系统课程作为电气类和电子信息类专业的基础课和核心课，课程团队始终坚持立德树人的根本任务，将学生的发展置于中心位置，以培养目标为导向，以高尚的师德师风引导学生，有效地推进课程思政的建设。

（1）以立德树人为核心，有效整合课程思政。结合学科的发展历史和前沿知识，实现科学性与价值性、知识性与思想性的有机结合，"三结合四融入"系统构建课程思政内容，明确培养学生的科学精神、工匠精神、系统观、规矩意识和团队合作精神。利用本课程丰富的思政元素，在教学过程中适时开展思政教育。

（2）以学生为中心，推动德智体美劳全面发展。以学生的身心健康全面发展为基础，以科学的学习方法为核心，以培养创新思维、提升学习能力为主线，以高效的学习策略为蓝图，引导学生在主动学习中构建合理的知识结构，掌握科学的学习方法，形成强大的学习能力，培养良好的思维品质，实现身心健康全面和谐发展。以学生为中心，设定学生能够实现的目标，重点解决理论与实践的结合，数学、物理和工程概念的融合，采用"四步法"教学，实施"五融合"，强调学生自主学习与探索能力的培养。通过多元化的评价方式，全面提升学生的综合能力。

（3）明确目标导向，创新教学模式。以人才培养目标为指导，精心设计和执行如下各教学环节。

① 设定切实可行的教学目标，让学生明确学习成果。

② 明确学习需求，让学生理解为何要达成这些学习成果。

③ 教学过程遵循"问题引领，感受体验→抽象概括，获取新知→应用新知，巩固提高→拓展延伸，反思提升"的模式，有效帮助学生实现学习成果。

④ 改进评价方式，让学生了解已取得的成果。

⑤ 持续改进，确保学生能够实现这些学习成果。

（4）团队协作，以高尚的师德师风引领学生。以教学团队建设为关键，提升教学能力和教学研究水平，提高教学质量。

① 育人者先自律。在日常生活中向学生传递正能量，培养学生乐观的心态和良好的学习态度。

② 师爱是师德之魂。教育是爱的事业，教师应具备热爱学生和诲人不倦的崇高品德。

③ 教书育人辩证统一。利用课程内容的育人资源,实现科学性与价值性、知识性与思想性的辩证统一。

2. 教学目标

信号与系统课程旨在激发学生的爱国热情,培养学生的科学精神、工匠精神、系统观、规矩意识和团队合作精神,作为专业思政教学的核心目标。

(1) 激发学生的爱国热情。通过结合学科发展史和前沿技术,在调制与解调的教学内容中融入量子通信技术等现代科技,以点燃学生的爱国情怀,同时提升他们的学习积极性。

(2) 培养学生的科学精神。本课程汇集了众多科学家的智慧与努力,通过介绍让·巴普蒂斯·约瑟夫·傅里叶(Baron Jean Baptiste Joseph Fourier)、约翰·卡尔·弗里德里希·高斯(Johann Cari Friedrich Gauss)、皮埃尔·西蒙·拉普拉斯(Pierre-Simon marquis de Laplace)等科学家不懈探索科学问题的过程和追求真理的历程,激励学生感悟科学探索的执着精神,并树立为社会进步贡献力量的宏伟志向。

(3) 培养学生的工匠精神。通过布置如音频信号采样等探究性问题,让学生在小组协作、撰写报告、汇报等环节中,培养追求卓越、团队协作和精益求精的工匠精神。

(4) 培养学生的系统观。引导学生认识到任何事物都可以视为一个系统,而每个系统由若干子系统构成。通过深入分析子系统的构成及其相互关系,培养学生用系统观来观察和理解世界。

(5) 培养学生的规矩意识。在讲授信号流图时,强调信号只能沿着支路箭头的方向传输,不可逆向,违反此规则将导致错误的系统函数,以此强化学生的规矩意识。

(6) 培养团队合作精神。采用混合式教学模式,通过小组合作学习,帮助学生正确认识自我,理解个人素养的重要性,并培养团队意识。使学生能够理解团队中每个角色的意义及其在团队中的作用,并能在多学科背景下的团队中,有效地沟通、理解他人想法,并进行协调和组织。

3. 教学内容

(1) 课程思政内容的构建坚持"三结合"原则。鉴于信号与系统课程隶属于电子信息类的电子科学与技术专业,可以利用该专业的历史背景、发展轨迹、当前状况及未来趋势,重大工程项目和科技成就、科学家或杰出人物的事迹、学科专业知识,以及与之相关的日常生活、教学活动和科技实践,来确立培养学生科学精神、工匠精神、系统观、规矩意识和团队协作精神的目标,以塑造学生良好的道德品质。"三结合"内容如下。

① 结合学生未来职业素养的需求。

② 结合中国特色社会主义伟大实践。

③ 结合国内外时事热点。

通过"三结合",精选典型案例,构建课程思政案例库。

(2) 课程思政的教学设计与实施实现"四融入",进行全方位的教学设计与实施。"四融入"内容如下。

① 融入教学方案是核心。

② 融入课堂教学是重点。

③ 融入实践教学是关键环节。

④ 融入学生自主学习是重要延伸。

（3）教学模式的构建把握"六要素"。"六要素"内容如下。

① 教学背景。

② 教学目标。

③ 教学资源。

④ 教学方法（自学＋讲授＋自主探究＋合作学习）。

⑤ 组织教学过程。

⑥ 教学效果评价与分析。

从"六要素"出发，以学生为中心，制订学生可达成的目标体系，提供丰富的课程资源，采用混合式课堂教学模式，重点解决理论与实践相结合的问题，将数学、物理和工程概念相融合，以培养学生自主学习和探索能力为最终目标。

4. 教学方法

课程思政坚持灌输与渗透相结合、显性教育与隐性教育相结合的原则。灌输与渗透相结合意味着采用春风化雨的方式，通过多种途径，引导学生从被动、接受式的学习状态转变为积极主动、自觉性的学习态度，并将所学知识付诸实践。通过隐性渗透，将道德教育巧妙融入课程之中，采用润物细无声的方法，实现显性教育与隐性教育的完美结合。

（1）混合式教学。教学内容被划分为课前自学、课中答疑解惑、课后训练提高三部分；授课时间分为课前、课中、课后三个阶段；教学空间则涵盖线上、线下以及线上与线下相结合的三种形式；知识要点的讲解则分为传授、内化、外化三个步骤。这种方法不仅能够有效整合教师和教学资源，合理组织课堂教学，还能激发学生探究性和个性化的学习兴趣，从而提高教学质量。利用已上线的视频课程，合理设计课前和课中导学案，规划学生的学习计划，包括学习目标、任务、内容、作业和考核方式等；通过线上平台进行指导和辅导，帮助学生落实布置的学习任务；转变课堂教学方式；压缩理论讲授时间，重点讲解理论应用，并将部分时间用于检验学生的课外学习情况和成果。

（2）"五融合四步法"教学。"五融合"内容如下。

① 融合教学目标。

② 融合教学内容。

③ 融合教育技术。

④ 融合教学方法。

⑤ 融合教学评价。

教学中有效实施"五融合"，采用"问题引领，感受体验→抽象概括，获取新知→应用新知，巩固提高→拓展延伸,反思提升"的"四步法"教学模式,有效帮助学生取得学习成果。

在教学中提高实验难度,精心设计与课程教学内容相关的实验项目,确保实验具有一定的挑战性,促使大学生能够运用所学的多学科知识和技术;全程指导大学生进行实验,包括实验准备、操作、结果分析、报告撰写以及结果和过程的分享等环节,为大学生提供有效的指导和帮助;总结实验教学经验,不断完善实验设计,培养学生的科学精神和实践能力。

(3)"四利于"教学。"四利于"内容如下。

① 有利于教学的系统化和科学化。

② 有利于教学理论与实践的有机结合。

③ 有利于科学思维习惯和能力的培养。

④ 有利于教师个人创新才能的展现。

教学设计和实施要确保"四利于"。

5. 教学评价

(1)课程思政教学评价原则。课程思政教学评价是提升课程思政教学质量的关键。

① 依据专业课程的布局与特点,评估是否确立了思想政治教育教学目标框架。

② 评估专业课程是否解决了课程思政教育教学目标与思政课程目标的有机协同和具体化问题。

③ 评估专业课程是否构建了逻辑连贯、一体化的思想政治教育教学目标。

这些措施旨在确保和提升高校课程思政的教学质量,实现课程思政与教学的深度融合。

(2)课程思政评价方式。课程思政是基于专业学习和职业发展的价值观塑造过程。如何基于学生评价课程的有效性,真正从供给和需求双方出发,而非仅从课程设计角度进行评价,是推动课程思政改革的有效途径。基于学生课程思政学习效果的层级设计,评价其知识发展、应用能力提升、情感态度和价值观的演变;基于学生思政素养发展的过程,采用多主体参与的评价模式,以过程为主、结果为辅;基于"评价—反思—改进"的路径,通过特定的评价手段对学生进行评价,根据评价结果进行教学反思,并开展针对性的教育改进。课程思政评价方式包括以下几方面。

① 诊断性评价。通过开课前后设计问卷和量表,对学生的道德水平和程度进行量化评估,以判断学生状况。

② 形成性评价。通过学生参与情况、教学过程记录、行为学观察等进行评估和反馈。

③ 总结性评价。通过量表、学生的心得体会,并结合诊断性评价及形成性评价的结果,对学生进行定性或定量的评价。

(3)教学模式的"六转变"评价机制。信号与系统课程经过长期实践,以学论教,建立了课堂教学模式的评价指标体系,实现了"六转变"。"大转变"内容如下。

① 教师的讲解精彩度转变为学生的参与度;

② 教学环节的整体性转变为教学结构的合理性;

③ 教师的情感投入转变为每个学生专注的学习状态；

④ 师生的简单问答式交流互动转变为学生的交流展示；

⑤ 教师的板书设计转变为学生的作业、笔记等；

⑥ 教师的基本功转变为学生的基本素养。

4.2.4 信号与系统课程思政实施过程

信号与系统课程经过长期的建设和发展，已经形成了一套独立的教学体系，涵盖理论和实验两部分，它们各自独立设课。这两部分课程共同致力于培养学生具备科学精神、工匠精神、系统观、规矩意识以及团队合作精神，这些都是课程思政教学的核心目标。

通过在不同教学章节中深入挖掘课程思政元素，并精心组织教学活动，我们致力于实现这些教学目标。信号与系统课程思政内容体系与实施案例如表 4-2 所示，课程思政目标与实施过程如表 4-3 所示。

表 4-2 信号与系统课程思政内容体系与实施案例

教学内容	教学目标	教学方法	思政映射与融入点示例
0 绪论	(1) 培养学生爱国主义精神；(2) 培养学生的专业认同感	混合式教学、问题导学案、课堂讨论、小组报告	(1) 探讨信号与系统的发展历程，帮助学生洞察中国通信行业的现状。特别强调华为近年来对 5G 技术的持续投入，以及中国高科技产品受到限制的挑战，以此激发学生的爱国情怀。(2) 通过展示图片、播放声音素材以及引用日常生活中的实例，引导学生运用系统思维去发现理论在实际生活中的应用，从而增强他们对本专业和本课程的认同感。(3) 通过小组合作学习和成果汇报的方式，培养学生的团队合作精神
第1章 信号与系统的概念	(1) 培养学生科学精神和规矩意识；(2) 培养学生的工匠精神和团队合作精神	混合式教学、问题导学案、课堂讨论、小组报告	(1) 在日常生活中，信号与系统无处不在。信号可以根据其特性被划分为不同的类别，而每一种分类都对应着特定的应用领域。通过深入探讨这些知识，培养学生的科学精神。(2) 介绍系统的框图表示方法，并引入一系列的标准和准则，致力于培养学生的规矩意识。(3) 通过介绍科学家莱昂哈德·欧拉（Leonhard Euler）的生平及其取得的辉煌成就，旨在教导学生科学探索的真谛，即追求真理。同时，鼓励学生培养探索、独立思考和实事求是的科学精神。(4) 通过小组协作学习和汇报，培养学生的团队合作精神
第2章 连续时间系统的时域分析	(1) 培养学生科学精神、系统观和规矩意识；(2) 培养学生的工匠精神和团队合作精神	混合式教学、问题导学案、课堂讨论、小组报告	(1) 鼓励学生广泛地汲取多领域的知识，积极聆听、阅读和观察有益的信息，同时屏蔽网络上不健康的内容，防止在内心深处产生不良影响，从而培养学生的系统思维。(2) 引导学生深入分析理想与现实之间的联系，明确只有不懈努力，才能实现理想的目标，进而培养学生正确的人生观。(3) 通过探讨激励与响应之间的关系，引入人体作为精密而复杂的系统，说明输入信号将产生相应的反应。信息的输入会影响行为的输出，通过研究冲激响应与阶跃响应，探讨其在工程领域的应用，以培养学生的卓越工匠精神。(4) 通过小组协作学习和汇报，培养学生的团队合作精神

教学内容	教学目标	教学方法	思政映射与融入点示例
第3章 连续时间信号与系统的频域分析	（1）培养学生科学精神、系统观和规矩意识；（2）培养学生的工匠精神和团队合作精神	混合式教学、问题导学案、课堂讨论、小组报告	（1）傅里叶变换能够将时域信号转换至频域进行处理，是通信领域不可或缺的工具。在日常生活中，学生应学会从不同角度和领域出发，多方位地解决问题。面对挑战时，换个角度思考问题，有助于培养学生形成正确的世界观。（2）在教学过程中，详细讲解傅里叶对信号与系统课程的贡献及其伟大成就。通过科学家们探索科学、追求真理的历程，引导和教育学生。让学生在学习中认识到科学家在科研过程中遇到的诸多困难，但他们不畏艰难、勤奋钻研，最终取得的辉煌成就，从而培养学生树立远大目标，为社会发展贡献自己的力量，塑造学生正确的价值观。（3）在讲解采样定理之前，介绍科学家哈利·奈奎斯特（Harry Nyquist）的生平事迹。奈奎斯特采样定理作为信息论，尤其是通信与信号处理领域的一个重要基础结论，对近代信息理论作出了显著贡献。科学为社会带来福祉，而科学家身上所体现的科学精神对人类社会和思想产生了深远的影响，通过介绍科学家的生平事迹培养学生的科学精神。（4）在调制与解调的教学内容中，穿插介绍通信领域的前沿知识，例如量子通信技术、电力载波通信等新技术在军事和日常生活中的应用，以激发学生的爱国情怀，培养他们的爱国主义精神。（5）对音频信号进行时域和频域分析相对简单，因此学生易于理解这一实验项目。同时，实验中处理的音频信号是学生自己录制的，能够听到实际的音频效果，这有助于增强学生完成实验项目的信心。在实验过程中，可以培养学生追求卓越、团队协作和精益求精的工匠精神。（6）通过小组协作学习与汇报，培养学生的团队合作精神
第4章 连续时间信号与系统的复频域分析	（1）培养学生科学精神、系统观和规矩意识；（2）培养学生的工匠精神和团队合作精神	混合式教学、问题导学案、课堂讨论、小组报告	（1）拉普拉斯变换是将时域信号转换至复频域处理的重要工具，在众多领域中占据着举足轻重的地位。在日常生活中，我们应学会从不同角度和领域出发，多维度地解决问题。面对挑战时，换一个思考角度，这有助于培养学生形成正确的世界观。（2）在教学过程中，介绍拉普拉斯对信号与系统课程的贡献及其卓越成就。通过科学家探索科学、追求真理的历程，引导和教育学生，让他们在学习中感受到科研过程中遇到的诸多挑战。科学家们不畏艰难、勤奋钻研，最终取得的辉煌成就，将激励学生树立远大目标，为社会发展贡献自己的力量，并培养他们的科学精神。（3）在信号流图中，信号仅能沿着支路箭头的方向传输，逆向传输是不被允许的。若违反这一基本原则，根据梅森公式，将导致错误的系统函数计算结果。在课堂上，我们通过介绍违反规则可能引发的灾难性后果，例如交通事故，来引导学生认识到遵守规则的重要性，从而培养他们的法律意识和规矩意识。（4）通过探讨 $h(t)$ 和 $H(s)$ 分别在时域和频域中的表现，引导学生从不同视角观察同一事物，这有助于培养他们用辩证的思维去看待周围的世界，从而形成系统的观点。（5）通过工程系统的稳定性三要素——稳定、准确、迅速——来阐述国家稳定是其强大的核心。这将激发学生作为中国人的自豪感和荣誉感，以及培养他们的爱国精神。（6）通过小组协作学习与汇报，培养学生的团队合作精神

续表

教学内容	教学目标	教学方法	思政映射与融入点示例
第5章 离散时间信号与系统的时域分析	(1) 培养学生科学精神、系统观和规矩意识; (2) 培养学生的工匠精神和团队合作精神	混合式教学、问题导学案、课堂讨论、小组报告	(1) 类比法的应用有助于学生迅速掌握学习方法和思考问题的技巧,同时培养学生在科学性与价值性、知识性与思想性之间实现辩证统一。 (2) 通过与第1章的对比讲授离散时间信号、与第2章的对比讲授离散时间系统,以及卷积和的讲解,进一步强化学生的规矩意识和系统观念。 (3) 利用网络上热门的励志公式,讲解差分方程的应用,引导学生明白无论从事何种活动都需要持续积累而非退缩,从而培养学生科学的人生观。 (4) 通过图像理论实例的讲解以及生活中常见的工程实例,引导学生善于运用科学知识解释日常现象,培养学生的科学精神。 (5) 通过小组协作学习与汇报,培养学生的团队合作精神
第6章 离散时间信号与系统的 z 域分析	(1) 培养学生科学精神、系统观和规矩意识; (2) 培养学生的工匠精神和团队合作精神	混合式教学、问题导学案、课堂讨论、小组报告	(1) 通过与第4章的对比,本节将讲授离散时间信号与系统的 z 域分析。采用类比法,帮助学生迅速掌握学习方法和思考问题的技巧,进一步强化他们实现科学性与价值性、知识性与思想性的辩证统一。 (2) z 变换能够将时域离散信号转换至复频域中进行处理,它是离散信号与系统分析中不可或缺的重要工具,有助于培养学生形成正确的世界观。 (3) 通过对比连续与离散系统的频率响应关系,本节旨在加强学生的科学精神。 (4) 通过时频分析问题的不同角度,引导学生在解决知识问题、生活问题或进行自我认知时,都应善于从多角度审视,从而培养他们追求卓越的工匠精神。 (5) 在处理回声这一现象时,学生应从利与弊两方面进行考量,这将教导学生认识到任何事物都具有两面性,需要吸取其精华并摒弃其糟粕,从而培养学生形成正确的世界观。 (6) 通过小组协作学习与汇报,培养学生的团队合作精神
第7章 线性系统的状态变量分析	(1) 培养学生科学精神和系统观; (2) 培养学生工匠精神和团队合作精神	混合式教学、问题导学案、课堂讨论、小组报告	(1) 通过对比输入——输出方程,讲授系统结构图、微分方程或差分方程、转移函数 $H(s)$ 或 $H(z)$、框图、模拟图等,正确地选择状态变量,列写出系统的状态方程和输出方程,并将其转换为标准矩阵形式,以培养学生的科学精神和系统观。 (2) 通过状态方程的多样性,培养学生的追求卓越的工匠精神。 (3) 对比连续与离散系统的状态方程的建立过程,培养学生的科学精神。 (4) 通过小组协作学习与汇报,培养学生的团队合作精神

表 4-3 课程思政目标与实施过程

序号	课程思政目标	实施过程
1	科学精神	让学生认识到科学原理的发现离不开探索和实证
		通过介绍相关应用知识,加深学生对原理的理解,培养学生的创新意识
		通过讲述科学家的生平故事,培养学生探索未知、独立思考、实事求是的精神和批判性的思维

续表

序号	课程思政目标	实 施 过 程
1	科学精神	通过引入经典理论,培养学生的求实、探索、实证和创新精神
		通过引入类比思维,能够有效增强学生的观察力、思维力和想象力
		在课堂任务中设置开放性问题,以培养学生的科学精神
		通过设置课程考试中的开放性问题,培养学生的科学精神
2	工匠精神	通过核心教学内容和课程学习的方法,培养学生严谨求实的态度和专注认真的学习习惯
		在探讨课程中的关键现象或对特定问题进行分析讨论时,引导学生发掘其中蕴含的精益求精的工匠精神,进而培养学生追求卓越的持续学习态度
		通过视频学习,培养学生专注和专心的习惯
		利用思维导图激发学生的创新探索精神
		针对学生在知识理解和应用中遇到的难点,设计一系列协作讨论的典型例题,旨在帮助学生拓展思维模式,并培养持续探索的精神
		设计开放性问题以促进协作讨论,有助于学生拓宽视野。在探索生活中某些现象背后的科学知识的同时,潜移默化地培养学生追求真理、严谨求实的工匠精神
3	系统观	让学生理解系统是一个整体,它由多个单元(子系统)组成,广泛存在于自然界、人类社会以及工程技术等多个领域
		让学生理解系统中各个组成部分之间是如何相互联系、相互作用并彼此依赖的
		让学生理解系统具有多样性
		通过 LTI 系统的冲激响应、频率响应或系统函数,让学生理解每个系统都具有其独特的特性和特定的功能
		通过提问引导学生从系统结构的视角去理解系统的特性与功能
		通过信号与系统分析的精髓,培养学生掌握将复杂问题简化处理的分析技巧
		通过在线学习的课前预习材料和课中引导材料,培养学生的系统观
		通过线上学习环节的考核评价细则,培养学生的系统观
		在小组协作中,培养学生的系统观
4	规矩意识	规矩意识的培养体现在 MATLAB 软件仿真实验以及硬件实验中,并贯穿实验课的各个阶段
5	团队合作精神	开学第一课的核心环节是组建课程学习团队,以此培养学生的团队精神
		课前导学案中的小组合作问题,能够有效提高学生的合作精神
		课堂导学案中对问题的即时讨论,塑造学生借助团队力量共同解决的理念
		设置课后开放问题的团队协作,让学生更具有集体意识,提高团队协作能力

4.2.5　信号与系统课程思政教学特色

经过多年的持续改进,本课程特别注重培养学生的科学精神、工匠精神、系统观、规矩意识以及团队合作精神,形成了鲜明的教学特色。

1. 课程思政内容体系化

课程思政与课程建设紧密结合,构建了系统化的教育内容体系。内容设计前后呼应,形成了一种持续强化和深入的机制,确保了实施方案的体系化。

2. 课程思政内容具体化

课程思政目标与学生的学习和评价紧密结合,形成了一体化的教学方案,这些方案反映了课程的教学方法和教学大纲。这有助于学生更深入地理解并吸收课程知识,逐渐认识到科学精神、工匠精神、系统观、规矩意识和团队合作精神的重要性及其在现实生活中的应用。

3. 课程思政教学设计实施方案示范性

课程思政目标结合本课程的特点和学生发展的需求,采用线上、线下和小组协作等多种教学方式。在知识点的学习中注重细节,实现从量变到质变的飞跃,最终达到知识的升华。建立课程四维目标指标体系和实施案例具有示范作用。

4. 课程思政教学评价机制指标化

为了确保课程思政目标的实现,必须有具体的考核评价标准。这应体现在课后思考题和最终课程考核中,并通过学生的反馈不断改进和完善。建立评价指标体系具有推广和示范作用。

4.3 信号与系统课程思政教学案例

4.3.1 信号与系统课程思政教学设计案例

本节给出信号与系统课程思政教学设计案例,供各位读者参考。

信号与系统课程思政教学设计

一、课程概况

信号与系统课程是电子信息工程、通信工程、电气工程及其自动化等专业的专业基础课程,主要学习连续和离散信号的时域分析和频域分析,线性时不变系统的描述和特性,连续信号通过线性时不变系统的时域分析、实频域分析、复频域分析,离散信号通过线性时不变系统的时域分析和 z 域分析,以及系统的状态变量分析法。通过本课程的教学,从价值引领、知识探究、能力建设、态度养成"四个维度"实现知识、思维、能力有机统一,使学生具有爱国主义热情和科学精神、工匠精神、系统观、规矩意识、团队合作精神。

课程名称	信号与系统	所属学院	电子与电气工程学院
课程性质	专业基础课		
授课章节	第 3 章 连续时间信号与系统的频域分析 第 2 节 周期信号的频谱	授课人	汤全武、宋佳乾、李虹、李春树、车进
授课对象	2022 级电子信息工程、通信工程、电气工程及其自动化专业本科生	使用教材	汤全武主编.信号与系统(MATLAB 版·微课视频版).2 版.北京:清华大学出版社,2024 年 4 月

续表

	二、学情分析
学生知识经验分析	**障碍分析**：在深入本节课内容之前,学生们已经掌握了周期信号傅里叶级数等核心概念。他们对信号如何分解为傅里叶级数有了初步的理解,并且把握了信号傅里叶级数的基本原理。这些知识为学习信号的频谱奠定了基础,而频谱作为傅里叶分析中至关重要的知识点,学生们在初次接触时可能会产生诸多疑问,例如频谱是什么、频谱图如何获得等。本次课程的目标是通过生活中的实际问题引入,使学生能够简单明了地理解频谱及其图表,进而促进学生在物理、数学和工程学概念上的综合理解。 **策略**：针对上述知识障碍,本节课将在学生已经了解傅里叶级数分解为正弦信号的基础上,重点培养他们将理论知识应用于实际问题的能力。通过结合时域和频域的相关生活实例,将复杂的数学概念简化,引导学生逐步分析和解决问题,从而深入理解问题的本质,加强他们对所学知识的认识和理解。
学生学习能力分析	**障碍分析**：在学习信号的傅里叶级数时,重点内容偏向理论,学生已经理解了基本的数学和物理概念。然而,由于傅里叶级数的理论性较强且可能显得枯燥,学生往往难以将其与实际生活联系起来。他们缺乏从多个角度审视问题的视角,以及将理论与实际相结合和进行思维拓展的能力。 **策略**：针对上述能力障碍,基于学生已经掌握的信号傅里叶级数基础理论,我们计划通过讲解信号的傅里叶分解、频域基本组成单元,以及现实生活中时频转换关系,结合小组学习任务、课堂讨论和结论汇报,来提升学生发现、分析和解决问题的能力。此外,我们旨在培养学生的自主学习、自主探索、合作学习、抽象思维以及总结归纳的能力。
学生思想状况分析	**障碍分析**：学生在"思想政治教育课程"中所领悟和接受的思想政治理论知识,常常在其他课程中缺乏相应的呼应,导致学生难以将课堂内外的知识有效整合。因此,在传授专业知识的同时,如何将思想政治教育融入其中,引导学生树立正确的价值观和世界观,成为当前专业课程面临的一大挑战。 **策略**：在本节课中,通过探讨音乐在时域和频域的不同表现形式,引导学生从多角度观察问题。学生将认识到,观察同一事物,从不同视角出发,所见所感会有所不同,从而学会转换视角来解决问题。这有助于学生打破思维定式,促进创新思维的发展。
	三、教学内容
课堂教学目标	**（一）价值引领** 掌握正弦波现象中的辩证思维,培养透过现象洞察本质的思维方式。 1. 学会质疑,对信息进行多维度、多层面的审视和分析。 2. 深入剖析事物或现象,探究其背后的成因、动机和逻辑链条。 3. 尝试从不同学科的视角去理解和分析同一问题,拓宽视野,发掘新的视角和见解。 4. 通过持续的观察和思考,不断修正和完善对事物本质的理解。 5. 在实践中不断尝试、调整和优化对事物本质的认识。 **（二）知识探究** 1. 了解频域的基本概念。 2. 学会运用先前学习的傅里叶级数来理解频谱的含义。 3. 理解频域的基本构成元素——正弦波是如何合成信号的。 **（三）能力培养** 1. 通过观察日常生活中事物的方式,引入时域和频域的基本概念。利用"弹钢琴"的视频,展示时域与频域之间的关系,并将这些概念与实际生活相联系,以增强学习效果和激发学习动力。通过这种方式,培养主动学习的习惯,进而提高课堂效率。 2. 将数学表达式的物理描述与工程问题相结合,实现数学概念、物理概念与工程概念的有机融合。 3. 设计课堂讨论问题,并结合 MATLAB 软件仿真的实际操作,通过师生交流互动等形式,进一步提升软件应用能力和概括表达能力。 **（四）态度养成** 通过 PPT 等形式,对工程技术问题进行陈述、发言和讨论交流。

续表

教学知识点	1. 周期信号幅度谱和相位谱。 2. 周期信号频谱是离散谱。 3. 周期信号频谱带宽及周期大小和频谱带宽之间的关系。
重点难点	（一）教学重点 1. 频域的概念。 2. 方波在频谱上的表现形式。 （二）教学难点 从傅里叶级数到频谱定义。
思政资源	（一）思想政治教育素材 1. 以声音和动态图像呈现课程主题 　　本课程通过声音和动态图像的引入，旨在增强学生的感官体验，并尽可能地激发学生的求知欲和好奇心，帮助他们更好地理解知识内容，同时培养他们分析和解决问题的能力。 2. 利用三维图像辅助学生理解频谱图 　　鉴于信号频谱从数学角度理解起来颇具挑战性，本节课采用三维图像来辅助讲解。通过让学生直观地看到、听到和感知到频谱图，激发他们的学习热情；通过小组合作的实践环节，帮助他们深刻理解理论知识，从而加深记忆并提升对所学内容的理解。 （二）思想政治教育元素 1. 科学精神：通过应用实例，培养研究探索的科学精神。 2. 工匠精神：正弦波数量越大，合成的方波就越来越标准，由此体会到如果对待某一件事情足够努力，具有持之以恒、坚定不移的信念，终将达到目的。 3. 团队合作精神：通过分组讨论、自主探索、合作学习、总结归纳和多媒体课件演示汇报，实现团队合作精神的培养。 4. 世界观与价值观：从时域分析和频域分析问题的不同角度，形成透过现象看本质的思维方式。事物的本质往往不是一次观察或一次分析就能完全把握的，需要长期地观察、实践和积累。对未知的事物保持好奇心，勇于探索未知领域，通过跨学科的知识融合可以产生新的思维方式，帮助人们更全面地认识事物。

四、教学方法与手段

教学方法	（一）教学方法 （1）情景教学法：在教学过程中，情景教学法有目的地引入或创设形象生动的具体场景，以引发学生的情感体验，使学习自然发生。这种方法有助于学生理解知识内容，并促使他们对相关主题进行深入思考，从而提高教学质量。例如，在本节课中，通过引入音乐展现时域和频域的不同表现形式，激发学生思考时域和频域作为同一事物的不同表现方法，进而提高他们的学习兴趣。 （2）任务驱动法：从宏观角度来说，"任务驱动"教学模式是将学习内容融入复杂且有意义的任务中，通过学习者解决真实任务来掌握其中的知识点，培养学生的自主学习能力和解决问题的技能。在本节课的教学中，通过布置与教学知识点相关的延伸任务和问题交流、讨论，来培养学生的抽象思维和总结归纳能力。 （3）讨论交流学习法：通过设置课堂任务和活动，在学生完成任务后进行互动交流，旨在培养学生的自主学习、自主探索、合作学习以及概括表达的能力。 （二）学习方法 　　"授之以鱼"不如"授之以渔"，本课程教授学生的学习方法是"工程实例（任务）—思考讨论—数学概念（定义、波形、性质）—总结巩固（推广、应用）—练习提高（作业、思考题）"。 （三）形成性评价反馈机制 　　学习产出评估是OBE模式中不可或缺的一环。本课程采用动态及时的方式进行学习产出评价，在整个教学过程中，通过课前雨课堂问题、课中小组交流、课后习题、思考题以及单元思维导图绘制等环节实现动态及时的评估，并向学生反馈评分量表。这使学生能够了解自己在本节课程中的薄弱环节，从而有针对性地进行复习。同时，教师也可以通过量表不断反思和评价教学效果。

续表

教学手段	混合式教学,课前导学案,课中导学案,检测、PPT汇报、点评

五、教学过程设计

教学环节	教学内容和教学过程		专业知识与思政的融合
	教师活动 (讲解、提问的内容)	学生活动 (预想问题)	设计意图 (备注)
回顾旧知,导入新课 (2分钟)	【回顾旧知】 提出问题:自我们降生以来,所见的世界始终以时间为轴线展开,无论是声音的记录、人的成长、还是汽车的行进轨迹,都随着时间的推移而发生变化。这种以时间为基准来观察动态世界的方法,我们称为时域分析。(展示视频) 【导入新课】 讲述:如果从另一种方法来观察世界的话,你会发现世界是永恒不变的。	【思考】请回答教师提出的问题,并回忆时域分析的定义是什么?同时,思考时域分析所具有的特点。	以问题为起点,能够有效激发学生的求知欲望,并引导他们探索新的科学问题。
探索新知 (5分钟)	【讲授】 提问:什么叫作频域?结合刚刚播放的音乐展示两幅图。 引导学生观察两幅图片,找出两幅图之间的联系。用简化后的两幅图来描述信号,并进行详细讲解。 下面左图是音乐在时域的样子,而右图则是音乐在频域的样子,展示简化后的两图: 时域　　频域 在时域,可以观察到钢琴的琴弦一会上一会下地摆动;而在频域,不管时间如何,只有代表它的那个永恒的音符。利用对不同琴键不同力度,不同时间点的敲击,可以组合出任何一首乐曲。而贯穿时域与频域的方法之一,就是傅里叶分析。傅里叶分析可分为傅里叶级数(Fourier Series)和傅里叶变换(Fourier Transformation)。	集中注意力,认真听讲。同时【思考】两幅图之间有什么联系?频域和时域之间的区别是什么?回忆傅里叶级数告诉我们什么?傅里叶分析是什么?	通过展示板书和PPT图片,提供时域信号与频域的实例,帮助学生更直观、生动地理解和记忆。
探索新知 (6分钟)	【讲解】 介绍频域的基本组成单元。 任何周期函数,都可以看作不同振幅,不同相位正弦波的叠加。 提问:能否用前面讲的正弦曲线波叠加出一个带90°角的矩形波? 回答:前面学习过的知识告诉我们是完全可以的。 可以看到随着正弦波数量逐渐地增长,它们最终会叠加成一个标准的矩形。	集中注意力,认真听讲。同时【思考】能否将正弦曲线变成矩形波?频域分析的基本组成单元是什么?	通过应用板书和PPT图片,详细阐释频域基本组成单元的构成,帮助学生更加直观、生动地理解和记忆。

| 探索新知
（6 分钟） | |

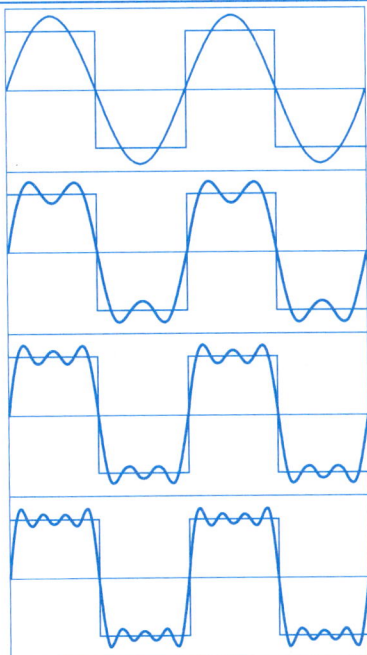

随着叠加的递增,所有正弦波中上升的部分逐渐让原本缓慢增加的曲线不断变陡,而所有正弦波中下降的部分又抵消了上升到最高处时继续上升的部分使其变为水平线。一个矩形就这么叠加而成了。但是要多少个正弦波叠加起来才能形成一个标准 90°角的矩形波呢？答案是无穷多个。不仅仅是矩形,任何波形都是可以如此方法用正弦波叠加起来的。

换个角度看,在下面这几幅图中,最前面黑色的线就是所有正弦波叠加而成的总和,也就是越来越接近矩形波的那个图形。而后面的正弦波就是组合为矩形波的各个分量。这些正弦波按照频率从低到高从前向后排列开来,而每一个波的振幅都是不同的。可以看到,每两个正弦波之间都还有一条直线,那并不是分割线,而是振幅为 0 的正弦波。也就是说,为了组成特殊的曲线,有些正弦波成分是不需要的,在这里,不同频率的正弦波就被称为频率分量,也就是基本组成单元。

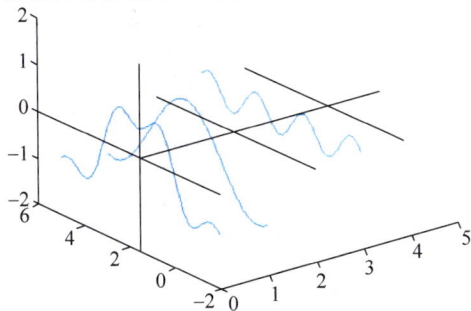

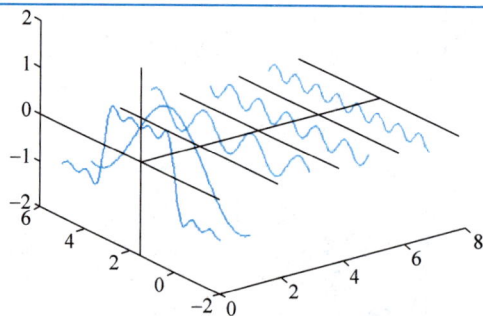

探索新知 (6分钟)	 正弦波是一个圆周运动在一条直线上的投影,所以频域的基本单元也可以理解为一个始终在旋转的圆。 $\dfrac{4\sin\theta}{\pi}$ $\dfrac{4\sin 3\theta}{\pi}$ $\dfrac{4\sin 5\theta}{5\pi}$ $\dfrac{4\sin 7\theta}{7\pi}$	
思维拓展 (6分钟)	【讲解】 矩形波在频域里图像如下。 换个方向看过去,即可如下图所示	集中注意力,认真听讲。同时 【思考】矩形信号频谱的概念是什么? 通过学习对频谱分析的基本讲解,有什么感悟?

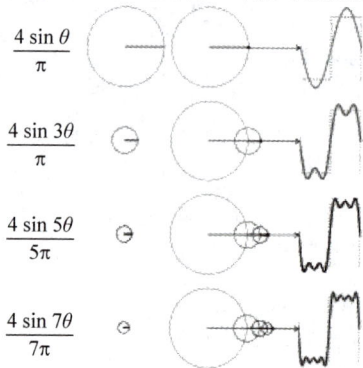

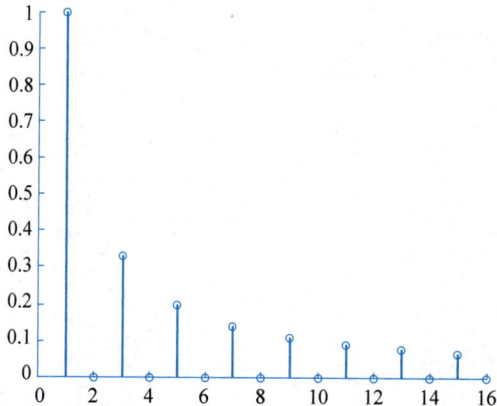

续表

思维拓展 （6分钟）	 　　可以发现，在频谱中，偶数项的振幅都是 0，也就对应了图中的直线，即振幅为 0 的正弦波。 　　想象一下，世界上每一个看似混乱的表象，实际都是一条时间轴上不规则的曲线，但实际这些曲线都是由这些无穷无尽的正弦波组成。看似不规律的事情反而是规律的正弦波在时域上的投影，而正弦波又是一个旋转的圆在直线上的投影。		
课堂任务 （1分钟）	【知识内化】 1. 分小组讨论，思考上述给大家讲解的周期信号的频谱是什么谱？频谱分为哪两类，怎么分辨？ 2. 利用 MATLAB 运行下教师给的周期型三角波频谱的程序，观察三角波的频谱，并结合这两节课所学的理论给出具体的分析。	认真思考问题，考虑如何解答。	培养学生融会贯通和综合分析的能力
课堂活动 （24 分钟）	【合作交流】 学生分小组，各小组确定组长、记录员、汇报员，结合课前导学案布置的相关问题进行交流讨论，并在课堂上完成上述课堂作业，制作 PPT 上台进行汇报，汇报过程中各位同学可根据自己对其余组的汇报的理解提出相关问题，教师在必要的时候可以给予解答。	团结协作，学生之间以及学生与教师之间进行交流。	培养学生的创新意识、创新能力和团队合作精神。
课堂小结 （1分钟）	【小结】 时间为参照物 → 时域 → 傅里叶级数 → 频域 → 基本组成单元／频谱图—振幅谱 　　现象与本质的辩证关系说明了科学研究的必要性和可能性。科学研究就是通过现象去认识本质，提升学生的辩证思维和科学思维。	集中注意力，回忆课堂片段和书中勾画的重点。	使知识结构化、条理化。
课后作业	1. 书面作业：用直接计算傅里叶数的方法，求下图所示周期信号的傅里叶系数。 2. 下节课将讲解另一个傅里叶分析的基本知识——傅里叶变换，请同学根据导学案预习教材相关内容，查阅资料，相互交流。		

注：本教案是一节课（45分钟）的教学内容。

4.3.2 信号与系统课程思政教学实例

1. 科学精神培养实例

(1) 介绍经典理论的提出过程,挖掘背后的科学精神。

【实例1】 在绪论课的讲解中,通过从古至今消息传递方式的演变(声—光—电),揭示电在自然界中的存在。进而引出电的发现——本杰明·富兰克林(Benjamin Franklin)著名的风筝实验。富兰克林通过风筝"捕捉天电",证明了天空的闪电与地面上的电是相同的物质。他使用系有钥匙的金属丝将一个大型风筝放飞至云层中,金属丝的末端连接着一段绳子。当时,富兰克林一手紧握绳子,另一手轻触钥匙。他立刻感受到了一阵强烈的冲击(电击),同时目睹了手指与钥匙之间产生的微小火花。电的发现推动了消息传输方式的不断革新。随后,众多科学家利用电—磁的基本科学原理,发明了诸多我们现在所依赖的新技术与新发明。例如,"电话之父"亚历山大·格拉汉姆·贝尔(Alexandar Granham Bell)发明的电话、制造的助听器、改进的留声机以及巨型载人风筝等。这些发明和技术无一不彰显着科学的生命力在于发展、创新和革命,在于不断深化对自然界和人类社会规律的认识。实践证明,思维的转变、思想的解放、观念的更新,往往能开辟一条新的道路,引领我们进入一个全新的境界。

(2) 通过介绍相关应用知识,培养学生的创新精神。

【实例2】 在绪论内容中,通过展示图片和声音,介绍信号与系统概念在日常生活中的应用。

① 在通信领域,如打电话、发短信、发微博、发微信;

② 在智能识别领域,如语音识别;

③ 在信号处理领域,如信号辨别;

④ 在特征分析领域,如声音辨别;

⑤ 在生物医学领域,如脉搏识别。

这些实例使学生明白,生活中处处都有信号与系统的身影,这门课程与日常生活紧密相连,从而增强学生对本课程和专业的认同感。

(3) 通过经典理论的提出培养学生求实、探索、实证和创新的精神。

【实例3】 在讲授第4章连续时间信号与系统的复频域分析时,特别是稳定性这一节,以我国空间站核心舱上的机械臂动态图作为内容导入。该机械臂代表了我国目前智能程度最高、技术难度最大、系统最复杂的空间智能制造系统。这样的实例不仅激发了学生的爱国情怀,还引导他们思考:面对如此复杂的机械系统,设计时最先应该考虑什么问题?由此引出了稳定性的一个重要判据——劳斯判据。值得注意的是,劳斯判据的提出并非一蹴而就。早在1788年,詹姆斯·瓦特(James Watt)利用负反馈原理设计了离心调速器,但其设计的调速器经常运行一段时间后因不稳定而停机损坏。为了解决这一问题,1868年,詹姆斯·克拉克·麦克斯韦(James Clerk Maxwell)发表《论调速器》一文,作出了两大开创性贡献:①指出微分方程的特征根与稳定性的内在关联；②提出高阶系统稳定性判据的理论构造框架。直到1877年，爱德华·约翰·劳斯(Edward John Routh)才在前人研究的基础上提出了一个代数方法来判别系统的稳定性——劳斯判据。通过这一历史脉络，引导学生培养探索、求证、创新的科学精神，激励他们勇攀科学的高峰。

(4) 设计涵盖多种类型的开放性问题，旨在培养科学精神。

【实例4】　在进行线下课堂讲授第3章连续时间信号与系统的频域分析时，特别是无失真传输的相关内容，教师可以利用声音变声的现象，激发学生思考在信号传输过程中尽量避免失真的原因，进而讲解线性系统失真的基本原理，并引出无失真传输的基本条件。通过实际案例，展示无失真传输在工程中的应用。

课堂任务布置如下。

① 探讨在日常生活中哪些场合需要无失真传输，哪些场合则需要利用失真？

② 使用教师提供的 MATLAB 程序，验证信号的无失真传输，并分析其编程实现的原理。

2. 工匠精神培养实例

(1) 在课程的绪论部分，通过梳理核心教学内容和学习方法，旨在培养学生严谨求实的态度和专注认真的学习习惯。

【实例5】　在介绍本课程的研究方法时，首先引入"信号分析"的方法，即对信号的描述、运算、特性以及信号在发生特定变化时其特征的相应变化进行研究。该方法的核心途径是信号的分解，即将通用信号分解为多个基本信号单元的线性组合，通过研究这些基本信号单元在时域或变换域的分布规律来揭示信号的特性；随后得出结论——由于信号的分解既可以在时域进行，也可以在频域或复频域进行，因此"信号分析"方法包括时域法、频域法和复频域法等多种途径；最后向学生阐明"信号分析"的根本目的是揭示信号内在的特性。

(2) 通过在线教学培养工匠精神。

【实例6】　利用视频学习促进学生的专注与专心。所有教学视频均采用微课形式，时长不超过15分钟，旨在让学生在短时间内掌握关键知识点。为此，在视频中嵌入了小型测试题，以帮助学生集中注意力，培养专注的学习习惯，从而更迅速地掌握知识点。

【实例7】　借助思维导图激发学生的探索与创新。在导学案的每个章节学习结束后，要求学生绘制本章的思维导图。这不仅是对线上学习内容的回顾与总结，而且对学生拓展思维边界、持续探索新知的鼓励，能够促进创新思维的形成。

3. 系统观培养实例

(1) 系统是一个整体，它由若干单元(子系统)构成，广泛存在于自然界、人类社会以及工程技术等各个领域。

【实例8】　我国于2018年12月8日成功发射的嫦娥四号探测器，开启了人类首次探险月球背面之旅。该探测器与地面进行双向通信的系统，是由玉兔二号巡视器、鹊桥中继星和地面站等组成，如图4-1所示。

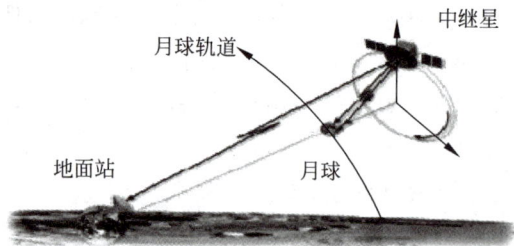

图 4-1　嫦娥四号探测器与地面进行双向通信的系统

（2）系统中的各个组成部分彼此之间存在着密切的联系,相互作用、相互依赖。

【实例9】　嫦娥四号探测器与地面的双向通信系统,由于月球背面永远背对地球,玉兔二号与地面的所有通信都必须借助鹊桥中继星来完成。具体来说,玉兔二号在月球背面发送的信息,首先由鹊桥中继星接收,然后再转发至地球表面。同样地,地面发往玉兔二号的信息,也是先由鹊桥中继星接收,再转发给玉兔二号。

（3）通过信号与系统分析的深入学习,培养学生将复杂问题简化处理的分析技巧。

【实例10】　信号与系统分析可以从时域、频域和复频域三个维度进行。无论从哪个维度着手,其核心都是将复杂的信号表达为基本信号的线性组合。信号分析侧重于研究基本信号的特性,从而揭示复杂信号的特性;系统分析则关注基本信号通过系统产生的零状态响应的线性组合,以此来分析复杂信号产生的零状态响应,进而对系统的特性进行深入的分析。

（4）在小组协作中培养系统观。

【实例11】　在信号的传输和处理过程中,通常会应用时移、尺度变换、反折等操作。例如,正常速度录制的语音信号,正常速度播放时,我们听到的是原始语音;加速或减速播放,则相当于对信号进行了压缩或扩展;倒序播放,则实现了信号的反折。在讲授这部分内容时,首先播放一段语音信号的原速、2倍速、0.5倍速以及倒序版本;接着,讲解这三种变换的基本原理,并通过实例阐述变换的计算过程;最后,布置课后小组协作任务:录制小组成员的一段声音,使用熟悉的仿真软件生成原速、2倍速、0.5倍速和倒序播放四种音频版本,并制作PPT在下节课上进行展示。

在小组协作学习的过程中,班级可以被视为一个系统,每个小组是系统中的一个子系统,而每个组员则是子系统中的一个元素,相当于子系统中的子系统。通过小组协作学习,能够实现"1+1>2"的协同效应。

4. 规矩意识培养案例

（1）在MATLAB软件仿真实验中培养规矩意识。

【实例12】　实验课前的规矩要求。学生需仔细阅读实验指导书,并完成预习报告。预习报告应使用统一的实验报告模板,内容涵盖实验名称、目的、所用设备与软件版本、实验任务以及根据任务编写的MATLAB实验程序。

实验课中的规矩要求:

① 学生必须提交预习报告,并在教师检查并签字后方可开始实验。

② 学生需详细记录实验数据,特别是对异常现象的记录,并思考对异常数据的排除方法,教师应随时关注典型问题并进行讲解。通过实验过程培养学生的规矩意识。

（2）在硬件实验中培养规矩意识。

【实例 13】 实验课前的规矩要求。学生需认真阅读实验指导书,深入了解实验箱及仪器设备的工作原理,理解实验的目的、原理和任务。

实验课中的规矩要求如下。

① 学生需在规定时间内通过雨课堂签到。

② 教师需对实验中的用电安全、操作规范、5S 标准等进行说明,并要求学生严格遵守。

③ 在教师演示讲解过程后,将 PPT 形式的实验报告通过雨课堂发布,并要求学生在规定时间内完成填空题作答。

实验课后的规矩要求:学生需按时将实验结果、结论和总结整理并拍照上传。

5. 团队合作精神培养实例

（1）开学第一课的核心是组建课程学习团队。

【实例 14】 绪论课上,我们明确了本课程的学习目标:课堂上将学生随机分组,全班将分成 5～6 个小组（根据班级人数调整）,小组组长和记录员每周轮流担任。课前导学案任务中出现的疑问,首先由组长在每周上课前组织组内成员讨论解决。记录员需记录小组讨论的时间、参与人员、提问与回答情况,以及难点和未解决的问题。对于小组讨论中无人能回答或产生分歧的问题,记录员需统一在课堂上分享。问题发起人需在每周上课前在线上平台问答专栏提交问题。每周课堂上会进行课中导学案的完成和学习回顾。课中导学案中重点、难点、达标检测内容,以及自主探究的问题,将在课上由小组集体解决,不明白的地方由记录员记录并在课堂上提出。

（2）课前导学案中的小组协作问题。

【实例 15】 在讲解第 2 章内容之前,我们会在在线平台下发课前导学案,其中包含要求学生学习的内容和一些思考问题。通过问题引导学生学习,对于自己思考不明确的问题,组长需召集组员进行讨论,并做好相关记录,以发挥团队合作的力量,培养学生在小组内对小型问题进行简单探究的能力。

4.4 实践练习

1. 选择你所教授课程中的某一章节,进行课程思政元素的教学设计,明确其融入的具体点。

2. 选择你所教授课程中的某一章节,进行课程思政内容的全面教学设计,明确具体的实施路径。

第5章

课程与教材建设

课程与教材建设构成了教育体系的核心,它们直接决定了教育品质和教学成效。课程与教材的重要性体现在以下几方面。

(1)作为知识传递的桥梁,它们将抽象的知识具体化、系统化,便于学生理解和掌握。

(2)作为能力培养的工具,通过精心设计的课程和教材,可以有效地培养学生的思维能力、实践能力和创新能力,为其终身学习和职业发展奠定坚实基础。

(3)作为文化传承的载体,课程与教材承载着民族文化和价值观,是文化传承和推广的重要手段。

同时,课程与教材建设面临的挑战包括以下几方面。

(1)知识更新的速度。随着科学技术的快速发展,新知识不断涌现,如何及时更新课程内容和教材,使之与时俱进,是一大挑战。

(2)学生需求的多样性。不同学生的学习需求、学习风格和认知水平各不相同,如何设计出能够满足不同学生需求的课程和教材,是另一大挑战。

(3)技术融合的需求。信息技术的发展为教育提供了新的工具和平台,如何有效地将信息技术融入课程与教材建设中,提高教学效率和质量,也是当前面临的一个重要问题。

针对课程与教材建设中的上述问题,可采取以下应对策略。

(1)持续更新与迭代,建立课程与教材的动态更新机制,定期对课程内容和教材进行评估和修订,确保其时效性和前瞻性。

(2)个性化与差异化设计,采用灵活多样的教学方法和教材设计,满足不同学生的学习需求,实现个性化教学。

(3)技术整合与创新,积极探索和应用新技术,如人工智能、大数据等,在课程设计和教材开发中发挥其优势,提高教学互动性和趣味性。

课程与教材建设是一项系统工程,它要求教育工作者不仅要有深厚的学科知识和教育理念,还要具备前瞻性的视野和创新能力。面对新时代的挑战,教育工作者们需要不断探索和实践,以科学的态度和方法,推动课程与教材建设的持续发展,为培养适应未来社会的高素质人才作出贡献。

5.1　国家级一流课程

课程作为人才培养的关键组成部分,其质量直接关系到培养出的人才素质。为了贯彻习近平总书记关于教育的重要论述以及全国教育大会的精神,响应新时代全国高等学校本科教育工作会议的号召,我们必须深化教育教学改革,并确保这些改革成果能够体现在课程建设之中。

2019 年 10 月 24 日,教育部发布了《教育部关于一流本科课程建设的实施意见》(教高〔2019〕8 号),旨在实施一流本科课程"双万计划"。该计划的目标是在大约三年内,打造一万个左右的国家级和省级一流本科课程。随后,于 2019 年 11 月 18 日发布了《教育部办公厅关于开展 2019 年线下、线上线下混合式、社会实践国家级一流本科课程认定工作的通知》(教高厅函〔2019〕44 号),于 2021 年 4 月 6 日发布了《教育部办公厅关于开展第二批国家级一流本科课程认定工作的通知》(教高厅函〔2021〕13 号),并于 2023 年 11 月 21 日发布了《教育部办公厅关于开展第三批国家级一流本科课程认定工作的通知》(教高厅函〔2023〕24 号)。

5.1.1　一流课程建设的原则

1. 一流课程的基本原则

一流课程建设的基本原则涵盖以下几个关键方面。

(1) 以学生为中心。在设计课程时,教师应充分考虑学生的需求、兴趣和学习风格;提供丰富多样的教学资源和方法,以满足不同学生的学习需求;鼓励学生积极参与课堂讨论和实践活动,提升他们的主动学习能力。

(2) 明确教学目标。在课程启动之前,明确课程的学习目标和预期成果;将教学目标与实际应用场景相结合,确保学生能够理解所学知识的实际应用价值。

(3) 持续更新内容。定期更新课程内容,确保与最新的学术研究和行业发展保持同步;引入跨学科的知识,拓宽学生的视野。

(4) 丰富教学方法。结合讲授、讨论、案例分析、实验等多种教学方法;充分利用现代教育技术,如在线学习平台、虚拟现实等,提升教学效果。

(5) 科学开展评价。采用多元化的评价方法,如考试、作业、项目、口头报告等。评价不仅要关注学生的知识掌握程度,也应重视其思维能力、创新能力和实践能力的培养。

(6) 及时进行反馈。及时向学生提供关于他们学习进度和表现的反馈,鼓励学生对课程内容和教学方法提出建议,以便进行持续改进。

（7）强调实践应用。注重理论知识与实际应用的结合,通过实习、项目等方式让学生将所学知识应用于实际情境中。可以与企业或行业合作,为学生提供真实的工作环境体验。

（8）培养批判性思维。鼓励学生质疑现有知识和观点,培养他们的批判性思维能力。通过讨论、辩论等方式,激发学生的思考和创新。

（9）促进终身学习。培养学生的自我学习能力和终身学习的意识,提供额外的学习资源和机会,如在线课程、研讨会等,支持学生的持续学习。

一流课程的建设是一个全面而复杂的过程,需要教师在多方面进行精心规划和实施,以确保学生能够获得高质量的教育体验。

2. 一流课程的三个核心原则——"两性一度"

"两性一度"指的是课程的高阶性、创新性和挑战度,它们是衡量课程质量的关键指标。

（1）高阶性。高阶性意味着课程内容和教学方法能够激发学生的高阶思维活动,例如分析、综合、评价等。在知识深度上,课程内容涵盖专业知识的深层次理论与实践;在能力培养上,注重培育学生解决复杂问题的能力,而不仅仅是传授基础知识点和技能;在综合运用上,鼓励学生将不同学科的知识和方法综合运用,形成跨学科解决问题的能力。

高阶性课程要求学生不仅要掌握基本知识和技能,还要能够将这些知识和技能应用于解决实际问题,进行创新和批判性思考。

（2）创新性。创新性体现在课程内容、教学方法、教学手段等方面的创新,能够反映学科前沿和时代发展,及时引入最新的学术研究成果和技术进步。教学方法应展现先进性和互动性,利用现代信息技术与教学深度融合,鼓励学生进行探究式和个性化学习。具体做法包括:课程内容及时更新,融入最新的科研成果和行业动态;采用多样化的教学方法和手段,如项目式学习、翻转课堂、在线互动等;鼓励学生探索新知识、新方法,培养创新意识和能力。

创新性课程通常涵盖跨学科的内容整合、项目式学习、合作学习等教学策略。

（3）挑战度。挑战度意味着课程对学生智力和思维能力提出较高的要求,能够激发学生的潜能,促使学生超越自我。具体做法包括:课程难度与学生的认知水平相匹配,既不过于简单,也不过于困难;通过解决复杂问题,训练学生的逻辑思维、批判性思维和创造性思维;鼓励学生跳出舒适区,通过努力克服困难,实现知识和能力的自我超越。

挑战度课程要求学生在掌握基础知识的同时,能够应对复杂的问题和情境,提高解决问题的能力。挑战度课程通常包括较高难度的课程内容、严格的学术标准和评估方式。

综上所述,一流课程的高阶性、创新性和挑战度是相互关联、相互促进的。高阶性是课程的目标,创新性是课程的灵魂,挑战度是课程的质量保证。通过这样的课程设计,能够有效提升学生的综合素质,培养适应社会发展需要的高素质人才。

5.1.2 五类一流课程

国家级五类一流本科课程包括线上一流课程、线下一流课程、线上线下混合式一流课程、虚拟仿真实验教学和社会实践一流课程。

1. 线上一流课程

即国家精品在线开放课程,突出优质、开放、共享等特点,打造中国慕课品牌。构建内容更加丰富、结构更加合理、类别更加全面的国家级精品慕课体系。

2. 线下一流课程

主要指以面授为主的课程,以提升学生综合能力为重点,重塑课程内容,创新教学方法,打破课堂沉默状态,焕发课堂生机活力,较好发挥课堂教学主阵地、主渠道、主战场作用。

3. 线上线下混合式一流课程

主要指基于慕课、专属在线课程(SPOC)或其他在线课程,运用适当的数字化教学工具,结合本校实际对校内课程进行改造,安排 20%～50% 的教学时间实施学生线上自主学习,与线下面授有机结合开展翻转课堂、混合式教学,打造在线课程与本校课堂教学相融合的混合式"金课"。大力倡导基于国家精品在线开放课程应用的线上线下混合式优质课程。

4. 虚拟仿真实验教学

着力解决真实实验条件不具备或实际运行困难,涉及高危或极端环境,高成本、高消耗、不可逆操作、大型综合训练等问题。形成专业布局合理、教学效果优良、开放共享有效的高等教育信息化实验教学体系。

5. 社会实践一流课程

以培养学生综合能力为目标,通过"青年红色筑梦之旅"、"互联网＋"大学生创新创业大赛、创新创业和思想政治理论课社会实践等活动,推动思想政治教育、专业教育与社会服务紧密结合,培养学生认识社会、研究社会、理解社会、服务社会的意识和能力,建设社会实践一流课程。课程应为纳入人才培养方案的非实习、实训课程,配备理论指导教师,具有稳定的实践基地,学生 70% 以上学时深入基层,保证课程规范化和可持续发展。

5.2　国家一流课程评价体系

课程评价体系在教育领域扮演着至关重要的角色,它直接关联到教育质量的提升以及学生的全面发展。一个科学合理的课程评价体系,能够全面且精确地反映学生的学习状况,激发学生的学习动力,进而提高教学成效。

5.2.1　课程评价体系的原则和方法

1. 课程评价体系的重要性

课程评价体系在教学过程中扮演着至关重要的角色。它不仅对学生的学习成果进行检验,而且为教师的教学效果提供了宝贵的反馈。借助于课程评价体系能够迅速识别教学过程中的问题,调整教学策略,进而提升教学质量。此外,课程评价体系还能激发学生的学习动力,帮助他们认识到自己的长处和短板,为他们的学习和成长提供方向。

2．课程评价体系的构建原则

（1）相关性。评价体系必须与教学目标紧密相连,准确反映教学的核心内容和学生需要掌握的知识点。

（2）准确性。评价标准应客观且明确,评价过程应科学且公正,确保评价结果真实地映射学生的学习状况。

（3）完整性。评价体系应全面覆盖教学内容的各个领域,确保不遗漏任何关键知识点。

（4）结构性。评价体系应具有清晰的层次结构和逻辑性,以便教师和学生能够轻松理解和运用。

3．课程评价体系的实施方法

（1）确立明确的评价标准。依据教学目标和内容,制订详尽的评价标准,为学生提供清晰的学习指引。

（2）采用多元化的评价方式。结合笔试、课堂表现、作业、项目等多种评价手段,全面掌握学生的学习情况。

（3）实施及时反馈。教师应在评价结束后迅速向学生提供反馈,表扬优点并指出不足,协助学生确定改进方向。

（4）持续调整与优化。基于评价结果和学生反馈,持续对评价体系进行调整和优化,以提升评价的成效。

5.2.2　一流本科课程评价量规

在一流课程建设的背景下,构建课程建设评价体系需双管齐下：一方面,必须将立德树人这一根本任务贯穿始终,确保为培养肩负民族复兴重任的时代新人提供坚实支持；另一方面,要基于学科特性,凸显学科核心素养与人才培养的独特优势,形成一个多维度、多层次、多元化的课程建设评价指标体系,并制订相应的指标权重,确保评价体系的全面性和规范性。评价体系应充分发挥问题诊断和过程监测的功能,进而成为推动一流课程建设的关键支撑。具体而言,课程建设评价体系的构建应从教学理念、课程团队、课程目标、教学设计、课程内容、教学组织、管理评价七个维度出发,细化出相应的一级、二级指标和具体建设标准,以突出课程的特色与价值。

1．教学理念的先进性

（1）坚守立德树人的根本任务,促进学生全面发展。课程目标应紧密贴合立德树人和全面发展的教育理念,与课程内容的融合恰到好处,有效引导学生在情感、态度、价值观方面实现积极转变。

（2）以学生发展为核心。始终以学生的学习成效为出发点,贯穿教学设计和实施的全过程,并有明确的学习成效证明。

（3）激发学生内在的学习动机。采取有效措施激发学生的学习兴趣,拥有能广泛展示学生课堂内外学习积极性的典型数据和实例。

2．课程团队成果丰硕

（1）课程团队的教学成果丰富多样。团队教师在师德师风、学术研究、教学能力等方面展现出卓越成果,并获得众多高级别的奖项。

（2）课程教学改革路径明确。改革的依据明确,措施针对性强,展现出持续改进的积极态势。

（3）利用新技术提升教学效率。合理运用新技术于课堂内外,有确凿证据表明教学效率得到提升,教学成效显著。

3．课程目标有效支撑培养目标的实现

（1）课程目标与学校办学定位和人才培养目标相契合。课程目标与人才培养目标之间的映射关系明确,与学校办学定位保持一致。

（2）强调知识、能力和素质的全面发展。课程目标全面涵盖知识、能力和素质三个维度,展现出高级别的要求,挑战性设置得当。

（3）课程目标具有可衡量性。课程目标明确指出学生应掌握的知识和技能,表述清晰,其完成程度可以被量化和评估。

4．教学设计科学且合理

（1）教学设计的整体原则。教学设计应体现系统性,包括学情分析、课程目标、教学内容、教学实施和学习评价等关键要素,始终以课程目标为核心来指导课程建设与持续改进。

（2）课程内容与课程目标相匹配。根据课程目标来精选课程内容,确保内容的深度和广度科学且合理。

（3）围绕课程目标设计教学和学习活动。教学和学习活动与课程目标之间的对应关系明确,能够全面覆盖所有课程目标,不同教学活动的学时分配能够体现课程目标的优先级。

（4）围绕课程目标设计多元化的学习评价体系。学习评价应全面覆盖所有课程目标,通过采用适当的方法,并结合多样化的评价形式,从而体现表现性评价和形成性评价的理念。

5．课程内容与时俱进

（1）知识体系持续更新。教学内容紧跟学科前沿和社会发展需求。

（2）教材选用严格遵循相关规定。确保教材选用完全符合教育部和学校的相关规定。

（3）教学资源丰富且多样化。教学资源兼具思想性、科学性和时代性,形式多样,使用效果显著。

6．教学组织与实施强调以学生为中心

（1）教学模式与学生认知规律和接受特点相契合。教学能够结合学生的既有知识和经

验,推动深度学习,提高学生在课堂教学活动中的参与度。

(2) 重视学生个体差异。教学设计和活动均体现因材施教的原则,并有实际案例支持。

(3) 增进个体间的交流互动。通过多种课内外形式促进学生之间及学生与老师之间的交流互动,有效激发学生的参与热情。

(4) 资源共享。积极构建视频、慕课等优质课程资源,并通过出版配套教材、在开放课程平台上发布等方式进行推广,形成具有广泛影响力的课程资源体系。

(5) 教学反馈及时准确。全程监测学生学习过程和效果,设有明确的反馈环节,确保结果反馈的及时性。

7. 课程管理与评价科学且可量化

(1) 严格执行学生学习管理制度。确保学习相关材料的记录和存档完整无缺。

(2) 教学过程材料完整且可追溯。教学过程材料翔实,能够真实反映课程运行的实际情况及成效。

(3) 采用多元化的考核评价方式。从多个角度和途径对教学目标、内容、组织等进行课程评价。

(4) 诊断与改进积极有效。针对课程评价进行反思,并制订改进方案,评价结果有效推动了课程的持续改进。

5.3　国家一流课程评价指标与解读

5.3.1　线下一流课程评审指标与解读

1. 线下一流课程评审指标

国家级线下一流课程评审指标如表 5-1 所示,否决条件如表 5-2 所示。

表 5-1　国家级线下一流课程评审指标

一级指标	二级指标	观测点及描述	分值
一、课程目标符合新时代人才培养要求	1-1	符合学校办学定位和人才培养目标,坚持立德树人	5分
	1-2	坚持知识、能力、素质有机融合,注重提升课程的高阶性、突出课程的创新性、增加课程的挑战度,契合学生解决复杂问题等综合能力养成要求	5分
	1-3	目标描述准确具体,对应国家、行业、专业需求,符合培养规律,符合校情、学情,达成路径清晰,便于考核评价	5分
二、授课教师（团队）切实投入教学改革	2-1	秉持学生中心、产出导向、持续改进的理念	5分
	2-2	教学理念融入教学设计,围绕目标达成、教学内容、组织实施和多元评价需求进行整体规划,教学策略、教学方法、教学过程、教学评价等设计合理	5分
	2-3	教学改革意识强烈,能够主动运用新技术、新手段、新工具,创新教学方法,提高教学效率、提升教学质量,教学能力有显著提升	5分

续表

一级指标	二级指标	观测点及描述	分值
三、课程内容与时俱进	3-1	落实课程思政建设要求,通过专业知识教育与思想政治教育的紧密融合,将价值塑造、知识传授和能力培养三者融为一体	5分
	3-2	体现前沿性与时代性要求,反映学科专业、行业先进的核心理论和成果,聚焦新工科、新医科、新农科、新文科建设,增加体现多学科思维融合、产业技术与学科理论融合、跨专业能力融合、多学科项目实践融合内容	10分
	3-3	保障教学资源的优质性与适用性,以提升学生综合能力为重点,重塑课程内容	5分
四、教与学发生改变	4-1	以教为中心向以学为中心转变,以提升教学效果为目的因材施教,运用适当的数字化教学工具,有效开展线下课堂教学活动。实施打破传统课堂"满堂灌"和沉默状态的方式方法,训练学生问题解决能力和审辩式思维能力	10分
	4-2	学生学习方式有显著变化,安排学生个别化学习与合作学习,强化课堂教学师生互动、生生互动环节,加强研究型、项目式学习	5分
五、评价拓展深化	5-1	考核方式多元,丰富探究式、论文式、报告答辩式等作业评价方式,加强非标准化、综合性等评价,评价手段恰当必要,契合相对应的人才培养类型	5分
	5-2	考试考核评价严格,体现过程评价,注重学习效果评价,考核考试评价严格,过程可回溯,诊断改进积极有效	10分
六、改革行之有效	6-1	学习效果提升,学生对课程的参与度、学习获得感、对教师教学以及课程的满意度有明显提高	5分
	6-2	改革迭代优化,有意识地收集数据开展教学反思、教学研究和教学改进。在多期混合式教学中进行迭代,不断优化教学的设计和实施	5分
	6-3	学校对探索应用智慧教室等信息化教学工具开展线下课程改革、应用信息化手段开展教学管理与质量监控有配套条件或机制支持	5分
	6-4	较好地解决了传统教学中的短板问题。在树立课程建设新理念、推进相应类型高校课程改革创新、提升教学效果方面显示了明显优势,具有推广价值	5分

表 5-2 国家级线下一流课程否决条件

项　　目	细　　则
课程资质	1. 非本科学分课程
	2. 开设时间或期数不符合申报要求
	3. 课程基本信息有明显不一致
	4. 申报材料不齐备,缺少必须提供的关键材料
教师资格	1. 负责人非申报高校正式聘任教师
	2. 团队成员存在师德师风方面问题
课程内容	1. 存在思想性或较严重的科学性问题
	2. 申报材料无法支撑课程内容,教学无法实施
	3. 课程内容涉密

续表

项　目	细　　则
造假、侵权	1. 申报材料造假
	2. 发现且确认有侵权现象

2. 线下一流课程评审指标解读

（1）课程目标。课程目标应聚焦于课程思政（立德树人）、知识能力素质的有机融合，确保目标的高阶性、创新性及挑战度，并与国家行业专业的发展需求紧密对应。

（2）课程团队。教学理念应明确以学生的学习为中心，强调 OBE 理念（产出导向、目标达成、持续改进）。在课程教学设计中，目标、内容、实施、评价这四个要素至关重要。一流课程的评审与技术进步紧密相关，本次评审特别强调了信息技术与课堂教学设计的融合。

（3）课程内容的高阶性。高阶性体现在课程思政的全面覆盖、课程内容的"四新"（新工科、新农科、新医科、新文科）、"四性"（时代性、前沿性、先进性、科学性）以及"四融合"（学科融合、产学融合、跨专业融合、实践融合），确保课程内容与时代同步。

（4）教与学的变革。教学设计应以学生为中心（与教学理念相呼应），并结合数字化教学工具，采用以学生为中心的教学设计方法（如研究型学习和项目式学习）。教学活动的创新体现在学生参与度、融入感和获得感上，这些也是课程改革成效的体现。

（5）课程评价。重视多元化和过程性评价，同时关注课程考核的挑战度。评审时会参考考试试卷或考核内容，并检查学生的成绩分布（例如：平均分）。

（6）教学设计。教学设计的四个要素包括目标、内容、活动、评价，这些都是确保课堂教学质量的关键。

（7）课程建设及应用情况。涵盖课程的建设发展历程、课程与教学改革的重点问题、课程内容与资源的建设及应用、课程教学内容及组织实施情况、课程成绩评定方式、课程评价及改革成效等六方面。这六方面构成了课程实施中改革的路径（包括发现问题、分析问题、解决问题、解决效果等）。这部分内容与评审指标的观测点一一对应。

3. 主要观察点

（1）课程思政。课程设计需与学校的办学定位和人才培养目标相契合，坚定不移地贯彻立德树人的教育理念。在课程思政建设中，应将专业知识教育与思想政治教育紧密结合，实现价值塑造、知识传授和能力培养的有机统一。

（2）课程目标。课程目标应涵盖知识、能力和素质的综合提升，注重课程的高阶性、创新性和挑战性，以满足学生解决复杂问题等综合能力的培养需求。目标表述需明确具体，与国家、行业、专业需求相匹配，遵循培养规律，适应学校和学生实际情况，确保实现路径明确，便于进行考核评价。

（3）课程内容。课程内容应展现学科前沿性和时代特征，反映学科专业和行业的最新核心理论与成果。课程应聚焦新工科、新医科、新农科、新文科的建设，融入多学科思维、产业技术与学科理论、跨专业能力以及多学科项目实践的融合元素。

（4）教学方法。教学方法应从以教师为中心转向以学生为中心，以提高教学效果为目标，实施个性化教学，运用合适的数字化教学工具，有效开展线下课堂教学。采取打破传统课堂"满堂灌"和学生沉默状态的创新方式，培养学生的解决问题能力和批判性思维能力。学生的学习方式应有明显变化，安排个性化学习与合作学习，强化课堂教学中的师生互动和生生互动环节，加强研究型和项目式学习。

（5）课程考核。考核方式应多样化，包括探究式、论文式、报告答辩式等多种作业评价方式，加强非标准化和综合性的评价方法，确保评价手段恰当且必要，与相应的人才培养类型相匹配。考核过程应严格，体现过程评价，重视学习效果的评价，确保考核过程可追溯，诊断改进措施积极有效。

5.3.2 线上线下一流课程评审指标与解读

1. 线上线下一流课程评审指标

国家级线上线下一流课程评审指标如表 5-3 所示，否决条件如表 5-4 所示。

表 5-3 国家级线上线下一流课程评审指标

一级指标	二级指标	观测点及描述	分值
一、课程目标符合新时代人才培养要求	1-1	符合学校办学定位和人才培养目标，坚持立德树人	5分
	1-2	坚持知识、能力、素质有机融合，注重提升课程的高阶性、突出课程的创新性、增加课程的挑战度，契合学生解决复杂问题等综合能力养成要求	5分
	1-3	目标描述准确具体，对应国家、行业、专业需求，符合培养规律，符合校情、学情，达成路径清晰，便于考核评价	5分
二、授课教师（团队）切实投入教学改革	2-1	秉持学生中心、产出导向、持续改进的理念	5分
	2-2	教学理念融入教学设计，围绕目标达成、教学内容、组织实施和多元评价需求进行整体规划，教学策略、教学方法、教学过程、教学评价等设计合理	5分
	2-3	教学改革意识强烈，能够主动运用新技术、新手段、新工具，创新教学方法，提高教学效率、提升教学质量，教学能力有显著提升	5分
三、课程内容与时俱进	3-1	落实课程思政建设要求，通过专业知识教育与思想政治教育的紧密融合，将价值塑造、知识传授和能力培养三者融为一体	5分
	3-2	体现前沿性与时代性要求，反映学科专业、行业先进的核心理论和成果，聚焦新工科、新医科、新农科、新文科建设，增加体现多学科思维融合、产业技术与学科理论融合、跨专业能力融合、多学科项目实践融合内容	10分
	3-3	保障教学资源的优质性与适用性，优先选择国家级和省级精品在线开放课程等高质量在线课程资源，结合本校实际对课程内容进行优化，线上、线下内容互补，充分体现混合式优势	5分

续表

一级指标	二级指标	观测点及描述	分值
四、教与学发生改变	4-1	以教为中心向以学为中心转变,符合"安排 20%～50% 的教学时间实施学生线上自主学习"基本要求,以提升教学效果为目的,因材施教,运用适当的数字化教学工具创新教学方式方法,有效开展线上与线下密切衔接的全过程教学活动。实施打破传统课堂"满堂灌"和沉默状态的方式方法,训练学生问题解决能力和审辩式思维能力	10分
	4-2	学生学习方式有显著变化,安排学生个别化学习与合作学习,强化课堂教学师生互动、生生互动环节,加强研究型、项目式学习	5分
五、评价拓展深化	5-1	考核方式多元,丰富探究式、论文式、报告答辩式等作业评价方式,加强非标准化、综合性等评价,评价手段恰当必要,契合相对应的人才培养类型	5分
	5-2	考试考核评价严格,体现过程评价,注重学习效果评价。学生线上自主学习、作业和测试等评价与参加线下教学活动的评价连贯完整,过程可回溯,诊断改进积极有效	10分
六、改革行之有效	6-1	学习效果提升,学生对课程的参与度、学习获得感、对教师教学以及课程的满意度有明显提高	5分
	6-2	改革迭代优化,有意识地收集数据开展教学反思、教学研究和教学改进。在多期混合式教学中进行迭代,不断优化教学的设计和实施	5分
	6-3	学校对线上线下混合式教学有合理的工作量计算机制、教学管理与质量监控机制等有配套支持,并不断完善	5分
	6-4	较好地解决了传统教学中的短板问题。在树立课程建设新理念、推进相应类型高校课程改革创新、提升教学效果方面显示了明显优势,具有推广价值	5分

表 5-4　国家级线上线下一流课程否决条件

项目	细　　则
平台资格	1. 无工信部 ICP 网站备案,无公安机关网站备案号,无信息安全二级以上等级保护证书
	2. 非面向社会或高校开放平台
课程资格	1. 申报材料不齐备
	2. 课程无法登录或无法打开
	3. 无法显示完整内容和教学活动
	4. 非慕课
	5. 非本科教育课程
	6. 开设时间或期数不符合申报要求
	7. 教师无在线教学服务
教师资格	负责人非申报高校正式聘任教师
课程内容	存在思想性或较严重的科学性问题
造假、侵权、不适合网络传播	1. 材料、数据造假
	2. 发现且确认有侵权现象
	3. 课程内容不适合网络公开传播

2. 线上线下一流课程评审指标解读

（1）课程目标。课程内容选题恰当，课程目标明确，与学校的办学定位和人才培养目标相契合，坚持立德树人。课程设计坚持知识、能力、素质的有机融合，注重提升课程的高阶性、突出课程的创新性、增加课程的挑战度，以满足学生解决复杂问题等综合能力的培养需求。目标描述准确具体，与国家、行业、专业需求相一致，符合培养规律，适应校情、学情，目标达成路径清晰，便于考核评价。

（2）教学理念。课程秉持以学生为中心、产出导向、持续改进的理念。教学理念融入教学设计，围绕目标达成、教学内容、组织实施和多元评价需求进行整体规划，教学策略、教学方法、教学过程、教学评价等设计合理。教学改革意识强烈，能够积极运用新技术、新手段、新工具，创新教学方法，提高教学效率、提升教学质量，教学能力有显著提升。

（3）教学内容。课程教学内容符合"两性一度"的要求，落实课程思政建设要求，通过专业知识教育与思想政治教育的紧密融合，将价值塑造、知识传授和能力培养三者融为一体。教学内容体现前沿性与时代性要求，反映学科专业、行业先进的核心理论和成果，聚焦新工科、新医科、新农科、新文科建设，增加体现多学科思维融合、产业技术与学科理论融合、跨专业能力融合、多学科项目实践融合等内容。同时选择优质的在线课程开展线上自主学习，优质在线课程包括教育部精品在线开放课程（线上一流课程）、省级精品在线课程（省级线上一流课程）、校级优质在线课程等内容。

（4）教学模式。根据线上线下进行教学组织，线上学习时间不少于20%，但不超过50%。课堂教学需从以教为中心向以学为中心转变，以提升教学效果为目的，因材施教，运用适当的数字化教学工具，有效开展线下课堂教学活动。实施打破传统课堂"满堂灌"和沉默状态的方式方法，训练学生问题解决能力和审辩式思维能力。学生学习方式有显著变化，安排学生个别化学习与合作学习，强化课堂教学师生互动、生生互动环节，加强研究型、项目式学习。

（5）教学评价。教学评价应采用线上线下混合式多元化的评价模式，其中线上评价不少于10%，不超过70%。考核方式多元丰富，采用探究式、论文式、报告答辩式等作业评价方式，加强非标准化、综合性等评价，确保评价手段科学必要，符合相应的人才培养类型。考试考核评价严格，体现过程评价，注重学习效果评价。

（6）课程管理与评价科学且可测量。教师备课要求明确，学生学习管理严格。针对教学目标、教学内容、教学组织等采用多元化考核评价，过程可回溯，诊断改进积极有效。教学过程材料完整，可借鉴可监督。

（7）教学效果。教学改革得到学生、教师、教学管理及校外同行的高度认可，主要表现在：学习效果提升，学生对课程的参与度、学习获得感、对教师教学以及课程的满意度有明显提高。改革迭代优化，有意识地收集数据开展教学反思、教学研究和教学改进。在多期混合式教学中进行迭代，不断优化教学的设计和实施。学校对线上线下混合式教学有合理的工作量计算机制、教学管理与质量监控机制等配套支持，并不断完善。较好地解决了传统教学中的短板问题。在树立课程建设新理念、推进相应类型高校课程改革创新、提升教学效果方面体现出明显优势,具有推广价值。

3. 主要观察点

(1) 课程思政。课程思政的设计应与学校的办学定位和人才培养目标相契合,坚定地贯彻立德树人的教育理念。

(2) 课程目标。课程目标的制订应实现知识、能力和素质的有机结合,满足国家和行业对专业人才的需求,坚持以学生为中心、以成果为导向、不断进行质量提升。

(3) 教学设计。教学设计应涵盖课程目标、课程内容、教学活动、课程评估等多方面。

(4) 教学模式。教学模式的选择应探讨如何设计以学生为中心的教学活动;如何促进师生互动和学生之间的互动,采用多样化的教学模式;以及如何实现线上线下教学活动的有机结合。

(5) 教学改革。教学改革应涉及技术革新、教学模式创新等方面。

5.3.3 线上一流课程评审指标与解读

1. 线上一流课程评审指标

国家级线上一流课程评审指标如表 5-5 所示,否决条件如表 5-4 所示。

表 5-5 国家级线上一流课程评审指标

一级指标	二级指标	观测点及描述	分值
一、课程内容	1-1 规范性	课程内容为高校教学内容,符合《普通高等学校本科专业教学质量国家标准》等要求,课程定位准确,教学内容质量高;课程知识体系科学完整(**若课程内容不规范,不适合列入高校人才培养方案的,此项为 0 分**)	5分
	1-2 思想性、科学性、先进性	坚持立德树人,将思想政治教育内化为课程内容,弘扬社会主义核心价值观;课程内容先进、新颖,反映学科专业先进的核心理论和成果,体现教改教研成果,具有较高的科学性水平,注重运用知识解决实际问题(**若存在思想性或较严重的科学性问题,此项为 0 分,请在否决性指标 11 中勾选,直接提交,结束评审,此课程为 0 分**)	5分
	1-3 安全性	课程无危害国家安全、涉密及其他不适宜网络公开传播的内容,无侵犯他人知识产权内容(**若存在有不适合公开的课程内容或有确凿证据证明有侵权情况,此项为 0 分,请在否决性指标 13、14 中勾选,直接提交,结束评审,此课程为 0 分**)	5分
	1-4 适当性、多样性	课程内容及教学环节配置丰富、多样,深浅度合理,内容更新和完善及时;在线考试难易度适当,有区分度(**若学分课程的内容过于浅显,或考核评判标准过低,此项为 0 分**)	5分
二、课程教学设计	2-1 合理性	教学目标明确,教学方法与教学活动组织科学合理,符合教育教学规律	5分
	2-2 方向性	符合以学生为中心的课程教学改革方向,注重激发学生学习志趣和潜能,增强学生的社会责任感、创新精神和实践能力;信息技术与教育教学融合,课程应用与服务相融通,适合在线学习、翻转课堂以及线上线下混合式拓展学习	10分
	2-3 创新性	有针对性地解决当前教育教学中存在的问题,充分利用和发挥网络教学优势,各教学环节充分、有效,满足学生的在线学习的诉求,不是传统课堂的简单翻版	10分

续表

一级指标	二级指标		观测点及描述	分值
三、课程团队	3-1	负责人	在本课程专业领域有较高学术造诣,教学经验丰富,教学水平高,在推进基于慕课的信息技术与教育教学深度融合的课程改革中投入精力大,有一定影响力	5分
	3-2	团队	主讲教师师德好、教学能力强,教学表现力强,课程团队结构合理	5分
四、教学支持	4-1	团队服务	通过课程平台,教师按照教学计划和要求为学习者提供测验、作业、考试、答疑、讨论等教学活动,及时开展有效的在线指导与测评(**若教学团队未参与学习者答疑、讨论等教学环节,此项为0分**)	10分
	4-2	学习者活动	学习者在线学习响应度高,师生互动活跃	10分
五、应用效果与影响	5-1	开放性	面向其他高校和社会学习者开放学习程度高	5分
	5-2	本校应用情况	在本校将在线课程与课堂教学结合,推动教学方法改革,有效提高教学质量(**若未应用于本校课程改革,此项为0分**)	5分
	5-3	其他高校和社会学习者中应用共享情况	共享范围广,应用模式多样,应用效果好,社会影响力大,受益教师和学习者反馈、评价高	15分

2. 线上一流课程评审指标解读

(1)课程内容。作为培养计划内的学分课程,须符合学校的办学定位和人才培养目标。课程应坚持立德树人的原则,并满足"两性一度"的标准。课程内容和教学过程必须完整,且适应在线课程的特殊要求,确保无知识产权和涉密问题。

(2)课程教学设计。教学设计应符合线上MOOC的规范,具有明确的教学目标。课程内容应根据在线教育的特点进行知识碎片化和模块化处理,确保教学内容和资源建设满足网络教学的需求。课程内容应具有原创性,避免成为精品课程的简单复制,也不应仅是视频公开课或精品资源共享课的翻版。

(3)教学团队及支持。教学团队应满足高校教师的基本要求,保证教学过程的完整性,包括作业、练习和测试等环节。教学服务应到位,包括有效的答疑互动。教学数据应具有一定的规模和广度,以体现课程的影响力。同时,应鼓励学生积极参与讨论,而不仅仅是表面的跟帖。

(4)线上课程应注重教学效果。再次强调MOOC的广泛性和影响力,SPOC的校内混合式教学同样不可或缺。对于校外应用于学分教学的SPOC,需要进一步加强其效果。各方的反馈都应予以重视,尤其是课程的参与人数,这是衡量课程成功的关键指标。

5.3.4 虚拟仿真一流课程评审指标与解读

1. 虚拟仿真一流课程评审指标

国家级虚拟仿真一流课程评审指标如表5-6所示,否决条件如表5-7所示。

表 5-6 国家级虚拟仿真一流课程评审指标

重百分比	一级指标	二级指标	观测点及描述
一、应用强度矩阵 30 分	应用强度	实验教学信息化总体规划	1. 实验教学总体规划方案中有关信息化的描述； 2. 实验教学信息化中有关虚拟仿真的描述
		虚拟实验在实验教学课程体系中的位置	1. 实验课程在整个课程体系中所占比例； 2. 实验课程对主干基础课的支撑度； 3. 虚拟实验在实验课程中所占比例； 4. 虚拟实验的学习刚性（必修还是选修）
		虚拟仿真项目在实验课程中发挥的作用	1. 是否坚持了能实不虚的原则； 2. 是否实现了虚实结合； 3. 项目完成情况如何认定实验成绩
		虚拟仿真实验对原有教学形式的影响	1. 是否提高了原有线下实验的效率； 2. 是否增强了原有线下实验的效果； 3. 是否实现了线上线下相结合
二、应用广度矩阵 20 分	应用广度	本专业应用项目的情况	1. 必修课使用人数和学时数； 2. 选修课使用人数和学时数
		本学科其他专业应用项目的情况	1. 使用项目的专业数； 2. 涉及的人数和学时数
		本校应用项目的情况	1. 是否有其他学校使用该项目； 2. 使用情况
		外校应用项目的情况	兄弟院校将该项目用于实验教学的情况
		其他单位应用项目的情况	相关行业将该项目用于科研或员工培训的情况
三、应用效度矩阵 30 分	应用效度	虚拟实验填补实验教学空白	通过使用虚拟实验，填补了原有实验教学体系的空白，更好的支撑了课堂教学
		虚拟实验优化原有实验教学环节	1. 通过使用虚拟实验，提高了原实验教学环节的效率； 2. 通过使用虚拟实验，丰富了教学手段，拓展了学生动手能力培养方式
		虚拟实验的实际教学效果	1. 通过虚拟实验，学生对理论教学知识点的掌握是否得到加强； 2. 通过虚拟实验，学生对实验原理、流程和操作是否有效的掌握； 3. 通过虚拟实验，对学生综合分析问题和解决问题能力的培养效果； 4. 学生评价和反馈
四、保障机制矩阵 20 分	保障机制	应用与服务团队建设	是否有稳定的团队负责项目的开发与持续建设，力量是否充足，是否具有多元化的背景，分工是否明确
		政策性支撑措施	1. 对虚拟仿真项目建设的持续投入； 2. 对学生使用虚拟项目是否有学分或学时认定； 3. 对教师参与开发和持续建设虚拟项目是否计算工作量； 4. 项目认定或应用过程中取得的成绩如何认可； 5. 学分互认机制
		服务性保障措施	鼓励项目应用和共享服务的激励措施，包括收费和成本补偿机制、人员激励等

表 5-7 国家级虚拟仿真一流课程否决条件

序号	细 则
1	实验项目所占课时少于 2 个课时,学生参与的交互性实验操作少于 10 步
2	存在思想性或较严重的科学问题
3	实验项目所属课程未纳入教学计划
4	课程负责人非申报高校正式聘用的教师
5	实验项目不满足能实不虚、虚实结合的要求
6	申报项目的有效链接网址打不开,或无法进行线上实验
7	申报项目未按照《国家虚拟仿真实验教学课程技术接口规范(2022 版)》要求开发
8	教学项目应用与共享未达到 2 个学期或教学周期
9	项目所属学校没有本实验项目全部内容独有或共有著作权
10	项目内容及使用项目内容的行为侵犯第三方的合法权益
11	课程项目涉密或不宜公开

2. 虚拟仿真一流课程评审指标解读

(1)教学理念的先进性。课程思政应贯穿整个教学过程,从课程目标到教学内容,再到教学活动,都需深入挖掘并有效融入课程思政元素。

(2)课程教学团队成果显著。教师应积极参与教学改革,从包括教学内容、活动、模式及评价方式等多方面进行深入思考与实践。特别是在信息技术应用方面,应提升课堂教学的参与度和融入感,有效利用数字化教学工具推进课堂教学改革。

(3)课程目标有效支撑培养目标的实现。课程目标应与学校的办学定位相结合,融入课程思政,体现高阶性、创新性和挑战度。在描述目标时,需实现知识目标、能力目标、素质目标和育人目标的有机融合。

(4)课程教学设计的科学性和合理性。在准备教学设计附件材料时,需从教学目标、内容、活动、评价等四方面进行梳理。同时,在提供其他教学素材时,也应遵循课程设计的 OBE 理念,提供一个闭环的教学设计。

(5)课程内容的时效性和前瞻性。课程内容应满足时代性、科学性和先进性的要求,并符合教育部提出的"两性一度"的标准。

(6)教学组织与实施强调以学生为中心。在教学实施过程中,教学模式与方法应突出学生的参与度。从教学活动设计来看,应增加学生参与式的教学活动,例如,项目式教学、情景式教学、模拟教学等多种教学模式。

(7)课程管理与评价的科学性和可测量性。评价应体现多元化,即采用多种评价方式,避免一考定终身。提供的材料应展示过程性评价,评价的题目、内容、形式需体现"两性一度",特别是挑战度。

5.3.5 社会实践一流课程评审指标与解读

1. 社会实践一流课程评审指标

国家级社会实践一流课程评审指标如表 5-8 所示。

表 5-8　国家级社会实践一流课程评审指标

一级指标	二级指标	观测点及描述	分值
一、课程目标	1-1 高阶性与可行性	课程目标符合学校办学定位和人才培养目标,坚持知识、能力、素质有机融合。目标描述准确具体,符合人才培养目标,符合培养规律,符合学时情况,达成路径清晰	5分
二、教学理念	2-1 先进性	坚持立德树人,体现以学生发展为中心,致力于开启学生内在潜力和学习动力,注重学生德智体美劳全面发展	5分
三、课程形态	3-1 规范性	课程为纳入人才培养方案(**非实习实训课程**)的学分课,配备理论指导教师,具有稳定的实践基地,学生 70% 以上学时深入基层实践。课程定位准确,须至少经过两个学期或两个教学周期的建设和完善(**若课程不适合列入高校人才培养方案或不符合其中一项要求,此项为 0 分,该课程此次评审总分为 0 分**)	10分
四、课程内容	4-1 思想性、时效性	将思想政治教育、专业教育与社会服务紧密结合,在同类课程中特色鲜明,成绩显著(**若课程存在思想性问题,此项为 0 分,该课程评审总分为 0 分**)	10分
	4-2 科学性、时代性	内容先进、新颖,实践内容顺应时代主题,着眼社会关切与需求,注重应用专业知识解决实际问题,充分体现教改教研成果(**若课程内容不符合上述要求,此项为 0 分**)	5分
	4-3 适当性、多样性	内容及教学环节配置丰富多样,深浅度合理,内容更新与完善及时,考核评价方式科学(**若课程内容过于浅显,或考核评判标准过低,此项为 0 分**)	5分
五、教学设计	5-1 合理性	教学目标明确,教学方法与教学活动组织科学合理,符合教育教学规律	5分
	5-2 方向性	通过"青年红色筑梦之旅"、"互联网＋"大学生创新创业大赛、创新创业和思想政治理论课程社会实践等活动,推动思想政治教育、专业教育与社会服务紧密结合,培养学生认识社会、研究社会、理解社会、服务社会的意识和能力,建设社会实践一流课程	10分
	5-3 创新性	有针对性地解决当前教育教学中存在的问题,充分利用信息化教学、数字化教学工具的优势进行教学的重构,以及理论教学与实践教学有机融合和衔接	5分
六、授课教师	6-1 负责人	具有良好的师德师风,在本专业领域有丰富的教学经验,教学水平高,在组织社会实践方面责任心强,领导力突出	5分
	6-2 团队	主讲教师师德好、教学能力强,组织能力突出,教学表现力强,人员结构及任务分工合理	5分
七、教学支持	7-1 师生教学实践活动	教师能够根据学生认知规律因材施教,引导师生之间、学生之间的交流互动,在教学及实践活动中策略应用得当,过程管理严格,多元化管理评价体系科学合理,反思评价积极有效;学生在课程教学与实践活动中参与度高,获得感强,师生互动活跃	5分
	7-2 基础建设	建立学校实践长效机制,实践基地具备稳定性与可持续性,能够为师生提供基本生活及安全保障,对于促进学生服务社会、增长才干具有较高的实践价值	5分
	7-3 条件保障	学校或学院对课程教学及社会实践互动提供经费支出,健全鼓励机制,强化政策保障	5分

续表

一级指标	二级指标	观测点及描述	分值
八、效果与影响	8-1 学生收获	学生在掌握专业知识技能的通识、家国情怀、创新意识和社会责任感显著增强，创新能力、研究能力、专业知识运用能力、社会沟通能力、领导组织能力显著提高，对课程及教师的满意度较高	5分
	8-2 服务社会效果	实践基地、基础民众对社会实践项目及学生综合能力的评价及反馈；实践经验得到指导推广，获得媒体关注报道，或获得国家级、省部级奖励表彰	5分
	8-3 开放性	面向其他高校或者社会学习者具有较好的推广应用价值	5分

2. 社会实践一流课程评审指标解读

（1）课程目标。旨在培养学生综合能力，强调能力目标的体现。课程目标应与学校办学定位和人才培养目标相契合，坚持立德树人；坚持知识、能力、素质的有机融合，注重提升课程的高阶性、突出课程的创新性、增加课程的挑战度，以满足学生养成解决复杂问题等综合能力的需求；目标描述应准确具体，与国家、行业、专业需求相对应，符合培养规律，适应校情、学情，确保达成路径清晰，便于考核评价。在实施过程中，需强调校内与校外的结合，以及理论与实践的结合。

（2）实施路径。通过"青年红色筑梦之旅"、"互联网＋"大学生创新创业大赛、创新创业、思想政治理论课社会实践等活动，推动思想政治教育、专业教育与社会服务的紧密结合，培养学生认识社会、研究社会、理解社会、服务社会的意识和能力。

（3）教学设计。课程以培养学生综合能力为目标，注重推动课堂教学与社会实践的有机融合，将价值塑造、知识传授和能力培养融为一体，引导学生认识社会、研究社会、理解社会，培养学生运用专业知识的能力和解决实际问题的能力。因此，在选题时应结合国家发展、行业发展、学校优势、地域优势、学科优势进行综合考量。

一般社会实践课程需要包含理论环节，理论环节通常在校内完成，可以采用多种授课形式：大班授课（宣传、启动、动员）、分组研讨（实践组讨论、项目结束、项目分析）、理论知识讲解（传统授课、线上线下混合）、课程汇报（成果展示、成果汇报、项目答辩）。

（4）课程教学团队。理论指导教师应由具有专业背景的教师担任，负责指导学生相关理论课程的学习。同时，因为实践活动需要与实践基地联合开展，涉及更多校外环节，所以社会实践课程的教学团队中应包括具有组织、管理能力的教师。

（5）教学支持。实践环节通常是根据各自的选题进行分组实践，这需要做好实践基地的建设，基地应有长期合作关系，并配备指导教师进行实践项目的指导。不同课程的指导方式可能不同，有的是业务指导，有的是实践过程管理。

此外，为确保实践课程的可持续发展，学校需建立实践的长效机制，从基地建设、经费保障、团队保障等方面进行规范。理想中的基地应是社会基层、行业基础、发展前沿等相关领域的基地。

5.4 教材建设

5.4.1 教材概述

1. 教材的定义

教材,作为教育过程中不可或缺的教学材料总称,是为教学和学习活动特别设计和编写的。其主要目的是辅助教师的教学工作,同时帮助学生更高效地学习和掌握课程内容。

(1)广义的教材。涵盖课堂内外教师和学生所使用的所有教学材料,通常包括以下几类。

① 教科书。作为教材的主体部分,通常依据教学大纲或课程标准编写,系统性地介绍学科知识,是学生学习的主要参考书籍。

② 参考书。提供与教科书内容相关的更深层次资料,旨在拓宽学生的知识面和加深理解。

③ 辅导书。通常包含大量习题、案例分析和解题方法,帮助学生巩固知识点和提升解题技能。

④ 课件。包括电子教材、PPT 演示文稿、视频、音频等,用于课堂展示和辅助教学。

⑤ 实验指导书。在科学实验、工程技术等实践性较强的学科中,指导学生进行实验操作的书籍。

⑥ 网络资源。互联网上的教学资源,如在线课程、电子图书、教学论坛、专业网站等。

这些材料不一定需要装订成册或正式出版。能够促进学习者知识增长或技能发展的材料或资源,都可称为教材。

(2)狭义的教材。狭义的教材通常指的是教科书,它是课程的核心教学材料。除了学生用书之外,还常常配备有教师用书、练习册、活动册以及配套的读物和音像资料等。教科书通常是按照学科任务编选和组织的知识和技能体系,以书本形式具体反映出来,是教学过程中不可或缺的组成部分。

在教育领域内,教材扮演着至关重要的角色。无论是广义还是狭义的教材,它们都是实现教育目标、传递知识和培养技能的重要工具。教材的选择和使用对学生的学习体验和成果有着直接的影响,因此,教育者需要精心选择和设计教材,以确保它们能够有效地支持教学和学习目标。在大学教学中,教材应当与其他教学材料一起使用,以扩大学生的知识面,拓展他们的视野,培养他们综合运用多方面的学科知识解决实际问题的能力。

2. 教材的特点与作用

教材的基本特点如下。

(1)目的性。教材旨在实现特定的教学目标,它系统编排了教学内容的组织结构,并科学融入了教学方法的指导策略。

(2)系统性。教材通常依据一定的逻辑结构和顺序编排,以助力学生系统地学习和掌握知识。

（3）适用性。教材需适应不同学段、学科和学生的学习需求，内容难度和表达方式都需与之相适应。

（4）权威性。教材通常由教育专家、学科带头人等编写，并经过教育部门的审核，确保其权威性。

（5）发展性。教材会随着教育理念、学科发展和教学实践的演进而不断更新和完善。

（6）多样性。教材可采取多种形式，包括但不限于教科书、电子书、工作手册、实验指南、案例研究、阅读材料、多媒体资源等。

（7）互动性。现代教材越来越强调互动性，鼓励学生积极参与和探索，而不仅仅是被动地接收信息。

教材的作用如下。

（1）知识传播。教材是传授知识和信息的主要媒介，它们包含了课程的核心概念、理论和实践。

（2）评估工具。教材中通常包含评估工具，如习题、测试、讨论问题等，以帮助学生评估他们的学习进度和理解程度。

（3）辅助学习。教材是教师用来辅助学生学习、实现教学目标的重要工具。它通过提供系统化的知识信息，帮助学生构建知识框架和加深理解。

（4）指导教学。对于教师而言，教材不仅是传授知识的媒介，也是规划教学活动、设计课程内容的基础。优秀的教材能够引导教师更有效地组织教学过程。

综上所述，教材是教学活动中的关键组成部分，是教师教学和学生学习的重要依据和工具。

3. 课程与教材的关系

课程与教材之间的联系是密不可分的，它们相辅相成，共同构成了教育过程的核心，共同促进教学活动的开展和学习目标的实现。

课程通常指一系列有组织的、旨在实现教育目标的教与学活动。它涵盖了教育内容、教学目标、教学方法、教学评价以及教学时间分配等多方面。课程设计时，通常会综合考虑学科知识结构、学生认知发展水平、社会需求等关键因素。

教材则是课程内容的物质载体，是教师教学和学生学习不可或缺的工具。它通常包括教科书、参考书、课件、网络资源等多种形式的材料，旨在协助教师执行教学计划和帮助学生掌握课程内容。

以下是课程与教材之间几个关键的相互关系。

（1）课程是框架，教材是资源。课程定义了学校或教育机构为实现教育目标而安排的教学内容、活动和进程。它规定了学生应学习内容的范围、深度和顺序。教材则是课程内容的具体表现形式，包括教科书、讲义、实验指导书、辅助阅读材料等，它们提供了课程内容的详细阐释和学习资源。

（2）课程指导教材的选择。课程的设计和目标决定了教材的选择。教师或教育机构会根据课程要求和学生的学习需求挑选合适的教材。

（3）教材支持课程的实施。教材为课程的实施提供了详尽的内容和活动指南。它协助教师组织和传达课程内容，同时也为学生提供了学习材料。

（4）课程更新推动教材更新。随着知识的演进和教育目标的调整，课程内容也会相应更新。相应地，教材也需要不断更新以反映这些变化，确保学生能够接触到最新的知识和信息。

（5）教材可以多样化。同一课程可以配备不同的教材版本，教师可以根据自己的教学风格和学生的具体情况选择最合适的教材。

（6）课程与教材的互动。教材不仅仅是课程的被动反映，它还可以反过来影响课程的设计。优秀的教材能够激发教师设计更有效的教学活动，也可以促进学生更深入地理解课程内容。

（7）课程评价包括教材评价。在课程评价过程中，教材的适用性、有效性和质量也是评价的重要方面。

（8）课程与教材的整合。在教学设计中，教师需要将课程目标、教学方法和教材内容进行整合，以确保教学活动的连贯性和有效性。

总之，课程为教材提供了指导和框架，而教材为课程的实施提供了具体内容和支持。两者需要相互协调，以实现最佳的教学质量和学习效果。

5.4.2　新形态教材

1. 新形态教材的定义

新形态教材是基于移动互联网技术，通过技术手段如二维码、AR等，将传统的纸质教材与数字化教学资源有机结合的新型教育服务载体。新形态教材反映了学科行业的新知识、新技术、新成果，它支持移动学习、线上线下混合式教学，是实现了课程与教材资源的有机融合、纸质教材及其配套的电子资源深度融合的融媒体教材。新形态教材融合了现代信息技术，结合新的教育理念和教学需求，创新了教材的形式和内容，以适应数字化、网络化、个性化学习需求。这类教材通常具有以下特征。

（1）数字化。新形态教材通常是数字化的，可以是电子书、在线课程、互动式应用程序等形式，便于在电子设备上使用。

（2）互动性。与传统教材相比，新形态教材更加注重用户体验，具有互动性，允许用户通过点击、拖曳、填写等方式参与学习。

（3）多媒体集成。新形态教材通常集成了文本、图片、音频、视频、动画等多种媒体形式，使学习内容更加生动和直观。

（4）个性化。这类教材可以根据学生的学习习惯、兴趣和进度，提供个性化的学习路径和资源。

（5）可更新性。新形态教材易于更新和修订,能够及时反映最新的学科发展和研究成果。

（6）跨平台兼容性。新形态教材可以在不同的设备上使用,如计算机、平板电脑、智能手机等,满足移动学习的需求。

（7）智能化。一些新形态教材还具备智能推荐功能,可以根据学生的学习情况自动调整学习内容和建议。

（8）资源共享。新形态教材往往能够实现资源的共享,学生和教师可以在任何有网络的地方访问和下载教材内容。

新形态教材的定义强调了教材的创新性和适应性,它不仅仅是传统教材的电子版,而是通过技术的融合和创新,为学习者提供更加丰富、高效、便捷的学习体验。

2. 新形态教材的优势

相较于传统教材,新形态教材展现出多方面的优势。

（1）一体化设计,内容深度融合。

① 新形态教材通过一体化设计,为学习者提供了清晰的学习路径,确保知识点的连贯性和系统性。

② 新形态教材能够轻松整合不同学科的内容,促进跨学科学习,增强学生的综合能力。

③ 利用现代信息技术,新形态教材可以将教学资源、学习工具和评估手段无缝集成,提高教学效率。

（2）内容更加精炼、丰富,更新快捷。

① 新形态教材通过多媒体和互动元素,能够以更精炼的方式呈现复杂概念,提高学习效率。

② 集成了大量的图片、视频、音频等资源,使学习内容更加丰富和生动。

③ 数字化的特点使得教材内容可以迅速更新,及时反映最新的学术进展和行业动态。

（3）拓展教学时空,满足个性化学习。

① 新形态教材允许学生在任何时间、任何地点进行学习,拓展了教学的时间和空间。

② 根据学生的学习习惯、兴趣和进度,新形态教材可以提供个性化的学习方案。

③ 教材可以根据学生的学习表现动态调整难度和内容,更好地适应每个学生的学习需求。

（4）便于自主学习。

① 新形态教材提供了丰富的自主学习工具,如在线笔记、搜索功能、学习进度跟踪等。

② 通过论坛、聊天室等社交功能,新形态教材为学生创造了互动交流的学习环境。

③ 内置的测试和评估工具允许学生自我检测学习效果,及时调整学习策略。

综上所述,新形态教材以其独特的优势正在逐步改变传统的教学模式和学习方法。未来,随着技术的进一步发展和应用,新形态教材有望在全球范围内得到更广泛的推广和使用,为教育领域带来更多创新和变革。

3. 新形态教材的建设标准

新形态教材的建设标准涵盖多个层面,旨在提升教材品质和增强教学成效。以下将从几个关键方面概述新形态教材的建设标准。

(1) 教材形式与个性化教学。新形态教材注重形式的多样化和个性化,以满足不同学习者的需求。这包括提供多种媒体形式的教材,如电子版、音频、视频等,以及支持个性化学习路径,允许学生根据自己的学习风格和进度进行学习。

① 一体化设计。新形态教材强调纸质、数字化资源与专业教学平台的整合,形成多功能的教学资源库。这种一体化设计不仅提高了教材的使用效率,还使得教学资源的获取更为便捷。

② 理论与实践深度融合。通过模块化的内容设计,新形态教材能够将理论知识与实践技能有机融合,构建符合职业岗位需求的学习单元,实现学习任务与岗位工作任务的对接。

③ 满足个性化学习。利用大数据和人工智能技术,新形态教材可以根据每个学生的学习进度和能力提供定制化的学习建议和资源,有效提升学习成效。

(2) 教材设计与教学理念。教材设计需要与现代教学理念相符,强调学生中心、成果导向和互动参与。教材不仅是知识的传递工具,更是引导学生探究、合作和创新的平台。设计时应考虑如何将教材内容与学生的学习活动、生活经验以及社会实践紧密结合,提升教学的实效性和针对性。

知识体系构建。新形态教材强调知识的系统性和逻辑性,通过模块化的内容设计,学生能够更好地理解和掌握复杂的概念和理论。

教学理念创新。新形态教材的设计鼓励学生主动探索和自我驱动地学习,通过互动式功能和丰富的资源,学生可以根据自己的节奏和兴趣进行学习。

(3) 教材内容与教学要求。新形态教材的内容应与教学要求相对接,反映最新的学科知识、技术进展和社会需求。内容应设计成模块化,便于更新和调整,同时要符合课程标准和教学目标。教材内容应具有高阶性、创新性,能够引导学生进行深入思考和创新实践。

① 内容精炼丰富。新形态教材通过剔除过时或冗余的信息,保留最核心和最有价值的知识点,使学习更加高效。同时,利用多媒体技术,如视频、音频和交互图表,能够获得比传统教材更丰富的学习材料。

② 更新快捷。新形态教材能够快速反映最新的学术发展和行业变化,确保教学内容的现代性和前瞻性。

(4) 纸质教材与数字化资源。虽然数字化资源越来越重要,但纸质教材仍然有其独特的价值。新形态教材建设标准鼓励将纸质教材与数字化资源相结合,形成互补和融合。数字化资源可以提供动态更新的内容、互动性强的学习工具和丰富的多媒体材料,而纸质教材则提供了稳定的、系统的知识框架。

① 拓展教学时空。新形态教材支持随时随地学习,打破了传统教室的限制,使得学习可以在任何时间和地点进行。

② 便于自主学习。新形态教材的设计鼓励学生主动探索和自我驱动地学习,通过互动式功能和丰富的资源,学生可以根据自己的节奏和兴趣进行学习。

综上所述,新形态教材的建设标准涵盖了从设计理念到实施策略的多方面,旨在通过技术和教育理念的创新,提高教育质量和教学效果。新形态教材的建设是一个动态和持续的过程,需要教育者、技术专家和出版社等多方的协作,以确保教材的质量和效果。

4. 新形态教材的建设思路

新形态教材的构建策略包括优化编委成员、创新纸质和数字教材设计,以及建立教材网络平台等多方面。

(1) 优化编委成员与组建“理实技一体”的编写团队。新形态教材的编写团队应由具备不同专业背景的成员组成,包括学科专家、教育技术专家和行业实践者,以确保教材内容既具有理论深度,又贴近实际,同时具备技术前瞻性。编委会成员应具有丰富的教学经验和行业背景,能够准确把握学科发展趋势和教学需求,开发出符合现代教育需求的教材内容。团队成员之间应能良好沟通和协作,共同确定教材的目标、内容和结构。

(2) 打破传统排版模式与创新纸质教材设计。新形态教材在纸质设计上应突破传统的文字和图片模式,采用更加灵活和吸引人的排版和视觉设计。通过模块化的内容设计,新形态教材能够将理论知识与实践技能有机融合,构建符合职业岗位需求的学习单元。可以融入图表、流程图、案例分析、实验操作等内容,提高教材的可读性和实用性。纸质教材的设计应考虑与数字化资源的结合点,如扫描二维码跳转到数字资源等。收集教师和学生的反馈,不断优化教材设计,使其更加符合用户需求。

(3) 开发优质数字资源与实现“纸数”融合。数字资源包括电子教案、演示文稿、视频讲座、在线测试、模拟实验等,可以提供更加丰富和互动的学习体验。数字资源应与纸质教材内容相辅相成,形成完整的学习解决方案。应注重数字资源的更新和维护,确保信息的准确性和前沿性。利用数据分析技术,为学习者提供个性化的学习资源和路径推荐。

(4) 搭建教材网络平台与实现数字资源共享。通过搭建教材网络平台,新形态教材实现了数字资源的共享,促进了教育资源的均衡分配。平台所提供的便捷的搜索、下载和互动功能,打破了传统教室的限制,使得学习可以在任何时间和地点进行。但在搭建平台的过程中应考虑版权和知识产权保护,确保资源的合法使用。

综上所述,新形态教材的建设思路体现了对现代教育技术的深入理解和应用。通过优化编写团队、创新教材设计和搭建网络平台,新形态教材旨在提高教育质量和教学效果,满足现代社会对教育的多元化需求。

5.5 新时代教材建设

党的二十大报告明确指出,“教育、科技、人才是全面建设社会主义现代化国家的基础性、战略性支撑。必须坚持科技是第一生产力、人才是第一资源、创新是第一动力,深入实施科教兴国战略、人才强国战略、创新驱动发展战略,开辟发展新领域新赛道,不断塑造发展新动能新优势。""办好人民满意的教育。""深化教育领域综合改革,加强教材建设和管理,完善学校管理和教育评价体系,健全学校家庭社会育人机制。"

5.5.1 教材建设的基本原则

1. 教材是国家事权的体现,集中反映国家意志

国家事权指的是国家对教材治理的最高权力。通过这种权力,国家能够将各级各类教材建设统一纳入一个整体的制度框架内,构建起现代化的教材治理体系。

教材体系的构建、核心教材传授的内容以及倡导的价值观,都体现了国家意志,这是国家事权的范畴。教材建设必须坚持马克思主义的指导地位,反映马克思主义中国化的时代要求,展现中国和中华民族的特色,符合党和国家对教育的基本要求,体现国家和民族的核心价值观,以及人类文化知识的积累和创新成果。

(1) 顶层设计。加强国家顶层设计,构建决策、执行、研究、咨询"四位一体"的教材工作体系。

2014 年,国家教材小组更名为教育部课程教材工作领导小组,承担"基础教育、职业教育和高等教育课程教材建设的领导决策"等职能。2017 年,国家教材委员会和教育部教材局成立,国家教材委员会办公室设在教育部,由教育部教材局承担办公室工作。2018 年,教育部课程教材研究所成立,为党和国家推进教材建设提供了更为专业的学术支持。

2017 年,《国务院关于印发国家教育事业发展"十三五"规划的通知》(国发〔2017〕4 号)明确指出"推动马克思主义理论研究和建设工程重点教材编审和使用,实施马克思主义理论人才重点支持培养计划和青年马克思主义者培养工程"。

2019 年,《"新时代高校思想政治理论课创优行动"工作方案》(教党函〔2019〕90 号)要求"加强思政课立体化教材体系建设,分课程编写教学辅助材料,编写与统编教材相配套的教师参考书、疑难问题解析、教学案例解析、学生辅学读本等教学用书"。

2022 年,《新时代马克思主义理论研究和建设工程教育部重点教材建设推进方案》(教材〔2022〕1 号)要求"适应新时代马克思主义理论学科建设需要,完善优化马克思主义理论学科专业课程教材结构,健全教材体系"。

(2) 细化国家教材制度。2019 年,教育部印发《中小学教材管理办法》《职业院校教材管理办法》《普通高等学校教材管理办法》《学校选用境外教材管理办法》,明确教材编写、修订、审核、出版发行、选用使用等各环节的管理要求,从国家层面搭建起教材建设的"四梁八柱",形成了完整的教材制度体系。

① 严格把关教材编写。提高编写人员资质门槛,强化政治素质和学术专业要求,确保政治方向和价值导向的正确性。

② 严格把关教材审核。坚持"凡编必审",完善审核机构,加强审核队伍,严格审核标准和程序;建立"五审制度"。

③ 严格把关教材选用使用。坚持"凡选必审",明确教材选用主体、原则、程序,规范"谁来选、怎么选"的问题。

2. 教材是学术阵地,系统凝练知识精华

高校教材与学术著作的区分如表5-9所示。

表 5-9 高校教材与学术著作的区分

项目	高 校 教 材	学 术 著 作
概念与定义	《普通高等学校教材管理办法》中对高校教材的定义为:高校教材是供普通高等学校使用的**教学用书**,以及作为教材内容组成部分的教学材料(如教材的配套音视频资源、图册等)	《关于进一步加强学术著作出版规范的通知》中对学术著作的定义为:学术著作是作者根据某一学科或领域的**研究成果**而撰写的作品,或在理论上有创新见解,或在实践中有新的发明,或具有重要的文化积累价值
	一些学术著作也可以作为高校的教学参考用书,而创新性更强的研究生教材,甚至一些融入作者科研成果的本科生教材若仅从概念上来看也可以视作学术著作	
建设依据	高校教材建设**服务于专业人才培养**。"教材编写依据教材建设规划以及学科专业或课程教学标准,服务高等教育教学改革和人才培养"。高校教材依据专业人才**培养方案和课程教学标准**,为人才培养和教学服务,其所面向的读者**群体以本科生或研究生为主**	学术著作主要是为**科研和学术活动**而服务。尽管针对学术著作尚未出台相应的管理办法,国家、省、学校在选题和出版物评奖及重点项目规划方面还是给予了很大的关注和支持。国家出版基金、国家科学技术学术著作出版基金等国家级重点出版项目指南也是学术著作选题策划的重要依据。而学术著作则是依托作者深厚的科研背景,对其**科研活动的总结和凝练**,读者范围限于作者所在研究领域的**研究人员**,有助于促进该领域的学术知识体系的传播和发展
	二者的写作主体可能相同,因为高校教师既从事科研活动,又承担着教学任务	
内容与体量	教育教学需要遵循由易到难、由浅入深的认知规律。高校教材理应体现知识体系的"厚基础"特征,重在"培根铸魂、启智增慧",体现思政育人内容。知识体系应注重系统性和全面性,循序渐进,涵盖各**学科的基本理论、核心知识和研究方法**,更为成熟。出于对课程的教学大纲及其学时数、课堂教学规律、读者消费能力以及编辑出版周期和成本等因素的考虑,往往会对作者提出限定**编写字数的要求**	内容通常是针对某一学科领域的**专门研究**,受众是少数相关领域的专业人士。强调科研创新,行文上开门见山,内容注重专、**精、深**,原创**性和探索性更强**,对业内专家无须赘述基础内容。对内容中涉及的创新性理论和方法等探索性研究的阐述,以及对研究现状和未来发展趋势的剖析,能够激发读者深入研究的兴趣。学术著作受到**字数影响但相对较小**,主要取决于作者研究成果的学术价值和积累程度
	政治性:思想导向正确。系统性:内容"体系完备",系统全面地阐述理论、知识、方法和技能。高阶性:编研内容应同国家战略与产业发展需要对接。创新性:可在知识体系和呈现形式两方面体现。科学性:结构编排要科学有序,语言表述需严谨规范,知识要素应准确无误,学术规范须严格遵循	

3. 教材是教学资料，全面支撑课程学习

教材是教学资料的累积与汇总，凝聚了教学成果的精华。

(1) 通过精心编排的内容，教材为学生构建了一个系统化的知识框架，助力他们逐步建立完整的知识体系；教材中对概念和理论的清晰阐释，有助于学生深入掌握学科的基础元素和核心原则。

(2) 教材通常设定了明确的学习目标，引导学生明确每个学习阶段应达成的标准和要求；教材不仅提供了知识点，还提供了学习方法和指导策略，助力学生更高效地学习和思考。

(3) 教材通过具体的案例和实例分析，将理论知识与实际应用相结合，培养学生的实践技能；许多教材包含实验指导和实践活动建议，激励学生通过亲自动手操作来加深对知识的理解和应用。

(4) 教材中的讨论题和思考题能够激发学生的批判性思维，培养他们分析和解决问题的能力；一些教材通过开放式问题和项目式学习，激发学生的创造力，探索新的可能性。

(5) 教材提供的丰富资源，如图表、图片、视频等，满足了不同学生的学习需求和偏好；教材的数字化版本使得学习不再受限于时间和地点，支持学生的自主学习和个性化学习路径。

(6) 教材中常包含自我评估工具，如练习题和测试，帮助学生及时检验自己的学习成果；通过作业和考试的反馈，学生了解到自己的学习进度和存在的问题，此时教材将指导他们进行针对性的复习并取得提升。

教学资料的呈现方式必须与时俱进。随着信息技术的迅猛发展，特别是人工智能、大数据等新兴技术的广泛运用，教学资料的展现形式亦需持续创新与更新，以适应这些技术变革带来的影响。现代学生更偏好使用电子设备进行学习，这要求教学资料能够以数字形式呈现，以满足他们的学习习惯和需求。因此，积极推动教材内容的数字化进程至关重要，鼓励教材编写出版机构围绕纸质教材内容，开发形式多样的数字化导学助学资源，促进教材的立体化、形象化、智能化。通过三维模型和虚拟现实技术，将抽象概念以立体形式呈现给学生，帮助他们更深入地理解和记忆。利用图形、动画等手段将复杂信息形象化，使难以掌握的内容变得直观易懂。开发智能教学系统，借助人工智能技术分析和反馈学生的学习行为，提供个性化学习建议和支持。

4. 教材是育人品牌，长期彰显学校地位

(1) 育人品牌是一所学校在长期教育实践过程中逐步形成并为公众认可、具有特定文化底蕴和识别符号的一种无形资产，是学校教育理念、办学特色、教育质量和发展水平等综合实力的体现。

(2) 教材体现一所学校在专业领域的统治力和感召力。

① 高质量的教材通常由领域内的专家撰写，其内容的深度和广度反映了编写者的专业水平和学校的学术权威性；教材中包含的最新研究成果和理论进展，展示了学校在该领域的研究前沿性和创新能力。

② 教材采用的教学方法和理念,如案例教学、项目式学习等,体现了学校在教育模式上的创新精神和实践能力;教材中融入的现代教育技术,如数字化资源、互动平台等,展现了学校在教育技术应用方面的先进性和领导力。

③ 教材作为学术成果的重要传播途径,其广泛使用和影响力反映了学校在该领域的学术地位和影响力;优秀的教材能够促进国内外学术界的交流与合作,提升学校在国际上的知名度和认可度。

④ 教材为学生提供了系统的知识体系,是学校培养高素质人才的基础和保障;通过教材中的实践活动和案例分析,学校能够有效培养学生的实践能力和创新思维。

⑤ 教材中蕴含的学科历史和文化,有助于学生理解和尊重学科传统,形成良好的学术氛围;教材鼓励学生质疑现有知识,探索未知领域,体现了学校对学生创新精神的重视和培养。

综上所述,教材不仅是传授知识的媒介,更是一所学校在专业领域内统治力和感召力的重要体现。通过教材的编写和使用,学校可以展示其在学术研究、教学方法、人才培养等方面的优势和特色,从而在学术界和社会中树立起良好的形象和声誉。

(3) 教材能够强化学生对学校的归属感。

① 通过将校训、教育理念和学术精神融入教材,学生能够更好地理解和接纳学校的价值观,进而加深对学校的认同。教材介绍学校的历史沿革和传统特色,有助于学生深入了解学校的文化底蕴,并建立起与学校的深厚情感联系。

② 高质量的教材为学生提供了丰富的学习资源,优质的学习体验使学生感受到学校的关怀和支持,从而增强他们的归属感。

③ 教材展示的教师和校友的研究成果,彰显了学校在学术界的影响力和成就,激发学生的自豪感。教材提及的杰出校友及其成就,为在校学生树立了榜样,激励他们努力学习并为学校的发展贡献力量。

④ 教材封面和内页中频繁出现的校徽、校名等元素,不断强化学生的视觉识别,加深他们对学校身份的认同。针对特定学科或专业的定制教材,让学生感受到学校对他们专业发展的重视,从而增强了专业归属感和忠诚度。

教材通过多种途径加强了学生对学校的归属感。从文化传承到学习体验的塑造,从学术成就的展示到身份认同的强化,教材在各方面都发挥着关键作用。因此,精心设计和编写的教材不仅能够提升教学质量,还能够促进学生对学校的认同和忠诚,为学校营造一个积极、团结的学习环境。

5.5.2 教材编写要求

教材的编写应遵循教材建设规划以及学科专业或课程教学标准,旨在服务高等教育教学改革和人才培养。为确保教材质量,编写工作需满足以下要求。

1. 坚持思想性

教材编写应以马克思列宁主义、毛泽东思想、邓小平理论、"三个代表"重要思想、科学发展观、习近平新时代中国特色社会主义思想为指导,有机融入中华优秀传统文化、革命传统、法治意识、国家安全、民族团结以及生态文明教育。努力构建具有中国特色、融通中外的概念范畴、理论范式和话语体系,防范错误政治观点和思潮的影响,引导学生树立正确的世界观、人生观和价值观,努力成为德智体美劳全面发展的社会主义建设者和接班人。

2. 坚持理论联系实际

教材应充分反映中国特色社会主义实践,体现相关学科教学和科研的最新进展,以及经济社会和科技发展对人才培养提出的新要求。全面准确地阐述学科专业的基本理论、基础知识、基本方法和学术体系。教材中所涉及的选文篇目内容应积极向上、导向正确,选文作者应具有正面的历史评价和社会形象。

3. 遵循教育教学规律和人才培养规律,满足教学需要

教材结构应严谨、逻辑性强、体系完备,能够反映教学内容的内在联系、发展规律及学科专业特有的思维方式。应体现创新性和学科特色,富有启发性,有利于激发学习兴趣及创新潜能。

4. 编排科学合理,符合学术规范

编写工作应遵守知识产权保护等国家法律、行政法规,不得包含民族、地域、性别、职业、年龄歧视等内容,也不得含有商业广告或变相商业广告。

5. 实行主编负责制

主编负责主持编写工作并统稿,对教材总体质量负责。参编人员则对各自编写的内容负责。专家学者个人编写的教材,由编写者对教材质量负全责。主编须符合以下条件。

(1) 政治立场坚定,拥护中国共产党的领导,认同中国特色社会主义,坚定"四个自信",自觉践行社会主义核心价值观,具有正确的世界观、人生观、价值观,坚持正确的国家观、民族观、历史观、文化观、宗教观,没有违背党的理论和路线方针政策的言行。

(2) 学术功底扎实,学术水平高,学风严谨,一般应具有高级专业技术职务。熟悉高等教育教学实际,了解人才培养规律。了解教材编写工作,具备强大的文字表达能力。拥有丰富的教学、科研经验,对于新兴学科、紧缺专业可适当放宽要求。

(3) 遵纪守法,具有良好的思想品德、社会形象和师德师风。

(4) 拥有足够的精力和时间从事教材编写修订工作。

(5) 坚持正确的学术导向,具有较强的政治敏锐性,能够辨别并抵制各种错误政治观点和思潮,自觉运用中国特色话语体系。

(6) 具有高级专业技术职务,在本学科有深入研究和较高造诣,或是全国知名专家、学术领军人物,在相关教材或学科教学方面取得有影响的研究成果,熟悉教材编写工作,拥有丰富的教材编写经验。

"双一流"建设高校与高水平大学应发挥学科优势,组织编写教材,提升我国教材的原创性,打造精品教材。支持优秀教材走出去,扩大我国学术的国际影响力。

5.5.3 教材建设保障机制

将教材建设视为高校学科专业建设、教学质量提升以及人才培养的关键要素,将其纳入"双一流"建设与评估的关键指标,并整合至高校党建和思想政治工作的考核评估体系中。

构建一套激励与保障机制,以促进优秀教材的编写,致力于打造精品教材。对于承担马克思主义理论研究和建设工程重点教材编写修订任务的主编和核心编者,视同承担国家级科研课题;对于承担国家规划专业核心课程教材编写修订任务的主编和核心编者,视同承担省部级科研课题,并享受相应的政策待遇。这些成果将作为参评国家重大人才工程的重要依据。审核专家将根据实际贡献和作用,参照上述标准执行。教材编审工作将纳入所在单位的工作量考核,成为职务评聘、评优评先、岗位晋升的重要依据。同时,落实国家和省级教材奖励制度,加大对优秀教材的支持力度。

综上所述,教材建设是高校专业建设和课程建设的关键保障,也是推进高校教育教学改革和完善教学质量的基础。教材建设需要高水平教师的参与,将他们的研究成果和教学经验融入教材之中。教材编写应基于课程目标和教学大纲,精心挑选适合学生认知水平和专业发展需求的内容。随着学科的进步和技术的发展,教材内容应及时更新,以确保其时效性和前瞻性。教材的形式应多样化,包括纸质教材、电子教材、多媒体资源等,以适应不同学生的学习需求。教材中应包含丰富的实践案例和操作指南,帮助学生将理论知识应用于解决实际问题。完成教材编写后,需经过严格的审核和试用环节,确保教材内容的科学性、准确性和适用性。

5.6 全国教材建设奖

5.6.1 全国教材建设奖的由来

2016 年,中共中央办公厅和国务院办公厅联合印发文件,明确提出了完善教材建设表彰激励机制,实施教材建设国家奖励制度的构想。2019 年 12 月,经党中央和国务院批准,为了深入贯彻习近平总书记关于教材建设的重要指示批示精神,落实党中央和国务院关于实施教材建设国家奖励制度的决策部署,正式设立了全国教材建设奖,该奖项由国家教材委员会主办、教育部承办。

2020 年 10 月 21 日,国家教材委员会发布了《国家教材委员会关于开展首届全国教材建设奖评选工作的通知》(国教材〔2020〕4 号),标志着首届全国教材建设奖评选工作的正式启动。该奖项的设立具有如下深远的意义。

1. 加强教材建设激励保障的重要制度设计

全国教材建设奖覆盖了大中小学教材建设的各个领域和环节,包括"全国优秀教材(分为基础教育、职业教育与继续教育、高等教育三个大类)""全国教材建设先进集体""全国教材建设先进个人"三个奖项,每四年评选一次。这是自中华人民共和国成立以来,我国首次设立的全面覆盖大中小学教材建设的专门常设性奖励项目,也是我国教材工作领域的最高奖项。它标志着我国教材建设激励保障制度设计的重要进步。

2. 树立教材建设标杆和典型的重要机制性措施

通过开展全国教材建设奖评选,定期选拔教材建设的优秀成果和先进代表,树立教材建设的先进典型和示范标杆。此举旨在强化导向、建立机制、促进建设,更好地引领我国教材建设的方向,激励更多教材建设的精品力作不断涌现,推动教材战线形成积极向上、奋发有为的良好氛围。

3. 教材建设成果展示的关键平台

全国教材建设奖为杰出教材和教材建设的典范提供了关键展示平台,成为社会各界了解教材工作的关键窗口。教材工作积极接受社会和公众的审视,有助于赢得更广泛的社会理解与支持,为教材建设创造良好的外部环境。

2021 年 9 月 26 日,国家教材委员会发布了《国家教材委员会关于首届全国教材建设奖奖励的决定》(国教材〔2021〕6 号)。

根据首届全国教材建设奖的评选安排,计划评选出 1000 种全国优秀教材(基础教育类200 种、职业教育与继续教育类 400 种、高等教育类 400 种),以及 100 个全国教材建设先进集体和 200 名全国教材建设先进个人。实际评选中,各奖项允许有空缺。经过评审,最终共评选出全国优秀教材 999 种、全国教材建设先进集体 99 个、全国教材建设先进个人 200 名。具体如下。

(1)基础教育类优秀教材 200 种,包括特等奖 3 种、一等奖 40 种、二等奖 157 种。获奖教材覆盖了基础教育的各个类型、各个学段、各个学科。

(2)职业教育与继续教育类优秀教材 400 种,包括特等奖 3 种、一等奖 80 种、二等奖 317种。获奖教材覆盖了职业教育与继续教育的各个类型、各个层次,19 个专业大类均有教材入选。

(3)高等教育类优秀教材 399 种,包括特等奖 4 种、一等奖 80 种、二等奖 315 种。获奖教材覆盖了高等教育的所有学科门类、76 个本科专业类。

(4)99 个全国教材建设先进集体和 200 名先进个人涵盖了课程教材的编写、审核、出版、管理、研究等各个领域。

5.6.2 全国教材建设奖分析

1. 首届全国教材建设奖评选原则

首届全国教材建设奖评选秉持正确导向、科学评选、质量为先、公平公正、评建结合的原则。

(1)坚持正确导向。以习近平新时代中国特色社会主义思想为指导,深入贯彻习近平总书记关于教材工作的重要指示批示精神,鼓励教材扎根中国大地、立足中国实践、总结中国经验、彰显中国特色,具有原创性思想理论和观点方法;鼓励教材紧跟国际学术前沿和时代发展步伐,有效服务于国家战略和经济社会发展对人才培养的需求;鼓励教材适应信息社会发展要求,内容形式创新、教学效果卓越;鼓励各领域加大教材建设力度,吸引更多优秀人才投身教材工作。

(2)坚持科学评选。针对各级各类教材的不同性质和特点,在统筹规划评选工作总体设计和基本要求的基础上,分类明确参评范围、评选条件和评选程序,确保评选工作实事求是、科学规范。

(3)坚持质量为先。严格评审标准,严把政治关、学术关,突出实践效果,优中选优、宁缺毋滥,确保获奖教材经得起检验。

(4)坚持公平公正。严格评审程序和方法,严肃工作纪律,主动接受社会监督,坚决杜绝"跑奖""要奖"等不正之风。

(5)坚持评建结合。注重发挥评奖的导向作用,重在以评促建,引领教材建设方向,推动各地各部门完善激励机制,促进教材质量全面提升。

2. 首届全国教材建设奖各奖项获奖对象主要特点

获奖教材的价值导向明确、教育理念先进、质量卓越、社会评价优良,获奖的先进集体和个人政治立场坚定、勇于改革创新、工作成绩显著,代表了我国教材建设各领域的顶尖水平。总体而言,有五方面的显著特点。

(1)政治性、思想性强。获奖教材坚持正确的政治方向,充分体现了党的理论创新成果和国家对教育的基本要求,有效地培养了学生的灵魂,具有显著的导向作用。

(2)创新性、时代性强。获奖教材紧跟国际学术前沿和时代发展的步伐,及时反映了学科和行业发展的最新成果,有效地服务于国家创新型人才的培养。

(3)充分彰显中国特色。获奖教材立足于中国实践,在传承和发展中华优秀文化、讲述中国故事方面发挥了重要作用。

(4)社会影响力大。许多获奖教材拥有悠久的历史,经过长期的实践检验,获得了广泛的认可,并产生了深远的影响。

(5)示范引领作用好。获奖的先进集体和个人坚决执行中央的决策部署,深入探索教材建设的规律,积极推进改革创新,作出了显著的贡献,并发挥了示范作用。

3. 获奖教材分析

(1)获奖教材广泛涵盖了高等教育的各个学科门类以及76个本科专业类别。根据教材所属学科的不同,可以将其划分为人文、社科、理工农医三大类。不同学科中,优秀教材的数量分布呈现出一定的不均衡性,其中理工农医类,特别是工学类的占比相对较高,而人文类的占比则较低。

(2)获奖教材的版次不仅反映了教材内容的持续更新,也集中展示了教材的使用效果。

高等教育类全国优秀教材在教学实践中经过多年的积累,并且注重与时俱进,不断进行内容更新。

(3)根据国内主要编者所在单位的性质进行分类,高校内部合作是获奖教材编写过程中较为普遍的合作模式。一流大学和一流学科建设高校内部的合作是这种模式的主要表现形式。

(4)高等教育类获奖教材的第一编著者中,多数人拥有行政职务,而无行政职务的教师所占比例较低。拥有特定"大师"学术头衔的第一编著者至少有 123 人,其中包括两院院士 55 人,国家高层次人才特殊支持计划入选学者和资深一级或终身教授 68 人。

(5)全国教材建设奖全国优秀教材(高等教育类)的区域分布存在不平衡现象,东部地区占据了绝对优势。高等教育获奖教材的国内主要编者在省区层面的分布也显示出不均衡性,部分高校展现出巨大的发展潜力。

(6)出版社是教材建设的关键环节,它直接影响教材的质量。在出版高等教育类全国优秀教材的出版社中,排名前五的均为中央级出版社。超过九成的教材由国家新闻出版署认定的国家一级出版社或中央级出版社出版。建议与高等教育出版社、人民卫生出版社、科学出版社等知名出版社进行合作。

5.7　实践练习

1. 谈谈你对所授课程的建设的见解。
2. 谈谈你对所使用的教材建设的看法。

第6章

教学能力与教学创新

教学能力是指教师为实现教学目标、顺利开展教学活动所展现的一系列行为特征,涵盖了一般能力和特定能力。一般能力涉及教学过程中的认知能力,例如观察能力、思维能力等。特定能力则特指教师在具体教学活动中所必需的专长,包括掌握教材内容、运用教学方法的能力,以及语言表达和教学组织管理的能力。

教学创新指的是在继承传统教学的基础上,结合时代进步和学生需求,对教学理念、教学方法、教学内容等方面进行的革新和改进。教学创新的重要性在于提升教学成效和质量,促进学生的全面成长,以及推动教育教学的革新。

教学能力与教学创新之间存在着紧密的联系。一方面,高水平的教学能力是实现教学创新的前提;另一方面,教学创新的实践亦能促进教师教学能力的进一步提升。教学能力的增强能够更好地满足学生的学习需求,而教学创新则为教学能力的提升提供了新的视角和策略。因此,在教育教学的实践中,我们应当重视培养教师的教学能力和创新意识,以推动教育事业的持续进步。

6.1 教学能力

6.1.1 教学能力概述

教学能力是教师在教学过程中所展现的一系列技能、素质和行为特征的集合,它包括了有效传授知识、激发学生学习兴趣、指导学生学习、评估学生学习成果等多方面的能力。

1. 定义

教学能力是指教师为实现既定教学目标、顺利开展教学活动所展现的专业知识、技能、态度和行为的综合体现。它由基础能力、职业能力和发展能力三个层面构成。具体而言,它涉及教师的智力、一般能力和教师专业特殊能力等多个维度。

（1）语言表达能力。教师能够清晰、准确地传递知识信息。

（2）组织管理能力。教师能够高效地组织和管理课堂，确保教学活动的顺畅进行。

（3）教学设计能力。教师能够依据学生的实际情况和教学目标，制订出恰当的教学方案。

（4）教学实施能力。教师能够将教学设计方案付诸行动，并根据课堂情况灵活调整。

（5）教学评价能力。教师能够对学生的学习成果进行客观、公正的评价，为后续教学提供反馈信息。

教学能力是教师职业能力的核心，是教师有效完成教学任务的关键，能够体现出教师对整个教学过程的掌控情况。一个具备卓越教学能力的教师，能够更有效地激发学生的学习热情，提升学生的学习成效，进而推动学生的全面发展。

2. 内涵

教学能力的内涵涵盖了多个关键方面。

（1）专业知识。教师需对其教学领域的学科知识有深刻的理解，并能有效地将这些知识传授给学生。

（2）教学设计。教师应能依据学生的学习需求和背景，策划恰当的教学方案和活动。

（3）沟通技能。教师需能够清晰、准确地表达思想，并以易于学生理解的方式阐述复杂概念。

（4）评估能力。教师应能运用多种评估工具和方法，准确评价学生的学习进展和成效。

（5）课堂管理。教师需有效维护课堂秩序，营造一个促进学习的环境。

（6）技术应用。教师应能运用教育技术及其他资源，以提升教学效果。

3. 特征

教学能力具备以下显著特征。

（1）专业性。教学能力反映了教师的专业素养，涵盖了学科专业知识和教育专业知识。

（2）实践性。教学能力在具体的教学实践中得以展现和提升，要求教师在实际教学过程中不断积累经验、提升能力。

（3）适应性。教师能够根据学生的不同需求和背景，灵活调整教学方法和内容。

（4）组织性。教师能够有效地组织教学材料和活动，确保教学过程的有序进行。

（5）互动性。教师能够激发学生的参与热情，促进师生之间以及学生之间的互动交流。

（6）反思性。教师具备自我反思的能力，能够根据反馈持续改进教学实践。

（7）综合性。教学能力涉及多方面的知识和技能，构成了一个综合性的能力体系。

（8）发展性。教学能力并非固定不变，它要求教师持续学习、实践和反思，以适应教育发展的需求。

（9）创新性。教师能够根据教育环境的变化，创新教学方法，愿意尝试新的教学方法和技术，以提升教学效果。

（10）个性化。每位教师的教学能力都具有其独特性，与教师个人的教育理念、教学风格和经验紧密相关。

（11）评估与反馈。教师能够有效地评估学生的学习成果，并提供具有建设性的反馈。

综上所述，教学能力是教师完成教育教学任务的根本保障，是衡量教师专业素质的关键标准。教师应持续提升自身的教学能力，以适应教育教学改革的需求，为培养高素质人才作出贡献。

6.1.2 高校教师的教学能力

高校教师的教学能力涵盖多个方面，包括教学认知能力、教学设计能力、教学调控能力、教学评价能力以及运用教学媒介的能力。

1. 教学认知能力

教师的教学认知能力是指对教学活动基本元素（如任务、内容、对象等）的认识、理解与把握。这包括理解专业目标及课程的能力、了解教学对象的能力，以及分析与处理教材的能力。

（1）理解专业目标及课程的能力。这涉及理解专业目标与教育目标、课程目标之间的关系，专业目标的表述形式，以及专业目标的作用。

理解课程包括对课程概念、课程编制、课程实施的全面理解。从广义上讲，课程是课堂教学、课外学习以及自学活动的内容纲要和目标体系，是教师和学生各种学习活动的总体规划及其过程。从狭义上讲，课程指的是某一具体学科，例如高等数学、大学语文、逻辑学等。课程编制是按照一定的程序和步骤科学地编排课程并形成结构化的过程，包括确立和表述课程目标、选择和组织课程内容。课程实施则包括实施课程和进行课程评价。教师需要参与课程编制并实施课程，因此必须具备理解专业培养目标和课程编制的能力。

（2）了解教学对象的能力。了解教学对象的能力是指教师对学生的自然状况、身心发展水平等多方面的了解。了解教学对象是教师教学工作的基础。

了解教学对象的能力要求包括如下几方面。

① 了解当代大学生身心发展的特征。

② 克服主观心理倾向，保持客观的认知态度。

③ 具有明确的目的。

④ 掌握并运用可行的方法。

（3）分析、处理教材的能力。分析、处理教材的能力是指教师准确地分析教材、合理地剪裁教材的能力。广义的教材包括教科书、教学参考资料、阅读资料、活动指导书、教学音像资料和教学图表等。狭义的教材即指教科书。教材是教师获取教学信息的基本依据，也是教师和学生教与学的基本依据。对教材进行分析和处理，涉及教学流程的多方面，是教学成功与否的关键。

教师应具备分析和处理教材的基本能力，这体现在以下几方面。

① 能够分析教材的总体结构。

② 能够分析教材的知识点。

③ 能够合理地处理教材。

④ 能够关注学科动态。

2. 教学设计能力

教学设计能力涵盖了制订教学目标的能力、凸显教学重点与难点的能力、选择合适的教学策略与方法的能力以及编写教案的能力。

(1) 制订教学目标的能力。教师所制订的教学目标指的是课堂教学的具体目标,通常涉及单元教学目标和课时教学目标。

制订教学目标的能力体现在以下几方面。

① 遵循教学目标制订的准则。

② 熟悉教学目标的表述方式。

③ 掌握教学目标的制订要求。

(2) 凸显重点与难点的能力。在深入理解教材的基础上,掌握教材的重点、难点和关键点,使教材的知识点层次分明,重点突出,条理清晰,主次有序。

重点指的是教材中最核心、最基础的中心内容。难点是指学生在理解或接受上感到困难的内容。关键点是指在学生理解和掌握教材知识过程中起着决定性作用的知识点。

(3) 选择教学策略与方法的能力。这表现在以下几方面。

① 正确理解和运用启发式教学。启发式教学强调学生既是教学的对象,也是教学认识活动的主体,教学活动应充分展现学生的地位和作用,在教学方法的选择上应注重激发他们参与教学的积极性和主动性。具体要求包括:

a. 在实现教学目标时,应将知识传授与学生能力培养相结合;

b. 在选择教学策略时,应以学生独立学习和研究为主;

c. 在评价教学效果时,应以激发学生主动学习、学会学习为基本标准。

② 正确选择教学策略。教学策略是为了实现教学目标,在特定教学理念指导下,对教学模式、方法、手段的选择。教学策略种类繁多,正确选择策略体现了教师的教学能力。

③ 正确选择教学方法。狭义上的教学方法是指教师在教学过程中为完成教学任务而采取的具体措施和手段。选择教学方法的能力表现为:

a. 能够根据教学目标的要求选择教学方法;

b. 能够根据教学对象的特点选择教学方法;

c. 能够根据教学内容的特点选择教学方法;

d. 能够根据教师自身的素质选择教学方法。

(4) 编写教案的能力。教案,亦称课时计划,是教师对一节课的规划和设计。

教师编写教案的能力体现在:

① 能够准确设定教学目标；

② 能够合理规划教学流程；

③ 能够妥善处理教学内容；

④ 能够选择恰当的教学方法；

⑤ 能够掌握教案的编写格式。

3. 教学调控能力

教师的教学调控能力是课程实施阶段的核心能力要求，涵盖了反馈教学信息、调控教学进程以及课堂管理等关键方面。

（1）反馈教学信息能力。这一能力体现在教师能够及时掌握并准确输出反馈信息，同时迅速排除错误信息。培养此能力需依赖于敏锐的观察力和准确的判断力，以及强大的交流适应性。

（2）调控教学进程能力。此能力的展现包括以下几方面。

① 适时调整教学内容以适应学生需求。

② 适当变动教学程序以优化学习流程。

③ 合理调整教学手段以提高教学效果。

（3）课堂管理能力。教师的课堂管理能力是指能够基于教学需求，结合学生特点，采取恰当措施确保课堂教学顺利进行的能力。

① 影响大学课堂管理的因素主要包括专家权威、人格魅力、有效的评价体系以及角色权力等四方面。具有课堂管理能力的教师往往拥有专家权威，这是通过个人对业务的深入钻研获得的。专家权威的教师能够赢得学生的尊敬，维护良好的课堂秩序。学生在课堂上的遵从和有序行为有时也源于教师的人格魅力。评价体系是教师对学生课堂行为表现进行肯定或否定的结论，它是强化学生行为的重要手段。教师职业本身具有一定的角色权力，学生会自然地遵从和接受教师的领导，尊敬并服从教师的要求。

② 课堂管理能力的具体表现包括恰当运用纪律，营造健康美好的课堂环境，建立和谐的师生关系。此外，教师应善于自我管理，以提高自身的管理能力。

③ 课堂管理能力的培养可以通过学习人际交往知识、增强说服力以及正确理解和扮演教师职业角色来实现。

4. 教学评价能力

教师的教学评价能力涵盖教与学，主要包括以下四方面。

（1）系统评价学生学业成绩的能力。系统评价学生学业成绩的能力是指教师对学生学业成绩是否达到教学目标的判断能力。教师在系统评价学生学业成绩的能力方面的体现包括：

① 正确运用评价方法的能力。根据评价目的和评价方法的特点选用评价方法。对学生学业成绩的评价方式主要是考查和考试。

考查属于定性的评价方法，通常适用于无法定量考核或无须定量考核的学习活动，如观察、课堂测验、课堂提问、检查作业、写作论文、实践作业等。

考试是将定量分析与定性分析结合起来的一种评定方法,如口试、笔试、操作考试等。

正确运用评价方法的能力意味着教师能够从自身的教学要求出发,选择适当的评价方法,以达到了解学生真实学习状况的目的。具体表现为:了解学生对教师课堂讲授内容的理解和接受程度,采用日常考查的方法,如提问、检查作业、书面测验等;考核学生实践活动的能力,采用操作考试的方法,如实习、实践活动,实习总结和实验报告;全面系统地考核学生知识技能的掌握状况,采用笔试的考试方法;考核学生综合运用知识分析问题和解决问题的能力,采用课堂讨论、写作论文、开卷考试等方法;考核学生的思辨能力和语言表达能力,采用口试的方法。

② 熟练掌握和运用各种评价方法。运用考查方法的能力要求对考查的方法有正确的认识;能够恰当运用考查方法,考查分为平时考查和期末考查。课堂提问、课堂讨论、写作论文、实践性作业等是考查的基本方法;能够探索考查方法的新形式。运用考试方法的能力要求运用考试方法的能力主要体现在命题能力上。

命题能力体现为以下四方面。

a. 有效掌握命题的原则。即是有效掌握覆盖面与重点相结合的原则,知识与能力相结合的原则,试题独立性和整体性相结合的原则,以及信度、效度、难易度、区分度相结合的原则。

b. 正确选用考试类型。平时考试是对学生进行的诊断性评价,集中考试是对学生是否达到教学目标的总结性评价;目标参照考试是为了评判学生是否达到了教学目标的基本要求,常模参照性考试是为了了解班级中学生的相对学习水平;笔试适应理论知识的考核,口试适应于深入了解学生掌握知识的深度,操作考试适应于对学生实践能力的考核。

c. 合理设计试题结构。合理设计试题结构就是按照学生识记、理解、应用、综合等考核目标将主观性试题和客观性试题进行合理的结构设计,全面考核学生的学业水平。主观性试题也称作自由应答式试题,类型通常有论述题、论证题、演算题、简答题、应用题、作图题、概念题、辨析题、案例分析题等,侧重于考核学生的能力水平。客观性试题也称作固定应答式试题,类型通常包括是非题、选择题、匹配题、填充题、改错题等,侧重于考核学生的知识水平。

d. 掌握试题编制的技术和程序。具体如下。

(a) 编制命题计划。将课程内容和考核的目标以二维坐标图的方式进行排列。一般横向表示每一章节的课程内容,纵向表示不同的考核目标。同时设计题目的难易程度、权重、内容比例、题型、题目数量。

(b) 拟定考试题目。依照命题计划确定题型、题目数量、难易程度。

(c) 安排题目顺序。先易后难、先省时后费时、先客观后主观的顺序安排题目。

(d) 确定标准答案。确定出标准答案和评分的标准,供评卷参考。

(e) 进行分数分配。依照命题计划中的权重对每种题型进行分数分配,还要对每道题目进行进一步的分值分配。

(2) 客观评定学生学业成绩的能力。

① 合理运用记分方式。通常记分的方式有百分制、等级、评语三种方式。考查适宜采用

等级制,考试适宜采用百分制,书面作业类的考核适宜采用评语。

② 恰当运用评分标准。应根据试题的难易程度和权重系数确定评分标准。评分做到原则性和灵活性结合,既要遵循标准答案,又不拘泥于答案。

③ 及时整理评价信息,包括信息资料归档,绘制统计图表,计算必要的统计量。

④ 全面分析学业质量,包括综合运用各种方法全面分析学生的学业质量,以及能够深入分析质量问题产生的根本原因。

(3) 有效调整教学策略的能力。教师调整教学策略的能力是指教师在整理和分析教学反馈信息的基础上,识别教学中的问题,并及时调整教学策略以提升教学效果和确保教学质量的能力。具体表现在以下几方面。

① 调整教学目标。

② 完善教学内容。

③ 改进教学方法。

④ 指导学习策略。

(4) 教师教学自我评价能力。自我评价是高校教学评价中应当提倡和重视的一种评价方式。鉴于高校教师专业的独立性和自主性较强,教师的自我评价往往更为真实和客观,对改进教师的教学具有重要意义。

教师教学自我评价能力是指教师能够依据一定的标准,对自身的教学实践及其效果进行客观评判的能力。

教师的自我评价能力亦是其教学自我反思能力的体现,具体表现在以下几方面。

① 反思教学目标的能力。

② 反思教学观念的能力。

③ 反思教学态度的能力。

④ 反思教学内容的能力。

⑤ 反思教学方法的能力。

⑥ 反思教学效果的能力。

5. 运用教学媒介的能力

(1) 教师需具备卓越的语言表达能力。这是教师应当掌握的基本沟通技能。教学语言涵盖口头语言、书面语言以及肢体语言三种形式。

① 口头语言表达能力。在教学过程中,口头语言表达是最基础的语言形式,它包括独白式和对话式两种表达方式。教师的口头语言表达能力表现为:发音准确,吐字清晰;表述简明,逻辑性强;抑扬顿挫,具有节奏;风趣生动,通俗易懂;寓意深刻,启发思考。

② 书面语言表达能力。这一能力主要体现在教师的课堂板书技巧上。板书作为一种教学工具,能够帮助学生通过视觉接收知识信息,并通过视觉交流的方式传递信息。

板书在教学中的作用:能够以简明的方式揭示知识结构的内在联系;能够突出教学中应

当掌握的知识；能够帮助学生理解讲授中的问题；能够激发学生的学习兴趣,保持学生的注意力。

教师在课堂上常用的板书类型主要包括文字板书、示例板演和图解板画三种。

教师的板书能力主要体现在结合教学内容进行板书设计上。通常板书表达形式有三种:逻辑要点式、结构图式、图表演示式。此外,板书能力还体现在:板书正确规范、书写美观;板书系统完整、简明扼要;板书的书写和擦拭适时有序。

③ 体态语言表达能力。教师的体态语言,亦称身体语言,是指通过表情、姿态、动作等非言语方式传递信息的无声交流形式。它是教师口头语言和书面语言的重要补充和深化。

教师的体态语言分为三种类型:动态无声交流、静态无声交流以及有声交流。这三种形式在教学过程中常常是相互结合、共同运用的。

教师获得体态语言表达能力的要求:用眼达意,注意调控;表情丰富,沟通情感;姿势恰当,讲求风范;情绪饱满,健康心态。

(2) 教师运用教学技术手段的能力。教学技术手段是教学传播的重要媒介。教学技术指的是高校教师用于传递教学信息的各种物质媒体或条件。它主要分为常规教学手段和现代化教学技术手段两大类。

常规教学手段主要涉及在课堂上频繁使用的直观教学工具,如粉笔、黑板和教鞭等辅助教学器材。常见的直观教具包括图表、黑板画、实物展示、标本以及模型等。

现代教学技术则指的是运用现代科技手段来传递教学内容的各种教学设备。这包括幻灯机、电影放映机、电视、录音机、录像机、语言实验室、程序教学机、电子计算机等硬件设施,以及幻灯片、电影胶片、录像带、录音带、软盘和光盘等承载教学内容的软件工具。现代教学技术大多属于视听类工具,它们相较于传统技术手段,能够提供更大量的信息、更丰富和生动的视觉展示,有效地扩展了学生的直接知识和经验。运用常规教学手段和现代化教学手段的要求分别如下。

① 运用常规教学手段的要求。目的明确,选择使用;准备充分,使用适当;展示清楚,引导观察;演讲结合,提高认识;注意维修,动手制作。

② 运用现代化教学手段的要求。应与常规教学手段结合使用;掌握现代化教学手段的使用方法;合理选择和应用现代化教学手段;应与讲解、引导、思考结合起来;应当把应用现代化教学手段与教学改革结合起来。

6.1.3 高校教师的教学技能

1. 组织教学技能

在课堂教学过程中,教师通过不断吸引学生的注意力、管理课堂纪律、引导学习活动,以及建立和谐的教学环境,帮助学生达成预期教学目标的行为方式,被称为教师的课堂组织技能。这一技能的实施,是确保课堂教学动态调控顺利进行的关键保障。它不仅影响整个课堂教学的效果,而且与学生的思想、情感、智力发展密切相关。一个组织得当、秩序井然的课堂,能让学生的注意力更加集中,教师的引导更加有效,从而确保课堂教学效果的提升。

(1) 组织教学的目的。组织教学的目的包括以下几方面。

① 组织和维持学生的注意力。

② 激发学习兴趣和动机。

③ 增强学生的自信心和进取心。

④ 帮助学生树立良好的行为准则。

⑤ 营造积极的课堂氛围。

(2) 教学组织技能的类型。从其基本特征来看,课堂组织技能可以归纳为十个行为方面,包括行为的作用、方法、活动、主题、认知过程、参与人员、时间管理、陈述方式、教学辅助工具的使用和规则的制订。

① 管理性组织。管理性组织的目标是进行课堂纪律的管理,确保教学在有序的环境中进行。课堂不仅是学习的场所,也需要有纪律作为保障,以保证学生能够生动活泼地学习。

② 指导性组织。指导性组织特指教师对特定教学活动的组织,旨在指导课程和学生的学习的方向。这包括对阅读、观察、实验等教学活动的指导组织,以及对课堂讨论的指导组织等。

③ 诱导性组织。在教学过程中,教师运用充满感情、亲切和热情的语言,引导和鼓励学生积极参与教学过程,使用生动有趣且富有启发性的语言激发学生的积极思考,帮助学生顺利完成学习任务。在这样的教学组织中,教师不是简单地灌输知识,也不代替学生思考,而是通过积极的启发和诱导,引导学生沿着科学正确的思考路径,自行得出结论。

2. 导入技能

导入是教师在新教学内容或活动开始时,引导学生进入学习状态的行为方式。通过导入,学生被引领至特定的学习方向,因此也被称为定向导入。

(1) 导入的作用。导入的作用在于集中学生的注意力,激发学生的兴趣,明确学习目标和要求,为掌握新知识打下良好的基础。

有效地导入新课是课堂教学中的关键环节。优秀的导入能够点燃学生思维的火花,拓展思维的广度和灵活性。富有启发性的导入不仅能够活跃学生的思维,还能培养学生的定向思维能力。恰当的导入方法能够集中学生的注意力,明确思维方向,激发学习兴趣,唤起内在的求知欲望,使学生在学习新课之初就进入良好的学习状态,为整个教学过程奠定良好的开端。

(2) 导入的类型。教学没有固定的形式,课程的开始也没有固定的方法。由于教育对象和内容的不同,导入的方式也会有所差异。即使是相同的内容,不同的教师也会有不同的处理方式。教师应根据学生的心理特点和教学内容,采用灵活多样的方式导入新课。理工科教学中常见的导入方式主要有以下几种。

① 通过复习旧知识的方式导入新知识,引导学生发现问题,明确探索的目标,这是理工科教学中常用的方式。

② 利用直观演示的方式导入。根据学科特点,应尽量采用直观教学。直观教学可以使抽象知识具体化、形象化,帮助学生建立从形象到抽象的过渡桥梁。因此,使用直观教具揭示原理或规律至关重要。

③ 用实验演示的方式导入。教师巧妙设计一些小实验或练习,引导学生观察和分析现象,通过归纳总结得出结论,从而揭示本节课的主题。这种方法有助于学生掌握抽象知识,激发思维活动。

④ 从生产实践和生活实际问题导入。生产和生活中有许多现象,人们往往能感知却难以理解。一旦将这些现象提升到理论高度,便能引起浓厚的兴趣。教师利用这种心理,将许多问题从学生熟悉的实际问题或自身的生理现象出发导入新课。通过学生生活中熟悉的事例或自身生理现象的引入,能够让学生感到亲切和实用,容易激发学习兴趣。

⑤ 以讲故事的方式导入。教师根据教学内容适当引入一些材料,从与教材相关的趣闻轶事出发导入,能够激起学生对新课的浓厚兴趣。

⑥ 运用逻辑推理的方法导入。推理是人们根据已有判断,通过思维分析综合,引出新判断的过程。它是基于已有概括性认识和相关材料或事实,对过去进行推断或对未来进行预测。

(3) 导入技能的构成。导入的类型是在深入研究教学内容、明确教学目标和分析学生认知特点的基础上确定的。因此,每种导入都应从教学目标出发,帮助学生明确学习目的和教学内容,激发他们的学习积极性和主动性,形成寻求答案的迫切心理,更好地理解和掌握知识。导入的设计必须具有合理的结构。典型的导入由以下四方面构成。

① 集中注意力。导入的首要任务是使学生从与教学无关的活动中脱离出来,迅速投入到新的学习中,并保持注意力。

② 激发兴趣。兴趣是学习动机中的重要成分,是求知欲的起点。导入的目的在于用各种方法调动学生的这种内部积极性。

③ 明确目的。在导入过程中,只有使学生明确学习目的,才能充分调动他们的内部动机,发挥学习的积极性和主动性。

④ 进入课题。通过导入自然地进入新课题,使导入和新课题之间建立有机联系,才能发挥导入的作用。

(4) 设计导入应注意的问题。在设计导入时,应注意以下几个问题。

① 导入要与教材内容和学生特点相适应,即具有针对性。教师设计导入时必须依据教学内容,不能脱离教学内容。设计的导入方法要具体、简洁,尽可能用少量的语言说明课题要学习的内容、意义和要求。一开始就要将学生的思路带入新的知识情境中,让学生对要学习的新内容产生认识上的需求。导入只是开头,从课堂结构的角度来看,它的作用是为教学打开思路。如果脱离课堂整体,即使再精彩的导入也失去了它应有的作用,这是不可取的。

② 导入要有启发性。导入对学生接受新内容具有启发性,以便学生实现知识的迁移。通过浅显而简明的事例,学生能够得到启发。富有启发性的导入能引导学生发现问题,激发解决

问题的强烈愿望,调动学生思维活动的积极性,促使他们更好地理解新教材。启发性的关键在于激发学生的思维活动。而思维活动往往从问题开始,又深入问题之中,始终与问题紧密联系。学生有了问题就会思考和解决,这为学生顺利理解学习内容创造了前提条件。

③ 导入要有趣味性。设计导入时要引人入胜,使教材内容以新鲜活泼的面貌出现在学生面前。这样能最大限度地引起学生的兴趣,激发他们的学习积极性,有利于引导和促进学生接受新教材,防止学生产生厌倦心理。

④ 导入要考虑语言的艺术性。要想使新课的开始扣动学生的心弦,激起学生思维的浪花,像磁铁一样把学生牢牢吸引住,这就需要教师讲究导入的语言艺术。考虑语言艺术的前提是语言的准确性、科学性和思想性。同时,还要考虑可接受性,不能单纯为生动而生动。因此,设计导入时要根据导入方法的不同,考虑采用不同的语言艺术。

总之,无论采用哪种导入方法,教学语言都要求确切、精炼,具有画龙点睛之妙。教学语言应该朴实、通俗易懂,实事求是。除此之外,教学语言还要生动活泼、饶有趣味,给人以幽默感。

3. 提问技能

(1)提问。提问是教学过程中教师与学生之间常用的一种互动交流方式,是实现教学反馈的重要手段之一,也是师生互动的基础,更是激发学生思维的策略和工具。因此,提问在教学中扮演着至关重要的角色。

提问通过师生之间的互动,用以检验学习成果、促进思维发展、巩固和应用知识,从而达成教学目标。在众多教学技巧中,提问无疑是一项较为复杂的技能。

(2)提问的类型与特点。在教学过程中,学生需要掌握的知识类型多样,包括事实、现象、过程、原理、概念、法则等;这些知识有的需要记忆,有的需要理解,还有的需要分析和综合;学生的思维方式也呈现出不同的形式和层次。这就要求教学中所提出的问题应当多样化,以适应不同的学习需求。

根据提问的定义,问题的种类可以分为两大类:检查知识和创造知识。检查知识的问题通常只有一个标准答案,学习者只需运用记忆中的知识进行回答,无须深入思考,判断起来相对简单,答案通常只有正确或错误之分,这类问题也被称为低级认知问题。而创造知识的问题旨在激发学习者内心的新思维,通常不止一个正确答案,答案需要学生自行思考,判断时需依据问题的意图,评估答案的合理性与创新性,或者在多个答案中权衡哪一个更佳。因此,这类问题又被称为高级认知提问。

① 低级认知提问包括回忆提问、理解提问、运用提问三种。

a. 回忆提问。这类问题要求回答者以肯定或否定的方式作答,亦即二选一的问题。学生在回答这类问题时无须深入思考,只需对教师提出的问题简单地回答"是"或"不是","对"或"不对"。通常,这类问题的回应是集体性的,难以察觉个别学生对知识的掌握程度。

简单的回顾性提问限制了学生的独立思考,剥夺了他们表达个人见解的机会。因此,教师在课堂上不应过度依赖这种提问方式。有些课堂虽然表面上看似充满活力,师生互动频繁,但深入分析后会发现,学生除了回答"是"或"不是"之外,很少有其他涉及更高层次思维的回答,这是不理想的。然而,这并不表示这类问题完全不能使用,而是应该适度。它们通常适用于课程的起始阶段,或在对某个问题进行初步论证时,帮助学生回忆已学的概念或事实,为学习新知识打下基础。

b. 理解提问。根据学生理解程度的不同,理解提问课分为三种类型。

(a) 用自己的话对事实、事件等进行描述,以便了解学生对问题是否理解。

(b) 用自己的话阐述核心思想,以便了解学生是否把握了问题的核心。

(c) 对事实、事件进行比较,辨识其本质差异,以实现更深层次的理解。

通常,理解提问用于检验最近课堂上新掌握的知识与技能的理解情况。它们多用于某个概念或原理讲解之后,或课程的结尾。学生要回答这些问题,必须对已学知识进行回顾、阐释或重新整合,因此属于较高级别的提问。

c. 运用提问。运用提问是建立在对一个简单问题情景的构建上,引导学生运用新获得的知识以及回顾以往学过的知识来解决新问题。在理工科概念教学中,这种方法被频繁使用。

② 高级认知提问包括分析提问、综合提问和评价提问三种。

a. 分析提问。分析提问旨在引导学生辨识条件与原因,或者揭示条件之间、原因与结果之间的内在联系。

由于所有高级认知性提问均无现成答案,学生仅依赖课本阅读或记忆教师提供的资料是不足以应对的。这要求学生能够自主组织思路,追溯本源,进行解释或鉴别,从而进行更深层次的思维活动。如果学生仅给出简单答案,或机械记忆课文内容,这并不构成高级思维活动。

b. 综合提问。这类问题旨在激发学生的想象力与创造力。学生必须迅速在脑海中搜寻与问题相关的知识,并通过分析与综合这些信息,得出创新的结论。这样的过程对培养学生的思维能力极为有益。

综合提问的表达形式一般有以下几种。

(a) 根据……你能提出什么问题吗?

(b) 为了……我们应当……?

(c) 如果……会出现什么情况?

(d) 假如……会产生什么后果?

c. 评价提问。在进行分析性或综合性提问之后,无论学生的回答多么出色,教师都应引导他们深入分析其理由的充分性、结论的正确性以及表达的准确性。这样的分析有助于评估答案的价值。杜威主张,在教学过程中应当激励学生进行判断并阐述其理由,这将使他们在回答问题时的理由更加清晰。因此,评价提问的回答过程本身就是一种高级的思维活动。在提出这类问题之前,教师需要确保学生已经独立形成了正确的价值观、思想观念,或者掌握了评价的标准,这些将作为他们进行评价的坚实基础。

评价提问的表达形式通常有以下几种。

（a）你同意……？为什么？

（b）你认为……？为什么？

（c）你相信……？为什么？

（d）你觉得……？为什么？

（e）你喜欢……？为什么？

（3）提问过程的构成。从教师的初始提问引发反应和回答，再通过随后的对话，引导出预期的答案，并对学生的回答进行分析和评价，这个过程被称为提问过程。提问过程可以细分为以下几个阶段。

① 引入阶段。教师采用不同的语言或方式来预示即将进行的提问，使学生在心理上做好准备。因此，提问前需要一个明确的界限标志，以示从语言讲解或讨论过渡到提问环节。

② 陈述阶段。陈述所提问题并做必要的说明应满足三个要点。

a. 点题集中：引导学生弄清要提问的主题，或使学生能承上启下地把新旧知识联系起来。

b. 陈述问题：清晰准确地把问题表述出来。

c. 提示结构：教师预先提醒学生有关答案的组织结构。

③ 介入阶段。在学生不能作答或回答不完全时才引入此阶段，教师以不同的方式鼓励或启发学生回答问题，主要考虑以下五方面：核对查问学生是否明白问题的意思；让学生尽快作出回答或完成教学指示；提示问题的重点或答案的结构；在学生没听清题意时，原样重复所提问题；在学生对题意不理解时，用不同词句重述问题。

④ 评价阶段。当学生对问题作出回答后，教师以不同的方式处理学生的回答，主要有：教师重复学生的答案；教师以不同的词句重述学生的答案；根据学生回答中的不足，追问其中要点；纠正错误回答，给出正确答案；教师对学生的回答进行评价；依据学生的答案，引导学生思考另一个新的问题或更深入的问题；就学生的答案加入新的材料或见解，扩大学生成果或展开新的内容；检查其他学生是否理解某学生的答案或反应。

（4）提问的要求。提问的目的不仅在于获取正确答案，更关键的是引导学生巩固已学知识，并运用这些知识解决新问题，或促使学生向更深层次发展。为了实现这些预期目标，教师必须掌握提问的技巧。提问的技巧主要包括以下几方面：清晰与连贯、停顿与速度、指导与分配、提示与探询。

① 清晰与连贯。确保问题表述清晰、意义连贯，需要教师事先精心设计，特别是在进行高级认知提问时，这一点尤为重要。设计问题时，教师需仔细推敲，不仅要考虑问题与教学内容的关联，还要考虑学生是否能够理解和接受。对于教师或专业人士而言，某个问题可能看似简单明了，但学生由于基础知识和理解能力的限制，可能觉得概念上含糊不清。此外，问题的措辞是否恰当、表达是否准确，也会对提问的清晰度与连贯性产生影响。

② 停顿与语速。提问时应适当停顿，以便学生有时间准备接受问题并思考答案。停顿对教师和学生都有其重要性。教师在提出问题后稍作停顿，可以观察全班学生的反应，这些反应

通常表现为非语言的身体动作或情绪表达。

关于提问的语速,它取决于提问的类型。低级认知提问通常较为简单,可以快速叙述;而高级认知提问针对的是更复杂的问题,除了需要较长的停顿外,还应缓慢而仔细地叙述,确保学生对问题有清晰的理解。如果以快速的节奏提出复杂问题,学生可能无法听清题意,从而导致混乱或沉默。

③ 指导与分配。在班级中,学生的性格特点和对问题的理解程度各不相同。有些学生理解能力强,乐于表达,他们在教师提问后迅速举手回答,教师对他们的答案也较为满意。教师往往更多地关注这些学生,而对其他学生关注较少,这可能导致班级被无意中划分为积极参与者和被动学习者。为了激发每个学生的积极性,让他们主动参与教学过程,教师必须合理分配提问。首先,教师需仔细观察哪些学生积极参与,哪些学生对活动不感兴趣;其次,对于不善表达的学生,应给予他们锻炼的机会,对于学习有困难的学生,让他们先回答简单问题,并不断给予鼓励和帮助,帮助他们逐步提升;最后,特别要注意教室后排和两侧的学生,这些区域的学生常常被教师忽略。

指导主要是针对那些不愿意参与交流的学生。在平时,总有一些学生不愿意参与讨论,这时教师可以提出一些无威胁性的问题,引导他们参与活动,并给予适当的鼓励和提示。

④ 提示与探询。提示是为帮助学生而提供的暗示序列,当学生回答不完整或有误时,提示可以帮助他们完善答案。提示的主要目的是使学生的回答更加突出要点,指示解决问题的方向,并激发学生进一步思考,以更准确地回答问题。为了使提示能收到预期的效果,要根据出现的问题有意识地提示以下几方面的问题:使其回忆已知的知识或生活经验;使其理解已学过的知识;使其明确回答问题的根据和理由;使其应用已学过的知识解决问题;引导思考,活跃思维,产生新的想法;使其进行判断和评价。

(5)提问的基本原则。作为提问时应遵循的一般原则,在设计问题和提问过程中应当注意以下几点。

① 设计问题时需准备适应学生年龄和个人能力的问题,确保大多数学生能够参与回答;

② 特别强调问题重点的明确性,确保问题内容的集中性;

③ 问题的表述应使用简洁易懂的语言,最好贴近学生的日常用语;

④ 结合教学内容的实际情况,运用已学知识合理设计问题,并预设学生的可能回答及应对策略;

⑤ 根据教学进度和学生思考过程适时提问,掌握提问的时机;

⑥ 以共同思考的心态提问,避免使用强制回答的语气和态度;

⑦ 提问后避免随意解释和重复,因为即便是细微的用词变化也可能导致问题含义的微妙差异;

⑧ 当学生理解不深入或未能抓住重点而无法回答时,教师不应代为回答,而应从不同角度给予启发和引导,培养他们独立思考和解决问题的能力;

⑨ 教学过程中教师临时想到的问题不应轻易提出,需考虑其在教学中的作用和意义;

⑩ 学生回答后,教师应给予确认和分析,以强化学生的学习效果。

4. 教态变化技能

(1)教态变化。所谓教态变化,主要是指教师口头语言的变化。其核心任务在于吸引并保持学生的注意力,有效传授知识,以及交流思想感情。为了更有效地实现这一目标,在教学的不同阶段,教师应运用不同的刺激手段来配合口头语言,即利用非语言手段组织学生的注意力,更生动地传授知识和交流感情。这同样是一个关键方面。例如,教师的声音和声调、教师身体的运动和适当的手势,以及教师的表情、眼神和适时的沉默等,都是教师口头语言的有力辅助手段。从信息传播的角度分析,非语言信号能够传递丰富的信息,这种作用往往是口头语言所无法替代的。需要强调的是,刺激的变化并非简单地增加刺激的强度或增强学生的警觉反应。充分的生理学证据表明,刺激变化对学生的主要激发作用在于吸引和保持学生的注意力。在教学过程中,只有当教师成功吸引学生的注意力时,他们才会更愿意学习。

(2)教态变化的作用。其作用体现在教育作用、激励作用、启发作用和强化作用上。

美国心理学家艾帕尔·梅拉别斯(Albert Mehrabian)总结了人接受信息的效果公式:信息的总效果=7%文字+38%音调+55%面部表情。

从这个公式中,我们可以清楚地看到,教师的非语言教学行为对学生接受信息具有显著的强化作用。

(3)教态变化的原则。

① 必须充分认识到教师的教态对学生教育和情感激发的重要性。

② 非语言行为的运用必须清晰、准确,只有当学生能够理解时,才能发挥其最大作用。

③ 非语言行为的运用要适度,过于复杂会使学生感到困惑,过于简单则可能显得单调,两者都会影响教学效果。

④ 非语言行为的运用要恰到好处,避免夸张。教师在课堂上的教学不同于戏剧表演,动作要适度,否则可能会喧宾夺主,影响教学效果。

5. 强化技能

强化是一个源自心理学的概念,指的是在学习过程中,通过增强某种反应的重复可能性来提升有机体的学习效果。强化是塑造和维持行为的关键因素。其理论基础最初源于条件反射、反应性条件反射以及刺激—反应理论。而现代理论则融合了信息论、控制论和系统论中的信息强化理论。

所谓强化技能,是指教师在教学过程中采取的一系列方法,旨在促进和增强学生的反应,以及保持学习的动力。

(1)强化技能的目的。

① 吸引学生的注意力,确保他们在教学活动中集中精力,减少外界干扰,提高注意力的持久性。

② 激发学生的学习动机,增强学习兴趣,明确学习目标。

③ 在教学过程中,鼓励学生积极参与,促进师生之间的双向互动。

④ 培养和改善学生的正确行为,如遵守纪律、正确观察等,使学生在心理上获得适当的满足感。

教师需要研究学生,了解他们的心理需求,以便进行符合学生心理特征的强化教育,从而达到事半功倍的教学效果。每个学生的心理特征都带有个人色彩。如果教师在强化的同时关注学生的心理特征,将更有利于增强强化的效果。此外,同一个学生在不同时间可能有不同的心理状态。教师在给予强化时,也应考虑这些变化因素。

（2）强化技能的类型。强化技能的方式多种多样,教师在教学中可以运用激励性的语言、赞许的目光、鼓励的手势、会心的微笑,以及面部表情、体态和活动方式,为学生创造最佳的学习环境,增强情感的感染力,强化学生的学习情绪。强化技能主要包括语言强化、活动强化和符号强化等类型。

① 语言强化。教师通过语言评论的方式进行强化,如表扬、鼓励、批评。语言强化通常有三种形式：口头语言强化、书面语言强化和体态语言强化。

② 活动强化。教师通过设计学生感兴趣的学习活动,引导学生参与并互相影响。

③ 符号强化。符号强化也称为标志强化。教师使用醒目的符号和色彩对比来强化教学活动。

（3）强化技能的使用要求。教师在课堂教学中运用强化技能时,应注意以下几点要求。

① 多样性。单调容易引起学生的乏味,因此强化的方式需要经常变化,强化的类型应根据授课内容的特点而变化,使用的语言也应多样化,富有幽默感。

② 个性化。强化应考虑强化对象的个性和行为程度,强化方法应符合学生的年龄特征和表现,注重内部强化,促进学生主动学习,多使用正面强化,少用或不用负面强化。

③ 针对性。对学生的强化应明确具体,针对不同性格特点的学生使用不同的强化方法,对不同行为采取不同的方法,特别注意鼓励那些进步微小的学生。

④ 时效性。对学生的反应要及时给予强化,强化的时机对强化效果有很大影响,过早可能会使学生慌乱,阻碍探究活动的进行；过晚可能会使学生失去帮助的机会,甚至可能无法接受正确的信息。

（4）强化技能的应用原则。应当遵循以下几点。

① 目的性原则。运用强化技能时,必须将学生的注意力引导到学习上来,提高他们参与教学活动的意识,帮助他们采取正确的学习行为,并以表扬为主,促进学生的学习。

② 恰当性原则。应注意强化技能的运用应合适、自然、恰到好处。例如,在采用动作强化时,过分频繁的走动和接触学生可能会引起反感。强化应适合班级、年级和学生的能力及特点。

③ 情感性原则。教师应热情真诚,对学生充满希望、关怀和信任,这样才能对学生的情感产生积极的影响。

④ 及时性原则。一旦期望的行为出现,教师应立即抓住时机给予奖赏,力求达到强化效

果。对于学习行为或纪律行为较差的学生,应注意强化他们的微小进步。

⑤ 间歇性原则。当期望的某种行为已经相当稳固时,应逐渐减少强化的频率,直至最终在每个间隔时间后偶尔给予强化。这种间歇性的强化对于保持已养成的行为,比持续不断的强化更为有效。

6. 板书技能

板书技能是教师运用精炼的文字语言和图表等手段传递教学信息的教学行为方式。板书不仅是教师应具备的教学基本功,也是必须掌握的一项基础教学技能。富有创意的板书和板图,不仅有助于知识的传授,还能促进学生智力的发展,产生美感以陶冶情操,培养学生形成良好的习惯,激发学生的学习兴趣,启迪学生的智慧,活跃学生的思维。精心设计的板书可被称为形式优美、重点突出、高度概括的微型教科书。

(1) 板书的作用。

① 板书是课堂教学的重要组成部分,是传递教学信息的有效手段,是教师口头语言的书面表达形式。在教学中,它能增强语言效果,加深记忆。

② 板书与诉诸听觉的有声语言相辅相成,可弥补语言表达的不足。在表达问题上,它更准确、更清晰,更容易被学生接受。

③ 板书通过学生的视觉器官传递信息,比语言更具有直观性。特别是在表现事物的发展变化方面,挂图、幻灯片是无法比拟的,板书能加深学生对问题的理解,使问题能够在脑海中留下深刻印象。

④ 板书对教学内容具有高度概括性,它能条理清晰、层次分明地提示一节课的教学内容。通过板书,一节课的内容一目了然。

⑤ 通常在讲解重点、难点教学内容时进行板书,并且在关键的地方可以圈圈点点,或用不同颜色的粉笔书写和绘画,因此,它能突出教学重点、关键,解决教学难点。

⑥ 形式优美、设计独特的板书具有激发学生兴趣,启发思维的作用。独具匠心的板图,能引起学生的浓厚兴趣,有的甚至使他们终生难忘。

(2) 板书的类型。板书的形式和教学的其他活动形式一样,要根据教学内容的特点,从实际出发,恰当地运用。板书的种类繁多,从语言的运用上分,有提纲式、语词式;从表现形式上分,有文字式、表格式、图示式;从内容上分,有综合式、单项式;从结构上分,有总分式、对比式、分列式、提纲要点式。选择最佳的板书形式是增强教学效果的重要一环。常用的板书形式主要有以下几种。

① 提纲式。这是按教学内容和教师的讲解顺序,提纲挈领地编排书写的形式。这种形式能突出教学的重点,便于抓住要领,掌握学习内容的层次和结构,培养分析和概括的能力。

② 词语式。它的特点是简明扼要,富有启发性,通过几个含有内在联系的关键词语引起学生连贯思索,加深对教学内容的理解,有利于对学生思维能力的培养。

③ 表格式。这种形式的板书是根据教学内容可以明显分类的特点设计的。教师根据教学

内容设计表格,提出相应的问题,让学生思考后提炼出简要的词语填入表格;也可以在教师讲解的同时把关键词语填入表格;还可先把内容分类并按一定位置书写,归纳、总结时再形成表格。

④ 线索式(流程式)。以教材提供的线索(时间、地点等)为主,反映教学的主要内容,这样能把教材的梗概一目了然地展现在学生面前,使学生对它的全貌有所了解。这种板书指导性强,对于复杂的过程能起到化繁为简的作用,便于记忆和回忆。

⑤ 图示式。在板书中辅以一定意义的线条、箭头、符号等组成某种文字图形的板书书法。它的特点是形象直观地展示教学内容,许多难以用语言解释清楚的事物一经图示,便一目了然。它能引起学生的注意,激发学习兴趣,学生能长久地体会深意。

⑥ 总分式(括弧式)。适合于先总体叙述后分述或先讲整体结构后分别讲解细微结构的教学内容。这种板书条理清楚、从属关系分明,便于学生理解和掌握教材的结构,给人以清晰完整的印象。

⑦ 板图。教师边讲边把教学内容所涉及的事物形态、结构等用线图画出来,形象直观地展现在学生面前。板图在辅助讲解事物的发展变化过程方面,不但优于语言,有时也优于挂图。

(3)板书与语言的配合。板书与语言讲解是一个不可分割的整体,二者有机结合才能较好地传递教学信息。结合的形式主要有先写后讲、先讲后写、边讲边写三种,但又是经常结合使用的。

① 先写后讲:一般在需要学生对某一事物先有一全面概括的了解,然后再逐步细致地讲解。

② 先讲后写:通常在教师利用板书帮助学生回忆所学过内容的要点或讲解新知识时使用。

③ 边讲边写:图示式、板图等形式的板书适合于边讲边写。

(4)板书的原则。

① 书写规范,有示范性。

② 语言准确,有科学性。

③ 层次分明,有条理性。

④ 重点突出,有鲜明性。

⑤ 合理布局,有计划性。

⑥ 形式多样,有趣味性。

7. 结束技能

结束是教师完成一个教学任务或活动所采取的行为方式。在教学中,结束主要有两种形式,即认知型结束和开放型结束。其方法如下。

① 认知型结束,又称为"封闭型结束"。其目的是巩固学生所学到的知识,把学生的注意力集中到课程的要点上去。这种方法虽然是对问题或课程的归纳总结,对结论和要点的明确及强调,但也应该是有趣的,需要教师尽可能引出新的问题,把学生刚学到的知识应用到解决

新问题中去。

② 开放型结束。一个与其他学科、生活现象或后续课程联系比较密切的教学内容完成以后,不只限于对教学内容要点的复习巩固,而且要把所学的知识向其他方向伸延,以拓宽学生的知识面,引起学生更浓厚的研究兴趣,或把前后知识联系起来,使学生的知识系统化。

(1) 结束的作用。所谓结束从技术上可以定义为:引导学生完成学习步骤或特定的任务。结束是一个任务的完成,不是简单地说一声"这个问题(或这节课)就讲到这里"就可以结束的。最佳的方法是在一个问题或一节课的末尾,将问题的论点、要点等简明地交代给学生,以使学生掌握问题的实质。不仅要使被感知的科学事实和所形成的概念体系在记忆中巩固下来,而且要通过总结整理使学生对知识的领会更加深入。

(2) 结束的类型。结束的方法除了对全课归纳总结、引申拓宽、与后续课承上启下外,还有一些方法。在实际教学中具体采用什么方法,要根据教学内容的性质和要求来决定。在对一堂课的设计中,怎样来结束一个课题是一个重要的内容。只有这样教师的教学才有了清楚的目标和方向。假如教师自己不清楚这堂课的要点,也不知道最后应该把学生引导到什么方向,那么是不能把这一堂课教好的。

(3) 结束的过程。在结束一个课题的时候,大体需要经过以下几个阶段。

① 简单回忆。对整个教学内容进行简单回顾,整理认识的思路。

② 提示要点。指出内容的重点和关键,必要时可做进一步的具体说明,进行巩固和强化。

③ 巩固和应用。把所学知识应用到新的情境中去,解决新的问题,在应用中巩固知识,并进一步激发思维。

④ 拓展延伸。有时为了开拓学生的思维或把前后知识联系起来,形成系统,进而把课题内容扩展开来。

(4) 结束的原则。

① 结束时要及时对所学知识进行回忆,并使之条理化。

② 归纳总结要紧扣教学目标,提示知识结构和重点。

③ 重要的事实、概念、规律等在结束时要进行总结深化和提高。

④ 结束时要提出问题或采取其他形式检查学生学习情况。

⑤ 归纳总结要简明扼要。

⑥ 有些内容要拓展延伸,进一步启发学生的思维。

⑦ 结束可采取多种形式,既巩固知识又余味无穷。

6.2 全国高校青年教师教学竞赛

6.2.1 青教赛基本情况

自 2012 年起,全国高校青年教师教学竞赛(简称"青教赛")已成功举办了七届,而全国中小学青年教师教学竞赛也已成功举办四届。全国青年教师教学竞赛已基本构建起一个覆盖从大学到小学、从国家级到县级的全方位、多层次的竞赛体系,为众多青年教师提供了一个展示教学技艺、提升教学技能、交流教学思想的平台。这项赛事由中华全国总工会和教育部联合主办,每两年举行一次,始终秉承"上好一门课"的理念,充分发挥了教学竞赛在提升教师素质方面的示范和引领作用,成为参与范围最广、学科种类最全、组织规模最大的全国性高水平教学竞赛。

1. 竞赛宗旨

围绕立德树人根本任务,以加强师德师风建设、锤炼教学基本功为着力点,充分发挥教学竞赛在提高教师队伍素质中的示范引领作用,进一步激发广大高校青年教师更新教育理念和掌握现代教学方法的热情,努力造就一支有理想信念、有道德情操、有扎实学识、有仁爱之心的高素质、专业化教师队伍,加快推进教育现代化。

2. 竞赛原则

坚持公平、公正、公开;坚持广泛参与、层层发动;坚持注重教学基本功和实际应用能力;坚持程序严谨、规范。

3. 竞赛安排

竞赛分省内选拔赛和全国决赛两个阶段。

决赛设置文科、理科、工科、医科、思想政治课等五个组别。

4. 竞赛内容

赛前提交参赛课程的教学大纲、16 个学时的教学设计方案和对应的课堂教学节段 PPT。决赛阶段,由选手现场随机抽取一个教学节段,进行模拟课堂教学并撰写教学反思。7 名评委对教学设计、课堂教学和教学反思分别按 20 分、75 分、5 分打分,评委评分实行实名制。

(1)教学大纲。主要包含课程名称、基本信息(课程信息、教学时数、学分、学生对象)、课程简介、课程目标、课程内容与教学安排、课程评价、建议阅读文献等要素。

(2)教学设计。16 个学时的教学设计方案,格式为 PDF 文档通用格式。

(3)课堂教学节段 PPT。与 16 个学时教学设计方案相对应的 16 个课堂教学节段的 PPT,格式为 Powerpoint 演示文稿 16:1 大小,分辨率为 1600 * 900。选手须将课堂教学节段 PPT 和相关音频、视频文档一并上传。

6.2.2 青教赛评分标准

本节的所有评分标准来源于《关于举办第七届全国高校青年教师教学竞赛的通知》(总工办发〔2024〕11 号)中的评分细则。

1. 教学设计

教学设计评分细则如表 6-1 所示。

表 6-1 教学设计评分细则

项　目	评测要求	分　值
教学设计方案（20分）	紧密围绕立德树人根本任务，突出课程思政	2
	符合教学大纲，内容充实，反映学科前沿	4
	教学目标明确、思路清晰	4
	准确把握课程的重点和难点，针对性强	4
	教学进程组织合理，方法手段运用恰当有效	4
	文字表达准确、简洁，阐述清楚	2

2. 课堂教学

课堂教学评分细则如表 6-2 所示。

表 6-2 课堂教学评分细则

项目		评测要求	分值
课堂教学（75分）	教学内容（30分）	贯彻立德树人的根本任务，突出课程思政	6
		理论联系实际，符合学生的特点	6
		注重学术性，内容充实，信息量大，渗透专业思想，为教学目标服务	6
		反映或联系学科发展新思想、新概念、新成果	3
		重点突出，条理清楚，内容承前启后，循序渐进	9
	教学组织（30分）	教学过程安排合理，方法运用灵活、恰当，教学设计方案体现完整	10
		启发性强，能有效调动学生思维和学习积极性	10
		教学时间安排合理，课堂应变能力强	3
		熟练、有效地运用多媒体等现代教学手段	4
		板书设计与教学内容紧密联系、结构合理，板书与多媒体相配合，简洁、工整、美观、大小适当	3
	语言教态（10分）	普通话讲课，语言清晰、流畅、准确、生动，语速节奏恰当	5
		肢体语言运用合理、恰当，教态自然大方	3
		教态仪表自然得体，精神饱满，亲和力强	2
	教学特色（5分）	教学理念先进、风格突出、感染力强、教学效果好	5

3. 教学反思

教学反思评分细则如表 6-3 所示。

表 6-3 教学反思评分细则

项目	评测要求	分值
教学反思（5分）	从教学理念、教学方法、教学过程三方面着手，做到实事求是、思路清晰、观点明确、文理通顺，有感而发	5

6.2.3　竞赛关键点

1. 教学设计

教学设计的核心目的在于促进学习者的有效学习，它运用系统化的方法，将学习理论与教学理论等原理转化为对教学目标、内容、方法、策略和评价等环节的具体规划，以创设一个有效的学习与教学系统。这一过程或程序是为了解决教学问题、优化学习而进行的特殊设计活动，它既具有设计学科的一般特性，又必须遵循教学的基本规律。教学设计至少应包含以下内容。

（1）教学分析：涵盖教学内容、对象、目标以及重难点的分析。

（2）教学策略：包括教学策略的设计原则与依据、教学手段与方法的规划、教学环境的构建，以及引入先进教学理念的创新实践。

（3）教学活动：涉及教学活动环节的规划、创新教学活动以提升教学效果的分析、在信息化与智能化支持下的教学活动，以及在新时代背景下融入课程思政和劳动理念的教育活动设计。

（4）教学实施：包括教学实施的设计思路、基本流程、通过实施达成教学目标的路径、教学过程中的数据采集与应用，以及教学实施预案的分析与设计。

2. 课堂教学实施成效

课堂教学的成效可以从多个维度进行评估。

（1）评估教学流程的执行情况，以及教学目标是否得到实现。

（2）分析是否成功克服了教学中的重难点。

（3）评价是否有效地执行了既定的评价方案。

（4）考查学生主体地位的体现，包括立德树人的实践、因材施教的个性化学习方法，以及课程思政的融入情况。

3. 教学反思与整改

教学反思应从三个层面展开。

（1）分析教学设计中哪些关键因素阻碍了教学的顺利实施。

（2）识别实际教学过程中哪些因素影响了预期的教学效果。

（3）探讨信息化教学手段在实际应用与教学实践中的脱节和不适应之处。

教学整改指的是未来教学实施的改进措施，包括创新方法和策略。

4. 教学特色创新与示范

围绕育人理念、课程思政、信息技术应用等方面，全面阐述教学工作的特色做法和创新点。

（1）教学特色指的是本次课程在教学创新和亮点方面的表现。

（2）教学创新鼓励尝试新的教学方法和理念。

（3）教学示范则提倡通过示范课程来展示教学。

6.2.4　备赛攻略

1. 教学选题——"三注重"

在教师参与教学能力大赛时，教学选题是首要关注的问题。尽管比赛内容是随机抽取的，但教师在赛前准备时必须重视选题策略。

（1）要注重教学内容的难易程度。由于比赛时间有限，过于简单或过于复杂的内容都不合适。在确保难易适中的同时,也要保证内容量适中。

(2)要注重能力训练。无论是公共基础课、理论讲授型专业课,还是理论与实践相结合的专业课,都应以能力训练为核心。选择主要能力点时不宜过多或过于分散,应注重"一课一得",突出主要能力点的学习效果。

(3)要注重信息化手段的运用。尽管教师教学能力大赛的名称已从"信息化大赛"更改为更全面的名称,但信息化应用能力依旧是评价教师能力的重要方面。对于那些信息化资源丰富、平台和载体多样的教学内容,教师可以轻松选择并熟练地运用信息化手段。然而,对于那些纯概念、纯理论的教学内容,如果生硬地使用云课堂、雨课堂等信息化工具,可能会导致形式主义,效果不佳。因此,在条件允许的情况下,教师应优先考虑那些信息化手段容易介入的选题。

2. 教学策略——"三原则"

教师若想提升教学能力,必须在教学策略或设计思路上投入更多精力。只有经过深思熟虑,才能确保教学内容的清晰传达。教学思路的清晰性直接关系到教学成果,因此,教师需要在设计思路上不断探索和研究,以期达到更高的教学境界。通常,教学策略或设计思路上应遵循以下三个原则。

(1)以激发学生积极性为起点。学生的积极性包括动脑、动眼、动口、动手以及动身体等多方面。只有当学生真正活跃起来,课堂氛围才能生动活泼。教师应致力于思考如何调动学生的积极性,一旦学生动起来,课堂的形态自然会随之改变。

(2)以突破教学重难点为核心。重难点是每次课程设计中必须攻克的难题,解决这些问题应占据课程的大部分时间。教师应在突破这些难点的方式、方法和途径上投入更多努力,这不仅是课堂结构设计的需要,也是培养学生能力的关键。若关键问题处理不当,课堂的教学质量自然难以提升。

(3)以实现四维教学目标为准则。一旦教学目标确定,教学过程的设计必须服务于目标的实现。设计教学环节、选择教学方法、采用教学媒介、运用课堂评价等,都应紧密围绕如何有效地实现教学目标。在实施的有效性上,教师应深入研究,因为实施的效度也是教学评价的重要考量点。

3. 教学过程——"三要领"

教学过程构成了教学设计的核心部分,其呈现方式是评估教师教学能力的关键所在。虽然教学有其方法论,但并无一成不变的法则,这一点在教学过程的实施中尤为明显。教学过程应根据教学对象、内容和环境的不同而有所变化。在设计教学过程时,需遵循以下三个要领。

(1)教学环节设计需独具匠心。教学环节是教学过程中的具体步骤,设计时应体现教师的独到见解。教学过程应有一条清晰的主线,无论师生如何互动,都能保持教学的连贯性和控制力。教学环节之间应紧密相连,层层深入,且环节的命名应高度概括,力求对仗工整。

(2)方法和手段的选用应合理且高效。在进行一堂课或一个单元的教学任务时,教学方法和手段的选择不应追求多样,避免过于花哨,关键在于合理性和效率。不同的教学材料可以采用不同的方法和手段来呈现。教师应在实践中不断尝试和总结,通过比较来鉴别,最终选择最高效的方法。

（3）各类标准的渗透应自然且贴切。在实施教学过程中,教师应自然地融入行业标准、专业教学标准、课程标准和课堂教学标准等。这些标准的融入应水乳交融,避免生硬套用。总之,教学过程的设计应以学生为中心,突出"做中教、做中学"的教学理念。

4. 教学语言——"三要求"

课堂教学艺术同样是一门语言艺术,教学语言是衡量教师基本能力的关键指标之一。那些精彩、幽默且充满感染力的教学语言,往往更受学生喜爱。教师若想在"三尺讲台"上站稳脚跟,平日里就应有意识地磨炼自己的教学语言,并向教育界的大家和优秀教师学习。

（1）表达要简洁精准。教学语言应尽量采用书面语言和专业术语,力求准确、精炼、简洁、明快,避免冗长和杂乱无章。

（2）节奏要张弛有度。在语言表述时,教师应掌握好节奏,自然地调整语速和语调的高低,适时地留出空白,为讲授者和听众提供思考的空间。避免机械地背诵讲稿,而应使语言具有温度和感染力,持续吸引听众的注意力。

（3）态势语要大方得体。在教学设计和模拟无学生上课时,教师应展现出良好的风貌,自然地运用眼神、手势等态势语,全方位展示教师的风采。

5. 总体效果——"三特性"

教师参赛主要是要讲出"三特性"。

（1）要讲出逻辑性。逻辑性包括总体与各部分之间的逻辑性、各部分之间的逻辑性。教师一般要弄清这样几种逻辑关系,如教材分析、教学对象分析和确定教学目标之间的逻辑性,整体四维教学目标和重难点选取的逻辑性,课程教学内容和本次课教学内容选取的逻辑性,教学策略选用和实施的逻辑性,课前、课中和课后等教学过程内在的逻辑性,教学实施和教学特色提炼的逻辑性。这里强调的逻辑性是要求教师对教学设计进行深度理性思考,也就是不仅要"知其然",还要"知其所以然"。

（2）要讲出创新性。教师要在创新方面尝试的内容很多,如片头教学动画的引入、标题由富有创意的主标题和具体明确的副标题组合呈现、教学设计总体框架体系重构、教学过程的独到设计等,只有敢于创新,不受评分标准体系的拘泥,出彩的概率才会增加。

（3）要讲出一致性。教学设计中提到的教学方法、教学手段、教学环节等要在模拟无学生上课环节中充分展现和印证,可以理解为一个重在理性设计和一个重在实践呈现,不能出现"两张皮"或相悖的现象。

6.2.5 现场模拟教学策略

现场模拟教学主要涉及以下几个问题。

（1）将整个参赛内容（16 学时的教学设计），利用"思维导图"进行设计，并按照一次课一教案的原则将所有教案（16 个）进行编写。每个教案应具有明显的上、下节之分，争取做到每一节课教案相对完整、独立。

（2）当抽取某一教学内容进行现场模拟教学时，应迅速找到与本教学内容对应的教案、模拟教学课件、资源包、讲课稿、教学设计讲解稿及课件、教学设计"思维导图"。

（3）迅速整合资源，参加现场模拟教学。

（4）无论现场模拟教学时间有多长（20 分钟），都应视为一次真实完整的课。现场无学生，心中有学生，学会无学生时的"教学互动"。一定要按照比赛现场环境进行准备，特别注意课件播放设备。

6.3 教学创新

6.3.1 教学创新概述

教学创新涉及在教学实践中，教师或教育工作者采纳新的教育理念、教学方法、技术及资源，对传统教学模式进行革新和优化，旨在提升教学品质和成效，推动学生全面成长的一系列行动。

1. 定义

教学创新指的是在教育和教学活动中，教师依据教育规律和学生特性，采纳新的教育理念、教学方法、手段和资源，对教学内容、过程、评价等方面进行革新和优化，以提升教学品质和成效的过程。

教学创新涵盖教学方法的改良、教学内容的重新构思、评价方式的创新等多个维度，是教学改革的关键方向之一。

2. 内涵

教学创新的内涵主要包含以下几方面。

（1）教育理念的创新。教师需确立以学生为中心的教育观念，关注学生的全面发展，培养学生的创新精神和实践技能。

（2）教学内容的创新。更新和丰富教学内容，强调学科间的融合、知识的整合，以及实践性、应用性和时代性的强化。

（3）教学方法的创新。教师应采用多样化的教学方法，例如探究式学习、合作学习、项目导向学习等，以激发学生的学习兴趣，提升学习成效。

（4）教学手段的创新。教师应熟练运用现代教育技术，如多媒体和网络教学等，以丰富教学手段，增强教学效果。

（5）教学资源的创新。教师应充分利用各类教学资源，包括教材、教具、实验设备等，为学生提供丰富的学习素材,拓宽学生的知识视野。

(6)教学评价的创新。教师应构建多元化的教学评价体系,重视过程性评价,充分考虑学生的个体差异,关注学生的综合素养发展。

3. 特征

教学创新具备以下特征。

(1)创新性。教学创新要求教师在教育教学过程中不断尝试新的教育理念、教学方法、教学手段和教学资源,以适应时代发展的需求。

(2)针对性。教学创新需针对学生的特点和需求,因材施教,关注学生的个体差异,提高教学效果。

(3)实践性。教学创新注重实践,将理论与实际相结合,培养学生的实践能力和创新能力。

(4)开放性。教学创新应具有开放性,鼓励教师之间的交流与合作,共同探讨教育教学的新方法、新途径。

(5)持续性。教学创新是一个持续的过程,要求教师不断学习、不断反思、不断改进,以实现教育教学的持续发展。

(6)反思性。教学创新需要教师具备自我反思的能力,不断总结经验,发现问题,持续改进。

(7)主体性。教学创新关注学生的主体地位,充分发挥学生的主观能动性,让学生成为学习的主体。

(8)互动性。教学创新倡导师生互动、生生互动,构建和谐的课堂氛围,提高教学效果。

(9)系统性。教学创新涉及教育观念、教学内容、教学方法、教学评价等多个方面,需要系统设计和推进。

6.3.2 高校教师的教学创新思路

在开展教学创新之前,首要任务是分析教学中的痛点。典型的教学痛点包括教学内容与实际需求的脱节、教学方法的单一性,以及教学评价体系的不完善。课程教学的改革与创新应基于对学情的深入分析以及对当前教学状况的审视,进而提出创新策略并付诸实践。

教学创新可以从多个维度进行深入探索,包括教学理念、教学目标、教学内容、教学方法、教学模式以及教学评价。其中,教学理念的创新尤为关键。

1. 教学理念创新

(1)教学框架的创新。教学理念的创新需要一个明确的框架,这个框架应明确指出学生在专业领域应具备哪些能力。同时,围绕这些具体能力,设计教学目标、课程组织、教师教学方法以及教学评价的框架体系。

(2)教学目标的创新。教学目标的创新可以从以下两方面着手。

① 构建成果蓝图。

② 创造成功的情境与机会。

（3）教学创新的前提。教学创新需要满足以下三个前提条件。

① 确保所有学生都有学习的机会并能取得成功。

② 学校的各项活动将直接影响学生的学习效果。

③ 成功的教学能够激发更深层次的学习动力。

（4）教学创新的原则。教学创新应遵循以下原则。

① 课程设计与教学应明确聚焦于学生能够实现的最终学习成果，并引导他们将学习目标与这些成果对齐。

② 拓展学习的机会、展示成果的机会，以及实现学习成果的机会。

③ 提升执行标准，激励学生在完成学习后达到更高水平，并增设高标准课程，引导学生向更高标准努力。

④ 以最终目标为起点，逆向设计课程，开展教学活动。

（5）教学创新的关键点。教学创新应遵循以下关键点。

① 明确学习成果，这些成果应能够清晰表述并可直接或间接评估，同时要充分考虑教育利益相关者的需求与期望。

② 构建课程体系，确保每门课程对实现能力结构有明确的贡献。

③ 确定教学策略，主要包括研究型教学和个性化教学。

④ 实施自我参照评价。

⑤ 分阶段实现目标，逐步达到顶峰。

2. 教学目标创新

（1）教学目标制订。教学目标制订要从四个角度出发。

① 从社会需求出发。

② 从学校办学宗旨出发。

③ 从学院的人才培养目标出发。

④ 从专业培养方案出发。

（2）教学目标创新。教学目标创新要抓住三个要素。

① 高阶能力的提升。

② 情感价值的培养。

③ 课程思政的建设。

3. 教学内容创新

（1）知识层面。

① 创新解读教学内容。深层挖掘知识，发现本质的现象和规律；多角度观察，阐述分析知识内容。

② 创新重构内容体系。重构内容体系时要回答以下几个问题：原有内容体系存在什么问题？为何需要重构？如何重构？重构后与原有内容体系的区别？重构内容体系是否能够更有效地达成教学目标？

③ 创新理论联系实际，精准选择事实案例并深入解读案例。

（2）能力层面。

① 培养分析、阐述知识及其结构对应的能力，把握知识和能力之间的具体关系，准确阐述知识、能力及其关系。

② 结合知识创新培养基础性能力，包括信息查询能力、听说读写能力和逻辑分析能力。

③ 培养综合性专业能力，即独立解决专业领域内问题的能力。

（3）思维层面。

① 创新思维培养方式。

② 创新构建培养环境和氛围。

③ 结合内容体系培养思维方式，包括批判性思维。

4. 教学方法创新

创新的教学方法通常体现在其多样性上。通过引入多元化的教学手段，并结合现代教育技术，可以显著增强实践教学的互动性和趣味性，从而激发学生的学习热情和积极性，同时培养他们的实践操作技能和创新思维。以下介绍几种实用的教学方法，它们可以灵活组合运用。

（1）案例教学法。通过引入真实的行业案例，教师能够帮助学生更深入地理解理论知识，并将其应用于实际情境中。在案例教学过程中，学生可以扮演不同的角色，模拟真实的工作场景，这有助于提升他们的实践操作技能和问题解决能力。

（2）项目驱动教学法。学生分组进行实际项目的开发和执行。通过这种项目实践，学生能够深入了解行业的实际需求和工作流程，同时培养团队合作能力和创新思维。项目驱动教学还能帮助学生构建自己的知识体系，提升自主学习和问题解决能力。

（3）问题驱动教学法。整个课堂讲授过程以问题为导向，设置一系列连贯的问题来激发学生的思考，提高他们的积极思考能力，培养创新能力和知识应用能力。通过问题驱动的方式，可以将零散的知识点串联起来，提高课堂效率，帮助学生理解课程内容、学习成果的应用以及知识的实际用途。在理解教师对知识点的解释的同时，也加强了学生个人对知识点的理解。实现教学与学习的结合，培养学生良好的思维习惯，构建完整的知识体系。

（4）研究式方法。研究式方法流程图如图 6-1 所示。

（5）探究式方法。探究式方法流程图如图 6-2 所示。

在引入多样化的教学方法的同时，还可以借助虚拟现实技术来模拟真实的工作场景，让学生在虚拟环境中进行实践操作；同时，利用在线教育平台和交互式学习软件，为学生提供更加丰富的学习资源和个性化的学习体验。

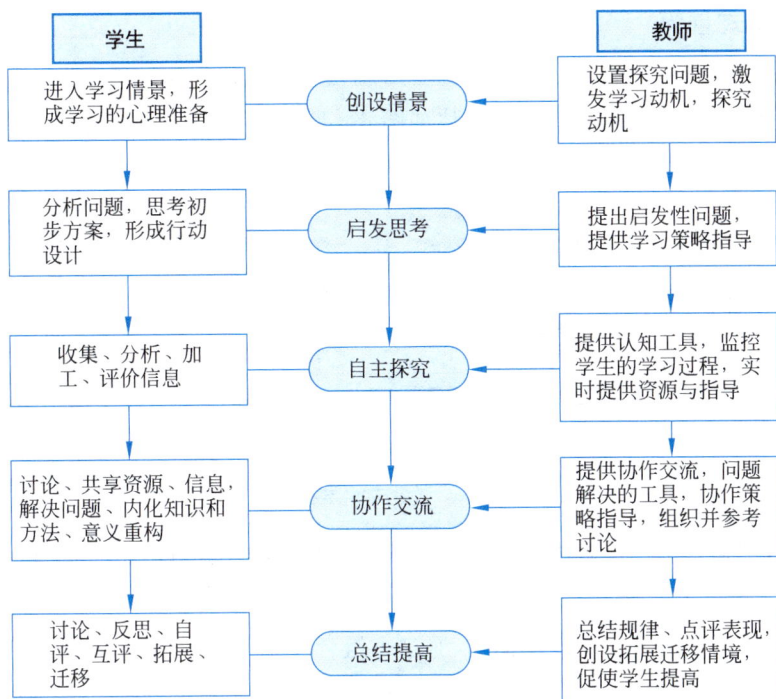

图 6-1 研究式方法流程图

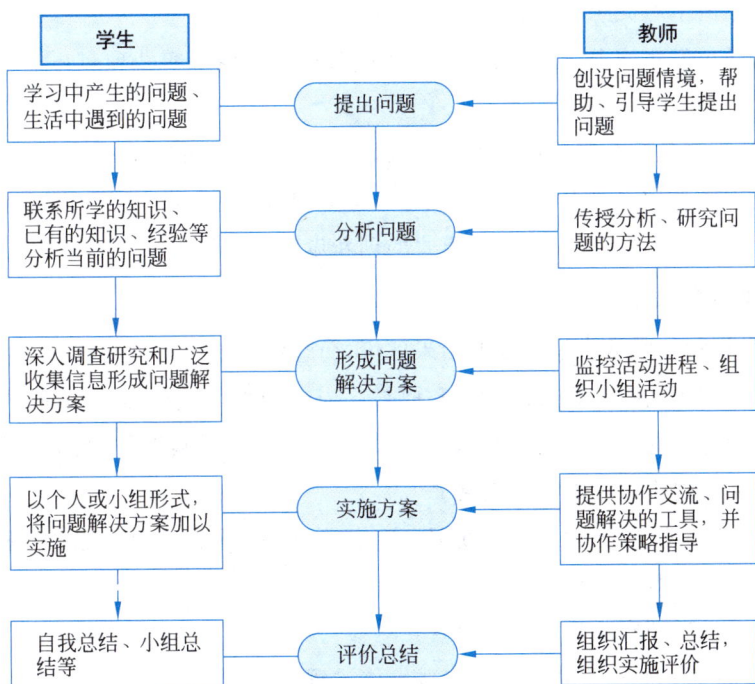

学生		教师
进入学习情景，形成学习的心理准备	创设情景	设置探究问题，激发学习动机，探究动机
分析问题，思考初步方案，形成行动设计	启发思考	提出启发性问题，提供学习策略指导
收集、分析、加工、评价信息	自主探究	提供认知工具，监控学生的学习过程，实时提供资源与指导
讨论、共享资源、信息，解决问题、内化知识和方法、意义重构	协作交流	提供协作交流，问题解决的工具，协作策略指导，组织并参考讨论
讨论、反思、自评、互评、拓展、迁移	总结提高	总结规律、点评表现，创设拓展迁移情境，促使学生提高

图 6-2 探究式方法流程图

学生		教师
学习中产生的问题、生活中遇到的问题	提出问题	创设问题情境，帮助、引导学生提出问题
联系所学的知识、已有的知识、经验等分析当前的问题	分析问题	传授分析、研究问题的方法
深入调查研究和广泛收集信息形成问题解决方案	形成问题解决方案	监控活动进程、组织小组活动
以个人或小组形式，将问题解决方案加以实施	实施方案	提供协作交流、问题解决的工具，并协作策略指导
自我总结、小组总结等	评价总结	组织汇报、总结，组织实施评价

5. 教学模式创新

随着教育信息化的不断推进,混合式教学已成为教学模式创新的关键方向。通常,教学过程被细分为课前、课中、课后三个阶段,具体如图 6-3 所示。

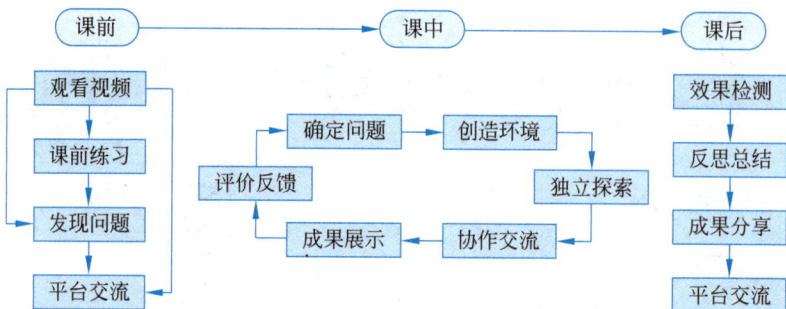

图 6-3　混合式教学模式

课前阶段,教师利用在线教学平台发布教学资源和学习任务,以引导学生自主地进行课程基础知识的预习。

课中阶段,采用翻转课堂的教学模式,通过小组合作学习,将学生置于自觉主动学习的核心位置。教师在这一过程中持续跟进与评价,通过即时的反馈机制增强学生的成就感,激发他们的学习积极性。这种模式使得课堂教学从单向的静默讲授转变为互动式的对话、质疑和辩论,从而激发学生的学习灵感和创新思维。

课后阶段,通过发布线上作业、拓展学习资料以及组织线下实践项目,进一步帮助学生提升其综合能力。

混合式教学模式是一个极具适应性的框架,它能够与多种教学模式、教学理念和方法相结合,例如混合式+BOPPPS 教学模式、混合式+OBE 理念、混合式+PBL 教学法等。其中,混合式+PBL 教学法如图 6-4 所示。这种模式的创新设计能够根据课程的特性灵活地进行。

6. 教学评价创新

传统的教学评价体系常常过分强调结果评价,而忽略了过程评价的重要性,这导致学生过分追求分数,而忽视了实践过程中的学习和成长。当前的教学改革强调构建以过程评价为主导、总结性评价为补充的教学评价体系,旨在全面评估学生的实践能力、团队协作能力、创新能力等高阶能力,从而促进学生的全面发展。

在混合式教学环境中,教学平台的使用可以实现教学全过程的数据记录和分析,这有助于教师全面评价学生的学习效果。

在过程评价中,教师应关注学生的课堂互动参与情况、实践操作过程、团队协作情况和创新性思维表现等方面。通过观察学生的实践操作过程,可以了解他们的技能掌握情况和问题解决能力;通过观察学生的团队协作情况,可以评估他们的沟通能力和合作精神;通过关注

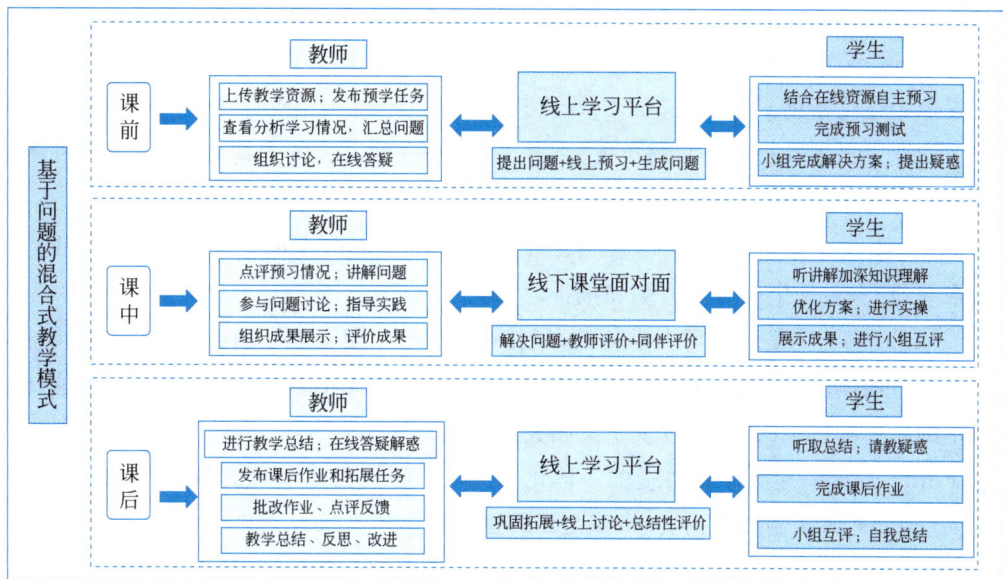

图 6-4　混合式＋PBL 教学法

学生的创新性思维表现,可以激发他们的创新意识和创造能力。

(1) 智能评价。智能评价是指针对特定评价对象,通过应用大数据、人工智能等技术手段,进行评价数据的获取和处理、指标的选择和评价模型的构建,以实现对评价对象的科学、客观和精确的判断。

智能评价的基础在于运用人工智能方法处理评价数据,包括数据清洗、集成、变换和规约等操作,以提高数据质量,并利用数据挖掘技术提取数据模式与内在逻辑,同时要求采用新兴信息技术获取评价数据。

智能评价的方法主要包括以下几种。

① 基于专家知识的评价指标选择方法。通过专家经验和知识选择影响评价对象的主要指标。

② 基于统计分析的评价指标选择方法。运用统计方法分析评价指标与评价对象之间的关系,选择重要指标。

③ 基于机器学习的评价指标选择方法。通过算法选择最优的指标集合,以提高评价模型的性能。

智能评价在教育领域的应用案例非常广泛,以下是一些具体的案例。

① Khanmigo。这是一个由可汗学院(Khan Academy)开发的 AI 助手,为学生和教师提供个性化的指导和支持。作为学生的虚拟导师,Khanmigo 可以提供个性化的指导、支持和参与,以满足不同年龄和水平的学生的需求。对于教师,Khanmigo 可以作为一个助手,帮助进行课程规划,节省时间。此外,Khanmigo 还能模仿写作教练,为学生在写作、辩论和协作过程

中提供提示和建议。

② Jagoda.ai。这是一个由人工智能驱动的在线辅导代理工具,可为数学、生物、化学等广泛学科提供个性化帮助。使用 Jagoda.ai,学生可以通过上传照片或直接输入问题来轻松解决家庭作业问题。该工具提供分步解决方案,并提供 20 多种语言的支持,使外语不流利的学生也能使用。

③ GPT Researcher。这是一个自主智能体(Autonomous Agent),旨在对各种任务进行全面的在线研究,包括生成研究大纲和报告。

④ Cogniti.ai。这是由悉尼大学的教育创新团队开发,用于创建由生成式 AI 支持的可操纵且准确的智能体。Cogniti.ai 旨在让教师构建自定义聊天机器人智能体,这些智能体可以提供特定的说明和特定的资源,以上下文相关的方式帮助学生学习。

⑤ Flint。这是一个为学校打造的一体化 AI 平台,旨在为每个学生提供个性化学习体验。它使用 AI 帮助教师定制教学内容,以满足不同学生的学习需求。

⑥ HEIGHTS AI。这是一个一体化的 AI 驱动的课程创建软件,旨在帮助用户通过自有品牌的在线课程和社区销售数字产品和内容。它提供课程创建和社区建设、AI 辅助工具等功能。

⑦ 猿编程 AI Agent。猿编程推出了业界首个在少儿编程 App 内嵌自主定向训练的智能编程学习助手猿编程 AI Agent。该多模态大模型能够提供编程题库支撑、智能聊天互动、代码编写实时监测、网络安全教育引导等功能。

⑧ 以正教育大模型 Agent。这是由蚂蚁云科技集团推出的基于以正教育大模型的 AI 智能体产品。以正教育大模型有多个智能体,智能体之间自主交互,可用于教案的生成、个性化教学支持和学生学习辅导。

⑨ 北京师范大学的"AI+"课堂教学智能评测系统。该系统通过整合计算机视觉、自然语言处理、集成学习和统计建模等技术,构建了一个全面的课堂教学过程化智能评测系统。该系统能够实时监测和分析教师教学行为、学生学习行为、教学内容与课堂组织形式,对教师教态风格、学生专注度和教学知识点等多维度指标进行量化评估和可视化展示。

这些案例展示了智能评价在教育领域的多样化应用,从个性化学习支持到教学评估,都在提高教育的质量和效率。智能评价可以用于学生能力和知识水平评估、人格与心理健康评估以及教学过程评估,为教育评价改革提供了新的解决方案。

(2)多维度评价。多维度评价是一种全面的评价方法,它不仅关注学生的知识掌握和技能发展,还包括情感、态度、思维和行为等多方面。这种评价方式有助于更全面地了解学生的学习过程和个性发展,从而提供更有针对性的教育支持。以下是从情感、态度、思维、行为四方面进行多维度评价的描述。

① 情感方面涵盖情感认同、情绪管理、同理心等。

a. 情感认同。评价学生对学习内容的情感反应,如对某个主题的兴趣、热情和好奇心。

b. 情绪管理。考查学生在面对挑战和压力时的情绪调节能力,例如保持冷静、应对挫折和焦虑。

c. 同理心。评估学生对他人情感的理解和关心,例如在团队合作中对同伴的支持和鼓励。

② 态度方面包括学习态度、价值观、自我认知等。

a. 学习态度。评价学生对学习的态度,包括学习的积极性、主动性和持续性。

b. 价值观。考查学生的价值观和信念,例如对公平、诚实和责任感的看法。

c. 自我认知。评估学生对自己能力的认识和自信程度,例如自我效能感和自我评价。

③ 思维方面包括批判性思维、创造性思维、元认知等。

a. 批判性思维。评价学生分析、评估和推理的能力,例如对信息的质疑和逻辑推理。

b. 创造性思维。考查学生的创新性和创造性思维,例如提出新颖的想法和解决问题的创造性方法。

c. 元认知。评估学生对自己认知过程的认识和调控,例如学习策略的选择和调整。

④ 行为方面包括学习行为、社交行为、自我调节行为等。

a. 学习行为。评价学生在课堂上的学习行为,例如参与讨论、完成作业和遵守课堂规则。

b. 社交行为。考查学生在社交互动中的行为,例如与同伴合作、沟通和解决冲突的能力。

c. 自我调节行为。评估学生在自我管理和自我激励方面的行为,例如时间管理和目标设定。

多维度评价通常采用的方法有:观察、自我评价、同伴评价、问卷调查、访谈。

多维度评价的目的是促进学生的全面发展,而不仅仅是学术成就。它有助于教师更好地理解学生的需求,为学生提供更个性化的教育支持。

(3)多元主体评价。多元主体评价指的是在教学评价过程中,不仅涵盖教师对学生的评价,还包括学生自我评价、同伴互评以及可能涉及的家长评价等多方参与的评价方式。这种评价模式旨在从多个角度全面了解学生的学习状况,促进学生的全面发展。

① 教师评价。作为评价的主体之一,教师通过课堂观察、作业批改、考试等方式,对学生在知识掌握、学习态度、思维能力等方面进行评价。

② 自我评价。学生根据自己的学习情况,进行自我评价,反思自己的不足和进步,提出改进的建议。自我评价有助于培养学生的自我反思能力和自主学习能力。

③ 同伴评价。同伴互评是学生相互评价的过程,可以促进学生之间的学习和交流。同伴评价不仅有助于学生从不同角度了解自己的学习状况,还能增强学生的批判性思维和沟通能力。

实施多元主体评价,需要明确各评价主体的角色和责任,制订合理的评价标准和程序,确保评价的公正性和有效性。通过多元主体评价,可以更全面地了解学生的学习状况,发现学生的潜力和不足,提高评价的客观性和准确性,为教学提供更准确的指导。

(4)多元评价。多元评价是一种综合性的评价方法,它从多个维度对学生的学习进行评估,涵盖了过程性评价和总结性评价等多种形式。这种评价方法有助于全面掌握学生的学习过程和发展轨迹,为教师提供更为精确的教学反馈。

① 过程性评价。过程性评价,亦称形成性评价,是一种动态的评价方法,它侧重于对学生学习过程的持续观察和评估。其主要目的是提供反馈,帮助学生及时调整学习策略,改进学习行为,促进学生对知识的深入理解和能力的提升。过程性评价的内容通常涵盖学生的课堂表现、作业完成情况、参与度、合作能力等方面。它不仅关注学生的知识掌握情况,也关注学生的情感态度、学习策略和思维方式等非认知因素的成长。

过程性评价的特点包括强调教育系统的生态特性和复杂性,尊重学生的自主成长需求,以及基于客观事实和证据的多元主体间的对话与协商。例如,CIPP 评价模式从背景、投入、过程、成效四个维度进行评价,关注学生发展的全过程,并提供实证以促进教育的改进和提升。

② 总结性评价。总结性评价通常发生在学习阶段的尾声,如学期末或学年末,目的是对学生在该阶段的学习成果进行评估。这种评价方法更多地关注结果,例如期末考试成绩、课程论文、项目报告等,它为学生、家长和教师提供了一个量化的、可比较的学习成果指标。

总结性评价的目的是对学生的最终学习成果进行评价,以判断学生是否达到了预期的学习目标。这种评价方法有助于学校和教师了解教学效果,为教学改进提供依据。

多元评价通过融合过程性评价和总结性评价,能够更全面地反映学生的学习情况,促进学生的全面发展。它不仅关注学生的知识和技能掌握,也关注学生的个性发展和创新能力培养。通过这种评价方法,教育者可以更好地理解学生的学习需求,为学生提供更有针对性的教育支持。

6.4 全国高校教师教学创新大赛

6.4.1 教学创新大赛基本情况

全国高校教师教学创新大赛(简称"教学创新大赛")是经教育部批准,并纳入《教育部直属单位三评一竞赛保留项目清单》的赛事之一,目前在该清单中,它是唯一一项针对高校教师的教学竞赛活动。该赛事自 2020 年起每年举办一届。大赛的指导单位为教育部高等教育司,主办单位为中国高等教育学会,而承办单位则由多家高等学校共同组成。此外,北京世纪超星信息技术发展有限责任公司为大赛的支持单位。

1. 大赛主题

推动教学创新,培养一流人才。

2. 大赛目标

紧扣教育强国建设目标,深入推动高等教育教学改革,有效助力新工科、新医科、新农科、新文科建设,全面推进课程思政建设,推动产教融合走深走实,精心打造高校教师教学创新与交流的标杆。

3．大赛内容

大赛内容包括课堂教学实录视频、教学创新成果报告或课程思政创新报告、产教融合创新报告、教学设计创新汇报。

4．参赛对象

全国普通本科高等学校（含军队院校）在职教师，其中主讲教师近 5 年对所参赛的本科课程讲授 2 轮及以上。产教融合赛道以团队形式参赛，团队成员至少包含 1 名从行业企业聘请的兼职教师，且深度参与教育教学时间须达到 2 年及以上；其他赛道以个人或团队形式参赛均可，若以团队形式参赛，团队成员包括 1 名主讲教师和不超过 3 名团队教师。

已获得往届大赛全国赛一等奖的主讲教师不能再次参赛，已获得上届大赛全国赛二、三等奖的主讲教师不能连续参赛。

5．大赛实施

大赛采用校赛、省（自治区、直辖市）赛（以下简称省赛）、全国赛三级赛制。校赛、省赛由各赛区依据大赛通知及实施方案负责组织实施。

（1）校赛。

各高校根据相应省赛方案，保质保量按时完成校内比赛，选拔参加省赛的教师（团队）。

（2）省赛。

各赛区牵头单位负责组织赛区内高校教师省赛的开展，并于规定时间在大赛官网上传全国赛参赛教师（团队）名单。

（3）全国赛。

全国赛参赛对象：各赛区主办单位推荐参加全国赛的教师（团队）。

全国赛分两个阶段：第一阶段为网络评审，评审内容包括课堂教学实录视频、教学创新成果报告（或课程思政创新报告）；第二阶段为现场评审，主要内容为教学设计创新汇报及提问交流。

6．组织机构

大赛设组织委员会、专家委员会、纪律与监督委员会和仲裁委员会。组织委员会下设组委会秘书处。

6.4.2　教学创新大赛实施方案及评分标准

1．赛道与组别设置

大赛按照"四新"建设、基础课程、课程思政、产教融合等领域设 7 个赛道，其中新工科、新医科、新农科、新文科、基础课程、课程思政等 6 个赛道按参赛主讲教师专业技术职务等级下设正高、副高、中级及以下 3 个组,产教融合赛道按参赛主讲教师任职高校的主管部门归属下设部属高校(含部省合建高校)和地方高校 2 个组,共计 20 个组。具体分组如下。

（1）新工科赛道(正高组、副高组、中级及以下组)。

（2）新医科赛道(正高组、副高组、中级及以下组)。

（3）新农科赛道(正高组、副高组、中级及以下组)。

（4）新文科赛道(正高组、副高组、中级及以下组)。

（5）基础课程赛道(正高组、副高组、中级及以下组)。

（6）课程思政赛道(正高组、副高组、中级及以下组)。

（7）产教融合赛道(部属高校(含部省合建高校)组和地方高校组)。

2. 名额分配

第 1～5 赛道名额为 436 名,第 6 赛道(课程思政赛道)名额为 66 名,第 7 赛道(产教融合赛道)名额为 86 名,总计 588 名。各赛区推荐参加全国赛的主讲教师,正高级职称推荐名额不少于第 1～7 赛道推荐总名额的 1/3(例如某赛区第 1～7 赛道推荐总名额合计为 8 个,则正高级职称主讲教师应不少于 3 个)。

3. 大赛内容及成绩

全国赛分两个阶段。第一阶段为网络评审,评审内容包括课堂教学实录视频、创新成果报告。第二阶段为现场评审,主要内容为教学设计创新汇报及提问交流。

（1）网络评审。

网络评审阶段,参赛教师要在规定时间内将课堂教学实录视频、创新成果报告等相关材料上传到大赛官网。网络评审成绩满分为 60 分,其中课堂教学实录视频成绩占 40 分、创新成果报告成绩占 20 分。

（2）现场评审。

现场评审阶段,参赛教师要结合教学大纲与教学实践,进行不超过 12 分钟的教学设计创新汇报,评审专家依据参赛教师的汇报进行 8 分钟的提问交流。现场评审成绩满分为 40 分。

（3）计分方式。

进入全国赛的参赛教师(团队)完成上述两阶段比赛的视为完赛,最终成绩为网络评审成绩与现场评审成绩之和。

4. 材料要求

（1）参赛教师提交材料。

① 申报书。

参赛教师通过大赛官方网站提交材料,申报书样式如表 6-4 所示,提交后原则上不得修改。

表 6-4 全国高校教师教学创新大赛申报书（以第五届为例）

第五届全国高校教师教学创新大赛申报书

（第 1～6 赛道）

（请在大赛官方网站填写后导出，并加盖公章）

一、基本情况

主讲教师	姓名		性别		出生年月		照片
	职称		职务		学历		
	民族		政治面貌		学位		
	工作单位				高校教龄		
	邮箱				手机		

团队教师	姓名	性别	出生年月	职称	学历/学位	工作单位	在参赛课程中承担的教学任务

参赛课程情况	课程名称		参赛组别	
	开课年级		学科门类	

教学情况	（个人或团队近 5 年参赛课程开展情况，承担学校本科生教学任务、开展教学研究、获得教学奖励等方面的情况）

二、主讲教师近五年内讲授参赛课程情况

序号	授课学期	起止日期	授课学时	授课对象	班级人数

续表

三、推荐意见

学校教务部门意见	（盖章） 年　月　日
学校政治审查意见	该课程内容及上传的申报材料思想导向正确。 主讲教师及团队教师成员不存在师德师风、学术不端等问题，遵纪守法，无违法违纪行为，五年内未出现过教学事故。 学校组织或人事部门（盖章） 年　月　日
学校意见	学校（盖章） 年　月　日

第五届全国高校教师教学创新大赛申报书
（第7赛道）
（请在大赛官方网站填写后导出，并加盖公章）

一、基本情况

主讲教师	姓名		性别		出生年月		照片
	职称		职务		学历		
	民族		政治面貌		学位		
	工作单位				高校教龄		
	邮箱				手机		

团队教师	姓名	性别	出生年月	职称	学历/学位	工作单位	在参赛课程中承担的教学任务

参赛课程情况	课程名称		参赛组别	
	开课年级		学科门类	
	参与课程企业名称		统一社会信用代码	

续表

教学情况（限1000字）	（团队近5年参赛课程开展情况,行业企业参与教学情况,承担学校本科生教学任务、开展教学研究等方面的情况）

二、主讲教师近五年内讲授参赛课程情况

序号	授课学期	起止日期	授课学时	授课对象	班级人数

三、推荐意见

学校教务部门意见	（盖章） 年 月 日
学校政治审查意见	该课程内容及上传的申报材料思想导向正确。 主讲教师及团队教师成员不存在师德师风、学术不端等问题,遵纪守法,无违法违纪行为,五年内未出现过教学事故。 学校组织或人事部门(盖章) 年 月 日
学校意见	学校（盖章） 年 月 日

② 创新成果报告。

教学创新成果报告应基于参赛课程的教学实践经验与反思,体现课程教学的创新举措、过程与成效。聚焦教学实践的真实"问题",通过课程内容的重构、教学方法的创新、教学环境的创设、教学评价的改革等,采用教学实验研究的范式解决教学问题,明确教学成效及其推广价值。

课程思政创新报告应立足于学科专业的育人特点和要求,发现和解决本课程开展课程思政教学过程中的真实问题。

　　产教融合创新报告应密切围绕高校与社会或行业企业主动合作、人才培养规格与产业需求、学科专业结构与区域发展、组织模式创新与教学模式改革等产教融合方面的内容,以教学研究的范式,聚焦教学实践中的"真实问题",通过课程内容的重构、教学方法的创新、教学环境的创设、教学评价的改革、师资队伍的建设、协同办学的机制等,解决教学问题,明确教学成效及其推广价值。

　　报告包括摘要、正文,字数不超过 4000 字。教学创新(或课程思政创新、产教融合创新)成果的支撑材料及目录如表 6-5 所示。

表 6-5　教学创新成果的支撑材料及目录(以第五届为例)

第五届全国高校教师教学创新大赛
教学创新(课程思政创新、产教融合创新)成果
支撑材料目录

(不得出现参赛教师姓名、所在学校及院系名称等透露个人身份的信息,产教融合赛道行业企业信息不做硬性要求,成果信息在大赛官方网站填报)

一、主讲教师代表性教学获奖(课程思政创新、产教融合创新)成果信息(不超过 5 项)

序号	获奖年月	成果名称(内容)	奖项类别与等级	颁奖单位	主讲教师排名
1					
2					
3					
4					
5					

注:成果信息原件请在大赛系统中上传。

二、参赛课程人才培养成果信息(不超过 5 项)

序号	成果获得年月	成果名称(内容)	成果类别与等级
1			
2			
3			
4			
5			

注:成果信息原件请在大赛系统中上传。

　　③ 课堂教学实录视频及相关材料。

　　实录视频为参赛课程中两个 1 学时的完整教学实录,其中产教融合赛道需包含理论和实践教学内容,具体要求如下。

　　a. 课堂教学实录视频应为参赛课程中两个 1 学时的完整教学实录(按 2 个视频文件上传)。

　　b. 视频须全程连续录制(不得使用摇臂、无人机等脱离课堂教学实际、片面追求拍摄效果的录制手段,拍摄机位不超过 2 个,不影响正常教学秩序)。

　　c. 主讲教师必须出镜且主讲课程,要有学生的镜头,须告知学生可能出现在视频中,此视频会公开。

d. 能够体现课程教学创新,不允许配音,不得出现画中画,不得出现参赛教师姓名、所在学校及院系名称等透露个人身份的信息,产教融合赛道行业企业信息不做硬性要求。

e. 视频文件采用 MP4 格式,分辨率 720P 以上,每个视频文件大小不超过 1200MB,图像清晰稳定,声音清楚。

f. 视频文件命名按照"课程名称＋授课内容"的形式。

与课堂教学实录视频配套相关材料包括:参赛课程的教学大纲、课堂教学实录视频内容对应的教案和课件,其中教学大纲主要包括课程名称、课程性质、课时学分、学生对象、课程简介、课程目标、课程内容与教学安排、课程评价等。

④ 证明材料。

所有赛道参赛课程需以 PDF 格式上传教务系统中课程已完成学期的开设信息(包含课表、排课班次、人数、地点等信息截图),参赛课程名称须与教务系统中显示情况一致。

产教融合赛道参赛课程还需提供由所在高校教务部门出具的实践性教学学时占课程总学时比例不少于 30% 的相关证明;行业企业参与参赛课程教学的相关证明,包括但不限于与参赛课程相关的人事聘任协议、产教融合项目合同、协同育人项目、产业学院等,签订时间在 2 年及以上。

(2) 校赛报送材料。

① 参加校赛教师(团队)名单汇总表(加盖单位公章)。

② 校赛工作总结。包括但不限于校赛基本情况,校赛规模与特点(参赛教师人数、组织情况),校赛举办的效果与亮点,校赛选拔过程中出现的问题与建议等内容。

以上内容需于规定时间前在大赛官方网站填报。

(3) 省赛牵头单位提交材料。

① 推荐参加全国赛的教师(团队)名单汇总表,于规定时间前在大赛官方网站填报。

② 省赛工作总结。省赛工作总结包括但不限于比赛基本情况(包含省赛组织机构)、规模与特点(参赛教师人数、组织情况、评审专家遴选办法与结果),省赛举办的效果与亮点,省赛选拔过程中出现的问题与建议等内容。该材料于规定时间前在大赛官方网站填报。

③ 成果展示。凝练总结大赛对本赛区高等教育教学改革、育人成效等方面的影响,拟以展览的形式展示。

5. 奖项设置

全国赛设个人(团队)奖与优秀组织奖。

(1) 个人(团队)奖。按组别分设一、二、三等奖,比例分别为 15%、35%、50%。

(2) 优秀组织奖。对大赛开展过程中,教师参与度高、大赛成绩突出、影响效果明显的组织单位,授予"优秀组织奖"。

6. 评分标准

不同赛道的评分标准不同。第 1~5 赛道,即新工科赛道、新医科赛道、新农科赛道、新文科赛道、基础课程赛道,其评分标准分为课堂教学实录视频(40 分)、教学创新成果报告(20

分)、教学设计创新汇报(40分)三部分;第6赛道,即课程思政赛道,其评分标准分为课堂教学实录视频(40分)、课程思政创新报告(20分)、教学设计创新汇报(40分)三部分;第7赛道,即产教融合赛道,其评分标准分为课堂教学实录视频(40分)、产教融合创新报告(20分)、教学设计创新汇报(40分)三部分。

(1) 面向第1~5赛道的评分标准。

面向第1~5赛道的课堂教学实录视频、教学创新成果报告、教学设计创新汇报的评分标准分别如表6-6、表6-7、表6-8所示。

表6-6　面向第1~5赛道的课堂教学实录视频的评分标准

评价维度	评价要点
教学理念	教学理念体现"学生中心"教育理念,体现立德树人思想,符合学科特色与课程要求;以"四新"建设为引领,推动教育教学改革、提高人才培养能力
教学内容	教学内容有深度、广度,体现高阶性、创新性与挑战度;反映学科前沿,渗透专业思想,使用质量高的教学资源;充分体现"四新"建设的理念和成果
	教学内容满足行业与社会需求,教学重、难点处理恰当,关注学生已有知识和经验,教学内容具有科学性
课程思政	落实立德树人根本任务,将价值塑造、知识传授和能力培养融为一体,显性教育与隐性教育相统一,实现"三全育人"
	结合所授课程特点、思维方法和价值理念,深挖课程思政元素,有机融入课程教学
教学过程	注重以学生为中心创新教学,体现教师主导、学生主体
	教学目标科学、准确,符合大纲要求、学科特点与学生实际,体现对知识、能力与思维等方面的要求
	教学组织有序,教学过程安排合理;创新教学方法与策略,注重教学互动,启发学生思考及问题解决
	以信息技术创设教学环境,支持教学创新
	创新考核评价的内容和方式,注重形成性评价与生成性问题的解决和应用
教学效果	课堂讲授富有吸引力,课堂气氛融洽,学生思维活跃,深度参与课堂
	学生知识、能力与思维得到发展,实现教学目标的达成
	形成适合学科特色、学生特点的教学模式,具有较大借鉴和推广价值
视频质量	教学视频清晰、流畅,能客观、真实反映教师和学生的教学过程常态

表6-7　面向第1~5赛道的教学创新成果报告的评分标准

评价维度	评价要点
有明确的问题导向	立足于课堂教学真实问题,能体现"以学生发展为中心"的理念,提出解决问题的思路与方案
有明显的创新特色	把"四新"建设要求贯穿到教学过程中,对教学目标、内容、方法、活动、评价等教学过程各环节分析全面、透彻,能够凸显教学创新点
体现课程思政特色	概述在课程思政建设方面的特色、亮点和创新点,形成可供借鉴推广的经验做法

续表

评价维度	评价要点
关注技术应用于教学	能够把握新时代下学生学习特点,充分利用现代信息技术开展课程教学活动和学习评价
注重创新成果的辐射	能够对创新实践成效开展基于证据的有效分析与总结,形成具有较强辐射推广价值的教学新方法、新模式

表 6-8 面向第 1～5 赛道的教学设计创新汇报的评分标准

评价维度	评价要点
理念与目标	课程设计体现"以学生发展为中心"的理念,教学目标符合学科特点和学生实际;在各自学科领域推进"四新"建设,带动教学模式创新;体现对知识、能力与思维等方面的要求。教学目标清楚、具体,易于理解,便于实施,行为动词使用正确,阐述规范
内容分析	教学内容前后知识点关系、地位、作用描述准确,重点、难点分析清楚
	能够将教学内容与学科研究新进展、实践发展新经验、社会需求新变化相联系
学情分析	学生认知特点和起点水平表述恰当,学习习惯和能力分析合理
课程思政	将思想政治教育与专业教育有机融合,引用典型教学案例举例说明,具有示范作用和推广价值
过程与方法	教学活动丰富多样,能体现各等级水平的知识、技能和情感价值目标
	能创造性地使用教材,内容充实精要,适合学生水平;结构合理,过渡自然,便于操作;理论联系实际,启发学生思考及问题解决
	能根据课程特点,用创新的教学策略、方法、技术解决课堂中存在的各种问题和困难;教学重点突出,难点把握准确
	合理选择与应用信息技术,创设教学环境,关注师生、生生互动,强调自主、合作、探究的学习
考评与反馈	采用多元评价方法,合理评价学生知识、能力与思维的发展
	过程性评价与终结性评价相结合,有适合学科、学生特点的评价规则与标准
文档规范	文字、符号、单位和公式符合标准规范;语言简洁、明了,字体、图表运用适当;文档结构完整,布局合理,格式美观
设计创新	教学方案的整体设计富有创新性,能体现高校教学理念和要求;教学方法选择适当,教学过程设计有突出的特色

(2) 面向第 6 赛道的评分标准。

面向第 6 赛道的课堂教学实录视频、课程思政创新报告、教学设计创新汇报的评分标准分别如表 6-9、表 6-10、表 6-11 所示。

表 6-9 面向第 6 赛道的课堂教学实录视频的评分标准

评价维度	评价要点
教学理念与目标	坚持立德树人,坚持"以学生发展为中心",将价值塑造、知识传授和能力培养融为一体,充分发挥课程育人作用
	教学目标立足本专业本课程的育人特色,在价值塑造、知识传授、能力培养等方面要求清晰、科学、准确,符合新时代创新型复合型应用型人才培养需求

续表

评价维度	评价要点
教学内容	坚持思想性和学术性相统一,教学内容及资源优质适用,能够将思政教育与专业教育紧密结合,帮助学生丰富学识、增长见识、塑造品格
	坚持正确方向和正面导向,深入挖掘课程自身蕴含的思政资源,并科学有机融入教学内容体系,不做不恰当的延伸,体现思想性、时代性和专业特色
	教学内容满足行业与社会需求,关注学生已有知识和经验,关注学科专业发展前沿,教学重点难点处理恰当,体现高阶性、创新性与挑战度
教学过程	教学组织有序,注重以学生为中心,体现教师主导、学生主体,能够寓价值观引导于知识传授和能力培养之中
	教学安排合理,教学方法恰当,能够激发学生学习兴趣,引导学生深入思考,体现针对性、互动性和启发性
	信息技术的使用合理有效,实现信息技术与课堂教学的有机融合,有力支持教学创新
	教学考核评价内容科学、方式创新,注重对学生素质、知识、能力的全方位评价,注重形成性评价与生成性问题的解决和应用
教学效果	教学内容、方法及实施过程遵循教学理念,高效达成教学目标,达到如盐化水、润物无声的效果,有效实现教书、育人相统一
	课堂讲授富有吸引力,课堂气氛积极热烈,学生深度参与课堂,积极性和活跃度高,学生素质、知识和能力得到发展和提高
	形成突显专业特色、符合学生特点的教学模式,具有较大借鉴和推广价值
视频质量	教学视频清晰、流畅,能客观、真实反映教师和学生的教学过程常态

表 6-10　面向第 6 赛道的课程思政创新报告的评分标准

评价维度	评价要点
问题导向	以落实立德树人根本任务为导向,立足于学科专业的育人特点和要求,发现和解决本课程开展课堂思政教学过程中的真实问题
创新举措	能够准确把握课程思政的内涵建设要求,聚焦需要解决的课程思政教学过程的问题,在教学目标、教学设计、教学内容、方法手段、考核评价等方面提出了具体举措,且针对性、创新性、可操作性强
创新效果	能够切实解决课程思政教学存在的问题,能够有效实现寓价值观引导于知识传授和能力培养之中,帮助学生塑造正确的世界观人生观价值观
成果辐射	能对课程思政实践成效开展基于案例的有效分析与总结,面向同一类型课程、同一学科专业、同一类型学校,形成具有较强辐射推广价值的课程思政教学新方法、新模式

表 6-11　面向第 6 赛道的教学设计创新汇报的评分标准

评价维度	评价要点
教学理念	坚持立德树人,体现"以学生发展为中心",将价值塑造、知识传授和能力培养融为一体,充分发挥课程育人作用
总体设计	遵循教学理念,围绕思政教育与专业教育紧密融合,从教学目标、教学内容、教学活动、教学方法、教学手段、教材选用、教师配备、教学考核、评价反馈等进行系统性设计,能够有效落实所在专业人才培养方案要求,有效落实立德树人根本任务

续表

评价维度	评 价 要 点
教学目标	教学目标符合学校办学定位、学生情况和专业人才培养需求,准确体现对学生价值塑造、知识传授和能力培养等方面的要求。教学目标清楚具体,易于理解,便于实施,行为动词使用正确,阐述规范
学情分析	学生认知特点和起点水平表述恰当,学习习惯和能力分析合理,思想发展现状、特点和规律总结准确
内容分析	符合学生思想发展和认知特点,体现课程育人理念和目标,课程知识体系清晰科学,课程自身蕴含的思政教育资源挖掘深入准确,思政资源和知识内容融合紧密恰当
过程与方法	教学活动丰富,过渡自然,充分发挥教师主导、学生主体作用,能够帮助学生有效提升素质、知识和能力
	教学方法灵活恰当,现代信息技术应用科学合理,关注学生兴趣、引导学生思考,强调自主、合作、探究的学习
	教材和教学资源选用科学,教学案例典型恰当,注重价值引领,注重理论联系实际,将思政教育有机融入教学过程
考评与反馈	教学评价维度多样,方法多元,内容科学,适合学科专业要求和学生特点,能够评价学生素质、知识和能力等各方面的发展变化
设计创新	围绕价值引领、知识传授和能力培养紧密融合进行一体化设计,充分体现育人理念和特点,专业特色突出,富有思想性、时代性和科学性、创新性
文档规范	文字、符号、单位和公式符合标准规范; 语言简洁、明了,字体、图表运用适当; 文档结构完整,布局合理,格式美观
现场交流	观点正确,切中要点,条理清晰,重点突出,表达流畅

（3）面向第 7 赛道的评分标准。

面向第 7 赛道的课堂教学实录视频、产教融合创新报告、教学设计创新汇报的评分标准分别如表 6-12、表 6-13、表 6-14 所示。

表 6-12　面向第 7 赛道的课堂教学实录视频的评分标准

评价维度	评 价 要 点
教学理念	体现"以学生发展为中心"教育理念,符合专业特色与课程要求;在深化产教融合中推进教育教学创新,提高人才培养的质量,服务区域经济社会发展,促进教育链、人才链与产业链、创新链有机衔接
教学内容	深挖课程思政元素,有机融入课程教学,实现"润物无声"的课程思政教育
	将教学内容与行业企业、实务部门等实际工作和需求以及国家产业政策、国内外产业发展的基础走向和价值导向紧密融合,将生产现场转化为教学课堂,将政产学研的创新理念、机制体制和重大科研成果转化为课程教学案例,体现高阶性、创新性与挑战度
	教学资源储备丰富,行业企业深度参与课程建设和教材编写,包括但不局限于共建校企联合实验室、共建实习实践基地、联合开发课程、共同编写教材等,注重将行业企业发展最新前沿成果融入教学内容

续表

评价维度	评价要点
教学过程	体现教师主导、学生主体、行业企业参与,聘请行业企业优秀专业技术人才、管理人才和高技能人才等参与教学
	以解决社会和行业企业实际问题为导向,充分利用产教融合校企合作平台,采用项目式、任务式等方式方法,将专业知识与生产过程和行业标准等相对接,启发学生思考,培养学生在真实生产环境中解决复杂问题的能力
	产学合作开发数字资源,将数字产业化和产业数字化作为基本教学线索,深化数字化技术在教学场景和评价中的应用
教学效果	课程讲授富有吸引力,互动气氛融洽,学生思维活跃,能够了解领域和行业的最新动态和实际情况,创新实践能力增强,学生素质、知识和能力全面提高
	形成服务国家战略、突出专业特色、符合学生特点和推动产业高质量发展的合作教学模式,形成可持续发展的机制体制和基本经验,具有较大借鉴和推广价值
视频质量	教学视频清晰、流畅,能客观、真实反映师生的教学过程常态

表 6-13　面向第 7 赛道的产教融合创新报告的评分标准

评价维度	评价要点
问题导向	人才培养规格与哲学社会科学和自然科学领域的各类实践需求相符,以培养高素质创新人才为导向,立足专业和学科特色,发现和解决产教融合课程教学面临的问题和挑战
创新特色	通过产学研深度合作,在教学目标、内容、方法、评价和资源开发等方面共同完成课程改革,且针对性、创新性、可操作性强
创新效果	课程教学方案设计科学、方法有效、评价多元,数字化转型较好,学生服务国家战略意识、专业知识素养、解决产业发展问题能力同步提高,解决人才培养供给侧和产业需求侧的结构性矛盾
成果辐射	能够对产教融合课程教学的合作模式和成果转化开展基于证据的有效分析与总结,形成具有较强辐射推广价值的教学新方法、新模式

表 6-14　面向第 7 赛道的教学设计创新汇报的评分标准

评价维度	评价要点
理念与目标	课程设计体现"以学生发展为中心"的理念,教学目标符合专业课程特点、学生实际,清楚具体,易于理解,便于实施,助力拔尖创新人才培养
内容分析	紧密对接产业链和创新链,及时将学科研究新进展、实践发展新经验、社会需求新变化、思政教育有机融入课程教学内容,更新及时,动态完善
	避免"两张皮",将专业课程知识点关系、地位、作用纳入到产业发展的新环境、新背景中去讲授,描述准确,理论与实践结合合理,高校、行业企业内容分配合理;参与教学的双师型师资队伍建设合理
过程与方法	教学过程在行业企业真实场景下进行,培养学生分析解决复杂问题的能力以及创新创业的意识和能力,实践教学与生产实践对接
	通过产教协同解决教学过程中存在的各种问题和困难;教学重点突出,难点把握准确,充分调动学生积极性、主动性和创造性
	合理选择与应用数字化平台和技术,创设教学环境,强调自主、合作、探究的学习

评价维度	评 价 要 点
考核评价	评价方法和主体多元,行业企业参与评价,过程性评价和终结性评价相结合,学生知识、能力和思维发展得到合理有效评价
设计创新	教学方案的整体设计富有创新性,注重资源整合,能体现产教融合协同育人的教学理念、思路和要求;教学方法选择适当,教学过程设计有突出的特色

6.4.3 教学创新大赛关键点

教学创新大赛需遵循以下关键点。

1. 坚持 OBE 理念

确立以学生为中心、产出导向、持续改进的理念。教师需清晰总结和归纳自己的教学理念,明确教学目标和方法。这包括对学科知识结构的深刻理解、对学生学习需求的精准把握、对课程设计的深思熟虑等。

2. 体现"两性一度"

提升课程的高阶性,突出课程的创新性,增加课程的挑战度。可以在课程设计中增加研究性、创新性、综合性内容,以直观地呈现"两性一度"。以学生为中心,通过创新性的课程设计和教学形式,培养学生解决复杂问题并能够知行合一的实践能力,同时构建具有挑战性的教学内容体系以提升学生自主学习能力。

3. 体现以学生发展为中心

教学创新必须以学生为中心,关注学生的学习需求和感受,注重培养学生的综合素质和能力。不能过分关注形式上的新颖而忽略了教学的本质,对学生学习有促进作用的教学创新才是得分要点。应当从价值塑造、知识传授、能力培养等维度确立"以学生发展为中心,一切为了学生发展"的理念。

4. 强调课程思政

教学理念的思政化,明确教学的第一目标是立德树人,要将学生培养成为具有高尚情操和崇高职业道德的现代化人才,在这过程中要将学生个人素养的提升和职业道德的养成同社会主义核心价值观有机结合起来。

教学内容的思政化,从课程内容的背景进行思政教育。在讲述课程所属行业的背景、发展历程以及典型人物案例时,可以结合时代背景和国家发展,讲述我国在相关领域的发展成就、相关历史人物的励志故事以及一些历史往事,培养学生的使命感和责任担当。

5. 以提升学生综合能力为重点

以提升学生综合能力为重点,重塑课程内容、创新教学方法,以提升教学效果为目的。教师应在教学过程中关心和尊重学生,关注学生的个体差异,提供有针对性的教学支持,通过在课程设计中融入伦理问题、社会热点时事,培养学生的社会责任感,让教学不仅仅停留在知识传授的层面,还要延伸到学生的综合能力发展上。

6. 创新教与学模式

根据学生认知规律和接受特点,强调创新教与学模式。诸如"项目式"教学、"翻转课堂"以及"MOOC+SPOC"相结合等方式。通过这些方式,可以提高学生的学习兴趣和主动性,提升学生的综合素质和创新能力。

7. 现代信息技术与教学深度融合

在比赛中使用信息技术手段进行教学是必需的。但要注意的是,信息技术不能滥用,而是要合理适度地使用。教师能够熟练运用各种信息技术教学手段,例如虚拟实训室、多媒体、在线教学平台等。教师可以展示学生是如何通过使用虚拟实训室来提升自己的实践能力的。教师还可以通过在线教学平台与学生互动,引导学生进行讨论。教师通过对信息技术手段的资源整合,可以让学生在教学过程中加深学习印象。通过强化现代信息技术与教学深度融合,解决好教与学模式创新的问题。

8. 完善过程评价制度

以激发学习动力和专业志趣为着力点,强调完善过程评价制度。评价永远都是教学创新的一颗明珠,评价要有道、还要有套、更要有效,这需要教师首先搞清楚评价的道,并且把评价的各种基础概念搞清楚,并在此基础上探索创新适合自己课程的评价之套。运用形成性评价、同伴评价、自我评价等多种评价方式,注重过程性评价,全面、客观地评价学生的学习过程和学习成果,有效地激励学生的持续进步。

6.4.4 备赛攻略

1. 教学创新报告

(1)创新要素。教学创新的基本要素包括构成性要素(如教学内容、教师、学生、环境等)和过程性要素(如目标、方法、组织、评价等)。

(2)教学创新的核心。教学创新是关于创造力教学和创造性教育的实践,旨在通过多样化的教学组织形式培养学生的创新精神、创新意识和创新能力。这一过程涉及教与学的创新实践活动,旨在实现特定的教学目标。它将最新的教育科学研究成果应用于教学实践,发现并采用行之有效的新教学方法。教学创新遵循一定的教学规律,需要通过引入新的教学大纲、学习内容、教学资源,或采用新的教学组织方式和评价方式,以实现课程目标和解决教学问题。

(3)创新环节。

① 教育教学理念应实现知识与能力、育人与育才的统一。

② 教学模式与策略应结合线上线下、同步与异步、课内与课外。

③ 教学内容与体系应协调基础与高级、经典与前沿、知识导向与问题导向。

④ 教学活动与方法应平衡被动与主动、建构与探究、能力与素养、共性与个性。

⑤ 教学资源与工具应融合实物资源与数字化资源、自建课程与平台课程。

⑥ 教育技术与环境应结合替代与优化、跟踪与评估。

⑦ 教学评价与反馈应融合过程与总结、量化与质性、诊断与激励。

（4）凝练课程的核心目标。

① 教学现状分析应包括学生已有知识经验、学习风格能力、学生学习特征、信息化环境、数字化资源、适用设备，教师的专业知识技能、教学知识能力、信息化素养等。

② 根据教学现状确定痛点问题，即必须解决的问题以及教学创新可真正解决的问题，包括学生的学习、思维、应用能力，课程内容重构、流程优化、活动形式，教师的教学设计、组织安排、评估反馈等。

③ 核心目标的达成与痛点问题的解决是所有教学创新的归属——一致性原则。这包括理念与模式创新、内容与资源创新、方法与手段创新、考核与评价创新。创新举措的梳理逻辑应与达成核心目标和解决痛点问题的逻辑一致。

（5）创新举措和实践。

① 创建线上线下混合式学习环境和以学生为主体的深度学习过程。课程全过程中应循序渐进地引导学生"想到""做到"，根据最近发展区原理，打造成长环境，建立容错氛围、鼓励试错、引导全员参与、勇于表达见解、巧妙设计陷阱、善于思辨分析。

② 基于学习闭环过程培养学生知识建构能力，教学内容要分层次分属性重构，教学资源形式要多样生动且可视，学习方法应依托科学知识和信息技术工具，学习目标应设立分层次达成度标准。

③ 通过混合式学习过程，提升知识迁移应用和高阶思维能力。

④ 课程思政融合赋力学生自主内驱的激发，从而实现内容章节化、知识模块化。

⑤ 信息化资源及工具能够保障深度个性学习和精准全过程教学管理。

⑥ 多元化学习评价及反馈——以评促学，可以打破成绩魔咒的外驱动机。

（6）内容升华与价值升华的统一。

① 课程内容重构的规划思路要把握"新"的内涵（新理念、新专业、新结构、新模式、新体系、新技术等）。

② 与新科技紧密结合、对接新兴产业、突破学科和专业的边界，由多学科交叉生成新的学科。新工科作为国家战略、传统行业的现代化转型以及新兴产业的支撑，能够用来应对新一轮科技革命与产业变革。

③ 面向人民健康和构建健康中国，从治疗为主到预防、治疗、康养全周期医学的新理念，催生出精准医学、转化医学、智能医学等新专业，推进医工理文融通。

④ 适应全球变化、适应农业现代化发展，面向新农业、新乡村、新农民、新生态发展，用现代生物技术、信息技术、工程技术等现代科技改进农科专业。

⑤ 应对当今错综复杂的国内外形势，立足新时代，回应新需求，促进文科融合化、时代化、中国化、国际化，引领人文社科新发展，服务现代化目标。

2. 课堂教学实录

（1）内容的选择。选定的章节内容应能凸显课程的独特性；教学内容的设计需展现"两性一度"；深入挖掘具有鲜明特色的课程思政元素，并将其与专业知识无缝结合；强调师生互动和生生互动，倡导自主、合作、探究的学习方式；充分利用现代信息技术。

（2）片头。课堂实录视频应与创新报告内容相契合，导课环节需引人入胜，例如通过提出问题、引入争议话题、展示案例等方式。

（3）课中。教师应展现教学基本功和课堂组织能力，并体现出学生的合作学习、以学生为中心的教学活动。应结合创新报告的教学模式进行设计，体现信息化教学手段的应用。

（4）结尾。包括介绍学术前沿、总结与拓展、学习评价、布置具有挑战性的作业，以及思政教育的深化等环节。

3. 现场汇报答辩

（1）汇报 PPT 设计。结构需清晰明了，需结合创新报告提炼出创新亮点，整体视觉效果应与课程主题相契合。建议准备一份详尽的说课逐字稿（2000～2400 字），并据此选择相应的视觉元素。汇报 PPT 应尽量减少动画效果，建议控制在 22～25 页。各页面间的过渡词要精心设计，避免重复；讲解时应保持镇定，节奏舒缓、语调抑扬，展现出自信和感染力。

（2）现场汇报技巧。应根据个人特点进行，避免盲目模仿他人。通过大量练习，确保能够熟练背诵稿件，并严格控制时间，切勿超时。确保每个部分都能在规定时间内完成。提前预测可能出现的问题，并保持平和客观的态度。专家提问通常针对讲解的核心内容，旨在进行深入讨论而非质疑。在汇报过程中，鼓励观众提问和反馈，这不仅能提升报告的吸引力，也有助于了解观众对报告的反应和看法。

4. 评委如何审视参赛作品

（1）评委们将审视参赛教师是否能提出新颖、有趣且实用的教学内容，旨在激发学生的学习兴趣并提升教学效果。

（2）评委们将评估参赛教师是否能灵活运用多种教学方法，例如案例分析、小组讨论、实验探究等，以提升教学质量和培养学生的实践能力。

（3）评委们将关注参赛教师是否能充分利用现有的教学资源，如多媒体、网络资源等，并且是否能有效地将这些资源融入教学中，从而提高教学效果。

（4）评委们将评估参赛教师是否能充分调动学生的积极性，鼓励他们积极参与课堂教学，以提高学生的参与度和互动性。

（5）评委们将关注参赛教师的教学成果，包括学生的学业成绩、综合素质的提升等，以此评价其教学创新的成效。

（6）评委们将评估参赛教师是否能对自己的教学进行反思和改进，以持续提升教学质量。

（7）评委们将关注参赛教师的教学理念，如对学生的关怀、对教育公平的追求等，以及他们的个人素养，包括沟通能力、组织协调能力等。

6.5 实践练习

1. 结合实际教学经验，谈谈如何提升教学能力。

2. 结合实际教学，谈谈如何实施教学创新。

第7章

教学评价与教学反思

在教育领域不断进步的今天,教学评价与教学反思成为提高教学品质、推动学生全面成长的关键工具。它们不仅是教育流程中的核心环节,也是教师专业发展和自我提升的必由之路。随着教育理念的持续演进和教育技术的飞速发展,教学评价与教学反思的重要性愈发显著,它们对于改善教学策略、增强教学成效、点燃学生学习热情和创造力具有无可比拟的价值。

教学评价是评估教学活动成效、指导教学改进的关键工具。它不仅包括对学生学习成果的评估,还涉及对教学过程、教学内容、教学方法和教学环境的全面评价。一个全面、公正、有效的教学评价体系能够帮助教师精确地把握教学的成就与不足,为教学决策提供坚实的数据支持,同时促进学生的自我认知和自我提升。

教学反思则是教师对教学实践的深入思考和自我审视。它要求教师在教学活动结束后回顾和分析整个教学过程,提炼经验教训,探索更高效的教育策略。教学反思不仅有助于教师提升教学技艺,更是教师实现自我成长、适应教育变革需求的关键路径。

7.1 教学评价

7.1.1 教学评价概述

教学评价构成了教育过程中的一个核心环节,它是对教学活动及其成效进行的系统的分析和评估,以确认是否实现了教学目标,并为教学的持续改进提供坚实依据。

1. 定义

教学评价是基于教学目标,对教学过程及其成果进行价值判断,以服务于教学决策的活动。它涉及对教学活动现实或潜在价值的评估过程。

教学评价涉及对教师教学和学生学习价值的研究过程。

通常,教学评价涵盖对教师、学生、教学内容、教学方法、教学环境以及教学管理等多方面因素的评估。然而,其核心主要集中在对学生学习效果和教师教学过程的评价上。

教学评价的两大核心环节分别是对教师教学工作(包括教学设计、组织、实施等方面)的评估——即教师教学评估(涵盖课堂内外),以及对学生学习效果的评估——通常通过考试和测验来实现。评价方法主要分为量化评价和质性评价两大类。

2. 目的

教学评价的核心目的如下。

(1)评估学习成果。通过评价,教师能够判断学生是否实现了既定的学习目标,以及是否掌握了必要的知识和技能。

(2)指导教学改进。评价结果为教师提供了宝贵的反馈信息,帮助他们识别教学过程中的问题,并据此进行有针对性的调整,优化教学策略和内容。

(3)监控教学质量。确保教学活动满足教育标准和要求。

(4)促进学生发展。教学评价关注学生的全面成长,利用评价结果指导学生进行自我认知和自我提升。

(5)决策支持。教学评价的结果为教育管理部门提供了决策支持,这体现在课程设置、教学方法的选择等方面。

3. 作用

教学评价的作用主要包括以下几点。

(1)诊断作用。教学评价能够对教学效果进行全面的评估,可以了解教学各方面的情况,从而判断它的质量和水平、成效和缺陷。教学评价如同身体检查,是对教学进行一次严谨的科学的诊断,能够指出教学过程中的优点和缺点,帮助教师了解学生的学习准备程度和适应情况,从而调整教学策略。

(2)激励作用。通过定期的评价,教师可以获得关于自己教学效果的反馈,这种反馈可以激励教师提高教学质量。同时,学生也可以从评价中得知自己的学习成果,增强学习动机,尤其是当评价结果与学生的学习目标相符时,更能显著提升学生的学习动力。

(3)调节作用。教学评价提供的反馈信息可以帮助教师和学生根据评价结果调整教学活动。例如,如果学生在某个知识点上表现不佳,教师可以调整教学重点,加强相关练习,而学生则可以针对性地加强这些薄弱环节的学习。

(4)教学作用。评价本身也是种教学活动。在这个活动中,学生不仅能实现知识技能的巩固提升,更能促进智力和品德的发展。

(5)区分和鉴别作用。教学评价能够区分不同教师的教学风格和学生的学习能力,帮助学校和教育机构了解教学资源的利用效率,从而优化资源配置,提高教育质量。

(6)导向作用。教学评价不仅关注教学内容的传递,还涉及教学方法和学习方式的选择,为教学改革提供方向。通过评价,可以引导教师遵循教学规律,采用更适合学生的教学方法,促进学生全面发展。

综上所述,教学评价不仅是一种评估教学活动的手段,更是一种促进教学质量提升和学生学习动力增强的重要工具。通过科学、合理的评价,可以有效地推动教学改革和教育质量的进一步提高。

4. 依据

教学评价的依据指的是进行教学评价活动所依据的教育方针、教育目标、教学规律以及教学对象的特定项目总和。通常涵盖教育方针与教育目标、教学大纲、学生的身心特征、社会发展的需求。

5. 类型

(1)根据评价基准的不同,评价可以分为相对评价和绝对评价。

① 相对评价是在一组被评价对象中选取一个或多个作为基准,然后将各个评价对象与基准进行比较,以确定每个评价对象在集合中的相对位置。这种方法常用于了解学生的总体表现、学生间的差异,或比较不同群体间的学习成绩。然而,相对评价的基准会随着群体的不同而变化,这可能导致评价标准偏离教学目标,无法充分反映教学的优劣,也无法有效地为教学改进提供依据。

② 绝对评价则是在被评价对象集合之外设定一个标准,这个标准被称为客观标准。评价时将评价对象与客观标准进行比较,以判断其优劣。绝对评价的标准较为客观。如果评价准确,每个被评价者都能明确自己与客观标准的差距,从而激励他们积极进取。但客观标准的设定可能并不完全客观,容易受到评价者原有经验和主观意愿的影响。

(2)根据评价的功能,评价可分为诊断性评价、形成性评价和总结性评价。

① 诊断性评价,也称为教学前评价或前置评价,通常在教学活动开始前进行,目的是鉴定评价对象的学习准备程度,以便采取相应措施确保教学计划的顺利和有效实施。通过诊断性评价,可以了解学习的准备情况,也可以识别学生学习困难的原因,从而决定适当的教学策略。诊断性评价通常在课程、学期、学年开始或教学过程中需要时进行。

② 形成性评价一般在教学进行过程中进行,目的是引导教学前进或使教学更加完善,通过确定学生学习结果来实现。它能及时了解阶段教学的结果和学生学习的进展情况、存在的问题等,以便及时反馈、调整和改进教学工作。形成性评价通常较为频繁,例如在单元活动结束时进行评估,或在章节后进行小测验等。其具体步骤如下。

a. 确定形成性学习单元的目标和内容,分析其包含的关键点和各关键点的层次关系。

b. 实施形成性测试,涵盖所有重点,测试后教师需及时分析结果,并与学生一起改进和巩固教学。

c. 实施平行性测试,复习和巩固学生所学知识,确保掌握并为后续学习打下基础。对于提高教学质量而言,重视形成性评价比重视总结性评价更有实际意义。

形成性评价有时也被称为过程性评价,但两者之间存在区别,具体如表7-1所示。

表 7-1　过程性评价与形成性评价比较

基本特征	过程性评价	形成性评价
基本内涵	对学生学习方式、反映学生智能发展的过程性成果、与学习密切相关的非智力因素等进行的评价	为获得反馈信息、改进教学、促进学生达成学习目标而进行的评价
主要特点	评价方式灵活、内容丰富、过程和结果并重	评价方式灵活、内容丰富、过程和改进并重
结果应用	用于累积评价	不用于累积评价
主要目的	作为学业评价的一部分,促进学习方式的优化、学习参与和投入	作为持续改进的一部分,改进教学过程,调整教学方案
评价方法	书面作业、作品展示、口头汇报、小组项目评价、课程评价、过程评价量表、档案袋法、个人项目、学习日志等,侧重质性评价工具	口头测试、课堂观察、活动记录、课堂测验、学生自评、同伴评价、学习地图、反思性日志等,侧重量化评价工具
评价内容	较为灵活可控,一般包括学习情感、学习方式和学业水平	对比学生学习情况与学习目标,检测二者之间的差距
实施要点	注重对学习过程方式、情感动机和阶段效果的评价,注重教育的非预期目标,师生共同参与	明确阶段性学习目标、确定学习者现有水平、采取行动帮助学习者实现目标

③ 总结性评价,亦称事后评价,通常在教学活动告一段落时进行,旨在掌握最终的活动成果。例如,学期末或学年末的各科考核、考试,其目的在于验证学生的学习是否满足教学目标的要求。总结性评价侧重于教与学的成果,通过全面评估被评价者所取得的成绩,进行等级划分,并对整个教学方案的有效性作出评价。

(3) 根据评价的表达方式,可分为定性评价和定量评价。

定性评价侧重于对评价资料进行"质"的分析,运用分析与综合、比较与分类、归纳与演绎等逻辑分析方法,对评价所获得的数据、资料进行思维加工。

定量评价则侧重于从"量"的角度出发,运用统计分析、多元分析等数学方法,在复杂多变的评价数据中提炼出规律性的结论。

鉴于教学活动涉及人的因素,各种变量及其相互作用关系相对复杂,因此为了揭示数据的特征和规律性,定量评价的方向和范围必须由定性评价来界定。定性评价与定量评价是相辅相成的,两者相互补充,共同发挥优势,不可偏向任何一方。

6. 原则

教学评价原则是指导教学评价活动的基本原理,构成了正确处理各种因素关系的规范体系。具体而言,教学评价应遵循以下几条核心原则。

(1) 目的性原则。教学评价应建立在明确的教学目标之上,确保评价活动与教育目标紧密相连,从而支持教学决策和改进。

(2) 客观性原则。评价应提供客观的反馈,避免偏见,确保评价结果的真实性和可靠性,这对于学生和教师都至关重要。从测量的标准和方法到评价者的态度,特别是最终的评价结果,都应符合客观实际,不能主观臆断或掺杂个人情感。

（3）整体性原则。评价应从教学工作的整体出发,对教学活动的各方面进行多角度、全方位的评估,避免片面评价,确保评价结果的全面性和准确性。

（4）指导性原则。评价结果应具有建设性,将评价与指导相结合,对评价结果进行深入分析,从不同角度找出因果关系,为教师和学生提供具体的改进方向,以促进教学质量的提升。

（5）科学性原则。从教与学相统一的角度出发,以教学目标体系为依据,确定合理的统一评价标准。评价方法和工具应科学、合理,基于准确的数据和有效的研究,确保评价结果的有效性和适用性。

（6）发展性原则。评价应关注学生的持续发展和教师的教学能力提升,着眼于学生的学习进步和动态发展,着眼于教师的教学改进和能力提高,通过评价促进双方的成长和进步。

（7）思想性原则。在思想政治等学科的教学中,评价不仅要关注学生的知识掌握,还要关注学生的态度、价值观和行为表现,体现课程的德育性质。

（8）主体性原则。评价应重视学生的主体地位,通过学生自评、互评等方式,增强学生的参与感和责任感,提高评价的有效性。

（9）可行性原则。评价方法应简便易行,能够在实际教学中顺利实施。

（10）多样化原则。评价形式应多样化,结合教师对学生的评价、学生对教师的评价、学生之间的互评等多种方式,以全面反映学生的学习情况,提高评价的广度和深度。

这些原则共同构成了教学评价的基本框架,指导着评价活动的全过程,确保评价既能有效支持教学目标的实现,又能公正、客观地反映学生的学习情况和教师的教学情况。

7. 方法

教学评价方法是教育者用于衡量教学成效和学生学习成果的一系列技术和工具。以下列举了一些常见的教学评价方法。

（1）观察法。通过直接观察学生在课堂或特定环境中的行为和表现来进行评价。

（2）测验和考试。通过书面测试来评估学生对特定领域知识的掌握程度。

（3）自我评价。学生对自己的学习过程和成果进行反思和评价。

（4）同伴评价。学生相互评价对方的作业或表现,以促进相互学习,并培养批判性思维。

（5）项目作业。通过学生完成的长期项目或作业来评估其综合运用知识的能力。

（6）口头报告和演讲。通过口头表达来评价学生的表达能力、知识理解程度和自信程度。

（7）实验和实践操作。在科学和工程领域,通过实验操作来评估学生的实践技能。

（8）案例研究。通过分析具体案例来评价学生的问题解决能力和决策能力。

（9）模拟和角色扮演。在社会科学和职业培训中,通过模拟情景来评估学生的社交技能和专业能力。

（10）问卷调查。通过问卷收集学生对课程、教师或学习环境的看法和反馈。

（11）学习日志和反思报告。学生记录自己的学习过程并进行反思,以促进深度学习和自我提升。

（12）表现性评价。通过学生在实际或模拟任务中的表现来评价其技能和知识。

（13）电子评估工具。使用在线平台和软件进行测试和反馈，便于数据收集和分析。

（14）档案袋评价。收集学生的作品样本和评价记录，以展示其学习过程和成就。

（15）360度评价。从多个角度（包括自我、同伴、教师和家长）收集评价信息。

每种评价方法都有其独特的优势和局限性，有效的教学评价往往需要综合运用多种方法，以获得更全面和准确的评价结果。教师应根据教学目标、学生特点和学科要求，灵活选择和设计评价方法。

综上所述，教学评价是一个复杂而系统的过程，它涉及多个方面和多个环节。通过科学的教学评价，可以全面了解教学活动的效果和学生的学习情况，为教学改进提供依据和动力。

7.1.2 如何开展过程性评价

过程性评价强调在学习过程中对学生的学业表现、能力发展等进行即时性评价。它的主要功能是促进学生的发展，而不仅仅是对学习成绩的客观反映。这种评价方式涵盖了对分数、学习成绩与各种表现背后原因的分析，以及对改进方式的思考和判断。

1. 过程性评价的要素

过程性评价由证据、判断和结论三种要素构成，这三者共同构成了一个完整、系统的评价过程。

（1）证据包括学习者的学习成绩、作业表现、考试成绩或完成特定任务和作品的情况。

（2）判断是基于过程评价中的各种证据，对学生的进步与表现进行评估，并分析他们在学习不同科目中的优势与不足。

（3）结论是依据对学生在特定科目或领域中的表现的判断，而提出的对其在未来学习中的改进意见以及具体的调整措施。

2. 过程性评价的原则

过程性评价的核心原则在于促进学生的全面发展与个性化成长的和谐统一。

（1）全面发展旨在培养德智体美劳全面发展的社会主义建设者和接班人。

（2）促进学生个性化成长，是在满足教育基本要求的基础上，鼓励学生根据自身特点进行个性化发展。这种发展不仅符合教育规律，而且是高质量教育的关键特征，它与学生的社会性发展相辅相成。

3. 强化过程性评价

（1）评价证据的多样化思路。

① 按照多条标准收集证据。

② 采取不同类型的证据。

过程评价的证据是多元的。它可以包括不同科目的证据、不同形态的证据、个别性的证据、综合性的证据,以及不同时间点的证据等。对于这些不同证据的评价形式也是多样化的。

(2)主客观相结合的判断思路。在过程评价中,主客观的结合是判断的重要思路。教师需要将客观的证据与主观的判断相结合,并根据不同的证据进行综合判断。

(3)建设性的结论思路。秉持建设性的要求,根据不同的判断,对学生提出积极建议与具体措施。这种建设性的结论必须具有针对性,而不能仅仅是一种空洞或抽象的。它至少包括两方面。

① 外部环境的改善:对学生而言,外部环境是一个非常重要的变量。其中,接纳是关键所在。接纳是影响与促进学生个性发展的重要因素。学生的发展与能力的差异是客观存在的,他们的性格特征也各有不同。教师如何对待学生学业水平的差异,能否合理公平地接纳不同的学生,是教育教学是否成功的关键。

② 内在的引导:内在的引导即从学生本身出发,为其提供有针对性的指导与帮助。

4. 过程性评价的针对性

提升过程评价的针对性,这一点在不同的学生、课程和学科中都有所体现。

(1)针对不同学生的评价。了解学生的个性特征,包括他们的形象、外貌、言语和行为;理解学生在不同成长阶段的需求和主要挑战;探究学生的内在生命核心,即找到触动学生心灵的"敏感点"。

(2)针对不同课程的评价。对于表意性课程,评价应强调标准的多样性,以实现不同的路径达到相同的目标;对于工具性课程,评价则应强调标准的统一性,以形成有效的区分。利用不同的作业和试题模式是实现课程针对性的具体手段。过程评价在不同课程中通常通过作业和试题来实现,因此,重视作业和试题的设计至关重要。作业与试题设计的三个关键方向,即对已知条件的控制、试题结构与逻辑的调整、提问方式的创新。

(3)针对不同学科的评价。关注学生在不同学科领域的表现,例如,在科学领域,要求学生不仅要有对科学概念的理解,还要具备运用和掌握科学观念的能力。

5. 过程性评价需注意的问题

在实施过程性评价时,需注意以下几点。

(1)避免将过程性评价与总结性评价视为对立面,误认为二者必须择其一。实际上,这两种评价方式从不同视角评估学生的学习成果,它们各自具有独特的优势和应用领域,既不会相互排斥,也不应相互替代,而是相辅相成、并行不悖。

(2)不应将学习效果的评价排除在过程性评价的范畴之外。过程性评价同样能够反映学生的学习成效。

切勿将过程性评价等同于某一特定的评价方法或工具。过程性评价是一种广泛适用的评价方式,其对应的评价方法和工具是多样化、灵活多变的。

(3)避免过分夸大过程性评价的作用。尽管过程性评价具有其独特的优势,但它并非万能,也存在一定的局限性。

6. 过程性评价的分类

(1) 根据评价主体的不同,过程性评价可以细分为学生自评、同学互评以及教师点评三个类别。

(2) 按照评价层次来区分,过程性评价包括教师对小组的评价和小组对个人的评价。

(3) 依据评价的规范性程度,过程性评价可以划分为程序式评价和随机式评价。

(4) 从具体的评价方式来看,过程性评价涵盖了轶事记录、课堂观察、成长记录、个别交流、态度调查、辩论演讲、作文比赛、模型制作等多种形式。

7.1.3 以学生为中心的教学评价

以学生为中心的教学评价理念源自建构主义理论,强调学生学习和发展的核心地位,促进学生从"传授模式"向"学习模式"的转变。这种理念要求教师在教学中更加关注学生的体验和需求,重视学生的主体地位。它强调在教学过程中,学生的需求、兴趣、能力及发展应成为评价教学质量的核心标准。这种评价方式不仅关注学生的学习成果,还重视学习过程、学生的个体差异以及他们在教学活动中的参与度和体验。

1. 评价内涵

评价重点由关注教师的"教"转移到关心学生的学习效果。目的在于评价学生理解、应用知识的能力,培养学生自我评价能力,真正关注学生学习过程和成果,从而指导其学习方向,激励学生持续努力。

强调学生在教学评价中的主体地位。立足于学生学习、学生发展。

评价内容多元且广泛。强调学生为何学习、学习什么、学生希望教师如何教学、学生应如何学习等方面,真正关注学生的发展、学习和学习成果。

评价方式上量化与质性相结合,注重多种方法的综合运用。将量化评价融入质性评价,并在适当场景中加以运用,以更好地发挥教学评价促进发展的功能。

评价结果聚焦于评价的反馈机制。反馈旨在有利于评价对象,充分发挥评价对教师改进教学、学生增强学习效果的服务支持作用。

2. 评价体系

(1) 强调学生在评价过程中的主体作用。以学生为中心的教学评价观,强调系统性和发展性。从教师的角度来看,评价内容应覆盖整个教学流程,包括课堂的教学实施、课前准备以及课后辅导,充分展现教师作为促进者和辅助者的角色。从学生的角度来看,评价内容应关注学生的学习效果和学业成就,将学生的学科理论知识掌握、学习态度、兴趣、创造性以及批判性思维能力的发展纳入评价体系,以全面、立体地了解学生的总体学习状况。

(2) 构建全面的教学评价标准体系。

① 树立正确的教学评价理念,以学生为中心的教学评价应关注学生参与学习活动的直接体验,学生对课程学习的兴趣和态度,以及学生在学习过程中的表现和课程结束后的学习成果。

② 合理规划评价内容,评价问题的设计应具体且全面,贯穿教师教学的全过程,同时关注

学生的学业成就,并考虑学科特性。问题应实际可行,基于可观察的教学事实、学生对课堂教学的感受以及实际学习效果,而非让学生对抽象概念进行等级评定,建立具体而全面的评估指标体系,以提升教学评价的真实性和科学性。

③ 科学选择评价方法,结合定量评价和质性评价的优势,引入自我评价和同行评价,以获得对评价对象的全面深入理解。同时,合理安排定期评价和持续性评价,以获取评价的动态信息,最大限度地发挥评价对教学改进的促进作用。

7.2　教学评价量表

7.2.1　以学生为中心的教学评价量表

以学生为中心的教学评价量表如表 7-2 所示。

表 7-2　以学生为中心的教学评价量表

评价项目	评价内容	评价标准
学习态度	1. 学习目标明确,学习热情度高 2. 保质保量且按时完成作业 3. 能够进行自我反思,积极优化学习方法 4. 能够自主探索、自主学习、自主提高	优:积极、热情、主动 良:积极热情但欠主动 中:态度一般 差:态度消极怠慢
学习方式	1. 会倾听、思考、表达和质疑 2. 能够采取合作学习的探究方式 3. 能够有序、有效地进行自学 4. 能够选用多种学习方式	优:自主学习能力强 良:自主学习能力较强 中:自主学习能力一般,会倾听 差:自主学习能力较差,不会思考
参与程度	1. 积极发言,参与课堂讨论 2. 积极探究问题 3. 积极参加课外科技活动 4. 积极参加专业实践	优:踊跃参加学习活动,积极思考 良:能主动参与学习活动 中:发现问题、解决问题能力一般 差:参与意识不够积极主动
合作意识	1. 参加小组活动,开展合作学习 2. 勇于接受小组任务,敢于承担责任 3. 乐于助人,组建学习共同体 4. 发挥带头作用,主动组织小组活动	优:合作意识强,团队组织能力好 良:能与他人合作,并积极帮助同学 中:有合作意识,但组织能力不强 差:不能很好地与他人合作学习
探究活动	1. 积极发现问题,探究问题的根源 2. 能提出有价值的问题,加深学习的深度 3. 形成严谨的学习态度、不畏困难的探索精神 4. 勇于质疑、善于反思、敢于创新	优:对课程知识理解较深刻 良:对课程知识理解较浅 中:对课程知识理解模糊 差:对课程知识未理解
知识应用	1. 认真思考与其他学科的联系 2. 积极体验在日常生活中的作用 3. 具有应用所学知识解决实际问题的意识 4. 能够在解决问题中具有创新意识	优:能灵活运用知识并解决问题 良:较灵活运用知识并解决问题 中:应用知识和技能的能力一般 差:解决问题的能力较差

7.2.2　解析型评价量表

解析型教学评价量表如表 7-3 所示。

表 7-3 解析型教学评价量表

类 型	定 义	优 势	劣 势
解析型	针对多个维度进行单独评估	1. 可以促进形成性反馈和评价,经改编也可用于总结性评估 2. 可以为教师提供诊断性信息 3. 更易于将评估与教学结合	1. 相对更耗时 2. 获得高信度需要花费较多精力

将解析型教学评价用于创造性评价的量表如表 7-4 所示。

表 7-4 解析型教学评价用于创造性评价量表

维 度	很有创造性	有 创 造 性	一般/常规	抄 袭
观点的深度和质量	观点中包含来自不同背景或学科的重要概念,且种类繁多	观点中包含来自不同背景或学科的重要概念	观点中包含来自相同或相似背景或学科的重要概念	观点中不包含重要概念
资源的多样性	创造性成果建立在各类广泛资源的基础上,包括不同的文本、媒体、顾问和(或)个人经验	创造性成果建立在各种资源的基础上,包括不同的文本、媒体、顾问和(或)个人经验	创造性成果建立在有限资源和媒介的基础上	创造性成果的资源出处只有一条,并且/或来源并不可信或可靠
观点的组织和整合	观点以一种独创且新奇的方式整合在一起,目的在于解决问题、处理事件或推陈出新	观点以一种独创的方式整合在一起,目的在于解决问题、处理事件或推陈出新	观点整合方式是从他处衍生而来的(例如,参考其他作者等)	观点是直接复制或简单复述,参考其他作者的成果
成果的原创性	创造性成果是有趣的新颖的和(或)有帮助的,通过解决先前未解的难题、事件或意图等方式作出独特贡献	创造性成果是有趣的新颖的和(或)有帮助的,通过实现预定目标(解决难题或处理事件)作出独特贡献	创造性成果能够实现预定目标(例如,解决问题或处理事件)	创造性成果并没有实现预定目标(例如,解决问题或处理事件)

7.2.3　整体型评价量表

整体型教学评价量表如表 7-5 所示。

表 7-5 整体型教学评价量表

类 型	定 义	优 势	劣 势
整体型	综合所有维度进行评估	1. 打分更加快速 2. 更易获得高信度 3. 更利于总结性评价	1. 仅包含总分,无法给出改善学习的具体信息 2. 不利于形成性评价

将整体型教学评价用于创造性评价的量表如表 7-6 所示。

表 7-6　整体型教学评价用于创造性评价量表

很有创造性	有创造性	一般/常规	抄袭
观点中包含来自不同背景或学科的重要概念,且种类繁多;创造性成果建立在各类广泛资源的基础上,包括不同的文本、媒体、顾问和(或)个人经验;观点以一种独创且新奇的方式整合在一起,目的在于解决问题、处理事件或推陈出新;创造性成果是有趣的新颖的和(或)有帮助的,通过解决先前未解的难题、事件或意图等方式作出独特贡献	观点中包含来自不同背景或学科的重要概念;创造性成果建立在各种资源的基础上,包括不同的文本、媒体、顾问和(或)个人经验;观点以一种独创的方式整合在一起,目的在于解决问题、处理事件或推陈出新;创造性成果是有趣的新颖的和(或)有帮助的,通过实现预定目标(解决难题或处理事件)作出独特贡献	观点中包含来自相同或相似背景或学科的重要概念;创造性成果建立在有限资源和媒介的基础上;观点整合方式是从他处衍生而来的(例如,参考其他作者等);创造性成果能够实现预定目标(解决问题或处理事件)	观点中不包含重要概念;创造性成果的资源出处只有一条,并且(或)来源并不可信或可靠;观点是直接复制或简单复述,参考其他作者的成果;创造性成果并没有实现预定目标(解决问题或处理事件)

7.2.4　一般性和具体任务评价量表

一般性和具体任务对比如表 7-7 所示。

表 7-7　一般性和具体任务对比

类　型	定　义	优　势	劣　势
一般性	给出的特征可适用于同类多个任务	1. 可以公布给学生,将评价融入教学 2. 可以在同类任务中反复使用 3. 使学生跳出任务局限,着眼学习目标,促进学习 4. 学生可参与评价构建,推动学生自我评价	1. 在初始时期信度较低 2. 需要大量练习才能达到熟练使用程度
具体任务	针对特定任务进行评价	1. 能够快速评分 2. 容易获得高信度	1. 无法与学生共享评价量规(会暴露答案) 2. 需要对每个任务设计评价量规 3. 未含在量规中的答案可能会被错评

针对问题具体任务评价量表如表 7-8 所示。

表 7-8　针对问题具体任务评价量表

学生回答	完全正确	部分正确	不满意/不正确

数学问题解决的一般性评价量表如表 7-9 所示。

表 7-9　数学问题解决的一般性评价量表

维　度	5 分	4 分	3 分	2 分	1 分
数学知识的掌握(问题回答正确吗)	我计算出了正确答案;我的问题解决过程没有错误	我计算出了正确答案;我解决了问题,但犯了一些小错误	我的答案部分正确;我努力解题,但犯了一些明显错误	我努力解题,但仍然理解不了	我解题态度消极

续表

维　　度	5分	4分	3分	2分	1分
问题解决策略的使用(问题是如何解决的)	我使用了题干中的所有重要信息；我的解题步骤完整；我通过做题的方式来帮助解题	我使用了题干中的大部分重要信息；我写出了大部分解题步骤	我只使用了题干中的部分重要信息；我写出了一部分解题步骤	我几乎没有使用题干中的重要信息；我几乎没有写出任何解题步骤	我没有写出任何解题步骤
写一段解释性说明(你能够解释自己的思考过程吗)	我完成了书写并提供了解释说明；我对每一个都进行了说明；我写出了数学术语和策略名称；我在结尾处完整地写出了答案	我完成了书写并提供了一些说明；我对大部分步骤进行了解释	我完成了一部分书写或提供了一部分说明，二者只居其一；我对当中的一些步骤进行了解释	我书写的内容没有意义；我得出的答案模棱两可	我没有写出任何内容

7.2.5　分层次可衡量的达成度评价量表

知识掌握达成度评价量表如表 7-10 所示。

表 7-10　知识掌握达成度评价量表

等级	层　　次	评 价 标 准
合格	理解记忆	能够科学准确地表述课程知识点内容；能够知晓并理解相关知识点的区别与联系
良好	应用分析	能够利用课程所学知识判断并分析给定条件下的现象，解释相关机制
优秀	评价创新	能够解释相关机制的研究过程；能够用已学知识迁移应用、分析不同条件下的类似问题；能够提出对特点现象的科学假设或给出研究方案

能力达成度评价量表如表 7-11 所示。

表 7-11　能力达成度评价量表

一级目标	二级目标	评 价 标 准
学习构建	知识获取	能够通过教材、参考书以及在线课等资源开展有效的自主学习
		能够通过与同伴的讨论交流开展合作互助学习
		能够通过联机搜索或文献查阅进一步拓展学习的深度和广度
	记忆理解	能够针对学习内容的不同属性采用科学的方法进行理解和记忆
		了解科学认知规律，能够掌握科学的复习及练习方法
	整合内化	能够对课程不同章节及其他课程所涉及的相关知识进行有效关联
		掌握知识体系构建方法，形成个人知识地图并迭代形成知识体系
应用转化	信息获取	能够对信息或数据分析解读，从已有信息或数据中提取总结结果或规律
	解决问题	能够用所学知识有逻辑地提出解决问题的方案思路
		能够多角度思考解决问题的不同方案，对比不同方案的优势和局限性
	知识迁移	能够将所学知识在不同多场景应用，作出合理的推测和判断
	展示汇报	能够准确严谨地讲解知识内容，清晰地表达对问题的思考和观点
		具备基础的专业交流、展示汇报及 PPT 制作能力
		掌握相关软件，具备通过可视化的方法展示技能

续表

一级目标	二级目标	评价标准
高阶思维	逻辑思维	发现问题,即能够利用有关模型,对所学知识进行深入思考
		分析问题,即能够多维度全面地对问题进行有层次有逻辑地分析
	判断思维	能够对信息或观点从准确性、逻辑性、完整性及主次性等方面进行评价
	创新思维	具备敢于打破认识规律、类比事物的共性及差异、寻找替代方案的意识

7.2.6　团队合作能力评价量表

团队合作能力评价量表如表 7-12 所示。

表 7-12　团队合作能力评价量表

维度/等级	刚刚起步	初步显现	正在发展	能够展现
制订计划与集体决策	1. 认定管理和完成工作的一种"最佳"方法; 2. 同意扮演团队安排的角色,并按自己的方式完成任务; 3. 不够灵活变通,有时会导致团队内矛盾	1. 就如何最优化管理和完成工作,重申团队讨论过的一些方式; 2. 主动提出一种可以为团队做贡献的方式; 3. 在团队产生分歧时放弃参与讨论	1. 对如何最优化管理和完成项目补充自己的看法; 2. 对团队成员的角色或分工提出公平的建议; 3. 指出团队意见分歧的主要方面并聚焦讨论	1. 提出一些管理和完成项目的方法,并提示各选项的优缺点; 2. 根据成员独特的知识、能力或兴趣来推荐角色或分配任务; 3. 当团队出现意见分歧时,提出一些可作出决策的方式
与团队成员交流想法	重申他人的想法	向团队提问,从而更好地理解成员们的想法	当团队的思路不合逻辑或有缺陷时,能及时指出	1. 重新表述或解释思路并在一些观点中能够推动进程; 2. 向组员寻求不同观点和补充
贡献想法点子,付出努力并支持团队成员	1. 专注于别人要求他们做的事; 2. 按时完成团队项目中自己的那部分; 3. 让每个成员自己决定需要什么	1. 明确完成工作所需的想法、资源; 2. 询问团队有什么资源,要哪些帮助; 3. 在项目的最后分享自己的工作并关注其他人的工作情况	1. 与团队成员一起集思广益; 2. 应邀为其他成员寻找资源; 3. 要求团队考虑提升项目质量的一些方法; 4. 询问组员是否需要帮助或反馈	1. 贡献有利于进程的重要想法; 2. 提供资源来支持团队; 3. 提出改善项目质量的若干建议,在整个项目过程中帮助他人并提供反馈意见
监督、反思并调整个人和团队工作	专注于完成团队项目中个人的那部分	知道自己的工作表现如何	在整个项目过程中监督团队的项目质量和进度	1. 提出调整团队工作进程的一些方法来帮助提升项目质量; 2. 调整自身的工作方式来让团队受益

7.2.7　李克特量表

李克特量表是由美国社会心理学家伦斯·李克特(Rensis Likert)于 1932 年提出的评估

工具,它由一系列陈述句构成,每个陈述句都配备了一系列回答选项,旨在衡量受测者对这些陈述的认同程度。其主要特点包括以下几方面。

(1) 由一组陈述句构成。

(2) 每个陈述句提供多个等级以表达认同程度。

(3) 每个等级分别赋予不同的分数。

由于其简便性和易操作性,李克特量表在市场营销研究、学术研究、教育培训、组织管理等多个领域得到了广泛应用。

1. 构建步骤

(1) 陈述收集。搜集与所要测量概念相关的大量陈述语句,数量通常在 50 至 100 条之间。

(2) 陈述分类。研究人员根据测量概念将每个项目划分为"有利"或"不利"两类,确保测量项目中包含适当数量的有利和不利陈述。

(3) 预测试验。选取部分受测者对所有项目进行预测试,要求他们指出每个项目是"有利"还是"不利",并选择相应的程度的描述语。

(4) 赋分规则。为每个回答选项赋予分数,例如,对于"有利"项目,从"非常同意"到"非常不同意"分别赋予 5、4、3、2、1 分;对于"不利"项目,则赋予 1、2、3、4、5 分。

(5) 总分计算。根据受测者在各个项目上的得分,计算其代数和,得出个人态度的总得分,并据此将受测者分为高分组和低分组。

(6) 项目筛选。选择那些在高分组和低分组之间具有显著区分能力的陈述句,形成最终的李克特量表。

2. 优缺点

李克特量表的优势如下。

(1) 问题表述的简洁性:其表述直观易懂,使得参与者易于理解并作出回应。

(2) 应用领域的广泛性:它适用于多个不同领域及研究主题。

(3) 数据处理的便捷性:所收集的数据便于进行量化分析,从而快速得出统计学上的结论。

然而,李克特量表也存在一些局限性。

(1) 参与者可能倾向于选择中庸选项,从而产生趋中效应偏差;

(2) 对陈述的普遍认同可能导致习惯性偏差;

(3) 参与者可能试图揣测并迎合预期结果,这可能导致社会期望偏差的出现。

3. 实例

关于现代化教学手段的调查如表 7-13 所示。

表 7-13　关于现代化教学手段的调查

选　　项	很同意	同意	说不准	不同意	很不同意
1. 节奏太快,不利于当堂消化所学内容	5	4	3	2	1
2. 对抽象概念原理的学习不如板书教学	5	4	3	2	1

选 项	很同意	同意	说不准	不同意	很不同意
3. 直观材料丰富,有利于难点问题的理解	5	4	3	2	1
4. 呈现内容多,信息量大,有利于扩展知识面	5	4	3	2	1
5. 通过丰富的直观材料有利于精准的感性认识	5	4	3	2	1
6. 富于变化,动静结合,色彩鲜明	5	4	3	2	1
7. 以活动的对象展现知识内容,有利于学习	5	4	3	2	1
8. 可提供较多的正例和反例,有利于掌握概念和原理	5	4	3	2	1
9. 形式多样、新颖,可激发好奇心和求知欲	5	4	3	2	1

7.3 教学反思

7.3.1 教学反思概述

教学反思是教师在教学实践过程中对教学活动进行的深入思考和自我审视,它涉及对教学理念、教学方法、教学效果以及学生学习过程的分析和评价。

1. 定义

教学反思是教师以自己的教学活动和课堂教学实践为思考对象,进行全面、深入、冷静的思考和总结。它包括对自己在教学活动和课堂教学实践中所作出的行为决策以及由此产生的结果进行审视和分析的过程。教学反思是教师专业发展和自我成长的核心因素,对于一个优秀教师的成长过程而言,它是不可或缺的重要环节。

教师要建立自己的专业自信,提升专业化水平,必须进行反思。这需要有科学的教育教学评价标准;自觉性的反思应是"学习—实践—反思—再学习—再实践"的反复循环过程,最终目的是实现教师专业化水平的提升。

2. 目的与意义

教学反思是推动教师专业成长的有效手段,它既是对过往教学内容的回味与反思,也是对未来教学方法的探索与琢磨,使教师的职业生涯始终充满创造的新鲜感和喜悦感。

(1)提升教学品质。通过反思,教师能够识别并解决教学过程中的问题,进而改善教学方法和优化教学策略。

(2)推动专业发展。反思有助于教师积累宝贵经验,提高教学技能和专业素质。

(3)深入理解学生学习。反思使教师能更好地把握学生的学习需求和过程,从而提供更加有效的教学支持。

(4)塑造个人教学风格。在不断地反思与实践中,教师能够形成并发展出符合自身特点的教学风格。

3. 特性

(1)目标导向性。反思的宗旨在于指导教学实践或解决具体问题,旨在提高教师的教学效率,实现师生的共同进步。

(2)针对性。反思主要聚焦于教学实践活动中出现的问题或不合理之处,进行深入的思考和修正。

(3)批判性。为了优化和提升教学实践,反思需要批判性地审视现有做法,重点在于识别和改进不足之处,这是一个否定性的认识过程。

(4)及时性。反思应当在教学活动进行中或结束后立即进行,以便及时记录灵感和经验,防止这些宝贵成果随时间流逝而消失。

(5)实践性。反思可以融入教学过程,是教师思维和自我认知的实践。基于教学实践的反思,是对实践的深入思考。

4. 内容

教学反思的内容是多方面的,它包括对教学目标、教学内容、教学过程、教学策略、教学方法与手段、学生的学习过程、教学评价的深入思考。

(1)教学目标。反思教学目标是否明确、合理,是否与学生的学习需求相契合。

(2)教学内容。反思教学内容是否丰富、适宜,是否与教学目标相协调,对实现目标所采取的教学策略进行评估。

(3)教学过程。反思教学过程的实施情况是否达到了预期的教学效果,是否遵循了教与学的基本原则,各类学生是否达到了既定目标,调整计划的原因和方法是否恰当,是否采用其他活动和方法会更有效,以及如何修改教学计划以提高效果。

(4)教学策略。

① 在感知环节,教师需认识到教学中存在的问题与自身紧密相关。

② 在理解环节,教师应将教学活动与所倡导的理论、预期结果进行对比,明确问题的根源。

③ 在重组环节,教师需重新审视教学理念,探索新的策略。

④ 在验证环节,检验新理念、新策略、新方案是否更有效,形成新的认识,发现新的问题,从而开启新的循环。

(5)教学方法与手段。反思所使用的教学方法是否有效,是否能够激发学生的学习兴趣。

(6)学生的学习过程。观察和分析学生在课堂上的反应,了解他们的学习状态。

(7)教学评价:评估教学目标的实现程度,以及学生的学习成果。

5. 过程

教学反思通常涵盖以下几个步骤。

(1)计划。在教学前对教学目标、内容、方法和评估进行周密规划。

(2)行动。执行教学计划,并在教学过程中记录关键事件和学生反应。

(3)观察。在教学过程中观察学生的行为和学习成果,收集反馈信息。

(4)反思。对教学实践进行深入思考,分析成功和失败的原因,考虑改进措施。

(5)重构。基于反思的结果,调整和改进未来的教学计划。

6. 类型

（1）个人反思。教师独立进行的反思，可能通过日记、教学日志或个人思考来实现。

（2）同伴反思。教师之间相互观摩教学，之后进行讨论和反馈。

（3）集体反思。在教研组或团队中进行的反思活动，旨在共享经验和集体智慧。

7.3.2 教学反思的方法

1. 教学反思的关注点

教师的教学反思能力是其教学水平和研究能力的重要体现。那么，在教学反思中，教师应该关注哪些方面呢？

（1）思考收获，发扬优点。每一堂课，教师总会有满意之处，无论是教学设计的成功实现，还是课堂突发事件的巧妙应对，抑或是教育学、心理学原理的恰当应用，教学方法的创新，双边活动的经验积累，甚至是课堂上意外的灵感火花。这些有益的收获，通过课后及时的反思，日积月累，持之以恒地归类整理，提炼出规律性内容，为今后的教学提供参考。在此基础上不断改进、完善、创新，探索教学改革的路径，将极大地提升课堂教学能力，形成个人独特的教学风格。

（2）思考不足，吸取教训。即便是准备再充分的课程，也难免有不尽如人意之处。例如，教材处理不当，对偶发事件预估不足，对某些问题的阐述有偏差，或是感到力不从心。通过回顾、梳理这些不足，并进行深入反思和探究，可以将它们转化为宝贵的教训。

只有勇于面对自己的不足，吸取教训，及时弥补，才能不断迈向成功。因此，思考不足不仅是对学生的高度负责，也是提升教学水平的必要途径。

（3）思考疑惑，深化研究。这里的"疑惑"包括两方面。一方面是学生的疑惑。每节课后，学生可能会有未解决的问题，教师应记录这些反馈，深入思考，以便更有针对性地进行教学和复习。另一方面是教师自身的疑惑。教师对教材中的某些问题可能理解不够透彻，通过课堂教学，教师应记录自己的疑惑，促使自己对这些问题进行深入研究，直至彻底理解。

（4）思考难点，突破障碍。在课堂教学中，教材难点的突破对整个教学的成败至关重要。所谓难点，是指教师难讲、学生难懂的知识点。如果能记录下每次处理教材难点的方法、教学反馈或效果、改进的教学设想等，并进行深入细致的分析、比较、研究，长期坚持，将显著提升教师处理教材难点的能力，化难为易，帮助学生突破难点，加深对教材的理解。

（5）思考创新，追求卓越。一节课后，教师应思考发现了哪些教学规律，有哪些教学方法上的创新，有哪些知识上的新发现，有哪些组织教学的新策略，是否突破了解题的误区，启发是否得当，训练是否到位等。及时记录这些得失，并进行必要的归类与取舍，思考如何在未来的教学中改进，制订新的教学设计。这样，教师就能做到扬长避短，追求卓越。特别是可以为下一年的同期教学提供极好的参考，避免重复错误，从而提高教学能力和教研水平。

2. 教学反思的路径

思之则活，思活则深，思深则透，思透则新，思新则进。

反思自身的教学实践，总结教学的成就与不足，对整个教学流程进行回顾、分析和审视，才能培养出自我反思的意识和自我监控的能力，才能不断丰富个人素养，提升自我发展能力，逐步完善教学艺术，以期实现教师的自我价值。

（1）需反思教学实践是否实现了教学目标。将知识、能力和价值有机地融入课程教学内容中，并有意识地贯穿于教学流程，使其成为课程教学内容的血肉，成为教学流程的灵魂。

（2）需反思教学活动是否促进了"沟通"和"合作"。教学是集约化、高密度和多元结构的沟通活动，成功的教学流程，应形成多样化的、多层面的、多维度的沟通情境和沟通关系。教学流程是师生互动、积极互动、共同发展的过程。教学中的师生关系不再是"人与物"的关系，而是"我与你"的关系；教师不再是特权式人物，而是与学生平起平坐的一员；教学便是师生彼此敞开心扉、相互理解、相互接纳的对话过程。在成功的教学流程中，师生应形成了一个"学习共同体"，他们都作为平等的一员参与学习过程，进行心灵的沟通与精神的交融。没有交往，没有互动，就不存在教学，那是只有教学形式表现而无实质性交往发生的"假教学"。

（3）需反思是否创造性地运用了教材。教材历来被视为课程之本，而在新的教育理念下，教材的首要功能只是作为教与学的一种重要资源，但不是唯一的资源，它不再是完成教学活动的纲领性权威文本，而是以一种参考提示的性质出现，给学生展示多样的学习和丰富多彩的学习参考资料。同时，教师不仅是教材的使用者，也是教材的建设者。因此，在创造性运用教材的同时，应使教师、教材和学生成为课程中和谐的统一体。

（4）需反思教学流程中是否存在着"内伤"。需反思自己是否在刻意追求所谓的"好课"标准：教学环节精雕细琢，教学手段一个不少；学生讨论热热闹闹，回答问题对答如流。

这种"好课"看似无懈可击，但是否给学生留下了思考的空间？小组合作学习是否流于形式？讨论是否富有成效？"满堂灌"是否有越俎代庖之嫌？是否关注了学生情感、态度、价值的变化？学生的创造性何在？对这些"内伤"必须认真回顾、仔细梳理、深刻反思、无情剖析，并对症下药，才能找出改进策略。

（5）需反思教学流程中是否迸发出"火花"。教学不仅仅是一种告知，更重要的是如何引导学生在情境中经历、体验、感悟、创造。教学流程中，学生常常会于不经意间产生出"奇思妙想"、迸发出创新火花，教师不仅应在课堂上及时捕捉这些细微之处流露出来的信息，并加以重组整合，借机引导学生开展讨论，从而给课堂带来一份精彩，给学生带来几分自信。更应利用课后反思去捕捉、提炼，既为教研积累了第一手素材，又可拓宽教师的教学思路，提高教学水平。将其记录下来，可以作为教学的宝贵资料，以资研究和共享。

（6）需反思教学流程是否适应学生的个性差异。学生的个性差异是客观存在的。成功的教育制度，成功的教育者，必须根据学生的个性特长、禀赋优点，因材施教，因人施教，因类施教，充分发挥学生的个性特长，让性格各异的学生争奇斗艳，各领风骚，让每一个学生都有施展才能的天地与机会。换言之，成功的课堂教学，应让基础好的学生"吃得饱、跑得快"，让中等生"吃得好、跑得动"，让学困生"吃得了、不掉队"。因此，无论是情境的创设还是内容的呈现，无论是问题的设置，还是释疑解惑，均应"为了一切学生"，多层次、多维度、多渠道地开展教育活动。因为教育的最大使命就是尊重学生的个性差异，尽可能地创设条件发展学生的思维能力，培养学生的思维品质,促进全体学生的发展。

(7)需反思教学流程是否存在"伪探究"。有的探究性学习只表现在问题的探究上,只要教师抛出一个问题,几个学生立即围成一团分组讨论,也不管小组成员的组合是否合理,问题的价值是否有讨论的必要;待几分钟后,教师一声击掌,学生的讨论戛然而止;再由小组中的"老面孔"、优等生发言。至于其他学生,尤其是学习有困难的学生,在讨论时是否真正心到神到力到? 是否真正学会了应该学会的方法、技能、知识? 就不得而知。这种"神散形未散"的"伪探究"掩盖了个性之间的差异,甚至会剥夺部分学生的独立思考、质疑、发言的权利。那么到底解决了多少"疑难病症"? 又有多少学生真正参与、体验了学习的快乐、获得心智的发展呢? 这是教师们需要反思的问题。

3.教学反思的经验总结

(1)记录成功经验。详细记录教学过程中实现预定教学目标、激发教学共鸣的策略,课堂上应对突发情况的恰当措施,清晰有序的板书设计,教学思想和方法的融入与应用过程;对教育学、心理学基本原理运用的体会,以及教学方法上的改革与创新,这些记录将为未来的教学提供参考。

(2)反思不足之处。即便是成功的课堂教学,也难免存在疏漏和错误。系统地回顾并梳理这些不足,深入反思、探究和分析,以期改进。

(3)捕捉教学灵感。在教学内容的推进、师生思维与情感交流中,偶发事件常能激发瞬间的灵感——"智慧的火花"。利用课后反思及时捕捉这些灵感。

(4)记录学生创新。学生是学习的主体,他们的思维中常有"创新的火花"闪烁。教师应积极认可学生在课堂上提出的独特见解,推广他们的优秀方法和思路,同时这也是一种对学生能力的肯定和激励。

(5)规划再教策略。课后,静心反思,总结教学规律;探索教学方法的创新;发现新的知识点;尝试教学组织的新方法;突破解题误区;检验启迪效果;确保训练有效性。记录这些教学得失,并进行分类与筛选,为再次教授这部分内容制订"再教设计"。

4.教学反思应注意的问题

(1)以立德树人为指导。从师生在课堂中的地位、师生关系、学科素质提升、学生内在动力驱动、教学目标实现等方面进行反思,为自己的教学活动确立正确的导向。

(2)以教学实践为基础。脱离教学实践空谈理论的反思,无法指导和改进未来的教学实践。教学反思必须以课堂教学为核心,通过实践、反思、再实践的过程,不断提高教学能力和理论认识,以提升教学实战能力,提高育人质量。

(3)以学生为中心。撰写教学反思时,要突出促进学生成长的核心,反思中要充分展现学生的主体地位,从学生的课堂反应、学习兴趣和学习效果中反思教学设计的成败,检验教学流程是否科学有效。课堂教学的根本目的是促进学生的健康、持续成长。

(4)以关注细节为重点。教书育人在于细微之处,善于从细节中发现问题,从细节中反思改进。反思时切忌大而全,因为大而全往往导致空洞无物。每篇教学反思应从教育教学规律的大局出发,但更应从教学活动的细节入手。只有精心、精细,关注细节、研究细节、落实细节、创新细节,才能让课堂充满充实感和愉悦挑战,让课堂成为引力场、思维场、情感场,成为生命发展的沃土。

总之,撰写教学反思,一是贵在及时和坚持,捕捉灵感,记录精彩,反思问题,促进提升。二是在思想上,能体现新的教育理念、观点和要求,为学生一生的幸福发展谋篇布局。三是在内容上,一得一记,有感而发,求真务实,真实反映自己在教学中的思考、发现、感悟或困惑。勤于思考、勤于笔耕、长期积累,必将实现质的飞跃。

7.3.3 常见反思方式

1. 总结性回顾,强调其思辨性

常见的反思形式包括课后反思、月度反思、学期反思、年度反思以及个人成长的生涯阶段反思等。在进行反思时,应着重体现其思辨性,明确指出未实施改进的具体环节。

具体做法包括如下几方面。

(1) 进行概要性介绍。

(2) 分类归纳优点或特点。

(3) 识别不足或问题所在。

(4) 提出未来改进的建议。

2. 基于发现与解决问题的课例与行动研究

在日常教学中,反思不仅需要思辨,还应包含改进的行动。主要方式包括课例研究与行动研究等。

具体做法包括如下几方面。

(1) 回顾教学过程。

(2) 识别问题并探究其根源。

(3) 提出改进措施。

(4) 在课堂上实施这些措施。

(5) 评估措施的实施效果。

(6) 持续发现并解决问题。

应不断自问:我的课堂存在哪些问题?问题的根源是什么?我应如何改进?我需要学习哪些理论来指导实践?在撰写关于发现问题和解决问题的案例时,可以遵循这样的思路:回顾特定的教学经验;识别问题并找出原因;描述进行改进的方法、借鉴的理论,以及改进的效果。

3. 理论知识如何实践化

虽然学习理论知识看似容易理解,但将其应用于教学实践中并非易事。理论与实践的脱节,将导致理论被束之高阁,不应用于实践中的理论终将失去其价值。

具体做法包括如下几方面。

（1）深入理解理论。

（2）将理论转化为具体的教学策略或方法。

（3）在教学实践中实施这些策略或方法。

（4）科学评估实施效果。

（5）根据评估结果进行改进，形成自己的教学策略或方法。

教师需要进行教学尝试、课例研究、行动研究等。例如，将"因材施教"的理念转化为具体的教学策略：对于聪明且勤奋的学生，进行超前培养；对于勤奋但不够聪明的学生，采用启发式培养；对于聪明但不够勤奋的学生，实施督促培养；对于既不够聪明也不够勤奋的学生，采取耐心培养。

4．实践经验的理论化

教师在教育教学中的优秀做法和成功经验，必须上升到理性思考的层面，才能具备分享的价值与意义。

具体做法包括如下几方面。

（1）提炼经验，总结出几条核心特点。

（2）通过概念、简短语句或隐喻进行命名。

（3）尝试用理论框架来阐释这些特点。

并不断自问：我有哪些教学亮点可以总结和提炼？例如，新采纳的教学策略是什么？突破重难点的方法有哪些？与以往不同的处理方式是什么？我能否将这些亮点和特点总结出来？能否用概念或短语来概括它们？我需要学习哪些理论来解释它们？

为什么要将实践经验理论化？了解其表象，更要理解其本质，形成实践智慧和个人理论，以更好地指导自己的教学，并有助于提升教学领导力，指导他人的教学。教师作为专业人才，只有通过自己的理论思考，才能成为真正的专业人士、专家学者，有效地分享和传播自己的实践智慧与理论思考。

5．开展自我批判性的思考

批判性反思是教师对自己的信念、知识基础、行为结果进行深入探究的过程，随后重新构建对教与学的理解。这种反思是对"理所当然"的假设质疑，并从不同视角审视自己的教学实践。在看似无问题的情境中"发现"问题所在，识别那些"未被察觉"的问题。

反思是教师对理想教育的追求，是自我超越的源泉，是教师专业发展的最佳途径。为了让教师的工作充满创造的乐趣，教师必须踏上一条反思研究的教育改革之路。

7.4　实践练习

1．根据实际教学情况，制订相应的教学评价方案。

2．结合实际教学经历，撰写一篇教学反思。

第8章

数智赋能与教育家精神

在21世纪的科技浪潮中,数智技术宛如一场猛烈的风暴,席卷并深刻地改变了社会的各个领域,教育领域亦在这一变革中迎来了前所未有的机遇与挑战。数智赋能,作为这场技术革命在教育领域的具体体现,不仅融合了大数据、云计算、人工智能等前沿科技的智慧,更以其独特的视角和强大的能力,为教育的创新发展提供了无限可能。它如同一双翅膀,让教育得以跨越时空的限制,以更加灵活、高效、个性化的方式触及每一个渴望知识的心灵。然而,在数智技术蓬勃发展的同时,不能忽视的是,教育的本质与灵魂——教育家精神,始终是引领教育前行的灯塔。教育家精神,是对教育事业的无限热爱与执着追求,是对学生个体差异的深刻理解与尊重,是对教学方法与理念的持续探索与创新,更是对教育公平与社会责任的坚定承担。在数智赋能的背景下,教育家精神不仅没有被削弱,反而被赋予了新的时代内涵与使命。本章将深入探讨数智技术在教育中的应用现状和未来趋势,分析教育家精神在数智时代的内涵与实践路径,分享成功的案例和经验教训,旨在为教育工作者、教育管理者、教育研究者以及所有关心教育发展的人士,提供一个关于数智赋能与教育家精神的全面视角。通过这些内容,希望能够激发读者的思考和讨论,促进教育领域的创新与发展,共同推动教育迈向更加美好的未来。

8.1 数智赋能与人工智能

8.1.1 数智赋能

1. 定义

数智赋能是指将数字化与智能化技术相结合,运用大数据、云计算、人工智能等前沿技术,为企业、组织或个人提供新的能力,以提升其运营效率、创新能力和市场竞争力。它是一个动态的过程,旨在通过技术的融合与创新,推动产业、企业或机构的数字化转型和智能化升级。

2. 核心技术

数智赋能的核心要素包括数据、算力和算法。数据是新的生产资料,其价值被深度挖掘和利用;算力是新的生产力,推动了技术和应用的快速发展;算法是新的生产关系,重塑了社会经济结构和竞争格局。

在技术手段方面,数智赋能主要依赖于大数据、云计算、人工智能、机器学习等前沿技术。这些技术为数智赋能提供了坚实的数据基础和计算能力,使其能够为企业提供智能化的决策支持,优化企业运营流程,提升生产效率和服务质量。

(1)大数据。大数据技术涉及数据的收集、存储、处理和分析,能够从海量数据中提取有价值的信息,为决策提供支持。例如,企业可以通过分析客户数据来优化产品推荐,提高客户满意度和销售额。

(2)人工智能。人工智能技术包括机器学习、深度学习、自然语言处理等,能够模拟人类智能,进行自动化的决策和任务执行。例如,智能客服系统可以自动回答客户问题,提高服务效率。

(3)物联网。物联网技术通过将设备连接到互联网,实现设备之间的互联互通和数据交换。例如,智能家居系统可以通过物联网技术实现设备的远程控制和自动化管理。

(4)云计算。云计算技术提供按需访问计算资源(如服务器、存储、网络等)的能力,降低了企业的IT成本,提高了灵活性。例如,企业可以使用云服务提供商的资源来部署和运行应用程序,无须自行购买和维护硬件。

(5)机器学习。机器学习是人工智能的一个分支,通过算法和统计模型使计算机系统自动改进和学习。例如,推荐系统可以通过机器学习算法分析用户行为,提供个性化的推荐内容。

3. 应用领域

数智赋能广泛渗透于各行各业,涵盖制造业、教育、医疗、金融等多个领域。

(1)教育。数智赋能推动了在线教育的蓬勃发展,为学习者提供了不受地域和时间限制的高质量教育机会。

① 个性化学习:通过大数据和机器学习技术,为每位学生量身定制学习路径和资源。

② 智能教育平台:借助人工智能技术,实现智能辅导和自动批改作业,辅助教学过程。

(2)医疗。数智赋能提升了医疗服务的效率和品质,为患者带来了更加便捷和高效的医疗体验。

① 远程医疗:利用物联网技术,实现远程诊断和治疗,增强医疗服务的普及性。

② 医疗数据分析:借助大数据分析技术,优化医疗资源配置,提升医疗服务质量。

(3)制造业。数智赋能促进了智能工厂和未来工厂的建设,提升了生产效率和产品质量。

① 智能制造:运用物联网和大数据技术,实现生产设备的智能化管理及生产流程的优化。

② 预测性维护：利用机器学习技术，预测设备潜在故障，提前进行维护，减少停机时间。

（4）金融。数智赋能革新了支付方式和金融服务体验，促进了金融行业的创新与进步。

① 风险评估：利用大数据和机器学习技术，进行更精确的风险评估和信用评分。

② 智能投顾：通过人工智能技术，为客户提供定制化的投资建议。

4．发展趋势与挑战

随着信息技术的迅猛发展，数智赋能的未来发展前景十分广阔。一方面，随着 5G、物联网、人工智能等新技术的持续成熟和应用，数智赋能将更深入地融入企业运营的各个层面。另一方面，随着消费者对个性化和便捷服务需求的不断增长，数智赋能将成为企业提升服务品质和客户满意度的关键手段。然而，数智赋能同样面临挑战和问题。例如，数据安全和隐私保护问题日益严峻，急需建立完善的数据管理和隐私保护体系；同时，数智赋能要求企业具备高水平的技术能力和创新能力，这可能对中小企业构成一定的技术门槛和成本压力。

8.1.2　新质教学

新质教学是基于新质生产力概念而提出的。新质生产力，即在科技进步与创新驱动下，通过优化生产要素配置和提升生产效率，实现经济持续、健康、高质量发展的新型生产力。这一概念的提出，体现了中国经济从高速增长阶段向高质量发展阶段转变的内在需求。相应地，新质教学应运而生，旨在适应新型生产力的发展需求，培养具备新质素养的人才。

1．定义

新质教学是在数字化、智能化和全球化背景下，结合现代教育技术、创新教学方法和先进教育理念，对传统教学进行深度改革和提升，旨在实现教学的高质量、高效率和高创新性。

2．核心特征

（1）数字化与智能化。借助大数据、人工智能、物联网等技术，实现教学过程的数字化和智能化。例如，智能教学系统能够根据学生的学习进度和表现，自动调整教学内容和难度。

（2）个性化与差异化。注重根据每位学生的特点和需求，提供定制化的学习路径和资源。例如，通过学习分析技术，教师能够掌握每个学生的学习风格和偏好，进而提供个性化的学习建议。

（3）互动性与参与性。推动师生之间、学生之间的互动与合作，增强学生的参与度和学习积极性。例如，利用在线讨论平台和协作工具，学生可以随时随地进行交流和合作学习。

（4）跨学科与综合化。突破传统学科界限，培养学生的跨学科思维和综合解决问题的能力。例如，通过项目式学习，学生能够综合运用多学科知识解决实际问题。

（5）创新性与实践性。激发学生的创新思维和实践操作，培养学生的创新能力和实践技能。例如，通过实验、实践项目和创新创业活动，学生能够将理论知识应用于实际情境。

3．实施路径

（1）更新教学理念。从传统的"知识传授"向"能力培养"转变，注重学生的综合素质和创新能力。例如,强调批判性思维、创造力和团队合作能力的培养。

（2）构建新质课程体系。根据新质教育的目标和要求,构建跨学科、多样化的课程体系,为学生提供丰富的学习资源和选择空间。

（3）采用融创教学策略。引入跨学科主题,还原真实情境,通过项目式学习、探究式学习等方式,激发学生的学习兴趣和主动性,培养学生的创新思维和实践能力。

（4）利用数智技术赋能教学。运用数智技术优化教学过程,如利用智能教学系统为学生提供个性化的学习路径和资源推荐,利用大数据分析学生的学习行为和效果,为教师提供精准的教学反馈和改进建议。

（5）加强实践教学环节。通过校企合作、产学研结合等方式,加强实践教学环节,为学生提供更多的实践机会和实践平台,培养学生的实践能力和职业素养。

（6）建立综合评价体系。建立包含知识、技能、态度、价值观等多维度的综合评价体系,通过形成性评价和总结性评价相结合的方式,全面评估学生的学习成果和发展情况。

（7）加强教师培训。提升教师的数字素养和教学创新能力,定期组织教师开展培训和研讨活动。例如,开展大数据分析、人工智能应用等专题培训。

4. 优势与挑战

新质教学的优势体现在多方面。

① 通过个性化和互动性教学,它能够显著提升学生的学习效果和满意度,进而提高教学质量。

② 它强调创新思维和实践能力的培养,为社会输送适应未来需求的高素质人才。

③ 借助数字化和智能化技术,新质教学优化了教学流程,提升了教学效率。

④ 通过在线教育和资源共享,新质教学有助于缩小城乡、区域间的教育差距,推动教育公平。

然而,新质教学也面临着诸多挑战。

① 技术应用的难度较大,现代教育技术的复杂性要求教师和学生具备一定的技术基础。

② 资源投入巨大,实施新质教学需要大量的资金和资源支持,包括硬件设备、软件平台等。

③ 教师培训方面也存在不足,教师需要不断更新教学理念和方法,但培训资源和时间往往有限。

④ 评价体系尚不完善,新质教学的评价标准和方法亟待完善,以便更全面地评估教学效果。

8.1.3 人工智能

人工智能（Artificial Intelligence，AI）,作为现代科技领域的璀璨明珠,其影响力已渗透我们生活的各个角落。无论是日常的家居生活,还是工业生产流程,抑或是教育娱乐领域和金融服务行业,人工智能的应用范围之广、影响之深远,都令人瞩目。

1. 定义

人工智能是一门新兴的技术科学,专注于研究、开发用于模拟、延伸和扩展人类智能的理论、方法、技术和应用系统。它涉及使用计算机模拟人类的某些思维过程和智能行为(例如学习、推理、思考、规划等),涵盖智能实现的原理、类似人脑的智能计算机的构建等多个维度,以实现更高级别的智能应用发展。人工智能的研究领域横跨计算机科学、心理学、哲学和语言学等多个学科,其范围远远超出了计算机科学本身。人工智能与思维科学之间的关系是实践与理论的关系,人工智能处于思维科学的技术应用层面,是思维科学的一个重要的应用分支。

2. 核心技术

(1) 自然语言处理(Natural Language Processing,NLP)。借助自然语言处理技术,AI能够解读并生成自然语言文本,这一技术在智能客服、虚拟助手、语言翻译等多个领域得到广泛应用。例如,OpenAI推出的GPT-4模型能够创作出高质量的自然语言文本,涵盖学术论文、商业报告乃至小说创作。

(2) 计算机视觉。计算机视觉技术赋予AI识别和理解图像及视频内容的能力,它在医学影像分析、自动驾驶、安全监控等众多领域发挥着重要作用。例如,DeepMind研发的AlphaFold能够通过深度学习技术预测蛋白质的三维结构,为生物医学研究提供了有力支持。

(3) 机器学习。作为AI的核心技术之一,机器学习通过算法和统计模型使计算机系统能够自动优化和学习。它在风险评估、信用评分、反欺诈监控等金融业务环节中扮演着关键角色。

(4) 深度学习。作为机器学习的一个分支,深度学习通过构建多层神经网络来实现更为复杂的模式识别和特征提取。在图像识别、语音识别、自然语言处理等领域,深度学习已经取得了突破性的成就。

3. 人工智能的发展历程

人工智能的发展大致可以划分为三个阶段。

① "计算智能"阶段,其特征是具备存储和计算能力,主要依赖基于规则的推理系统来执行简单任务。

② "感知智能"阶段,这一阶段的特征是机器能够听、说、看、认,处理和理解之前难以解决的复杂任务。

③ "认知智能"阶段,此时的机器能够理解、思考,对复杂的情感、社会和抽象概念有深刻理解,并能进行有效交互。人工智能的每个发展阶段都有其独特的特点和标志性事件。

(1) 早期探索(1940—1950年)。

① 理论奠基。1943年,沃伦·麦卡洛克(Warren McCulloch)和沃尔特·皮兹(Walter Pitts)两位科学家提出了神经网络的概念,为人工智能的发展奠定了重要基础。艾伦·图灵(Alan Turing)被誉为人工智能的奠基人之一。1943年,他提出了图灵机的概念,这是计算机科学和AI理论的核心。1950年,图灵提出了著名的图灵测试,即通过测试机器是否能够模仿

人类的思维行为来评估机器是否具有"智能"。

② 技术萌芽。1951 年,马文·明斯基(Marvin Minsky)与他的同学建造了世界上第一台神经网络计算机。1956 年,约翰·麦卡锡(John McCarthy)等在达特茅斯会议上首次提出了"人工智能"这一概念,并提出了 AI 研究的正式目标:使机器能够模拟人类智能。这标志着人工智能正式成为一个学科。

(2) 起步发展期(1960 年)。

① 符号主义兴起。AI 的研究主要集中在符号主义方法上,即通过符号表示知识,使用推理规则进行推理。这一时期的 AI 程序通常通过"规则"进行推理,并依赖于知识库来做决策。

② 语言处理与游戏应用。AI 开始在自然语言处理(如 SHRDLU 程序)和简单的游戏(如国际象棋)中得到应用。

③ LISP 编程语言。由约翰·麦卡锡开发的 LISP 语言成为 AI 领域的主流编程语言,并为后来的 AI 研究奠定了基础。

(3) 反思发展期(1970 年)。

① 计算能力限制。由于当时计算能力的严重不足,人工智能的发展遇到了瓶颈。

② 专家系统诞生。尽管面临挑战,但 AI 研究仍在继续。专家系统作为模拟专家决策过程的计算机程序,开始崭露头角。这些系统通过对专业领域知识的编码,能够作出类似于专家的决策。然而,专家系统的应用有限,且更新迭代频繁、维护成本高昂。

(4) 应用发展期(1980—1990 年)。

① 机器学习兴起。从这时起,机器学习开始兴起,各种专家系统开始被人们广泛应用。尽管专家系统存在局限性,但它们为 AI 的进一步发展奠定了基础。

② 技术突破与商业应用。随着技术的不断进步,AI 开始在商业领域取得巨大成果。例如,卡耐基梅隆大学为 DEC 公司设计的 XCON 专家系统能够每年为 DEC 公司节省数千万美金。

(5) 稳步发展期(1990—2010 年)。网络技术特别是互联网技术的发展,加速了人工智能的创新研究,促使人工智能技术进一步走向实用化。

① 1997 年国际商业机器公司(IBM)的深蓝超级计算机战胜了国际象棋世界冠军卡斯帕罗夫。

② 2008 年 IBM 提出"智慧地球"的概念。以上都是这一时期的标志性事件。

(6) 蓬勃发展期(2011—2023 年)。随着大数据、云计算、互联网、物联网等信息技术的发展,在感知数据和图形处理器等计算平台推动的推动下,以深度神经网络为代表的人工智能技术飞速发展,大幅跨越了科学与应用之间的"技术鸿沟",诸如图像分类、语音识别、知识问答、人机对弈、无人驾驶等人工智能技术实现了从"不能用、不好用"到"可以用"的技术突破,迎来爆发式增长的新高潮。

① 2011 年,IBM 的沃森(Watson)击败人类参赛者,成为知识问答领域的超级智能。

② 2016 年,谷歌公司(Google)的阿尔法围棋(AlphaGo)以比分 4:1 战胜围棋九段棋手李世石,再次引发全球对人工智能的深刻思考和讨论。

(7) 当前阶段(2024年)。根据当前的技术发展状态,现阶段的 AI 正处在深入突破和接续发展的黄金时期,主要表现在以下几方面。

① 机器学习广泛应用于各种领域,如金融、医疗、教育等。

② 深度学习在图像识别、语音识别、自然语言处理等方面取得了重大突破。

③ 自然语言处理在语音助手、聊天机器人等应用日益普及。

④ 计算机视觉、自动驾驶等技术不断发展。

⑤ 情境感知 AI 能够更好地理解和响应复杂情境。

⑥ 领域特定专家系统在医学、金融、科学研究等领域表现出色。

(8) 人工智能经历了不到一个世纪的发展,其发展之迅猛令人惊讶,同样人工智能的未来也令人关注。其未来展望如下。

① 高级情境感知 AI(2025—2030年)将具备更复杂的理解和响应能力。

② 高度先进的领域特定 AI(2030—2035年)在多个专业领域超越人类专家。

③ 人工通用智能(Artificial General Intelligence,AGI)(2040—2060年)将具有人类水平的智能,能够处理各种任务。

④ 自我意识 AI(2060—2100年)将具有真正的自我意识和意识。

⑤ 超智能的 AI(2100年以后)将在所有领域超越人类智能。

4. 应用领域

(1) 制造业。AI 在制造业中的应用极为广泛,涵盖了智能装备、智能工厂、质量控制以及预测性维护等多方面。借助深度学习和机器视觉技术,AI 实现了对生产流程的精准预测和优化,从而提升了生产效率和产品质量。

(2) 医疗健康。AI 在医疗健康领域的应用包括疾病早期诊断、医学影像分析、个性化治疗方案推荐等。通过大数据分析和机器学习算法,AI 技术能够辅助医生进行诊断决策,显著提高了诊断效率和准确性。

(3) 金融。AI 正在深刻地改变金融行业的传统服务模式。利用深度学习和数据挖掘技术,AI 能够实时分析市场动态,并为投资者提供定制化的投资建议。在风险控制方面,AI 技术通过监测交易行为,能够及时发现并防范潜在的金融风险。

(4) 教育。AI 正深刻地影响着教育行业的变革,并推动了个性化教学的发展。AI 不仅对教学方式、学习方式以及未来学校的构建产生深远影响,而且已经渗透到教育理念、教育文化和教育生态之中。例如,人工智能可以助力个性化导学、虚拟助教和过程评估,"个性化"教育将不断加强,"因材施教"因此成为可能。基于学生的学习进度与兴趣,AI 能够提供定制化的学习方案,从而激发学生的学习动力。同时,AI 还可用于教育管理,通过数据分析监测教学质量与资源利用,提高整体教育效果。

教师必须充分认识到人的本质,理解人对教育的重要性,并牢记教育的使命。教师应坚守科学精神,做到与时俱进。教师需秉持人类高于人工智能的核心观念,人类应驾驭 AI,而非屈从于、受控于 AI。

（5）交通。AI 的应用推动了智能交通系统的构建。通过实时数据监测与分析，AI 能够优化交通信号控制，减少拥堵与延误。此外，自动驾驶技术的快速发展，将使未来的出行更加安全和便捷。

（6）智能家居。通过将家庭中的各种电器连接起来，形成一个互联互通的生态系统，用户可以通过语音指令或手机 APP 轻松控制家中的灯光、空调、安防摄像头等设备。

（7）智慧城市。城市管理者利用大数据分析、计算机视觉等技术手段提升城市管理效能，改善公共服务质量，包括交通管理、公共安全等方面。

5. 优势与挑战

人工智能的优势体现在多方面。

（1）通过自动化和智能化技术，AI 显著提升了各行业的运营效率。

（2）大数据分析和机器学习技术为决策提供了更精准的支持。

（3）AI 技术催生了新的业务模式和收入渠道。

（4）借助智能技术，企业能够更有效地满足客户需求，增强市场竞争力。

然而，AI 也面临着诸多挑战，包括如下几方面。

（1）AI 技术涉及多种复杂的技术和工具，这要求企业拥有专业的技术人才。

（2）大数据和物联网技术需要处理海量数据的收集与存储，数据安全和隐私保护成为关键挑战。

（3）技术迭代迅速，AI 技术发展迅猛，企业必须不断更新技术与设备以维持竞争力。

（4）AI 技术领域专业人才稀缺，企业需加强人才培养和引进工作。

8.1.4　生成式人工智能

生成式人工智能（Generative Artificial Intelligence，GAI 或 GenAI）是人工智能领域中一个快速发展的分支。它通过学习大量数据中的模式和结构，生成新的、与训练数据相似但又独特的数据。

1. 定义

GAI 是一种人工智能技术，其核心目标是利用计算机算法和数据生成新的、具有实际价值的内容。它能够模拟人类的创造力和想象力，从而生成文本、图像、音频和视频等多种类型的数据。这些 AI 模型通过学习输入数据的分布，生成新的数据点，这些数据点在统计上与训练数据相似，但并非简单的复制。

2. 核心技术

（1）生成对抗网络（Generative Adversarial Networks，GAN）。GAN 由生成器（Generator）和判别器（Discriminator）组成。生成器负责生成新的数据样本，而判别器则判断这些样本是真实的还是由生成器产生的。通过这种对抗训练，生成器不断改进生成的数据，使其越来越接近真实数据。例如,GAN 能够生成逼真的图像、音乐和文本。

(2)变分自编码器(Variational Auto-Encoders,VAE)。VAE 通过编码器将输入数据编码为潜在空间的表示,然后通过解码器将这些潜在表示解码为新的数据样本。VAE 可以通过最小化重构误差和正则化潜在空间,生成新的数据样本。例如,VAE 可以用于生成图像和文本,具有较好的平滑性和可解释性。

(3)自回归模型(Auto Regressive Model)。自回归模型通过预测下一个数据点,逐步生成新的数据样本。这些模型通常使用条件概率来生成数据,确保生成的数据在上下文中是合理的。例如,PixelRNN 和 PixelCNN 可以生成高质量的图像,Transformer 模型可以生成自然语言文本。

(4)Transformer 模型。Transformer 模型通过自注意力机制(Self-Attention)处理序列数据,能够捕捉长距离依赖关系。这些模型在自然语言处理领域取得了巨大成功,如 GPT-3 和 GPT-4。例如,GPT-4 可以生成高质量的文本,包括文章、代码、诗歌等。

3. 应用领域

(1)内容创作。GAI 技术能够创造文本、图像、音乐、视频等多种形式的内容。例如,Midjourney 和 Stable Diffusion 能够生成高质量的图像,而 GPT-4 则能够创作出流畅自然的语言文本。

(2)艺术创作。GAI 技术同样适用于绘画、音乐、诗歌等艺术作品的创作。目前,AI 创作的音乐作品已达到专业水准,可用于电影配乐和音乐制作。

(3)游戏开发。GAI 技术在游戏开发中也大放异彩,能够自动生成游戏关卡、角色和故事线,从而提升游戏的多样性和玩家的体验。例如,AI 能够构建虚拟游戏世界中的地形和建筑。

(4)教育。GAI 技术能够为学生生成个性化的学习材料和练习题,根据他们的学习进度和需求提供定制化的教育内容。

(5)医疗。GAI 技术在医疗领域同样具有重要应用,能够生成医学影像、药物分子结构等,辅助医生进行诊断和药物研发。例如,AI 可以生成用于训练和研究的虚拟医学影像。

(6)金融。GAI 技术在金融领域也展现出巨大潜力,能够生成金融数据、市场预测报告等,帮助金融机构进行风险评估和投资决策。

4. 优势与挑战

GAI 的优势体现在多方面。

(1)GAI 能够创造独特且新颖的数据样本,从而激发人类的创造力。

(2)GAI 能够迅速产出大量数据,显著提升内容创作和数据处理的效率。

(3)GAI 可根据用户需求和偏好定制个性化内容。

(4)GAI 模型擅长处理大规模数据集,展现出了卓越的可扩展性。

然而,GAI 也面临诸多挑战。

(1)GAI 的性能在很大程度上取决于训练数据的质量和多样性。若训练数据存在偏差或缺陷,将直接影响生成结果的品质。

（2）GAI 模型的训练和推理过程通常需要庞大的计算资源,这无疑增加了应用成本。

（3）GAI 生成的内容有时可能难以预测,因此需要额外的机制来确保内容的合理性和安全性。

（4）GAI 生成的内容可能涉及版权和伦理问题,因此必须明确其使用和传播的界限。

8.1.5　智慧教育

智慧教育（Smart Education）是指运用信息技术,尤其是互联网、大数据、云计算、人工智能等现代技术手段,来改善教育流程、提升教育品质和效率的教育模式。

1. 定义

智慧教育涉及在教育领域（包括教育管理、教学活动和教育研究）全面而深入地应用现代信息技术,以推动教育改革和发展。其技术特征包括数字化、网络化、智能化和多媒体化,而其基本特性则表现为开放性、共享性、交互性、协作性和泛在性。通过教育信息化来推动教育现代化,利用信息技术革新传统教育模式。

（1）宏观层面。智慧教育依托计算机和教育网络,深入运用以物联网、云计算等为代表的新兴信息技术,重点建设教育信息化基础设施,开发和利用教育资源,推动技术创新和知识创新,实现创新成果的共享,提升教育教学的品质和效益,全面打造网络化、数字化、个性化、智能化、国际化的现代教育体系。

（2）微观层面。智慧教育是在信息技术支持下,旨在发展学生智慧能力的教育。它致力于利用适当的信息技术构建智慧学习环境（技术创新）、运用智慧教学法（方法创新）、促进学习者进行智慧学习（实践创新）。

2. 发展阶段

智慧教育的发展历程可以划分为三个阶段。

（1）萌芽阶段（2012—2017 年）。此阶段的特点是理论构建（科研机构的贡献）与实践探索（学校的实践）并行发展,企业也积极参与其中。发展的重点在于转变和变革,以及进行顶层设计。在这一时期,无论是科研机构、学校还是企业,都在已有成果的基础上向智慧教育转型。例如,翻转课堂、创客教育、在线学习系统等概念开始被赋予"智慧教育"的新内涵。到了后期,随着智慧环境（如智慧课堂、智慧校园）、智慧教学法、智慧评估等概念的逐渐清晰,学校的变革开始展现出校本特色,而在线学习系统也逐渐显现出智慧教育的特征。

（2）试点示范阶段（2018—2021 年）。智慧教育从萌芽阶段过渡到试点示范阶段。经过前一阶段的发展,国内涌现出一批具有校本特色的智慧实验学校。加上《教育部信息化 2.0 行动计划》中提出的"开展智慧教育创新示范"政策,智慧教育正式进入第二阶段,即试点示范阶段。这一阶段侧重于智能技术在教学模式、学习数据分析等方面的深度融合与创新应用,旨在探索可推广的先进经验与优秀案例,引领教育变革的区域式发展。

(3) 全面普及阶段(2022—2035年)。从2022年开始,智慧教育将进入全面普及阶段。这一阶段的主要任务是建立行业标准规范和教育制度,这是从试点走向规模化的必经之路。

3. 技术应用

智慧教育的技术应用主要涵盖以下几个关键领域。

(1) 物联网。利用物联网技术,实现设备间的互联互通和数据交换,构建智能化的学习环境。例如,智能教室能够借助物联网设备实时监测和调整教室环境。

(2) 云计算。云计算技术提供按需访问计算资源(包括服务器、存储、网络等)的能力,有效降低企业的IT成本,同时提升运营的灵活性。例如,教育云平台能够为学校提供丰富的教育资源和应用服务。

(3) 大数据。大数据技术涉及数据的收集、存储、处理和分析,能够从海量数据中提取有价值的信息,为决策提供有力支持。例如,通过分析学生的学习数据,教师能够提供个性化的学习方案。

(4) 人工智能。人工智能技术涵盖机器学习、深度学习、自然语言处理等领域,能够模拟人类智能,进行自动化的决策和任务执行。例如,智能辅导系统能够根据学生的学习进度和表现,提供定制化的学习建议。

(5) 虚拟现实(VR)和增强现实(AR)。VR和AR技术为学生创造了沉浸式的学习环境,使抽象的知识变得直观易懂。例如,通过VR技术,学生可以在虚拟空间中参观历史遗址或进行科学实验。

4. 教育模式

智慧教育的教育模式主要涵盖以下几个关键方面。

(1) 智慧课堂。智慧课堂利用虚拟教室实现对话方式的实时反馈,这种方式让学生感到更加亲切,接受度更高。此外,通过分析学生过往的学习数据,可以定制个性化的对话辅导。系统还能自动检测学生的课堂状态,包括人数、坐姿、行为、面部表情等,从而智能统计抬头率、看手机率、专注度、离席率等关键指标。

(2) 智慧学习系统。智慧学习系统能够根据学生的学习情况推荐合适的学习内容并调整内容难度,并为不同学习进度的学生制订个性化学习方案,实现学习路径的动态规划,同时能够智能识别学习中的漏洞。

(3) 智能搜题与批改。智能搜题和批改功能基于OCR文字识别和手写识别技术。这些技术让学生能够迅速找到答案,教师则能高效地批改作业。

(4) 智能语音指令。利用语音识别技术,APP能够自动识别学生的指令,实现自动翻页、查询搜索、页面跳转等指令功能;并且能够与教学内容无缝配合,自动流畅地进行朗读播报。

8.1.6　人工智能时代的教师

在人工智能时代,教师的角色和职责正在经历深刻的转变。

1. 教师角色的转变

（1）从知识传授者到能力培养者。在人工智能时代，教师不再仅仅是知识的单向传递者，而应成为面向学生高阶能力的培养者。教师需要激发学生的好奇心，培养他们解决实际问题的能力，引导学生成为能够独立思考和解决问题的探索者。

（2）从单角色教学者到多角色协作者。教师不再是传统教学活动的唯一主导者，而是与人工智能共同作为教育过程的合作伙伴，共同参与教、学、评、辅等多个重要环节。这种合作将带来教师工作模式和内容的重要变革。

（3）从"教书匠"到"学习兴趣激发者""能力培养者""心灵沟通者""行为示范者""教育研究者"。教师的主要功能将不再是传授知识，而是要激发学习兴趣、培养学习情感，从而让学生爱上学习，不断体验学习带来的成就感与荣誉感。

2. 教师应具备的能力

（1）新技术敏感意识。教师需要对新技术保持敏感，能够及时了解和掌握最新的技术动态，并将其应用到教学实践中。这包括对原有技术的搜集、整合和分析能力，以及主动探索新技术的意识。

（2）科学使用新技术的胆识与能力。教师不仅要对技术敏感，更要敢于科学使用新技术。要勇于创新，敢于运用新技术，成为"第一个吃螃蟹的人"。同时，要科学创新，合理科学地运用新技术，辅助教学的提升。

（3）持续学习、不断提升自己的心态与能力。教师要拥有持续学习、不断提升自己的心态，更要有持续学习提升的能力。这包括对人工智能重要概念、原理、应用的了解和掌握，以及将所学知识应用于教学实践的能力。

3. 教师对 AI 的具体应用

（1）智能辅助教学。AI 助教系统通过分析学生在学习过程中的表现和反馈，能够根据不同学生的学习特点和需求提供个性化的教学方案和建议。教师可以借助 AI 助教系统对学生的学习情况进行监测和分析，及时发现问题并提供针对性的辅导。

（2）智能课程设计。AI 能够根据学生的学习需求和能力水平，自动化地生成合适的课程内容和教学材料。教师可以利用 AI 生成的课程设计进行教学，并根据学生的学习情况进行调整和优化。这不仅减轻了教师的课程设计负担，还提升了教学效率和质量。

（3）智能评估与反馈。通过运用 AI 技术，可以实现自动化的评估和反馈。教师可以利用 AI 系统对学生的学习成果进行客观且相对准确的评分，并为每个学生提供错因分析与诊断性反馈。这些个性化评价信息有助于学生理解并改正错误。

4. 教师的不可替代性

（1）情感关怀与心灵沟通。教师在情感关怀和心灵沟通方面的作用是人工智能无法替代的。教师需要在"冷冰冰"的人工智能世界里，为学生提供温暖的人文关怀，帮助学生建立信任关系,管理情绪,提升合作与交流的能力。

(2)专业育人能力。教师需要更多地投身于促进学生全面发展的育人活动中,细致地观察并深入理解学生的个体差异,协助学生认识并发展自身优势,培养学生的批判性思维和创造力。

(3)引导学生科学使用技术。教师应引导学生科学合理地使用人工智能技术,创新作业形式,鼓励学生与人工智能协同完成任务,并要求学生明确标注出人工智能的贡献以及自己独特的创意和思考。

5. 教师的教育策略

(1)树立数字教育的新理念。系统性地构建教育与社会关系的新生态。利用科技的赋能和数据的驱动,为每位学习者提供定制化的教育,实现个人发展与社会发展在微观和宏观层面的历史性、全面的统一。

(2)构建数字教育的新体系。打破传统学校教育的界限,促进不同教育类型、资源和要素的多元化融合,推动学校、家庭和社会的协同育人,打造一个每个人都能学习、在任何地方都能学习、任何时间都能学习的高质量个性化终身学习体系。

(3)塑造数字教育的新教学范式。融合物理空间、社会空间与数字空间,创新教育教学场景,推动人与技术的融合,培养跨年级、跨班级、跨学科、跨时空的学习共同体,实现规模化教育与个性化培养的完美结合。

(4)重塑数字教育的新内容。专注于发展素质教育,基于系统化的知识点逻辑关系构建知识图谱,创新内容呈现方式,使学习成为一种美好的体验,培养学习者高阶思维能力、综合创新能力以及终身学习的能力。

(5)建立数字教育的新治理机制。以数据治理为核心,以数智技术为驱动,全面推进教育管理与业务流程的再造,提升教育治理体系和治理能力的现代化水平。

(6)探索数字教育的新伦理规范。坚持"数字向善"的原则,正确理解人工智能为教育带来的机遇与挑战,高度警惕可能引发的隐私、伦理、公平、安全等风险,防止技术滥用导致教育关系失衡,推动技术应用的合理化、科学化和人性化,发展有温度的数字教育。

8.2 教育家精神

8.2.1 教育家精神概述

1. 教育家

教育家是指那些通过亲身参与教育实践,创造出显著教育成就,并对特定时期和范围内教育思想及实践产生深远影响的杰出教育工作者。教育家可以分为两大类:"广义的教育家"指的是那些从事广泛教育活动的人,而"狭义的教育家"则专指在学校教育领域工作的人士。从个人贡献的角度来看,教育家又可以细分为教育思想家、教育理论家、教育实践家和教育事业家等。

教育家是教育的人格化体现,是教育本质的人格化象征。教育是人类独有的、旨在改造精神世界的实践活动。教育家与单纯的教育思想家或教育实践家不同,也与教育学家有所区别。教育家将教育视为自己生命的一部分,教育与生命的内在统一是所有教育家的共同特质。他们不仅将教育视为一门学问来研究,更将其作为一项事业和信仰来追求。教育家不仅是独特教育思想的提出者,甚至是特定教育范式的创立者,更是自己所倡导的教育理论原则和信念的忠实践行者。

历史上不乏著名的教育家,例如我国古代的孔子、老子、墨子、孟子、朱熹、王守仁等,近现代的蔡元培、陶行知、徐特立等,以及西方的苏格拉底(Socrates)、柏拉图(Plato)、亚里士多德(Aristotle)、约翰·杜威、弗里德里希·威廉·奥古斯特·福禄培尔(Friedrich Wilhelm August Fröbel)等。

教育家的贡献主要表现在以下几方面。

① 教育思想的创新。他们提出新的教育理念和方法,如孔子的"有教无类"、苏格拉底的"问答式教育法"、杜威的"从做中学"等。

② 教育实践的推动。他们通过亲身实践,创造出显著的教育成就,如陶行知的"生活即教育"、徐特立的"教育与生产劳动相结合"等。

③ 教育制度的改革。他们推动教育制度的改革和发展,例如扬·阿姆斯·夸美纽斯(Jan Amos Komensky)的班级授课制度、马库斯·法比尤斯·昆体良(Marcus Fabius Quntinlianus)的鼓励教育等。

④ 教育理论的建设。他们构建了系统的教育理论体系,如朱熹的理学、王守仁的心学等。

教育家不仅是教育领域的杰出代表,更是推动社会进步和文明发展的重要力量。他们的教育思想和实践对后世产生了深远的影响,为教育事业的发展作出了不可磨灭的贡献。

2. 教育家精神

教育家精神是教育工作者在长期教育实践中锤炼出的一种高度凝练的精神特质,它集中体现了一代又一代人民教育家所秉持的坚定信念、崇高人格与卓越专业能力。教育家精神不仅是中国教育传统的重要组成部分,也是新时代教师队伍建设的重要指引。

(1)心怀大我、至诚报国的理想信念构成了教育家精神的核心。教师应将个人发展与国家发展紧密联系,心中装着国家和民族,关注时代、关注社会,从党和人民的伟大实践中汲取养分、增强本领;忠诚于党和人民的教育事业,心系"国家事"、肩扛"国家责",以报效国家、服务人民为自觉追求,着力培养德智体美劳全面发展的社会主义建设者和接班人。

(2)言为士则、行为世范的道德情操是教育家精神的重要体现。为师者必须以德为先,高尚的师德情操是做好教师的根本,坚持师德师风第一标准,按照"四有"好老师要求,不断提高自身道德修养,以模范行为影响和带动学生,做学生为学、为事、为人的大先生。

(3)启智润心、因材施教的育人智慧是教育家精神的具体体现。教师拥有深厚的专业知识和教育智慧,善于根据学生的不同特点和需求,采用灵活多样的教学方法和手段,激发学生的学习兴趣和潜能;注重培养学生的创新思维和实践能力,鼓励学生勇于探索、敢于创新;关注学生的心理健康和情感需求,努力营造和谐、温馨的教育氛围,让学生在学习和成长中感受到关爱和尊重。

（4）勤学笃行、求是创新的躬耕态度是教育家精神的重要特征。教师应具备持续学习和自我提升的精神，不断更新知识和教育理念，提高自身的专业素养；踏实耕耘，不断反思和改进自己的教学方法和策略；具备创新意识和创新能力，不断探索和尝试新的教育理念和方法；不懈求索、孜孜不倦，展现继往开来、不负使命的师者力量。

（5）乐教爱生、甘于奉献的仁爱之心是教育家精神的重要品质。教师应对教育事业充满热爱，乐于从事教育工作；关爱每个学生，理解和尊重学生的个性和差异，关注学生的全面发展，帮助他们克服困难，实现自身的潜能和价值；甘于奉献，把教育事业放在首位，为学生的成长和社会的进步默默付出。

（6）胸怀天下、以文化人的弘道追求是教育家精神的高度境界。要有为党育人、为国育才的初心，胸怀世界、放眼未来，培养堪担大任的时代新人；要有明道传道、言传身教的信心，坚定理想信念，传承中华文明，成为先进思想文化的传播者和学生健康成长的引路人；要有深耕杏坛、精研学术的恒心，以精湛学术造诣开启学生智慧；要有学为人师、行为世范的决心，坚持以德立身、以德立学、以德施教、以德育德，传承"尊德性而道问学"的学统，在弘扬高尚师德师风中成风化人。

综上所述，教育家精神是一种高尚的精神品质和价值追求，它体现了教育家对教育事业的热爱、对学生的关怀、对教育创新的追求以及对社会责任的担当。这种精神不仅激励着教育家们不断前行，也为广大教育工作者树立了榜样和标杆。

8.2.2　普通教师的教育家精神体现

在日常教育工作中，普通教师同样能够展现出教育家的精神风貌。尽管他们可能尚未达到教育家那样的广泛影响力和深厚学识，但通过不懈的努力和实践，他们在细微之处体现了对教育事业的热爱、对学生的关怀以及对教育创新的追求。

1. 教师的理想精神

教师职业本质上是理想主义的，它需要理想的支撑和理想主义精神的照耀。

（1）将个人发展与国家发展相结合。普通教师可以通过积极参与国家、地区或学校的教育改革项目，提出建设性意见，推动教育质量的提升，将个人的职业发展与国家的教育战略相结合。例如，参与在线教育平台的课程开发，为学生提供优质的教育资源。

（2）关注社会需求。教师可以关注社会热点问题，如环境保护、科技创新等，并将这些内容融入教学中，培养学生的社会责任感。例如，通过项目式学习，让学生参与社区环保活动，提高他们的环保意识。

2. 教师的敬业精神

对职业的敬畏，热爱教育事业，全身心投入教育事业，竭尽全力地做好每一件工作，落实到每一天的备课、每一堂课的讲解上，落实到每一个学生学习的时刻、每一个问题学生的及时转化之中。

（1）以身作则。普通教师在日常教学中，通过自己的言行举止为学生树立榜样。例如，教师在课堂上保持良好的教态,尊重每一位学生,用积极的态度影响学生。同时,教师可以在校园内外积极参与公益活动,如志愿服务、慈善捐赠等,展示良好的道德风尚。

(2)培育和践行社会主义核心价值观。教师可以通过主题班会、课外活动等形式,引导学生理解和践行社会主义核心价值观。例如,组织学生参观爱国主义教育基地,开展爱国主义主题演讲比赛,培养学生的爱国情怀。

3. 教师的奉献精神

教师职业的价值体现在学生未来对社会的贡献上,体现在学生今日的爱戴与未来的美好回忆中,因而教师职业更多彰显的是精神属性和奉献特性。

(1)关爱学生。普通教师可以通过日常的关心和关怀,建立良好的师生关系。例如,定期与学生进行一对一的交流,了解他们的学习和生活情况,为他们提供情感支持。同时,教师可以在课余时间组织学生活动,增进师生之间的感情。

(2)无私奉献。教师可以通过无偿辅导、参与学校公益活动等方式,展现无私奉献的精神。例如,利用休息时间为学生补课,帮助他们克服学习困难;参与学校的扶贫支教活动,为贫困地区的学生提供帮助。

4. 教师的专业精神

专业成就优秀教师,也成就优秀教育。专业,是教师之本,执教之根。

(1)个性化教学。普通教师可以通过了解每个学生的学习特点和需求,设计个性化的教学方案。例如,为学习困难的学生提供额外的辅导,为学有余力的学生提供拓展学习材料。通过分层教学、小组合作等方式,满足不同学生的学习需求。

(2)激发学生潜能。教师可以通过多样化的教学方法,如探究式学习、项目式学习等,激发学生的创造力和批判性思维。例如,设计开放性问题,鼓励学生自主探究,培养他们的独立思考能力。

5. 教师的进取精神

(1)终身学习。普通教师可以通过参加各类培训、学术研讨会,不断更新自己的知识体系和教学方法。例如,利用在线学习平台,学习最新的教育技术和教学理念,提升自己的专业素养。

(2)创新教学方法。教师可以积极探索新的教学方法和技术,如利用虚拟现实、增强现实技术丰富教学内容,提高教学效果。例如,通过虚拟现实技术让学生身临其境地体验历史事件或科学实验。

6. 教师的创新精神

改革创新精神,更新观念,创新理念,改变教学方式,探索教育新模式,注重培养学生的实践性思维和创造性思维。

(1)培养国际视野。普通教师可以通过引入国际先进的教育理念和教学方法,拓宽学生的国际视野。例如,组织国际交流活动,让学生与国外学生进行交流和合作,培养他们的全球公民意识。

（2）文化传承与创新。教师可以通过教学活动，传承和弘扬中华优秀传统文化。例如，开展传统文化主题课程，如书法、国画、诗词鉴赏等，培养学生对传统文化的热爱和传承意识。同时，鼓励学生在传统文化的基础上进行创新，如结合现代科技进行文化创作。

8.2.3 科学思维与创新思维

科学思维与创新思维在人类认识世界和改造世界的过程中都扮演着至关重要的角色，它们之间存在着紧密的联系和相互作用。

1. 科学思维与创新思维的对比

科学思维与创新思维的关系如表 8-1 所示。

表 8-1 科学思维与创新思维

项目	科 学 思 维	创 新 思 维
定义	科学思维是指为了准确理解客观世界所采用的批判性思考模式和认识方法，它架起了实践与理论之间的桥梁。科学思维遵循认识规律和逻辑规则，旨在实现对客观事物及其规律的正确理解，并能有效地运用逻辑推理，以不断达成准确的认识结果。科学思维素质要求我们具备正确的思维能力，即能够准确地反映客观事物及其规律，并能正确运用逻辑规则进行推理，以持续获得正确的结论	创新思维是指在解决问题、探索新领域或开发新产品等过程中，运用创造力和创新能力，采用非传统的思维方式或方法，寻找独特和创造性的解决方案的思维方式。它强调在面临困难或挑战时，不拘泥于常规思维模式，而是开启非传统的思维路径，通过创新和突破获得新的想法和解决方案
特点	1. 客观性：科学思维从实际出发，如实地反映事物的本质和规律，力图真实地反映认识的对象。 2. 精确性：科学思维遵循一定逻辑规则，运用大量思维手段和认识工具，具有很强的精确性。 3. 可检验性：科学思维的结果是可以验证的，能够经得起实践检验，并在实践中不断坚持真理和修正错误。 4. 预见性：科学思维能够正确运用逻辑规则，预见事物发展的未来，对发展趋势或前景作出合乎逻辑的推断和预测。 5. 普适性：科学思维的结果在一定适用范围内具有普遍的适用性	1. 开放性：创新思维不受传统观念限制，愿意接受新信息和观点。 2. 灵活性：能够灵活调整思维策略，适应不同情境。 3. 批判性：能够独立思考，对现有知识进行质疑。 4. 综合性：能够将不同领域的知识进行整合。 5. 发散性：能够从多个角度思考问题，产生多样化的解决方案。 6. 前瞻性：能够预见未来趋势，提前规划。 7. 跨领域思考：不受限于传统思维模式和知识框架，能够跨越不同领域进行思考和探索。 8. 包容性和开放性：强调接纳和理解不同观点，拥有包容性心态。 9. 独特性：能够从不同角度看待问题，寻找不同的解决方案。 10. 解决问题为导向：以问题为导向，通过寻找问题的根源和本质，提出有效的解决方案
应用场景	科学思维广泛应用于科学研究、工程设计、数据分析等领域。例如，在科学研究中，通过观察、实验、推理和验证等方法，形成科学的理论和结论	创新思维在产品设计、科学研究、艺术创作、企业管理等领域中应用广泛。例如，在产品设计中，通过创新思维可以从不同的角度思考问题，产生独特的创意和解决方案

续表

项目	科学思维	创新思维
关系	1. 相互促进。(1)科学思维促进创新思维。科学思维提供了一套严谨的逻辑和方法,帮助创新思维在实践中得到验证和应用;科学思维的客观性和精确性为创新思维提供了坚实的基础,使其能够在科学的框架内进行探索和创新。(2)创新思维推动科学思维。创新思维能够激发科学家和工程师的创造力和想象力,帮助他们发现新的科学问题和创新的解决方案;创新思维的开放性和灵活性为科学思维提供了新的视角和方法,推动科学的突破和进步。 2. 共同目标。两者都旨在通过科学的方法和创新的思维,解决复杂问题,推动知识和技术的发展;科学思维强调正确性和逻辑性,创新思维强调独特性和前瞻性,两者结合能够更好地应对现代社会的挑战	

科学思维与创新思维是两种至关重要的思维方式,它们在解决难题和促进创新方面扮演着关键角色。科学思维借助客观、精确且可验证的方法,确保思考过程的正确性和可靠性;而创新思维则通过开放、灵活以及批判性的途径,激发创造力和想象力。将科学思维与创新思维相结合,能够更高效地解决问题,并推动个人及组织的创新与成长。

2. 科学思维与创新思维的基本类型

(1) 逻辑思维与辩证思维,如表 8-2 所示。

表 8-2　逻辑思维与辩证思维

项目		逻辑思维		辩证思维		
定义		逻辑思维涉及运用逻辑推理和形式逻辑技巧,从既定的前提条件中导出新的结论。它强调推理过程的严谨性和系统性,以确保结论的可靠性和有效性		辩证思维涉及运用辩证法的原则和技巧,以全面、动态和发展的眼光审视问题。它强调事物内在的矛盾和不断变化的特性,注重从整体性和相互联系的视角对问题进行分析		
基本方法	演绎推理	定义	从一般到特殊的推理方法。从普遍的规律或前提中推导出具体的结论	矛盾分析法	定义	分析事物内部的矛盾,通过解决矛盾推动事物的发展
		示例	所有金属都能导电(前提),铜是金属(前提),因此铜能导电(结论)		示例	在经济发展中,生产和消费是一对矛盾。通过提高生产效率和刺激消费需求,解决这一矛盾,推动经济的持续发展
	归纳推理	定义	从特殊到一般的推理方法。从具体的事实或观察中总结出普遍的规律	对立统一法	定义	认识到事物的对立面在一定条件下可以相互转化,通过这种转化实现事物的发展
		示例	观察到许多金属都能导电,总结出所有金属都能导电的规律		示例	竞争和合作是一对对立统一的关系。在市场竞争中,企业之间既有竞争也有合作,通过合作可以实现互利共赢,推动整个行业的发展
	类比推理	定义	通过比较两个或多个相似事物的已知属性,推断它们在其他属性上也相似	质量互变法	定义	事物的发展是量变和质变的统一,量变积累到一定程度会引起质变
		示例	A 城市和 B 城市在地理环境和经济发展水平上相似,A 城市成功实施了某项政策,因此推断 B 城市也可能成功实施该政策		示例	学习过程中,通过不断积累知识(量变),最终达到质的飞跃,如通过系统学习掌握一门学科(质变)

续表

项目	逻 辑 思 维	辩 证 思 维
特点	1. 严密性：逻辑推理过程必须严格遵循逻辑规则，确保每一步推理都是正确的。 2. 条理性：推理过程条理清晰，逻辑连贯，便于理解和验证。 3. 确定性：结论具有高度的确定性，只要前提正确，结论必然正确	1. 全面性：从多个角度和层面分析问题，避免片面性。 2. 动态性：注重事物的发展变化，而不是静止不变的。 3. 联系性：强调事物之间的相互联系和相互影响，而不是孤立地看待问题。 4. 矛盾性：认识到事物内部的矛盾是推动事物发展的动力
关系	1. 互补性：逻辑思维注重推理的严谨性和条理性，确保结论的可靠性；而辩证思维则强调事物的矛盾性和动态变化，侧重于从整体和联系的视角分析问题。两者相辅相成，逻辑思维为辩证思维提供严密的推理工具，辩证思维则为逻辑思维提供一个全面的分析视角。 2. 统一性：在实际应用中，逻辑思维与辩证思维常常是统一的。以科学研究为例，研究者既需要运用逻辑推理来验证假设，又需要借助辩证思维来分析事物的矛盾和发展变化。逻辑思维构成了辩证思维的基础，而辩证思维则是逻辑思维的进一步深化和升华	

　　逻辑思维与辩证思维是两种不可或缺的思维方式，它们在科学探索、哲学思辨以及日常决策中均具有显著影响。逻辑思维着重于推理过程的严密性和逻辑性，以确保结论的准确性；辩证思维则着重于事物的对立统一和动态发展，强调从宏观和联系的视角来审视问题。将逻辑思维与辩证思维融合，能够更全面、更深刻地认识和处理问题，进而推动科学与技术的持续发展。

　　（2）形象思维与联想思维，如表 8-3 所示。

表 8-3　形象思维与联想思维

项目	形 象 思 维			联 想 思 维		
定义	形象思维是一种通过具体形象或形象化的语言来表达思想、情感和概念的思维方式。它着重于通过视觉、听觉、触觉等感官体验，将抽象的概念转化为具体、生动的形象			联想思维是一种通过某一特定事物或概念触发，进而联想到与之相关联的其他事物或概念的思维方式。它着重于事物间的联系和相似之处，通过这种思维模式，能够拓宽和加深思考范围		
基本方法	具象化	定义	将抽象的概念或思想转化为具体的形象或物体	接近联想	定义	基于时间和空间上的接近性，从一个事物联想到另一个事物
		示例	将"爱"这一抽象概念具象化为"心形"或"拥抱"的形象		示例	看到"沙滩"联想到"大海"，看到"教室"联想到"学生"
	拟人化	定义	将非人类的事物赋予人类的特征、情感或行为	相似联想	定义	基于事物之间的相似性，从一个事物联想到另一个事物
		示例	将"风"拟人化为"风姑娘"，赋予其轻盈、温柔的特征		示例	看到"月亮"联想到"圆盘"，看到"鸟"想到"飞机"
	比喻	定义	通过比喻，将一个事物与另一个事物进行类比，以增强表达的生动性和形象性	对比联想	定义	基于事物之间的对比性，从一个事物联想到其相反或对立的事物
		示例	将"时间"比喻为"流水"，强调时间的流逝不可逆转		示例	看到"光明"联想到"黑暗"，看到"高"联想到"低"

续表

项目	形 象 思 维			联 想 思 维		
基本 方法	象征	定义	通过特定的符号或形象来代表某种抽象的概念或情感	因果 联想	定义	基于事物之间的因果关系,从一个事物联想到其原因或结果
		示例	用"鸽子"象征"和平",用"橄榄枝"象征"友谊"		示例	看到"雨"联想到"云",看到"火灾"联想到"灭火器"
特点	1. 直观性:形象思维通过具体的形象或物体来表达思想,使抽象的概念变得直观、易懂。 2. 生动性:形象思维能够增强表达的生动性和感染力,使观众或读者更容易产生共鸣。 3. 情感性:形象思维常常带有强烈的情感色彩,能够激发观众或读者的情感共鸣。 4. 创造性:通过具象化、拟人化等方法,形象思维能够创造出新颖、独特的形象,激发创造力			1. 扩展性:联想思维能够扩展思维的广度和深度,从一个事物联想到多个相关的事物。 2. 创造性:通过联想,能够创造出新颖、独特的想法和解决方案,激发创造力。 3. 灵活性:联想思维不受固定模式的限制,能够灵活地在不同事物之间建立联系。 4. 综合性:联想思维能够综合多个事物的特点,形成新的概念或创意		
关系	1. 互补性:形象思维借助具体形象来表达思想,将抽象概念转化为直观且生动的形式;而联想思维则通过探索事物间的关联性,拓宽思维的广度与深度,从而激发创造力。这两种思维方式相辅相成,形象思维为联想思维提供了具体的形象基础,而联想思维则为形象思维开拓了更广阔的联想空间。 2. 统一性:在实际应用中,形象思维与联想思维常常是不可分割的。以艺术创作为例,艺术家运用形象思维将抽象情感具象化为画面,同时借助联想思维丰富画面的内涵与外延。形象思维构成了联想思维的基石,而联想思维则是形象思维的进一步拓展					

　　形象思维和联想思维是两种重要的创造性思维方式,它们在艺术创作、设计、创新等领域中发挥着重要作用。形象思维通过具体的形象表达思想,使抽象的概念变得直观和生动;联想思维通过事物之间的关联性,扩展思维的广度和深度,激发创造力。通过结合形象思维和联想思维,可以更全面、更深入地理解和表达复杂的概念,创造出新颖、独特的作品和解决方案。

　　(3) 系统思维与开放思维,如表 8-4 所示。

表 8-4　系统思维与开放思维

项目	系 统 思 维	开 放 思 维
定义	系统思维是一种以系统论原理和观点为指导,对事物进行分析和认识的思维方式。它将事物视为一个整体的系统,并从系统与构成要素、要素之间以及系统与外部环境的相互联系和作用中,全面地审视和理解研究对象。系统思维强调了整体性、结构性、动态性和开放性的重要性	开放思维意味着打破传统思维的局限和狭隘视野,以多角度、全面的视角审视问题。它与那种将事物割裂、孤立、封闭的形而上学思维方式截然不同。开放思维倡导接纳新的观点和思想,勇于面对不同意见的挑战
基本 特征	1. 整体性:系统思维强调从整体出发,考虑系统内部各要素之间的相互关系和整体功能。 2. 结构性:系统思维关注系统内部的结构和组织方式,通过优化结构来提升系统功能。 3. 立体性:系统思维是一种开放型的立体思维,既进行纵向比较,又进行横向比较,全面准确地把握事物的规定性。 4. 动态性:系统思维认为系统是动态的,内部要素和外部环境之间的联系随时间变化	1. 灵活性:开放思维能够从多个角度审视问题,不拘泥于传统观念和固定模式。 2. 多元性:开放思维鼓励接受不同的观点和思想,促进创新和创造力。 3. 包容性:开放思维强调包容不同的意见和观点,促进团队合作和多元思考

续表

项目	系 统 思 维	开 放 思 维
应用场景	系统思维广泛应用于复杂性高的领域,如组织管理、社会政策、生态系统、市场调研等。例如,企业的供应链管理中,任何一个环节的变化都会影响整个系统的运行。因此,系统思维帮助管理者在作出决策时考虑到所有环节的变化	开放思维在产品设计、创新研发、团队协作等场景中应用广泛。例如,在设计一款新型智能家居路由器时,考虑多个用户场景,如家居环境的复杂性、用户需求的多样性、用户体验的提升等。通过多轮用户访谈和跨领域合作,注入更多创意
关系	1. 互补性:系统思维强调从整体与部分的相互关系中综合分析问题,有助于全面理解复杂系统;开放思维强调从多角度、多维度审视问题,鼓励创新和接纳新观点,促进思维的灵活性和多元性。两者相辅相成,系统思维为开放思维提供整体框架,而开放思维为系统思维注入新的视角和创新思路。 2. 统一性:在实际应用中,系统思维与开放思维往往是统一的。例如,在企业战略规划中,既要从整体系统出发,考虑各个部门的协同作用,又要保持开放思维,接纳新的市场趋势和创新技术	

系统思维与开放思维是两种至关重要的思维方式,它们在分析和解决复杂问题时扮演着关键角色。系统思维借助整体性、结构性、立体性和动态性的视角,有利于全面洞察复杂系统;而开放思维则通过多角度、多维度的考量,激发创新和提升灵活性。将系统思维与开放思维相结合,能够更高效地解决问题,并促进个人与组织的成长。

(4)发散思维与立体思维,如表 8-5 所示。

表 8-5 发散思维与立体思维

项目	发 散 思 维	立 体 思 维
定义	发散思维,亦称作辐射思维、放射思维、扩散思维或求异思维,是一种从单一目标出发,沿着多种不同路径进行思考,以寻求多种可能答案的思维模式。与聚合思维形成对比,发散思维是创造性思维的核心特征之一,也是衡量创造力的关键指标之一	立体思维,亦称作"多元思维""全方位思维""整体思维""空间思维""多维型思维",它涉及超越传统的点、线、面限制,能够从各个方向——上下、左右、前后——全面地审视问题,即所谓的"立体化思考"
基本特征	1. 流畅性:指对刺激迅速而通顺的反应能力,即在单位时间内能发散出较多信息。 2. 变通性:指发散思维的灵活性,即能随机应变、触类旁通,从而产生超常的构思,提出不同寻常的新方案。 3. 独特性:指思维中作出不同寻常的异于他人的新奇反应的能力,是发散思维的最高目标,也是创新思维的标志	1. 层次性:从不同层次上思考问题。 2. 多维性:从多个维度思考问题。 3. 联系性:考虑事物之间的联系。 4. 系统性:从系统的角度思考问题。 5. 整体性:从整体上思考问题。 6. 动态性:从动态的角度思考问题
应用场景	发散思维广泛应用于创意设计、产品开发、问题解决等领域。例如,设计师在设计产品时,通过发散思维可以从不同的角度、元素、风格等方面进行思考,产生独特的创意	立体思维在多个领域有广泛应用,如立体绿化、立体农业、立体森林、立体渔业、立体开发资源等

续表

项目	发 散 思 维	立 体 思 维
培养方法	1. 材料发散法：以某个物品的材料为发散点，设想它的多种用途。 2. 功能发散法：从某事物的功能出发，设想出获得该功能的各种可能性。 3. 结构发散法：以某事物的结构为发散点，设想出利用该结构的各种可能性。 4. 形态发散法：以事物的形态为发散点，设想出利用某种形态的各种可能性。 5. 组合发散法：以某事物为发散点，尽可能多地把它与别的事物进行组合成新事物。 6. 方法发散法：以某种方法为发散点，设想出利用方法的各种可能性。 7. 因果发散法：以某个事物开展的结果为发散点，推测出造成该结果的各种原因，或者由原因推测出可能产生的各种结果	1. 空间跨度：思考问题时，应当有气度、有胸怀，放眼全局，酌量每一思维空间。 2. 时间跨度：时间的一维性决定了思维模式必然经历产生、发展直至消亡的不可逆过程。需要从历史维度客观地将思维跨度扩展。 3. 联想跨度：联想是由空间和时间的横纵坐标建构的十字形思维。联想打破了事物的界限，解放了思维，使立体思维的自由度和辐射面较时空跨度更为广阔。 4. 前进跨度：思考对象时，既要全面周到，又要迅速及时。如果在某个思维指向上徘徊不前，就会导致思维指向的频繁转换，以致花费的时间增多，造成分散注意力，主次不分。 5. 收敛跨度：保持思维的合理收敛性，才能逐步建立思维的网状结构。扩大收敛跨度，必须发挥单向思维的功能
关系	1. 互补性：发散思维着重于从多个角度和方向探索问题，致力于寻找多种可能的解决方案；而立体思维则侧重于从多个维度和层次深入分析，以形成全面而系统的理解。两者相辅相成，发散思维为立体思维注入了丰富的思路和创意，而立体思维则为发散思维提供了结构化的框架和深度。 2. 统一性：在实际应用中，发散思维与立体思维常常是不可分割的。以产品设计为例，设计师需要从多个角度出发思考问题（发散思维），同时也要进行多维度和层次的系统分析（立体思维）	

发散思维与立体思维是两种关键的创造性思维方式，它们在解决难题和促进创新方面扮演着至关重要的角色。发散思维借助于多角度、多方向的思考，贡献了众多的创意和解决方案；而立体思维则通过多维度、多层次的分析，构建了全面而系统的理解。将发散思维与立体思维相结合，能够更高效地解决问题，进而推动个人及组织的创新与成长。

（5）质疑思维与批判思维，如表 8-6 所示。

表 8-6 质疑思维与批判思维

项目	质 疑 思 维	批 判 思 维
定义	质疑思维是指创新主体在现有事物的基础上，通过提出"为什么"（可能或假设性）的问题，综合运用多种思维方式，改变现有条件，从而创造出新事物（新观念、新方案）的思维方式	批判性思维是指个体在复杂情境中，能够灵活运用既有的知识和经验，对问题及其解决策略进行筛选，识别假设，并在反思的基础上进行分析、推理，从而作出合理判断和明智选择的高级思维模式和方法
特点	1. 积极提问：通过"为什么"等提问方式，对现有事物或观点进行深入探究。 2. 创新潜力：质疑的过程是发现问题、提出问题的过程，蕴含着创新的潜力，质疑是创新的起点。 3. 多角度思考：综合运用多种思维方法，从不同角度审视问题，寻找新的解决方案	1. 逻辑性：以推理（论证、反驳）为基本形式，强调逻辑的严密性和条理性。 2. 独立性：相对独立于各种专门知识，包括逻辑专门知识，不同主体间批判性思维能力的差异与他们对知识掌握的差异无必然联系。 3. 思辨性：对所接收的信息、观点或观念进行质疑、评价和分析，强调思考的深度和严密性。 4. 客观性：基于证据和逻辑，进行客观的分析和评估，避免主观臆断。

续表

项目	质 疑 思 维	批 判 思 维
特点		5. 创新性：通过质疑和分析，提出新的见解和解决方案，具有创新思维。 6. 开放性：保持开放态度，接受不同的观点和意见，促进多元思考
应用场景	质疑思维在创新设计、问题解决、科学研究等领域中应用广泛。例如，在产品设计中，通过质疑现有产品的功能和设计，提出改进方案，从而创造出更符合用户需求的新产品	批判性思维在科学研究、政策制定、教育、决策等领域中应用广泛。例如，在科学研究中，通过批判性思维对实验结果进行分析和验证，确保研究的科学性和可靠性
区别	主要目的是发现问题、提出问题，激发创新潜力	主要目的是评估和评判一个观点、论据或问题的有效性和合理性，提出合理的替代方案
	通过"为什么"等提问方式，对现有事物或观点进行深入探究	通过提出问题、寻找证据、评估证据的可靠性和相关性、识别逻辑错误和偏见，并提出合理的反驳或替代观点
	产生新的问题和创新思路，推动进一步的探索和研究	形成更有说服力和合理性的观点或论证，提高思考的质量和逻辑思维能力
关系	统一性：在实际应用中，质疑思维与批判思维往往是相辅相成的。质疑思维通过提问和探索，为批判思维提供丰富的素材和问题；而批判思维则通过评估和分析，对这些素材和问题进行深入的思考和判断。两者相互补充，共同促进创新和解决问题的能力	

质疑思维与批判思维是两种至关重要的思维方式，它们在创新过程和问题解决中扮演着关键角色。质疑思维通过提出问题和深入探究，唤醒创新的潜能；而批判思维则通过仔细评估和深入分析，确保思考过程的深度和逻辑的严密性。将质疑思维与批判思维相结合，能够更高效地解决难题，促进个人及组织的创新与成长。

（6）逆向思维与迂回思维，如表 8-7 所示。

表 8-7　逆向思维与迂回思维

项目	逆 向 思 维	迂 回 思 维
定义	逆向思维，亦即求异思维，是一种对习以为常、看似已成定论的事物或观点进行反向思考的思维方式。它勇于"逆向而行"，促使思维向对立面拓展，深入探索问题的反面，以期发现新的解决路径	迂回思维是指在面对难以克服的障碍或无法实现的预定目标时，若直接方法无法解决问题，就需要采取策略绕开这些障碍。通过转换思考角度，选择不同的路径，从侧面迂回前进，最终克服难题，达成既定目标的思考策略
特点	1. 普遍性：逆向思维在各种领域、各种活动中都有适用性。由于对立统一规律是普遍适用的，而对立统一的形式又是多种多样的，因此，有一种对立统一的形式，相应地就有一种逆向思维的角度。 2. 批判性：逆向思维是对传统、惯例、常识的反叛，是对常规的挑战。它能够克服思维定式，破除由经验和习惯造成的僵化的认识模式。	1. 避免直接冲突：迂回思维避免正面的直接交锋，暂时地离开直线轨道，绕道而行，力争在曲折中寻找捷径。 2. 灵活多变：迂回思维强调灵活多变，通过不同的路径和方法达到目标

续表

项目	逆向思维	迂回思维
特点	3. 新颖性：逆向思维能克服思维的僵化和刻板，得到的往往是一些出人意料、令人耳目一新的答案	
应用方法	1. 反转型逆向思维法：从已知事物的相反方向进行思考，产生发明构思的途径。例如，无烟煎鱼锅就是将原有煎鱼锅的热源由锅的下面安装到锅的上面。 2. 转换型逆向思维法：在研究某一问题时，由于解决这一问题的手段受阻，而转换成另一种手段，或转换角度思考，以使问题顺利解决。例如，司马光砸缸救落水儿童的故事，实质上就是一个运用转换型逆向思维法的实例。 3. 缺点逆用思维法：利用事物的缺点，将缺点变为可利用的东西，化被动为主动，化不利为有利。例如，金属腐蚀是一种坏事，但人们利用金属腐蚀原理进行金属粉末的生产，或进行电镀等其他用途	1. 侧向移入：跳出本专业、本行业的范围，摆脱习惯性思维，侧视其他方向，将注意力引向更广阔的领域。例如，鲁班由茅草的细齿拉破手指而发明了锯。 2. 侧向转换：不按最初设想或常规直接解决问题，而是将问题转换成为它的侧面的其他问题，或将解决问题的手段转为侧面的其他手段。 3. 侧向移出：将现有的设想、已取得的发明、已有的感兴趣的技术和本厂产品，从现有的使用领域、使用对象中摆脱出来，将其外推到其他意想不到的领域或对象上
应用领域	逆向思维的应用领域非常广泛，包括商业决策、科学研究、工程设计等。例如，在商业决策中，通过逆向思维，企业可以思考如何缩减部分市场、优化现有资源来增强利润，而不是一味追求市场份额的扩大	迂回思维适用于需要灵活应对复杂问题和挑战的场景。例如，在面对法律问题时，可以通过运用迂回思维来规避法律风险，找到合法的解决方案
关系	1. 差异性：逆向思维更注重从问题的反面或结果的反面进行思考，通过反向推理、反向求证等方式来找到解决问题的新方法，而迂回思维则更注重在遇到障碍时灵活调整思路，通过绕过障碍或改变问题的呈现方式来达到解决问题的目的；逆向思维的应用范围更广，几乎涵盖了所有领域，而迂回思维则更多地应用于需要灵活应对复杂问题和挑战的场景。 2. 统一性：在实际应用中，逆向思维与迂回思维往往表现出统一性。逆向思维是在陷入思维僵局时采取的一种思维方式，旨在打破固有的思维模式，采取相反的行动；迂回思维则是在正向思维或单向思维受阻时，通过改变角度，从侧面寻找解决问题的创新方法。简而言之，迂回思维就是借助其他领域内的知识和信息，通过间接迂回的方式解决问题的一种思维策略	

逆向思维与迂回思维是两种关键的创新思维方式，它们在解决难题和促进创新方面扮演着至关重要的角色。逆向思维通过逆向思考，打破传统框架，发掘新的解决路径；而迂回思维则通过绕开障碍，采取间接的方法，从而达成目标。将逆向思维与迂回思维相结合，能够更高效地解决各种问题，进而加速个人与组织的创新进程和成长。

（7）超前思维与冷门思维，如表 8-8 所示。

表 8-8　超前思维与冷门思维

项目	超 前 思 维	冷 门 思 维
定义	超前思维是一种思维形态,它通过多角度、全方位地分析事物的历史和现状,基于事物发展的现实情况,来认识和把握其发展状态。这种思维运用合理的推理和想象,以判断事物未来的趋势	冷门思维是一种专注于从市场边缘、被忽视的人或事物中挖掘成功潜力的思考方式。它倡导不随波逐流,而是依托个人的知识和理解,探索那些被他人忽略、轻视,或在当前市场中需求量小、利润微薄的领域。通过结合个人的专长,实现集中优势、精准突破
特点	1. 探索性:超前思维不局限于事物的过去和现在的存在状况,而是对事物认识中落后的、过时的、丧失优势的东西予以否定,肯定其中进步的、先进的、有价值的东西,并在此基础上构想事物发展的可能的趋势。 2. 预测性:超前思维利用思维的创造性,超越了事物发展的具体时间和空间,以及事物发展的具体环节,在头脑中推想事物发展的未来状况。 3. 不确定性:超前思维指向未来,但未来并不是现实的单向直线的延伸,而是存在多向变化的可能性	1. 不盲目跟风:冷门思维避免追逐热门领域,而是寻找被忽视或冷落的领域,从中发现新的机会。 2. 发掘潜力:通过深入分析和研究,发现冷门领域的发展潜力和市场需求,从而实现单点突破
应用场景	1. 商业决策:在商业环境中,超前思维可以帮助企业预测市场变化,调整战略布局,从而在竞争中占据优势。例如,一些领先的企业通过分析消费者行为、行业趋势和技术发展,提前布局新业务或调整现有业务模式,以适应未来的变化。 2. 个人发展:对于个人而言,超前思维有助于个人规划自己的职业发展、学习计划和生活方式。通过了解未来的趋势和需求,可以更好地调整自己的行为和决策,为自己创造更多的机会和可能性	1. 创业:冷门思维常常是创业者首选的一种思路,通过在冷门领域中寻找机会,可以避免激烈的市场竞争,实现差异化发展。例如,霍英东当年通过冷门思维进入河沙市场,最终取得了巨大的成功。 2. 投资:在投资领域,冷门思维可以帮助投资者发现被市场低估的资产或行业,从而获得更高的投资回报
关系	1. 互补性:超前思维与冷门思维在一定程度上展现出互补的特质。超前思维着重于对事物发展趋势的预测和规划,而冷门思维则专注于打破常规,引入新的视角和解决方案。在实际应用中,这两种思维方式可以相辅相成,共同促进事物的创新与进步。 2. 差异性:尽管超前思维和冷门思维都强调创新的重要性,但它们在思维模式和应用范围上存在显著差异。超前思维更侧重于对事物本质和趋势的深入理解和预见,而冷门思维则更倾向于挑战传统,尝试新的思考路径和解决策略。 3. 统一性:在实际应用中,超前思维与冷门思维往往是相辅相成的。超前思维通过预测未来趋势,助力我们在冷门领域中挖掘潜在的机会;冷门思维则通过探索被忽略的领域,为超前思维提供具体的实践路径。两者相互补充,共同推动创新和成功	

　　超前思维与冷门思维是两种关键的创新思维方式,它们在解决难题和推动创新方面扮演着至关重要的角色。超前思维借助于多维度、全面的分析,预测未来的发展趋势,有助于在竞争中获得先机;而冷门思维则通过探索那些被普遍忽视的领域,实现差异化的发展路径,从而

开辟新的机遇。将超前思维与冷门思维相结合,能够更高效地解决问题,并促进个人与组织的创新与进步。

(8) 简单思维与模糊思维,如表 8-9 所示。

表 8-9　简单思维与模糊思维

项目	简 单 思 维	模 糊 思 维
定义	简单思维是一种思考方式,其核心在于剔除冗余元素,追求简洁、明了且高效的解决问题之道。它倡导集中精力,专注于核心议题,同时摒弃那些无关紧要的细节	模糊思维涉及对思维任务中对象的类别边界及其属性进行不明确、不确定的思考,采用的是一种灵活的思维方式。它着重在不确定性中寻找解决方案,并利用不确定的发展趋势与现实状态来全面理解客观事物
特点	1. 专注核心:简单思维要求舍弃该放弃的,选择至关重要的部分,直抵问题的本质。 2. 简化复杂:通过简化复杂问题,减少不必要的步骤和细节,提高解决问题的效率。 3. 高效决策:在面对繁杂的事务时,简单思维有助于快速作出决策,避免陷入细节的泥沼	1. 整体性:模糊思维强调从整体上把握事物,而不是局限于细节。 2. 灵活性:模糊思维能够适应复杂和不确定的环境,快速作出大致的判断和决策。 3. 简捷性:模糊思维不需要复杂的逻辑推理和精确的数据,能够快速找到问题的解决方案。 4. 瞬时判断性:模糊思维可以在短时间内对复杂问题作出快速而有效的判断,适合应对紧急情况
应用场景	1. 工作管理:在工作中,面对繁杂的事务,简单思维可以帮助筛选最重要的任务,并优先处理,提高工作效率。 2. 个人发展:在个人生活中,简单思维有助于明确目标,集中精力实现最重要的目标,避免被琐事分散注意力	1. 决策支持:在面对复杂和不确定的决策时,模糊思维可以帮助决策者快速作出合理的判断,避免过度分析导致的决策瘫痪。 2. 管理实践:在管理中,模糊思维可以帮助领导者简化问题,使处理过程更简单化、人性化
区别	目标是简化复杂问题,直击核心,提高解决问题的效率	目标是在不确定和复杂的情况下,快速作出大致的判断和决策
	通过舍弃无关紧要的细节,集中精力解决核心问题	通过使用模糊概念、模糊判断和模糊推理,整体把握事物的模糊性
	适用于需要高效决策和简化复杂问题的场景,如工作管理、个人发展等	适用于面对复杂、不确定和信息不完备的情况,如决策支持、管理实践等
关系	统一性:在实际应用中,简化思维与模糊思维往往是相辅相成的。简化思维将问题简化,有助于集中精力攻克核心难题;而模糊思维则通过全面地把握和迅速地判断,助力我们在复杂情境中迅速作出决策。这两种思维方式相互补充,共同提升了问题解决的效率与成效	

简单思维与模糊思维是两种关键的思维方式,它们在解决难题和促进创新方面扮演着至关重要的角色。简单思维通过将复杂问题简化,提升了决策的效率;而模糊思维则通过全面的视角和迅速的判断,应对了复杂性和不确定性。将简单思维与模糊思维相结合,能够更高效地解决问题,进而推动个人成长和组织进步。

(9) 直觉思维与灵感思维,如表 8-10 所示。

表 8-10 直觉思维与灵感思维

项目	直 觉 思 维	灵 感 思 维
定义	直觉思维是指在面对问题时,不经过逐步分析,而是依靠内在感知迅速作出判断、猜想或设想。它也表现为在长时间思考一个问题却无法解决时,突然间获得的"灵感"和"顿悟",甚至对未来的事件结果产生"预感"或"预言"。这些都是直觉思维的体现	灵感思维指的是在科学研究、创新创造、产品开发或问题解决等过程中,人们脑海中突然闪现并迅速消逝的思维活动,它能够帮助找到问题的解决方案。灵感思维具有偶然性、突发性和创造性等特征。灵感代表着那些前所未有的新思想、新概念、新点子、新策略和新解答
特点	1. 直接性:直觉思维不经过逐步分析,直接对问题作出判断。 2. 快速性:直觉思维能够在短时间内迅速得出结论。 3. 跳跃性:直觉思维可以跨越中间步骤,直接到达问题的核心。 4. 理智性:直觉思维虽然快速,但并非完全无根据,而是基于已有的知识和经验	1. 突发性:灵感往往是在出其不意的刹那间出现,使长期苦思冥想的问题突然得到解决。 2. 偶然性:灵感在什么时间、什么地点或在哪种条件下可以出现,都难以预测,带有很大的偶然性。 3. 模糊性:灵感的产生往往是闪现式的,而且稍纵即逝,它所产生的新线索、新结果或新结论使人感到模糊不清。 4. 独创性:灵感思维的结果通常是独特的、创新的,具有独创性。 5. 非自觉性:灵感思维是在无意识的情况下产生的,具有非自觉性。 6. 意象性:在灵感思维活动过程中,潜意识领域或显意识领域总伴有思维意象运动的存在
应用场景	1. 决策:在需要快速作出决策的情况下,直觉思维有助于迅速判断最佳方案。 2. 创新:在创意和创新过程中,直觉思维可以激发新的想法和解决方案	1. 科学研究:在科学探索中,灵感思维可以帮助科学家突破思维定式,发现新的理论和方法。 2. 文艺创作:在文学、艺术创作中,灵感思维可以激发创作者的创造力,产生独特的作品
区别	在很短的时间内对问题的迅速而直接的判断	在经过长时间的思索后,突然受到某一事物的启发,使问题一下子得到解决
	通常是对出现于面前的事物或问题所给予的迅速理解和判断	往往出现在思考对象不在眼前,或在思考别的对象的时候
	出现在主体神志清楚的状态	可能产生于主体意识清楚的时候,也可能出现在主体意识模糊的时候
	对事物作出直接的判断和抉择	与解决某一问题相联系,通常带来新的解决方案或创意
关系	1. 非逻辑性:两者均展现出非逻辑思维的特质,表现为推理过程中的不连续性与突兀的跳跃。 2. 相互作用:直觉思维通常依赖灵感思维来迅速而直接地作出决策;而灵感思维则往往需要直觉的指引,以达成对问题的意外顿悟和深刻理解	

　　直觉思维与灵感思维是两种关键的创造性思维方式,它们在解决难题和推动创新方面扮演着至关重要的角色。直觉思维借助迅速且直接的判断力,有助于迅速作出决策;而灵感思维则通过突如其来的顿悟,有助于在错综复杂的问题中寻找到创新的解决路径。将直觉思维与灵感思维相结合,能够更高效地解决问题,进而促进个人及组织的创新与成长。

8.3 大语言模型及其在教学中的应用

8.3.1 DeepSeek 大语言模型及其在教学中的应用

1. DeepSeek 大语言模型简介

DeepSeek 是一款先进的大语言模型,由杭州深度求索人工智能基础技术研究有限公司开发。DeepSeek 在自然语言处理、文本生成、知识图谱等领域表现出色,尤其在教学领域具有广泛的应用前景。其独特的低成本、高效率和开源性的技术优势使其成为教育工作者的得力助手。

2. DeepSeek 模型核心特性

(1)技术定位。

① 多模态理解:支持文本、代码、数学公式、图表等多模态输入输出,可解析信号波形图、微分方程等复杂内容。

② 领域适配性:通过微调技术(如 LoRA)快速适配电子工程、数学等学科知识,可使得教学场景准确率提升 35%。

③ 实时交互能力:响应时间小于 1 秒,支持中英双语混合输入,适合课堂即时问答。

(2)核心优势。

① 复杂计算:自动求解卷积积分、傅里叶变换、矩阵方程(如状态空间分析)。

② 代码生成:一键生成 MATLAB/Python 仿真代码(如滤波器设计、信号采样实验)。

③ 知识溯源:提供公式推导过程与参考文献指引(如自动关联《信号与系统》奥本海姆教材章节)。

3. DeepSeek 在教学中的应用

(1)学情分析。DeepSeek 能够对学生的学习情况进行统计和分析,形成可视化的分析结果。教师可以快速了解学生的整体和个体学习情况,精准把握当前的学情特点。

(2)资源支持。DeepSeek 提供丰富的教学资源,包括图片、视频、文本、动画、模型等。教师可以通过 DeepSeek 获取跨学科的知识资源,丰富课堂教学内容。

(3)教学设计。DeepSeek 能够根据课程主题、教学目标和教学方法等关键信息,迅速生成结构清晰、内容丰富的教案框架。从课程导入的创意构思到教学过程中的互动环节设计,再到课后作业的布置建议,DeepSeek 提供的全面支持帮助教师节省宝贵时间,提高教学效率。

(4)课堂互动。DeepSeek 支持"AI 双师课堂"模式,真人教师负责主要教学活动,而 AI助手提供辅助支持,如解答学生问题、提供个性化学习建议等。AI 助手还可以根据学生的学习进度和需求,提供个性化的学习资源和反馈。

(5)作业布置与批改。DeepSeek 支持多种题型的作业布置,包括选择题、填空题和简答题。它可以快速生成配套练习题,并提供详细的评分报告。DeepSeek 还能自动批改作业,生成错题集,并给出针对性的学习建议。

(6)实验教学。DeepSeek 可以设计互动展示研究,如化学中的氧化还原反应或物理中的单摆实验,通过交互式网页增强学生的理解。

(7)个性化学习。DeepSeek 可以根据学生的学习进度和需求,提供个性化的学习资源和反馈,帮助学生更好地掌握知识。

(8)教学评估。DeepSeek 能够根据教学内容和目标,自动生成相应的测试题目。系统提供的题目库覆盖各个难度层次,教师可以根据需要选择合适的题目。系统还能自动生成试卷,大大简化了出题过程。

4. 典型教学场景与案例

场景 1:课程设计与资源开发

(1)教案生成。

输入:"设计《采样定理》课程的 45 分钟教案,包含数学证明、仿真实验、课堂讨论环节。"

输出:生成完整教学框架,附带推荐演示代码(如混叠现象动画代码)。

(2)题库建设。

输入:"生成 5 道二阶系统稳定性分析题,含答案解析与难度分级。"

输出:自动生成题目+解题步骤+MATLAB 验证代码。

场景 2:课堂教学增强

(1)实时答疑辅助。

学生提问:"为什么吉布斯现象无法完全消除?"

教师调用 DeepSeek 生成阶梯图解释(含窗函数对比动画代码)。

(2)虚拟实验演示。

输入:"展示巴特沃思滤波器阶数对阻带衰减的影响。"

输出:Python 动态交互图表的代码(Slider 调节阶数)。

场景 3:学习评价与反馈

(1)作业批改。

输入:上传学生求解微分方程的答案。

输出:自动识别错误步骤(如拉普拉斯变换域错误)并标注修正建议。

(2)个性化报告。

输入:学生实验数据。

输出:生成能力雷达图(如"频域分析能力:B+;代码实践能力:A-")。

8.3.2 ChatGPT 大语言模型及其在教学中的应用

1. ChatGPT 大语言模型简介

ChatGPT 是一种基于深度学习算法的自然语言处理技术,具有强大的语言理解和生成能力。它可以通过大规模的语言库学习模仿人类对话,广泛应用于教育、客服、内容生成等领域。

2. ChatGPT 的核心特性

(1)架构与原理。

① Transformer 架构:基于自注意力机制,支持并行处理文本,解决长期依赖问题,显著提升语言生成效率。

② 预训练与微调:通过海量互联网数据预训练(如 GPT-4 参数规模达万亿级),再通过特定任务数据微调,适配教育场景需求。

③ 多模态扩展:支持文本、代码、图像等多模态交互(如 GPT-4V),可生成实验流程图、数学公式解析图等。

(2)核心优势。

① 即时反馈:响应时间小于 1 秒,支持课堂实时问答与个性化指导。

② 复杂任务处理:自动生成教案、设计考试题、编写代码框架(如 MATLAB/Python 仿真代码)。

③ 多语言支持:覆盖中英双语,适用于国际化教学环境。

3. ChatGPT 在教学中的应用

ChatGPT 在教学中的应用非常广泛,以下是一些具体的应用场景。

(1)个性化学习。

① 个性化学习路径:ChatGPT 能够根据学生的学习习惯、知识结构和兴趣等个性化信息,为学生量身定制学习路径。

② 个性化辅导:ChatGPT 可以作为学生的个性化辅导教师,解答学生在学习过程中遇到的问题。

③ 个性化评估:ChatGPT 可以根据学生的学习表现和反馈,提供个性化的评估报告。

(2)教学设计。

① 生成教学活动:ChatGPT 可以快速生成一系列富有创意的教学活动,如小组讨论、角色扮演、案例分析等。

② 确定问题与讨论指南:针对每个教学活动,ChatGPT 可以帮助确定具体的问题,并制订讨论指南。

③ 设计互动环节:ChatGPT 可以生成即时问答题目,或者设计一些基于真实情境的模拟对话任务。

(3)课堂互动。

① 实时问答:ChatGPT 能够在课堂上实时回答学生的问题,增强课堂互动性。

② 课堂活动:ChatGPT 可以为课堂活动提供想法并增加趣味性,提高学生的参与度。

(4)作业与评估。

① 作业布置:ChatGPT 可以根据知识点的关键词,快速生成考试试题或练习题。

② 作业辅导:ChatGPT 可以为学生提供作业辅导,解答作业中的问题。

③ 自动评估：ChatGPT 可以自动评估学生的学习成果，提供及时的反馈。

（5）教学资源。

① 知识库建设：ChatGPT 能够从庞大的知识库中检索相关信息，为学生提供丰富的学习资源。

② 资源共享：ChatGPT 可以帮助学校和教育机构实现教育资源的共享，提高教育资源的利用效率。

③ 智能推荐：ChatGPT 可以根据学生的学习情况和兴趣爱好，为学生推荐合适的学习资源和课程。

4. 典型教学场景与案例

（1）课程设计与资源开发。

① 教案生成：输入教学目标与主题（如"设计《人工智能伦理》课程大纲"），自动生成包含教学目标、案例、讨论题的完整教案。

② 实验代码框架：为信号处理、机器学习等课程生成可运行代码（如 FFT 频谱分析、滤波器设计），标注关键参数修改区域。

③ 文献摘要与推荐：自动总结学术论文核心观点，推荐相关高影响力文献，提升备课效率。

（2）课堂教学增强。

① 实时答疑辅助：学生提问"傅里叶变换的物理意义"时，教师调用 ChatGPT 生成动态示意图与生活案例（如音乐频谱分解）。

② 虚拟实验演示：通过代码生成与可视化工具（如 Matplotlib），展示滤波器阶数对频响曲线的影响。

（3）学习评估与反馈。

① 自动化批改：识别学生作业中的逻辑错误（如微分方程求解步骤错误），提供修正建议。

② 个性化报告：根据学生实验数据生成能力分析雷达图（如"频域分析能力：B＋；代码实践能力：A－"）。

（4）跨学科创新项目。

① 综合课题设计：生成跨学科课题建议（如"基于 EEG 信号的睡眠分期系统"），整合生物医学与信号处理知识 。

② 学术写作辅助：自动转换 LaTeX 公式、生成参考文献（IEEE 格式），降低写作门槛。

8.4　实践练习

1. 结合实际教学经验，谈谈如何在教学过程中实现数智赋能。

2. 结合实际教学经历，谈谈对教育家精神的理解。

3. 结合实际教学经验，谈谈如何培养学生的科学思维与创新思维。

参 考 文 献

[1] 汤全武.信号与系统(MATLAB 版·微课视频版)[M].2 版.北京：清华大学出版社,2024.

[2] 汤全武.信号与系统(MATLAB 版·微课视频版)[M].北京：清华大学出版社,2021.

[3] 汤全武,李春树.课程思政——电子信息类专业课程设计与实践[M].北京：清华大学出版社,2022.

[4] 汤全武.信号与系统[M].北京：高等教育出版社,2011.

[5] 汤全武.信号与系统实验[M].北京：高等教育出版社,2008.

[6] 汤全武.MATLAB 程序设计与实战(微课视频版)[M].北京：清华大学出版社,2021.

[7] 陈晓慧.教学设计[M].北京：电子工业出版社,2009.

[8] 吴成军,张敏.美国生物学"5E"教学模式的内涵、实例及其本质特征[J].课程·教材·教法,2010,30(6)：108-112.

[9] 金文旺.多样化、合作与创新：推动高等教育教材建设高质量发展——基于首届全国教材建设奖全国优秀教材(高等教育类)的描述性分析[J].中国高教研究,2022,38(4)：64-70.